PATENT

특허와 침해

PATENT & INFRINGEMENT

INFRINGEMENT

서울남부지방법원 부장판사 김 기 영
울산지방법원 판사 김 병 국
공저

육 법 사

서 문

최근에 '특허전쟁'이라는 말이 자주 들린다. 삼성과 애플이라는 큰 회사 사이의 싸움이 아니더라도 특허를 둘러싼 분쟁건수는 과거에 비해 증가하고 있다. 특히 최근에 화두로 되고 있는 이종(異種) 기술분야의 융합 추세는 특허 관련 분쟁을 더욱 증가시킬 것으로 예상된다. 단적인 예를 들면 전통적으로 자동차 제조사 입장에서 전자분야의 기술을 침해하였다고 문제된 적은 별로 없었는데, 자동차 제조사와 전자회사는 서로 다른 기술분야에 속해 있어서 서로 경쟁관계에 있지 않다는 것이 가장 큰 이유로 작용하였을 것이다. 그러나 이러한 과거의 경향은 더 이상 유효하지는 않은 듯하다. 최근 자동차에서도 LED 헤드램프나 운전자에게 각종 편의를 제공하기 위한 통신기술이나 제어기술이 채택된 결과 전자부품회사가 자동차 제조사를 상대로 특허침해소송을 제기하는 등 종래에는 없었던 현상이 나타나고 있다. 이러한 현상은 지식재산이라는 무형자산의 가치를 더욱 높일 것이고, 그와 함께 특허침해소송 역시 증가할 것이라는 것이 예상된다.

이 책은 특허침해소송 실무에 관한 해설서이다. 책에 담긴 큰 주제는 제목에서 나타나듯이 "특허"와 그에 대한 "침해"인데, 둘 다 방대한 주제이고 그에 관해 어떠한 내용을 담을 것인가도 상당한 고민이 필요하였다. 특히 기존에 이미 많은 특허법 해설서가 나와 있는 상황에서 저자들이 비슷한 내용의 특허법 해설서를 내놓을 이유가 있는가 하는 고민도 하지 않을 수 없었다. 그래서 저자들은 기존의 특허법 해설서와 다른 무언가를 내놓으려고 하였고, 이 책의 내용을 실무상 특허침해소송의 전개순서에 입각하여 구성해 보았다. 특허침해소송은 다른 민사소송과 달리 정형적인 내용으로 전개되는 경우가 많다. 먼저 권리자가 특허침해주장을 하면서 침해금지청구 또는 손해배상청구 등의 공격을 하면, 상대방은 침해 여부를 다투거나 여러 가지 항변을 내세워 방어를 하게 된다. 또한 침해 여부에 관한 공방이 일단락된 후(또는 이와 병행하여) 손해배상액에 관한 공방도 이루어진다. 특허침해소송은 이와 같이 양 당사자의 공방에 의해 생명력을 부여받아 살아 움직이는 생물체와 같은 것인데, 저자들은 이러한 살아 움직이는 소송단계에 입각하여 이 책을 구성하여 각 단계별로 당사자에게 유용한 이론이나 자료를 제공하고자 하였다. 그와 함께 저자들의 그간 실무경험을 토대로 침해소송의 실무에 도움이 될 수 있을 만한 내용을 담으려 하였다. 한편 "새로운 방어수단의 모색"이라는 장에서는 저자들이 그동안 연구한 내용을 모아 상대방의 입장에서 방어수단으로서 활용할 수 있는 법이론을 소개해 보았다. 주로 다른 나라의 소송실무에서 발전된 내용(특허괴물, 독점규제법위반, 영업방법발명의 성립성, 기술표준 특허의 남용 등)인데 우리나라의 소송실무에도 상당한 참고가 될 것으로 생각한다.

이 책은 새로운 창작물이라기보다는 저자들이 이미 한 번쯤 써보았거나 연구한 내용을 나름의 편제에 따라 모아 놓은 것이라고 보는 것이 맞을 것이다. 처음 책을 내는 것이라 부족함이 많지만, 강의노트처럼 옆에 두고 계속 부족한 점을 보완해 나갈 것을 약속드린다. 아무쪼록 이 책이 특허침해소송 실무에 관한 이해를 높이는 데 도움이 되기를 간절히 기대해 본다.

마지막으로 항상 바쁘다는 말을 입에 달고 사는 가장들을 따뜻이 이해해 준 사랑하는 가족들과 이 책이 나오기까지 도움을 주신 모든 분들, 특히 육법사의 백욱 대표님께 깊이 감사드린다.

2012년 5월

김기영 · 김병국

차 례

특허와 침해

제 4 장 권리자(원고)의 공격방법 95

제 6 장 새로운 방어수단의 모색 185

제 7 장 부당한 특허권 행사에 대한 구제 330

제 1 장 개 설

특허법 제94조는 「특허권자는 특허발명을 업으로서 실시할 권리를 독점한다」고 규정하고 있고, 이에 따라 특허권자는 특허권을 배타적·독점적으로 실시할 권리와 함께 다른 사람이 특허권을 실시하지 못하게 할 권리(금지권)를 가진다.[1)]

특허권자는 이러한 독점·배타적 권리를 근거로 하여 자신의 권리를 직접 또는 간접으로 침해하는 자에 대하여 침해의 제거·예방을 청구하거나 손해배상 또는 신용회복을 위한 조치 및 부당이득반환을 청구하는 등의 방법으로 권리를 행사할 수 있다.[2)] 한편 특허권자에 의한 권리행사의 상대방이 되거나 상대방이 될 염려가 있는 자 또한 특허권자를 상대로 소송을 제기할 수 있다.

특허권자 또는 그 상대방에 의하여 제기되는 여러 소송을 통틀어 '특허소송'이라 할 수 있다. 넓은 의미의 '특허소송'은 특허권, 실용신안권, 상표권, 디자인보호권 등 산업재산권에 대한 소송 전부를 포함하는 말로도 쓰인다. 우리나라에서 특허소송은 일반법원(각 지방법원과 고등법원)과 특허법원이 나누어 관할하고 있다. 법원조직법 제28조의4의 규정에 따라 산업재산권에 관한 특허심판원의 심결에 대한 소(심결취소소송)는 특허법원의 전속관할에 속하고, 산업재산권의 침해에 대한 금지청구소송, 손해배상청구

1) 황종환, 특허법(실용신안권법) 개정10판, 한빛지적소유권센터 2005. 576면 주 3); 김주형, 「특허권등 침해에 대한 금지청구권」, 재판자료 56집, 법원도서관 1992. 335면; 조영선, 특허법, 박영사 2011. 448~449면 참조.

2) 특허법 제126조 내지 제132조 참조. 특허권자가 경고장 발송 등 소송 외적인 방법으로 권리를 행사할 수 있음은 물론이다.

소송, 신용회복조치청구소송, 특허청이 한 행정상의 처분에 대한 소송, 발명자의 특정 · 상속 · 양도 등 특허권 등의 귀속을 둘러싼 소송은 일반법원의 관할에 속한다.

넓은 의미의 특허소송 중에서 심결취소소송을 좁은 의미의 특허소송이라고도 하고,[3] 일반법원의 관할에 속하는 침해에 대한 금지청구소송, 손해배상청구소송, 신용회복조치청구소송을 특허침해소송이라고도 한다.

위와 같이 '특허소송'은 넓게는 '산업재산권' 전체에 관련된 모든 소송을 가리키나, 이 책은 산업재산권 중 '특허' 그리고 소송 중 일반법원이 관할하는 '침해'에 관한 소송 즉, 좁은 의미의 특허침해소송에 관하여 주로 다룬다.

즉, 이 책의 제2장에서는 특허권 및 그 침해와 관련하여 특허권의 성격 및 보호 정도에 관한 이론을 살펴보고, 제3장에서는 특허침해의 전제가 되는 특허발명 보호범위의 해석, 특허침해의 유형을 살펴본다. 제4장에서는 특허침해에 대한 특허권자의 공격방법인 침해금지청구와 손해배상청구 및 침해금지가처분 등 특허침해소송의 의의, 요건 및 절차에 관하여 개관하고, 제5장에서는 특허권자의 공격에 대한 상대방의 방어수단(항변)을 살펴본다. 제6장에서는 의료행위 관련 발명, 영업방법발명 등 새로운 발명 유형과 특허덤블(Patent Thicket) 또는 특허괴물(Patent Troll) 현상의 등장에 따른 특허침해주장에 대한 새로운 방어수단에 대하여, 제7장에서는 특허권자의 부당한 권리행사에 대한 규제방법을 살펴본다. 마지막으로 제8장에서는 특허권자의 권리를 보호하고 특허 관련 분쟁을 효율적으로 해결하기 위하여 우리 특허소송 제도에 개혁할 점은 어떠한 것이 있는지를 살펴본다.

---

3) 심결취소소송은, 취소의 대상이 된 심결의 종류에 따라, 심사관의 거절결정에 대한 심판 · 특허취소결정에 대한 심판 · 정정심판 등의 심결에 대한 취소소송과 같이 특허청장을 피고로 하는 결정계 심결취소소송과, 특허무효 · 특허권의 존속기간의 연장등록의 무효 · 권리범위확인 · 정정무효 · 통상실시권허여의 심판 등의 심결에 대한 취소소송과 같이 특허권자 또는 이해관계인을 피고로 하는 당사자계 심결취소소송으로 나누어지기도 한다.

제2장 특허권의 성격 및 보호정도

Ⅰ. 논의의 배경

특허권을 어떻게 보호할 것인가는 특허권의 성질 또는 특허제도의 목적이나 존재 이유에 대한 이론에 따라 달라질 수 있다. 즉, 특허권을 재산권과 같게 보호할 것인가, 특허권이 자연권인가 아니면 국가에 의하여 부여된 특권인가, 특허제도의 존재목적 및 이를 달성하는 방법은 무엇인가 등에 관한 철학적 배경의 차이에 따라 특허권의 보호 방법 및 범위에 대한 시각이 달라질 수 있다. 따라서 이하에서는 이러한 점들에 관하여 살펴보기로 한다.

Ⅱ. 특허권의 성격 및 특허제도의 존재의의에 관한 학설

1. 특허권은 자연권인가 특권인가?

특허제도는 발명을 보호·장려하고 그 이용을 도모함으로써 기술의 발전을 촉진하고 산업발전에 이바지함을 목적으로 하는 제도이다.[4]

일반적으로 특허권이 재산권적 속성을 가지는 것임에는 의문이 없으나,[5]

4) 특허법 제1조.

5) 35 U.S.C. § 261; 이경규, 지적재산권 남용의 규제와 독점규제법 적용에 관한 연구, 연세대학교 대학원 법학과 박사학위논문, 2000. 6면.

특허권의 본질에 관해서는 창작자의 정신적 노동에 대한 보상으로서 당연히 인정되어야 할 권리 즉, 자연권이라고 보는 견해와,[6] 국가 전체의 문예 및 과학기술의 발전을 도모하기 위하여 창작자에게 특별히 부여하는 일종의 동기(incentive) 또는 특권(privilege)으로 보는 견해가 있다.[7] 전자의 견해에 따르면 발명자는 당연한 권리로서 그 발명에 따른 모든 이익을 향유할 수 있으며 공공목적 등을 위하여 그러한 권리를 제한하는 것은 부당하게 되나, 후자의 견해에 의하면 공공목적 등에 기초하여 특허권에 대한 일정한 한계 또는 제한을 둘 수 있게 된다.[8]

일반적으로 특허제도에 의하여 보호하려는 대상인 발명 즉, 자연법칙을 이용한 기술적 사상의 창작은 '공공재'(public goods)의 성격을 띠는 것으로서 소비자들은 상품의 양적, 질적 저하 없이 다수가 이를 동시에 사용할 수 있고(비경합성, non-rivalry), 상품 혹은 서비스에 대한 대가를 지급하지 않은 소비자들을 그 상품, 서비스의 사용에서 배제할 수 없게 됨으로써(비배타성, non-excludability) 무임승차(free riding)의 문제가 생기게 된

6) 존 로크(John Locke) 및 헤겔(Hegel)의 견해가 지적재산권에 대한 자연권론을 형성하는 데 중요한 기반을 형성하였다 한다. 권영준, 저작권침해판단론 -실질적 유사성을 중심으로-, 박영사 2007. 59면.

7) Mazer v. Stein, 347 U.S. 201, 219 (1954); Blonder-Tongue Labs., Inc. v. Univ. of Illinois Found., 402 U.S. 313, 344 (1971) (특허는 특권이다. 그러나 이는 공공목적에 의하여 조건 지워지는 특권이다.); Harper & Row Publishers, Inc. v. Nation Enterprises, 471 U.S. 539 (1985) (저작권에 관한 판례임); 정상조, 「기술혁신과 경쟁의 법칙」, 과학기술과 법, 서울대학교 기술과법센터, 박영사 2007. 699면; 이경규, 지적재산권 남용의 규제와 독점규제법 적용에 관한 연구, 22면; 정진근, 「법경제학적 관점에서 본 지적재산권 독점배타권의 정당성 -공정사용의 원칙을 중심으로」, 정보법학 제15권 제3호, 한국정보법학회 2011. 184~187면 참조.

8) 정상조, 「기술혁신과 경쟁의 법칙」, 22~24면. 다만 이러한 견해의 차이는, 자연권적 권리라고 주장하는 사람들도 창조자들이 소비자에게 이익을 주는 방법으로 행동하여야 함을 강조하고 '적절한 수단 안에서' 그들의 권리를 인정하여야 한다고 주장함으로써, 점점 좁혀지고 있다. John Shepard Wiley, Jr., 「Copyright at the School of Patent」, 58 U. Chi. L. Rev. 119, 140 (1990); William W. Fisher III, 「Property and Contract on the Internet」, 73 Chi.-Kent L. Rev. 1203, 1215면 (1998); 오승한, 「특허·저작권법의 기본목적과 정책에 대한 경제적 분석 및 반독점법의 경쟁정책과의 비교」, 상사사례연구 제18집 제3권 (2005. 09) 연구논문, 주 16)에서 재인용.

다.[9] 이러한 특허대상의 공공재적 성격 때문에 발명자가 큰 비용을 들여 발명하더라도 발명이 일단 공개되면 다른 사람들에 의하여 쉽게 복제되어 사용될 수 있고 이로 인해 발명자는 투자에 대한 이익을 회수할 수 없게 될 것을 염려하게 되어 발명의욕을 잃게 될 수 있다.

이러한 발명의 공공재적 성격 및 시장 기능이 발명자에게 충분한 동기(incentives)를 제공하지 못한다는 점을 반영하여 그에게 독점적 권리라는 동기를 부여함으로써 발명을 공개하도록 하여 결과적으로 발명을 촉진하고 산업발전을 도모하여 소비자의 후생에 이바지하려는 제도가 특허제도이다.[10]

그러나 특허제도는 사회 후생에 해로운 효과를 유발할 수도 있다. 즉, 특허제도는 발명을 촉진함으로써 사회구성원들이 더욱 진보된 기술을 누릴 수 있게 하는 것을 의도하고 있으나, 가령 특허권자가 경쟁자를 배제하기 위해서 특허제도를 활용하는 경우나, 투자비용을 회수하기 위해서 특허제품에 높은 가격을 매기는 경우에는 한정된 사람들 외에는 그러한 기술을 이용하지 못하게 되고, 그 결과 정보의 저이용(under utilization)을 초래할 수 있다. 나아가 특허권자가 특허발명에 대한 실시허락 또는 특허제품에 대한 시장화(marketing) 의지가 없거나 그에 실패하는 경우, 특허권자는 시장을 통하여 아무런 이익을 얻을 수 없는 반면, 특허제도를 유지하기 위한 행정비용이나 침해를 회피하려고 하는 사람들의 검색 비용은 계속 지출되어 경제적 해악이 유발된다. 또한, 사람들이 특허발명에 기초하여 진보성

---

9) Josef Drexl, 「The Critical Role of Competition Law in Preserving Public goods in Conflict with Intellectual Property Rights」, International Public Goods and Transfer of Technology under a Globalized Intellectual Property Regime (Edited by Keith E. Maskus and Jerome H. Reichman), Cambridge University Press, 2005, 711~712; Robert E. Thomas, 「Vanquishing Copyright Pirates and Patent Trolls : The Divergent Evolution of Copyright and Patent Laws」, 43 Am. Bus. L.J. 689, 697 (2006) 참조.

10) Feldman, Robin C., 「The Insufficiency of Antitrust Analysis for Patent Misuse」, 55 Hastings L.J. 399, 432~433 (2003); F. Ladenburg, 「Unilateral Refusals to Deal in Intellectual Property After Image Technical Services, Inc. v. Eastman Kodak Co.」, 73 Wash. L. Rev. 1079, 1089 (1998); 오승한, 「특허제도와 반독점법의 조화적 관계」, 과학기술과 법, 서울대학교 기술과법센터, 박영사 2007. 814~817면 참조.

이 높은 발명을 하기보다는, 특허발명을 회피하되 진보성이 높지 않은 발명을 하는 중복적 행동(duplicative activity)을 하거나, 특허권자가 경쟁자들의 회피설계에 대비하여 가능한 변형예를 발굴하여 이들에 대한 특허를 받는 경우 그러한 변형예들이 원래의 발명보다 진보성 면에서 나은 것이 없다면 이 또한 사회경제적 낭비를 가져온다. 또 일반적으로 기술의 진보는 다른 발명을 기초로 진화적으로(evolutionary) 이루어지는데 특허의 존재는 다음 단계의 발명에 장애물로 작용할 가능성이 있고, 이는 특히 새로운 영역의 기술에 대한 발명에 대하여 넓은 범위의 특허가 부여되는 경우 더욱 심화될 수 있다.[11]

한편 특허권을 창작자에게 부여되는 인센티브로 보는 경우에도 특허권이 그러한 기능을 하는 정도는 산업에 따라 차이가 있다. 의약산업의 경우와 같이 연구 및 기술개발에 많은 시간 및 비용이 소요되나 그러한 기술을 모방하여 유사약품(generic)을 생산하는 비용이 낮은 경우에는 특허에 의한 기술보호의 필요성이 커지게 되는 데 반하여, 연구 및 기술개발에 드는 비용과 모방에 드는 비용 사이의 차이가 그리 크지 아니한 소프트웨어 산업 분야의 경우 특허에 의한 보호의 필요성은 크게 낮아질 수 있다. 이러한 산업에 따른 특허권의 기능의 차이는 특허제도 및 그 개혁에 대한 산업계의 입장차이를 가져올 수 있다.[12]

2. 어떠한 발명을 어떻게 보호할 것인가?

앞에서 본 바와 같이, 특허권이 재산권임에도 그 성격에 관하여 자연권

---

11) Feldman, Robin C., 「The Insufficiency of Antitrust Analysis for Patent Misuse」, 433~435면.

12) 정상조, 「기술혁신과 경쟁의 법칙」, 과학기술과 법, 서울대학교 기술과법센터, 박영사 2007. 701면; Hovenkamp, Herbert J., 「IP and Antitrust Policy : A Brief Historical Overview」 (December 2005). U Iowa Legal Studies Research Paper No. 05-31 Available at SSRN : http://ssrn.com/abstract=869417, page 6; Dan L. Burk & Mark A. Lemley, "Policy Levers in Patent Law," 89 Va. L. Rev. 1575, 1576~1589면 (2003) 참조.

인지 아니면 특권인지에 관하여 다툼이 있는 것과 마찬가지로, 어떠한 발명에 대하여 어느 단계에서 특허권을 부여하고 특허권자에게는 어느 정도의 권리를 부여할 것인가, 또는 특허제도의 존재 이유 및 특허권자에게 배타적 독점권을 부여하는 경제적 이유에 관해서는 여러 가지 견해가 대립했다.

그 중 특허제도를 정당화함에 있어 전통적으로 논의되던 이론은 보상이론(reward theory)이다.[13] 보상이론은 발명가가 자신의 노력을 통해 사회에 어떠한 '기여'를 하였다면 이에 대해 보상해야 하고, 그러한 보상이 있어야만 특허권자는 기술개발의 동기를 갖게 될 것이며, 이를 통해 사회적 부(富)가 최대화되리라는 것을 전제로 하는 것으로서, 이러한 전제에 기초하여 실질적 노동을 통한 사회적 기여가 있을 때만 특허권을 인정하고 그에 비례하여 특허권의 보호범위를 설정하고자 한다.[14] 따라서 특허권자는 그가 발명한 것 이상을 청구할 수 없고, 청구항은 특허권의 외적 경계(outer bounds)를 정하는 기능을 한다.[15]

보상이론에 대하여는 다음과 같은 비판이 있다. 즉, 최초발명이 상업화에 적합하지 않거나 그에 장기간이 소요되는데 비하여, 개선발명이 최초의 발명에 비하여 적은 비용을 들이고도 상업화하여 큰 이익을 얻을 수 있다면, 최초의 발명자는 투자비용조차 회수할 수 없는 상황에 이르게 되어 그 발

13) 신동용, 「특허법이론에 대한 연구(A Study of the Patent Theories)」, 중앙법학 제8집 제4호, 중앙법학회 (2006. 12) 391면.

14) 위 같은 글, 393~394면. 보상이론은 다시 보호의 정도나 강도에 따라, 발명가가 자연권적인 영구적·독점적 권리를 갖는다는 견해(자연권적 보상이론), 특허권은 유용한 기술의 창출과 사회적 전파를 촉진하기 때문에 사회적 행복을 촉진하는 반면 유용한 아이디어의 사회적 전파를 제한하여 사회적 불행을 가져올 수 있으므로, 사회적 불행을 최소화하고 행복을 최대화하는 방식으로 규범화되어야 한다는 견해(고전적 공리주의 보상이론), 진지한 노동 없이도 이루어진 우연적인 발명이나 특허권 이외의 방법으로도 충분히 보상받을 수 있는 발명 등에 대해서는 특허권을 인정하지 않는 것이 사회적 손실을 최소화하면서 사회적 순이익을 극대화할 수 있다는 견해(특허유도이론, Patent-induced Theory) 등으로 나누어진다. 위 같은 글, 391~393면 참조.

15) 이에 따르면 특허청구범위의 해석은 청구항을 기초로 엄격하게 이루어질 것이고, 균등의 범위도 줄어들 것이다.

명의욕이 저하될 가능성이 있음에도, 보상이론은 그러한 최초의 발명자들에 대한 적절한 동기의 부여라는 문제를 해결하지 못한다는 것이다.[16]

이러한 보상이론의 문제점을 비판하면서 Edmund W. Kitch 교수는 1977년에 「특허제도의 본질과 기능(The Nature and Function of the Patent System)」이라는 논문에서 개발가망성이론(Prospect Theory, 전망이론)을 주창하였다.[17] 이 이론은 우선 특허제도가 투자촉진 및 제품생산에 유용한 제도라는 전제 아래,[18] 보상이론의 위와 같은 문제점을 극복하기 위해서는, 우선 발명자가 상당한 투자를 할 수 있도록 특허제도는 발명단계뿐만 아니라 상업화 단계에서도 인센티브를 제공하여야 하고, 최초 발명자가 개선발명과의 경쟁에서도 유리한 지위를 얻을 수 있도록 해야 하며, 이를 위하여 광산채굴권과 마찬가지로 "만약 특허 청구된 기술이 앞으로 상업적으로 성공할 가망이 있다면, 발명자에게 기술적 혁신의 초기 단계부터 그 이후의 개선발명 과정까지도 조정·통제할 수 있는 광범위한 권리를 부여하여야 한다."고 주장한다.[19] 이로써 발명의 초기 단계 및 개선과정에서의 특허경쟁을 조기에 차단하고 중복투자를 억제하여 사회적 비용을 감소시키면서 발명자에게 개발에 대한 실질적 동기와 보상을 제공할 수 있다고 한다.[20] 이러한 이론의 구체적 내용으로서 Kitch 교수는, (i) 균등(equivalents)의 범위를 광범위하게 확대하고, (ii) 강제실시권은 특허권자의 발명에 대한 조정·통제권을 상실케 하는 것이기 때문에 인정되어서는 안 되며, (iii) 발명은 완성된 것이 아니라 앞으로 개발가능성이 있는 것이기 때문에 배타적

16) A. Samuel Oddi, 「Un-Unified Economic Theories of Patents-The Not-Quite-Holy Grail」, 71 Notre Dame L. Rev. 267, 275 (1996); 신동용, 「특허법이론에 대한 연구(A Study of the Patent Theories)」, 394~397면 참조.

17) 여기서 개발가망성(Prospect)이란 「이미 알려진 기술적 가능성(possibility)을 개발하기 위한 특정한 기회(opportunity)」를 의미한다. Edmund W. Kitch, 「The Nature and Function of the Patent System」, 20 J. L. & Econ. 265, 266 (1977).

18) Kitch 교수에 의하면, 특허제도는 (i) 발명의 공개를 통하여 기술에 관한 중복투자를 방지하고, 기술을 필요로 하는 사람들 사이의 거래비용을 줄이며, (ii) 독점적 권리의 보장으로 기술에 투자할 동기를 부여할 수 있는 장점이 있다 한다. 위 같은 글, 275~280면.

19) 위 같은 글, 276~270면.

20) 위 같은 곳.

통제가 적극적으로 요청되고, 따라서 상업적 목적이 없다 하더라도 실험적 사용(experimental use)의 예외는 인정되어서는 안 되고, (iv) 발명의 공개는 원래 상업화되기 전의 출원 당시의 상태를 기준으로 하는 것으로서 이를 기초로 다른 사람이 발명을 실시한다는 것 자체가 원래 어려운 것이고, 출원 당시 명세서에 기술적 정보를 자세하게 공개하는 것은 경제적으로 의미 있는 정보가 배포되는 효과는 없으면서 출원비용만 증가시키는 것이며, 발명을 상세하게 공개하여 다른 사람들이 특허발명을 쉽게 실시할 수 있도록 한다면 특허권자가 앞으로의 개선적 활동을 조정·통제하는 데 부정적 영향을 미칠 수 있으므로, 발명의 공개를 발명가의 자율에 맡겨야지 발명가에게 명세서에 상세하게 기재하도록 강제하여서는 안 되며, (v) 특허 부여 여부는 발명의 기술적 효과가 선행기술보다 더 나은 효과가 있는 점보다는 그러한 발명에 관련된 비용의 크기(magnitude of costs)를 고려하여 정해야 하고, 발명이 상업적으로 성공하였다는 점을 고려하는 것은 특허의 가치를 높여 투자에 대한 안전성을 증대시키는 효과가 있다고 주장하였다.[21)]

이러한 개발가망성이론은 강력하고 광범위한 특허권을 인정하여야 한다는 것으로서 종래의 특허권 강화주장에 대하여 상당한 이론적 근거를 제공하였고, 미국연방항소법원(CAFC)의 특허강화(Pro-Patent) 정책에도 영향을 미쳤으며,[22)] 지적재산권을 재산권 이론과 통합시키려 했던 가장 중요한 노력으로 평가된다.[23)] 그러나 이 이론에 대하여는 보상이론에 의한 경우보

---

21) Edmund W. Kitch, 「The Nature and Function of the Patent System」, 280～289면; 신동용, 「특허법이론에 대한 연구(A Study of the Patent Theories)」, 400～403면. 이러한 입장에서 뒤에서 보는 바와 같이 미국의 연방항소법원이 '상업적 성공' 등 진보성 판단에서 2차적 고려요소로 불리는 요소들의 중요성을 강화하게 된 것이 아닌가 생각된다. 한편 Kitch는 한 제품을 개발하는 데 필요한 덜 중요한 정보(기술)에 대하여는 특허가 아닌 영업비밀로 유지하여 다른 사람들이 특허기술만으로는 그러한 제품을 개발하지 못하게 함으로써, 특허권자가 다른 사람들과의 협상에서 좀 더 유리한 위치를 차지할 수 있다는 취지의 주장도 한다. 즉, Kitch는 영업비밀제도와 특허제도의 적절한 병용을 주장하고 있는 것으로 보인다. Edmund W. Kitch, 「The Nature and Function of the Patent System」, 275, 288면 참조.

22) 신동용, 앞의 논문, 403면.

23) Dan L. Burk & Mark A. Lemley, 「Policy Levers in Patent Law」, 1601면.

다 특허를 통해서 얻을 수 있는 독점적 이익이 강화되어 특허경쟁(중복투자)을 더욱 강화시킬 수 있다는 비판이 제기되었고,[24] 이러한 문제점을 해결하기 위하여 지대소멸이론과[25] 경쟁적 발명이론 및 반공유이론이 주장되었다.

이 중 경쟁적 발명이론(Race-to-Invent Theory, Competitive Innovation Theory)은 경험적 분석에 의할 경우, 특허경쟁이 비효율성이 있을지라도 전적으로 비효율적인 것은 아니라 그 자체로 효율성을 가지고 있으며, 한편 독점은 기술적 진보를 정체시킬 수 있는 한계를 가지며,[26] 이러한 독점의 한계는 발명이 누적적으로 이루어지는 산업에서 명백히 나타난다고 한다.[27] 이 이론에 의하면 경쟁에 참가하는 모든 발명가에게 특허권의 형태로 인센티브를 제공할 필요가 있고, 그러한 인센티브는 자기가 발명하고 개선한 부분에 한해서 인정되어야 한다.[28] 나아가 균등(equivalents)의 범위는 최초의 발명과 개선의 상대적 중요성 및 기여도를 엄격하게 해석해서 판단해야 하고, 또 역균등론(reverse doctrine of equivalents)을 통해 필요한 경우 개선자들의 책임을 완화 또는 배제하여야 한다고 한다.[29]

---

24) Donald G. McFetridge & Douglas A. Smith, 「Patents, Propects, and Economic Surplus : A Comment」, 23 J. L. & Econ. 197 (1980); 신동용, 앞의 논문, 404면에서 재인용.

25) 이에 대하여는 Mark F. Grady & Jay I. Alexander, 「Patent Law and Rent Dissipation」, 78 Va. L. Rev. 305, 317~319면; 신동용, 앞의 논문, 404~406면 참조.

26) 기술혁신의 촉진과 관련한 독점과 경쟁의 관계에 관하여, 슘페터(J. Shumpeter)는 독점이, 애로우(Kenneth Arrow)는 경쟁이 기술혁신을 촉진하는 데 도움이 된다고 주장하였다. 자세히는 정연덕, 특허풀(Patent Pool)에 관한 법적 연구 －활성화 방안을 중심으로－, 서울대학교 대학원 법학박사학위논문, 2005. 8. 66~68면 참조.

27) Robert P. Merges & Richard R. Nelson, 「On the Complex Economics of Patent Scope」, 90 Colum. L. Rev. 839 (1990); 신동용, 앞의 논문, 407~408면에서 재인용.

28) Robert P. Merges & Richard R. Nelson, 「On the Complex Economics of Patent Scope」, 876~879, 916; 신동용, 앞의 논문, 410면에서 재인용; Dan L. Burk & Mark A. Lemley, 「Policy Levers in Patent Law」, 1605면 참조.

29) Robert P. Merges & Richard R. Nelson, 「On the Complex Economics of Patent Scope」, 910~911; 신동용, 앞의 논문, 410면에서 재인용.

반공유이론(Anticommons Theory)은 여러 기술이 상호보완적, 상호참조적, 상호의존적인 관계에 있음에도 서로 다른 사람들이 각각 배타적이고 광범위한 특허권을 행사함으로써 자원이 과소사용될 수 있는 비극적 상황이 초래될 수 있음에 주목한다.[30] 이에 의하면 생명공학분야 등에서 하나의 다운스트림(downstream) 생산품(업스트림 연구결과물을 이용해 만든 최종 생산품)을 만들기 위해서 여러 업스트림(upstream) 생산품(최종 생산품을 개발하기 위해 사용되는 초기 단계의 연구)들을 이용하여야 하는 경우 각 업스트림 생산자들로부터 실시허락을 받아야 하는데 하나의 업스트림 생산자로부터라도 실시허락을 받지 못하는 경우에도 생산을 할 수 없는 현상(Holdout)이 초래될 수 있다고 한다.[31] 이 이론을 주장하는 사람들은 이러한 현상을 극복하기 위하여 특허법에 있어서 실험적 사용의 원리를 확장하거나,[32] 공정사용의 법리를 도입하거나,[33] 강제적 실시허락 제도를 최대한 활용하여야 한다고 주장한다.[34]

위와 같이 어떠한 발명을 언제부터 어떻게 보호할 것인가에 관하여는 여

30) Michael A. Heller, 「The Tragedy of the Anticommons : Property in the Transition from Marx to Markets」, 111 Harv. L. Rev. 621 (1998); 신동용, 앞의 논문, 411면에서 재인용; Dan L. Burk & Mark A. Lemley, 「Policy Levers in Patent Law」, 1611면 참조. 원래 1968년에 하딘 교수가 'Tragedy of Commons(공유의 비극)'이라는 논문을 발표하여 자원이 한정되어 있는 경우에 이를 공유로 하는 경우 각 공유자들이 자원을 과도하게 사용하여 결국에는 자원이 고갈되는 비극적인 상태가 초래될 수 있으므로, 이를 막기 위해서는 그러한 자원(예를 들어 목초지)을 각각의 소유자에게 분배하여 주어야 한다는 주장을 하였는데, 반공유이론은 지나친 사유화로 자원이 사용될 수 없는 반공유의 비극(Tragedy of Anticommons) 상태에 주목하면서 나온 이론이라 할 수 있다. 자세히는 정연덕, 특허풀(Patent Pool)에 관한 법적 연구 －활성화 방안을 중심으로－, 73～77면 참조.

31) Dan L. Burk & Mark A. Lemley, 「Policy Levers in Patent Law」, 1611 참조; 신동용, 앞의 논문, 413～415면 참조.

32) Janice M. Mueller, 「No, 'Dilettante Affair' : Rethinking the Experimental Use Exception to Patent Infringement for Biomedical Research Tools」, 76 Wash. L. Rev. 1, 9면 (2001); 신동용, 앞의 논문, 417면에서 재인용.

33) Maureen A. O'Rourke, 「Toward a Doctrine of Fair Use in Patent Law」, 100 Colum. L. Rev. 1177, 1236～1239면 (2000).

34) 신동용, 앞의 논문, 417면 참조.

러 견해가 있는데 모든 산업분야에 공통으로 적용될 수 있는 이론이 있을지는 의문이다.[35] 즉, 의약, 생명공학, 컴퓨터프로그램, 인터넷, 화학 등 서로 다른 분야에 관련된 기술들은 혁신적 기술을 고안하는 방법에 있어서의 구조적 차이, 연구 및 개발(R&D) 비용과 속도, 타인의 기술의 모방가능성, 기술개발을 위한 기술의 누적 또는 호환성의 정도 및 특허가 전체 생산품에서 차지하는 비중 등에 있어서 각각 서로 다른 특성을 지니고 있으므로, 하나의 이론적 틀로서 위와 같은 산업분야 전부의 기술혁신 현상을 설명하기는 어렵다.[36]

예를 들어, 개발가망성이론은 일반적으로 발명이 하나의 회사에 의하여 이루어지고, 연구개발(R&D)에 상당한 지출이 요구되며, 초기 기술개발에 시간이 오래 걸리는 반면, 일단 기술이 개발되어 공개되면 모방과 개선이 쉽게 이루어질 수 있는 의약산업분야에 적용되기에 적합한 이론이나, 그와는 반대의 특성이 있는 컴퓨터프로그램 산업분야 등에는 적용되기 어려울 것이다.[37] 한편, 컴퓨터프로그램(소프트웨어) 산업에서의 발명은 누적적이고, 매우 빠르고 상대적으로 저렴한 가격으로 이루어지는 경향이 있는바, 이러한 분야에서의 발명에 대하여 넓은 범위의 특허가 부여되면 후속발명을 저해할 우려가 있으므로 그 효력범위가 좁은 특허가 부여되어야 한다는 점에서 이러한 산업분야의 기술에 대하여는 경쟁적 발명이론이 적합하다 할 것이다.[38]

---

35) A. Samuel Oddi, 「Un-Unified Economic Theories of Patents-The Not-Quite-Holy Grail」, 326; 신동용, 앞의 논문, 419면.

36) A. Samuel Oddi, 「Un-Unified Economic Theories of Patents-The Not-Quite-Holy Grail」, 326; 신동용, 앞의 논문, 419면.

37) Dan L. Burk & Mark A. Lemley, 「Policy Levers in Patent Law」, 1686; 신동용, 앞의 논문, 419~420면 참조.

38) Dan L. Burk & Mark A. Lemley, 「Policy Levers in Patent Law」, 1588, 1688~1689. 위 저자는 특허덤블(Patent Thicket)의 문제는 주로 반도체산업 분야에서 광범위한 특허 및 균등론의 적용으로 발생하는데, 그 해결을 위해서는 특허의 보호범위를 줄이고 특허권의 효율적인 사용허락(clearance)을 위하여 강제실시, 금지명령 발령의 거부, 표준화기구 또는 특허풀과 같은 사적 메커니즘의 활용이 필요하다고 주장한다. 같은 글, 1614, 1627~1629, 1695면 참조. 또 상업적 성공과 같은 2차적 고려요소는 부품산업이나 점진적인 발명이 이루어지는 소프트웨어 같은 분야보다

Ⅲ. 특허권의 물권적 보호원칙(Property Rule)에 의한 보호와 손해배상원칙(Liability Rule)에 의한 보호 - 부동산에 관한 원리의 지적재산권에의 적용 여부

미국에서는 1970년대 이전에는 보통법(Common Law)상의 재산권(Property)에 관한 법원리와 불법행위(Torts)에 관한 법원리는 서로 별개의 것으로 다루어져 왔으나, 1972년에 미국의 Guido Calabresi와 A. Douglas Melamed가 「Property Rule, Liability Rule and Inalienability : One View of the Cathedral」에서 보통법상 인정되는 권리보호유형을 크게 Property Rule(물권적 보호원칙), Liability Rule(손해배상원칙) 및 Inalienability Rule(양도불가의 원칙)로 나누어서 설명하였고, 그 후 이러한 구별은 일반적으로 받아들여져 왔다.[39] 그 외, 위 두 사람은 논하지 아니하였지만, 전혀 책임이 인정되지 않는 무책임원칙(no liability rule)을 생각할 수 있는데, 그 예로는 commons(공유)나 open access(개방)를 들 수 있다.[40]

물권적 보호원칙(Property Rule)이라 함은 원고인 토지소유자의 건축물 철거청구를 인용하여 그 건축물의 철거 및 토지의 인도를 명하는 경우와 같이 권리자 본인의 의사에 반하지 않고는 그 권리를 전혀 박탈할 수 없도록 하는 원칙이다. 손해배상원칙(Liability Rule)은 그와 달리 원고의 청구를 권리남용으로 보아 청구를 배척하고 건축물 설치자로 하여금 그 건축물을 계속 사용할 수 있도록 하는 대신 그 토지 사용에 대한 대가의 지급을

는 하나의 발명이 전체 제품에 관련되거나 급격히 이루어지는 제약이나 생명공학 분야에서 중요하게 고려하는 것이 바람직하다고 한다. 같은 글, 1657면.

39) Guido Calabresi & A. Douglas Melamed, 「Property Rule, Liability Rule and Inalienability : One View of the Cathedral」, 85 Harv. L. Rev. 1089, 1106~1107면 (1972); Mark A. Lemley & Philip J. Weiser, 「Should Property or Liability Rules Govern Information?」, 85 Tex. L. Rev. 783, 786면 (2007); 허성욱, 「권리남용금지 법리에 관한 법경제학적 고찰」, 법조 통권 592호, 법조협회 212면.

40) Mark A. Lemley & Philip J. Weiser, 「Should Property or Liability Rules Govern Information?」, 786면.

명하는 경우와 같이, 권리자의 의사를 묻지 않고 그 의사에 반해서도 그 권리를 박탈 또는 침해할 수도 있으나 다만 객관적으로 평가되는 손해액을 배상하도록 하는 원칙이다.[41] 이는 시장을 통한 당사자들의 자발적 의사에 의한 권리의 가치 확정에 대단히 많은 거래비용(transaction costs)이 들거나 그것이 현실적으로 불가능하여, 권리의 이전이 모든 당사자에게 유리함에도 권리의 이전이 일어나지 않는 경우에, 국가가 개입하여 가치를 확정하여 줌으로써 권리의 교환과 거래를 촉진시키는 제도이다.[42] 여기서 거래비용에는, (i) 수많은 협상을 하여야 하는 어려움 및 금전적 비용, (ii) 실시료를 높이기 위하여 매도인들이 알박기(holdout) 등 전략적인 행위를 할 위험 등이 포함된다.[43]

특허권자의 침해자에 대한 금지청구권의 행사와 관련하여 이를 항상 인정할 것인가 아니면 일정한 경우 그러한 권리의 행사를 권리남용으로 보아 이를 인정하지 않고 손해배상청구권만을 인정할 것인가 하는 문제는 위와 같은 권리보호원칙과도 관계가 있다.

뒤에서 자세히 살펴보는 eBay v. MercExchange 사건과[44] 관련하여 재산권 운동(The Property Rights Movement, RPM)을 대표하는 Richard Epstein 교수는 MercExchange의 특허는 부동산과 같은 보호를 받아야 한다고 주장하였다.[45] 그는 특허에 의한 보호를 부동산에 대한 침해(tres-

---

41) 윤진수, 「권리남용 금지의 경제적 분석」, 재산법 1 민법논고 I, 박영사 2007. 93~94면; 허성욱, 「권리남용금지 법리에 관한 법경제학적 고찰」, 212면. 한편 Inalienability Rule은 미성년자 혹은 금치산자의 법률행위의 효과를 제한하는 것과 같이, 권리의 양도 또는 교환 자체를 일정한 경우에 금지하는 방식으로 보호하려는 원칙을 말한다. 같은 곳, 214면.

42) Mark A. Lemley & Philip J. Weiser, 「Should Property or Liability Rules Govern Information?」, 786면; 윤진수, 「권리남용 금지의 경제적 분석」, 94면; 허성욱, 「권리남용금지 법리에 관한 법경제학적 고찰」, 219면. 다만 Liability Rule에는 권리의 가치의 객관적인 평가가 정확하다는 보장이 없다는 문제가 있다. 윤진수, 위 논문, 95면.

43) Guido Calabresi & A. Douglas Melamed, 「Property Rule, Liability Rule and Inalienability : One View of the Cathedral」, 1106~1107면.

44) 126 S. Ct. 1837 (2006).

45) F. Scott Kieff, Richard A. Epstein, and R. Polk Wagner, Various Law & Eco-

pass)에 대한 보호에 비유하여 침해가 있으면 반드시 금지명령이 내려져야 한다고 주장하였다.[46] 그는 법원이 손해배상원칙을 적용할 수 있는 지체(holdup) 상황을 효과적으로 찾아내고, 찾아낸 경우 적정한 실시료를 산정할 능력이 있는가에 대하여 의문을 표시하면서, 결국 그러한 상황에서 권리자는 낮은 보상을 받을 가능성이 크고 이는 투자 의욕을 감소시킨다고 주장하였다.[47]

그렇다면, 건물을 건축함에 있어 다른 사람의 토지를 일부 침범(encroachment)한 경우, 침해자의 선의나 악의, 침범 건물의 철거에 드는 비용 등을 고려하지 않고, 또 침범된 토지에 대한 대금을 지급하고 그 부분을 매수하도록 하거나 임대료 상당의 손해배상을 명하는 것이 허용되지 않고 그 건물을 철거할 것을 명하여야 하는 것과 같이,[48] 특허권을 침해하는 경우 반드시 금지명령이 내려져야 하는지가 문제된다.

특허권이 물권적 보호를 받아야 하는가와 관련하여 먼저 따져보아야 할 것은 특허권이 물권과 같은 재산권인가 하는 것이다. 미국 특허법상 특허

---

nomics Professors as Amicus Curiae in the U.S. Supreme Court Docket # 05-130, eBay v. MercExchange. Menell, Peter S., 「The Property Rights Movement's Embrace of Intellectual Property : True Love or Doomed Relationship?」 (February 2007). UC Berkeley Public Law Research Paper No. 965083 Available at SSRN : http://ssrn.com/abstract=965083, 3에서 재인용.

46) 위 같은 곳.

47) Richard A. Epstein, 「A Clear View of the Cathedral : The Dominance of Property Rules」, 106 Yale L. J. 2091, 2093, 2099 (1997), Mark A. Lemley & Philip J. Weiser, 「Should Property or Liability Rules Govern Information?」, 85 Tex. L. Rev. 783, 787~788 (2007)에서 재인용; Richard A. Epstein, 「The Structural Unity of Real and Intellectual Property」, The Progress & Freedom Foundation (2006), 6, 8.

48) 일반적으로 물권적 청구권은 방해 또는 침해가 발생한 때는 물론이고 발생할 가능성만 있어도 곧 생기며, 방해자의 고의·과실이 요구되지 않고 방해자에 대해 방해의 제거와 예방에 필요한 행위를 청구할 수 있지만, 불법행위에 의한 손해배상청구권은 침해의 발생 가능성만으로는 성립하지 않고 언제나 가해자의 고의·과실이 요구되며, 손해를 금전으로 평가해서 일정액의 금전 지급을 요구할 수 있을 뿐이고, 방해의 제거와 같은 원상회복은 청구하지 못한다. 한편 물권에 대한 침해가 고의나 과실로 행해진 것이어서 불법행위가 되는 때에는, 물권적 청구권과 손해배상청구권이 함께 존재하게 된다. 곽윤직, 물권법 제7판, 박영사 2004. 21~22면.

권은 재산권으로서의 속성(attributes of personal property)이 있고,[49] 미국 대법원도 Continental Paper Bag 사건에서[50] "특허권은 재산권이고 다른 재산권과 같은 권리와 제재조치(sanctions)를 가진다."라고 판시하기도 하였다. 그러나 다른 판례 즉, Special Equipment Co. 사건에서[51] 반대의견을 낸 대법관들이 특허권을 사적 재산권으로 보는 것은 헌법과 특허 관련 법률에 위배되는 것이고 특허권은 "공공목적(public purpose)에 의하여 조건 지워진" 특권(privilege)이라고 보아야 한다는 의견을 표명한 것처럼 특허권을 다른 재산권과 같게 보아야 하는지에 관하여는 견해가 일치되어 있다고 보기 어렵다.[52] 다만 특허권이 공공목적에 의하여 조건 지워진 것이고 따라서 공공목적의 제한 내에서 권리행사가 이루어져야 한다고 하더라도, 공공목적이라는 것이 매우 모호한 개념이라는 데 문제가 있고, 따라서 이를 좀 더 확실하게 할 수 있는 기준이 필요하다.[53]

나아가 재산권의 종류와 범위는 다양하므로, 특허권이 재산권으로서의 속성을 가진다는 점만으로 특허권을 부동산이나 동산과 같이 취급하기도 어렵다.[54] 즉, 부동산이나 동산과 같은 유형물에 대한 권리는 그러한 자산의 희소성에 기초하여 인정되는 것인데 반하여 발명에 대한 특허권은 발명의 비배타성 등 공공재로서의 성격에 터 잡아 인정되는 것이고,[55] 유형물

---

49) 35 U.S.C. § 261.

50) Continental Paper Bag Co. v. Eastern Paper Bag Co., 210 U.S. 405, 425 (1908).

51) Special Equipment Co. v. Coe, 324 U.S. 370, 381 (1945).

52) Jennifer Kahaulelio Gregory, 「The Troll Next Door」, 6 J. Marshall Rev. Intell. Prop. L. 292, 303면 (2007) 참조.

53) Jennifer Kahaulelio Gregory, 위 같은 논문, 304면 참조.

54) Menell, Peter S., 「The Property Rights Movement's Embrace of Intellectual Property : True Love or Doomed Relationship?」, (February 2007). UC Berkeley Public Law Research Paper No. 965083 Available at SSRN : http://ssrn.com/abstract=965083, 9.

55) Menell, Peter S., 「The Property Rights Movement's Embrace of Intellectual Property : True Love or Doomed Relationship?」, 32면; 竹田 捻, 知的財産權侵害要論[特許・意匠・商標編 제4판], 發明協會 2003. 324면. 이에 대해 Prospect Theory를 주창한 Edmund W. Kitch는 정보에도 희소성이 있다는 취지로 기술하였다. Edmund W. Kitch, 「The Nature and Function of the Patent System」, Journal of Law and Economics, Vol. 20, No. 2. (Oct. 1977), 273면.

은 다른 사람이 이를 이용하면 권리자의 이용을 방해하거나 배제하는 결과를 가져오지만, 지적재산권과 같은 무형물은 다른 사람이 이용하더라도 권리자의 이용이 배제되지 않으며,[56] 부동산이 다른 부동산을 기초로 하여 개발되는 것이 아니라 독립되어 있는데 반하여 특허의 대상인 기술은 다른 기술을 기초로 하여 발전하며,[57] 부동산에 대한 권리는 유효기간의 제한이 없는 것인데 반하여, 특허권은 발명의 촉진 및 사회복지의 증진이라는 목적 달성을 위하여 일정한 기간만 유효하고, 부동산 관련 권리를 바라보는 시각은 대부분 같은 데 반하여 특허권에 대하여는 제약산업과 소프트웨어 산업의 경우(open source movement까지 등장하였다)처럼 산업별로 그에 대한 인식이 다르고,[58] 특허권에 대하여는 시험적 사용(experimental use)의 항변 등이 인정되는 데 반하여 부동산에 관하여는 그러한 항변이 인정되지 않는 점[59] 등에 비추어, 특허권 등 지적재산권을 부동산과 같은 정도로 보호하기는 어렵다.[60]

나아가 현재 소프트웨어 관련 제품의 생산에는 수많은 특허발명이 관련되어 있어 모든 특허권자로부터 실시허락을 받는데 매우 큰 거래비용이 소요될 뿐만 아니라, 발명을 말로 정확하게 표현하는 것은 매우 어렵고, 따라서 특허발명의 보호범위를 획정하기도 어려워 어느 경우에 침해에 해당하는지를 정확히 알 수 없으며, 그 보호범위를 잘못 판단하여 금지명령을 하는 경우에 지출하여야 할 비용을 고려하지 않을 수 없으며,[61] 앞에서 본

56) 권영준, 저작권침해판단론 －실질적 유사성을 중심으로－, 박영사 2007. 60면.

57) Menell, Peter S., 「The Property Rights Movement's Embrace of Intellectual Property : True Love or Doomed Relationship?」, 32, 40면.

58) Menell, Peter S., 위 같은 논문, 37, 41면; Jeremiah S. Helm, 「Why Pharmaceutical Firms Support Patent Trolls : The Disparative Impact of Ebay v. MercExchange on Innovation」, 13 Mich. Telecomm. & Tech. L. Rev. 331, 339면 (2006).

59) Menell, Peter S., 위 같은 논문, 33면.

60) Menell, Peter S., 「The Property Rights Movement's Embrace of Intellectual Property : True Love or Doomed Relationship?」, 42면; 권영준, 저작권침해판단론 －실질적 유사성을 중심으로－, 60면; 윤선희, 특허법, 법문사 2003. 526면; 저작권과 소유권의 차이점에 관하여는, 中山信弘 저, 윤선희 편역, 저작권법, 법문사 2008. 178면 참조; 이규홍, 「영업방법발명의 헌법적 이해」, 사법논집 제53집, 법원도서관 2011. 194면 참조.

바와 같이 특허권은 자연권이라기보다는 혁신을 촉진하기 위하여 국가에 의하여 창설된 권리로 보아야 한다는 점에서 이러한 권리는 그 남용을 경계하면서 혁신을 촉진하도록 운용되어야 할 것이다.[62] 또 제품의 일부에 관련된 하나의 특허발명이라도 실시허락을 받지 못하면 제품 생산이 어려운 점을 이용하여 제품 일부에 관련된 특허권자가 합리적이지 않은 대가의 지급을 요구하면서 버티기(hold-out)를 할 가능성도 있다 할 것인 바, 이러한 점에서 최소한 일정한 산업분야(예를 들어, 소프트웨어 관련 발명의 경우)에는 Property Rule에 의한 보호보다는 Liability Rule에 의한 보호가 바람직한 것으로 보인다.[63]

61) Mark A. Lemley & Philip J. Weiser, 「Should Property or Liability Rules Govern Information?」, 786; Tim Wu, 「Weapons of Business Destruction－How a tiny little 'patent troll' got Blackberry in a headlock」, http://www.slate.com/id/2135559/ 에서 검색 가능 (2008. 3. 16. 방문), 쪽 수 없음.

62) Mark A. Lemley & Philip J. Weiser, 「Should Property or Liability Rules Govern Information?」, 796.

63) Mark A. Lemley & Philip J. Weiser, 같은 논문, 797～798면; 심미랑, 특허침해금지청구권 기능의 재정립, 고려대학교 대학원 박사학위논문, 2010. 161～162면; 허성욱, 「권리남용금지 법리에 관한 법경제학적 고찰」, 238면 참조. 다만 허성욱 교수는 같은 글에서 일견 거래비용이 많이 들어 보이는 사안이라 하더라도 먼저 Property Rule에 의한 권리보호방식을 고려하되, 그 비효율성으로 말미암은 비용이 지나치게 많이 들고, 법원에 의한 손해배상액의 평가가 비교적 정확하게 평가될 수 있다고 판단되는 사안에 대해서만 Liability Rule을 도입하는 것이 바람직하다고 하고 있다. 같은 글, 241～242면 등 참조.

제 3 장 특허침해

Ⅰ. 서 설

특허침해란 제3자의 실시행위가 특허권의 보호범위에 속하는 것을 의미하며 특허침해가 있어야 권리자(특허권자 또는 전용실시권자)는 침해자에 대하여 침해금지 또는 손해배상을 청구하거나, 형사적 제재를 구하는 등으로 권리를 행사할 수 있다. 이 장에서는 특허권 보호범위의 해석, 구체적 판단방법, 침해의 여러 유형 및 특수한 유형으로서의 균등침해, 간접침해 및 생산방법이 추정되는 예에 관하여 보기로 한다.

Ⅱ. 보호범위의 해석

1. 개 요

특허발명의 보호범위는 특허권의 효력이 미치는 객관적 범위를 의미하는데, 이에 의하여 특허권자의 입장에서는 특허권 설정등록으로 독점적·배타적 실시권한이 부여된 범위가 정해지고, 제3자의 입장에서는 그가 임의로 실시할 수 없는 기술의 범위가 정해진다. 특허발명의 보호범위는 특허청구범위에 기재된 사항에 의하여 정하여지는데(특허법 제97조), 특허청구범위는 발명의 필수적 구성요소를 추상적으로 나열하는 방식으로 기재되는 것이 일반적이므로 그 문언에 의해 특허청구범위가 의미하는 바를 파악하는 것은 당해 발명이 속하는 분야의 전문가라고 하더라도 쉽지 않은 일이다. 따라서 특허발명의 보호범위를 확정하기 위해서는 먼저 특허청구범위를 해석하여야 한다.

우리나라의 침해소송에서는 보호범위의 해석은 법원[64] 또는 특허심판원에[65] 의해 이루어진다. 즉, 권리자가 당해 특허발명의 명세서 및 특허청구범위를 법원 또는 특허심판원에 제출하여 해당 특허권의 보호범위가 이렇게 정해져야 한다고 주장하고, 상대방이 이에 대하여 반론을 하면 법원 또는 특허심판원은 제출된 자료 및 당사자의 주장을 종합하여 보호범위를 아래에서 설명하는 여러 원칙에 따라 정하게 된다. 미국의 침해소송에서는 판사의 주재하에 변론기일로 열리는 마크만 히어링(Markman Hearing)이라는 절차에서 보호범위의 해석이 이루어지는데, 위 절차에서 양측 당사자는 쟁점이 되는 청구항 용어들의 의미에 대한 각자의 견해를 제시하고, 법원이 이를 종합하여 최종적으로 보호범위를 정하게 된다.[66]

2. 판단의 자료

특허권은 설정등록된 경우 특허공보가 발행되는데, 특허공보에는 특허출원서에 첨부된 명세서, 도면 및 요약서가 게재된다. 명세서에는 '발명의 명칭', '(도면이 있는 경우에) 도면의 간단한 설명', '발명의 상세한 설명', '특허청구범위' 등이 기재되는데, 그중 특허청구범위와 발명의 상세한 설명이 가장 중요한 판단자료가 된다.

'발명의 상세한 설명'에는 발명의 목적, 구성, 효과가 기재되는데, 해당 발명의 기술분야에 대해 통상의 지식을 가진 자라면 누구나 발명자가 의도한 것을 실시할 수 있을 정도로 구체적으로 기재되어야 하고, 이 요건이 충족되지 않는 경우 특허권은 무효로 될 수 있다.

'특허청구범위'에는 발명의 상세한 설명에서 설명된 내용 중 특허권자가 특허권으로 보호를 받고자 하는 내용이 기재되어야 하는데, ⅰ) 발명의 상

64) 침해법원 및 특허법원 모두 해당한다.
65) 권리범위확인심판에서는 특허심판원이 특허발명의 보호범위를 정하게 된다.
66) 최승재, 미국특허법, 박영사 2011. 51면.

세한 설명에 의하여 뒷받침되고, ii) 발명이 명확하고 간결하게 기재되어야 하며, iii) 발명의 구성에 없어서는 아니되는 사항만으로 기재되어야 하고(특허법 제42조 제4항), 위 3가지 요건 중 어느 하나라도 만족되지 않을 때에 특허권은 무효로 될 수 있다.

다만, 개정 특허법(2011. 5. 24. 법률 제10716호로 개정되어 2011. 7. 1.부터 시행중인 법률)에 의하면, 발명의 상세한 설명은 ① 그 발명이 속하는 기술 분야에서 통상의 지식을 가진 자가 그 발명을 쉽게 실시할 수 있도록 지식경제부령으로 정하는 기재방법에 따라 명확하고 상세하게 기재되어야 하고, ② 그 발명의 배경이 되는 기술이 기재되어야 한다. 또한 특허청구범위는, i) 발명의 상세한 설명에 의하여 뒷받침되고, ii) 발명이 명확하고 간결하게 기재되어야 한다. 위 개정 법률에 의하면 발명의 상세한 설명에 발명의 목적, 구성 또는 효과가 기재되지 않거나, 특허청구범위를 '구성'만으로 기재하지 않더라도 기재요건위반으로 되지 않는다. 위와 같이 특허청구범위를 기술의 구성만으로 기재할 필요가 없게 되었는데 이러한 개정으로 종래 기능식 청구항이 기재불비인지 여부에 관한 논란은 입법적으로 해결되었다. 다만 위 개정 법률은 2011. 7. 1.이후 최초로 출원하는 특허출원부터 적용되므로, 그 전에 출원되어 등록된 경우에는 여전히 개정 전 법률이 적용된다.

3. 해석의 기준

가. 문언 중심의 해석원칙

특허발명의 보호범위는 특허청구범위의 기재에 기초하여 정하여지고, 발명의 상세한 설명 또는 도면 등에 의하여 이를 정할 수는 없으며, 특허법 제97조는 이 원칙을 명시적으로 선언하고 있다. 판례도 「특허발명의 보호범위는 특허청구범위에 기재된 사항에 의하여 정하여지고, 특별한 사정이 없는 한 발명의 상세한 설명이나 도면 등에 의하여 특허청구범위를 제한하거나 확장하여 해석하는 것은 허용되지 않는다.」라고 하여 특허청구범위가 가장 중요한 해석 기준임을 분명히 하고 있다.[67]

위 원칙에 따라 특허청구범위에 기재되어 있는 사항을 없는 것으로 보아 특허발명의 보호범위를 정할 수도 없고, 특허청구범위에 기재되어 있지 않은 사항을 기재되어 있는 것으로 보아 보호범위를 정해서도 안 된다.

따라서 특허청구범위에는 기재되어 있지 않은 사항이 발명의 상세한 설명에는 기재되어 있는 경우에 발명의 상세한 설명에 기재된 내용을 보호범위로 삼을 수 없다. 예컨대, 특허청구범위는 'A+B+C'로 이루어져 있고 발명의 상세한 설명에는 'A+B+C' 이외에 'A+B' 또는 'A+B+D'로 이루어진 기술까지 포함된 경우에, 'A+B' 또는 'A+B+D'로 이루어진 기술은 특허청구범위에 기재되어 있지 않은 사항이므로 특허발명의 보호범위에 속하지 않는다. 비록 특허권자가 'A+B' 또는 'A+B+D'로 이루어진 기술을 발명하고 이를 발명의 상세한 설명에 기재하였다 하더라도 이를 특허청구범위로 삼지 않은 이상 'A+B' 또는 'A+B+D'로 이루어진 기술은 공중의 영역에 속하게 되고 거기에까지 특허발명의 독점권이 생긴다고 할 수 없다.[68][69]

나. 발명의 상세한 설명 등의 참작

특허청구범위에는 보호를 받고자 하는 기술내용이 응축 기재되어 있기 때문에 특허청구범위에 기재된 사항만을 검토하는 것만으로는 그 의미를 파악하기 어려운 경우가 대부분이다. 이 경우 특허청구범위에 기재되어 있는 기술적인 사항의 정확한 의미를 이해하기 위해서는 발명의 상세한 설명이나 도면 등 명세서의 다른 기재 부분을 참작할 필요가 있고, 이때 발명의 상세한 설명이나 도면은 기술적인 의미를 파악하기 위한 사전으로서의 기능을 수행한다. 판례 역시 「특허청구범위에 기재된 사항은 발명의 상세한 설명이나 도면 등을 참작하여야 그 기술적인 의미를 정확하게 이해할 수 있으므로, 특허청구범위에 기재된 사항의 해석은 그 문언의 일반적인 의미내용을 기초로 하면서도 발명의 상세한 설명 및 도면 등을 참작하여

---

67) 대법원 2007. 11. 29. 선고 2006후1902 판결 등.

68) 대법원 1992. 6. 23. 선고 91후1809 판결도 이와 같은 취지이다.

69) 정상조・박성수 공편, 특허법 주해 I, 1105면(한규현 집필부분).

그 문언에 의하여 표현하고자 하는 기술적 의의를 고찰한 다음 객관적·합리적으로 하여야 한다.」고 판시하고 있다.[70]

그렇다면 항상 발명의 상세한 설명 등을 참조하여 특허청구범위를 해석하여야 한다는 뜻인가, 아니면 특허청구범위의 기재만으로는 의미가 불분명하거나 부족한 경우에만 발명의 상세한 설명 등을 참조하라는 것인지가 문제된다. 주류적 판례들은 "특허청구범위의 기재만으로는 특허의 기술적 구성을 알 수 없거나 알 수 있더라도 기술적 범위를 확정할 수 없는 경우에 명세서의 다른 기재에 의한 보충을 할 수 있다."는 입장을 취하고 있어,[71] 위 '특허의 기술적 구성을 알 수 없거나 알 수 있더라도 기술적 범위를 확정할 수 없는 경우'에 한하여 발명의 상세한 설명 등을 참작할 수 있다고 볼 여지도 없지는 않다. 그러나 그 외의 경우에 참작을 금지하는 취지의 판례는 찾아볼 수 없고, 오히려 대법원은 위와 같은 제한 없이 특허청구범위에 기재된 문언의 의미내용을 해석함에 있어서 상세한 설명 등을 참작하여 객관적, 합리적으로 해석하여야 한다는 취지로 발명의 상세한 설명 등의 참작을 더욱 강화하고 있다.[72] 따라서 판례의 입장은 특허청구범위의 해석에 있어서 발명의 상세한 설명 등이 항상 참작될 수 있고, 특허청구범위의 기재가 불분명한 경우에는 발명의 상세한 설명에 의하여 보충될 수 있다는 입장으로 이해하여야 한다. 참고로 유럽특허조약(EPC) 제69조 제1항은 발명의 상세한 설명을 항상 참작할 것과 특허요건의 판단과정 및 특허침해 여부의 판단과정에서 모두 위 원칙이 적용됨을 분명히 하고

---

70) 대법원 2007. 11. 29. 선고 2006후1902 판결; 특허법원 2009. 7. 2. 선고 2008허10535 판결(「이 사건 제1항 발명의 샤프트는 모터의 회전력을 턴테이블을 통하여 광디스크에 전달하는 구성이라는 점, 발명의 상세한 설명에도 구동 자석과 전기자 코어의 회전 자력에 의하여 샤프트가 회전한다고 기재되어 있는 점, 명세서의 도면 3에는 샤프트가 베이스 플레이트 상에 위치가 고정되어 회전 가능하게 결합되는 구조로 표시되어 있는 점 등을 참작하면, 이 사건 제1항의 '베이스 플레이트 상에 고정된 샤프트'라는 기재는 '베이스 플레이트 위에 위치가 고정되어 회전 가능하게 결합되는 샤프트'로 해석하는 것이 객관적·합리적이고, 발명의 상세한 설명도 이에 부합한다.」고 판시).

71) 대법원 2006. 10. 13. 선고 2004후776 판결 등.

72) 대법원 2006. 12. 22. 선고 2006후2240 판결.

있다.[73] 또한 일본의 최고재판소는 이른바 "리파제" 사건에서 특허청구범위 기재의 기술적 의의가 일의적으로 명확하게 이해할 수 없는 경우에 한하여 발명의 상세한 설명의 기재를 '참작'하는 것이 허용되는 것에 지나지 않는다는 판결을 하였고 그 후 발명의 상세한 설명의 참작을 제한하는 판결들이 나타나게 되자, 명세서의 참작을 원칙으로 하는 내용의 일본 특허법 제70조 제2항이 신설되었으며,[74][75] 현재 일본의 하급심 판결들은 특허청구범위의 문언이 일의적으로 명확한지 여부에 관계없이 발명의 상세한 설명 등을 참작하여 특허청구범위에 기재된 용어의 의의를 해석하여야 한다는 입장에 서 있다.[76] 일본의 하급심 판결 중에는 「당해 특허발명의 특허청구범위의 문언이 일의적으로 명확한지 여부에 관계없이 원서에 첨부한 명세서의 발명의 상세한 설명 또는 도면을 고려하여 특허청구범위에 기재된 용어의 의의를 해석하여야 한다고 함이 상당하다.」고 판시한 것이 있다.[77]

발명의 상세한 설명 등을 참작하여 특허청구범위에 기재된 문언을 해석한다고 하여 발명의 상세한 설명 등에 의하여 특허청구범위에 기재된 사항을 제한하거나 확장해석할 수는 없으며, 이러한 법리는 특허청구범위가 기능적 표현으로 기재되어 있는 경우에도 마찬가지이다.[78] 따라서 발명의 상

73) 유럽특허 또는 유럽특허출원에 의하여 부여되는 보호의 범위는 특허청구범위의 기재에 의하여 정해진다. 다만, 특허청구범위를 해석함에 있어서는 상세한 설명과 도면이 사용되어야만 한다.

74) 일본 특허법 제70조는 아래와 같다.
제70조 ① 특허발명의 기술적 범위는 출원서에 첨부한 특허청구의 범위의 기재에 기초하여 정해져야 한다. ② 전항의 경우에 있어서 출원서에 첨부한 명세서의 기재 및 도면을 고려하여 특허청구의 범위에 기재된 용어의 의미를 해석하는 것으로 한다. ③ 전2항의 경우에 있어서 출원서에 첨부한 요약서의 기재를 고려하여서는 안된다.

75) 박성수, 「특허청구범위의 해석과 출원명세서의 발명의 상세한 설명 및 도면의 참조」, 대법원 판례해설 74호(2007년 하반기)(2008. 7.), 296면.

76) 정상조·박성수 공편, 특허법 주해 I, 1108면(한규현 집필부분) 각주 25에서 재인용. 주 77)의 내용.

77) 일본 동경고등재판소 2006. 9. 28. 선고 평성 18(ネ) 1007 판결은 「당해 특허발명의 특허청구범위의 문언이 일의적으로 명확한지 여부에 관계없이 원서에 첨부한 명세서의 발명의 상세한 설명 또는 도면을 고려하여 특허청구범위에 기재된 용어의 의의를 해석하여야 한다고 함이 상당하다.」고 판시하고 있다.

세한 설명 등을 참작하면서, 특허청구범위에 기재된 문언을 발명의 상세한 설명 등에 기재되어 있는 실시예에 한정하거나, 발명의 상세한 설명 중에는 기재되어 있지만 특허청구범위에는 기재되어 있지 않은 사항을 특허청구범위에 기재되어 있는 것으로 해석하는 것은 원칙적으로 허용되지 않는다. 다만 특허청구범위에 포함되는 것으로 문언적으로 해석되는 것 중 일부가 발명의 상세한 설명의 기재에 의하여 뒷받침되고 있지 않거나 출원인이 그 중 일부를 특허권의 권리범위에서 의식적으로 제외하고 있다고 보이는 경우 등과 같이 특허청구범위를 문언 그대로 해석하는 것이 명세서의 다른 기재에 비추어 보아 명백히 불합리할 때에는, 출원된 기술사상의 내용과 명세서의 다른 기재 및 출원인의 의사와 제3자에 대한 법적 안정성을 두루 참작하여 특허권의 권리범위를 제한 해석하는 것이 가능하다.[79]

현재의 실무에 의하면 특허청구범위 문언의 해석은 다음과 같이 이루어진다. 즉, 특허청구범위에 기재된 문언의 일반적인 의미내용을 기초로 하여 그 문언을 해석하되,[80] 발명의 상세한 설명에 기재된 '특허청구범위에 기재

78) 대법원 2009. 7. 23. 선고 2007후4977 판결(「특허출원된 발명의 특허청구범위에 기능, 효과, 성질 등에 의하여 발명을 특정하는 기재가 포함되어 있는 경우에는 특허청구범위에 기재된 사항에 의하여 그러한 기능, 효과, 성질 등을 가지는 모든 발명을 의미하는 것으로 해석하는 것이 원칙이나, 다만, 특허청구범위에 기재된 사항은 발명의 상세한 설명이나 도면 등을 참작하여야 그 기술적 의미를 정확하게 이해할 수 있으므로, 특허청구범위에 기재된 용어가 가지는 특별한 의미가 명세서의 발명의 상세한 설명이나 도면에 정의 또는 설명이 되어 있는 등의 다른 사정이 있는 경우에는 그 용어의 일반적인 의미를 기초로 하면서도 그 용어에 의하여 표현하고자 하는 기술적 의의를 고찰한 다음 용어의 의미를 객관적, 합리적으로 해석하여 발명의 내용을 확정하여야 한다.」고 판시); 특허법원 2009. 8. 20. 선고 2009허1163 판결{「등록고안의 청구범위에는 가이드바(300)가 승강브라켓(200)의 격판에 융착되어 있는 것으로 기재되어 있는 바, 융착이란 '녹여서 붙인다'는 의미를 가지고 있어 그 기술적 범위가 명백할 뿐 아니라, 격판과 융착되는 대상이 가이드바(300)가 아니라 승강브라켓(200)이라고 해석하는 것은 청구범위 해석의 범위를 넘어 원래의 구성을 전혀 다르게 변경하는 것에 해당하므로 허용될 수 없다.」고 판시}.

79) 대법원 2003. 7. 11. 선고 2001후2856 판결.

80) 강경태, 「특허청구범위해석의 재검토」, 특허소송연구 제4집, 특허법원(2008) 161면은 "문언의 해석은 일반인이 사용하는 문언이 아니라 기술용어가 기준이 되어야 한다."고 설명하고 있다.

된 문언의 설명'을 참작하여 특허청구범위에 기재된 문언을 해석한다. 발명의 상세한 설명 또는 도면에는 특허청구범위에 기재된 문언에 대한 설명이 이루어져 있으므로, 그 설명에 기하여 특허청구범위에 기재된 문언의 의미를 해석한다.[81] 발명의 상세한 설명에 특허청구범위에 기재된 문언의 의미가 정의되어 있는 때에는 그 정의에 따라 특허청구범위에 기재된 문언을 해석한다.[82] 특허청구범위에 기재된 문언의 개념에 포함된 하위 개념을 단지 예시한 기재가 발명의 상세한 설명 또는 도면 중에 있는 것만으로는 여기에서 말하는 정의 또는 설명에 해당하지 않는다.[83]

발명의 상세한 설명에 정의되어 있지 않은 문언을 해석함에 있어서는, 발명의 상세한 설명의 기재와 함께 출원 당시의 기술수준(관련분야의 사전, 교과서, 논문, 특허공보 등에 설명되어 있는 내용)을 참작하여 그 발명이 속하는 기술분야에서 통상의 지식을 가진 자가 당해 문언을 어떻게 이해하는가를 고려하여 해석하여야 한다. 특허청구범위에 기재된 문언의 의미・내용이 불명확한 경우에 발명의 상세한 설명 또는 도면을 참작하여 문언을 해석한다. 특허청구범위의 기재가 명확하지 않지만 발명의 상세한 설명 또는 도면, 출원시의 기술상식을 고려하여 특허청구범위에 기재된 문언을 해석하면 청구항의 기재가 명확해지는 경우에는 이들을 고려하여 그 문언을 해석한다.[84][85] 그동안 재판실무에서는 통상의 기술자가 당해 문언에

81) 三枝英二, 特許侵害訴訟判決例からみた特許發明の技術的範圍, 經濟産業調査會(2006), 25면 참조.

82) 대법원 2005. 9. 29. 선고 2004후486 판결 참조.

83) 정상조・박성수 공편, 특허법 주해 I, 1110면(한규현 집필부분).

84) 정상조・박성수 공편, 특허법 주해 I, 1110면(한규현 집필부분). 명세서의 기술용어는 학술용어를 사용하여야 한다. 용어는 그것이 가지는 보통의 의미로 사용할 것으로 되어 있기 때문에 명세서의 기술용어를 이해 내지 해석함에 있어서 사전류 등의 정의 또는 설명을 참고하는 것도 필요하지만, 그것만으로 이해 내지 해석하려고 하는 것은 타당하지 아니하고 먼저 당해 명세서 또는 도면의 기재에 의하여 사용되고 있는 기술용어의 의미 또는 내용을 이해 내지 해석하여야 한다. 특허청구범위에서 사용되고 있는 기술용어가 통상의 용법과 다르고 그 취지가 발명의 상세한 설명에 기재되어 있거나 특허청구범위에 기재되어 있는 사항이 불명확하여 이해하기 곤란하고 그것의 의미 내용이 발명의 상세한 설명에서 명확하게 되어 있다고 할 수 있는 경우에는 이들 용어를 해석함에 있어서 발명의 상세한 설명을 참작하

관하여 어떻게 이해하는지에 관한 심리가 다소 소홀하였던 측면이 있었는데 앞으로는 이 부분에 관한 충분한 심리를 통해 특허청구범위에 기재된 문언의 정확한 의미를 파악할 필요가 있다.

특허청구범위에 기재된 용어로부터 기술적 구성의 구체적 내용을 파악할 수 없는 경우에는 명세서의 다른 기재 및 도면을 고려하여 그 용어가 표현하고자 하는 기술적 구성을 확정한다.[86] 이는 독립항과 그 종속항의 권리

여야 한다. 일본 특허청, 특허・실용신안 심사기준 참조.

85) 이와 관련하여 대법원은, 「특허권의 권리범위 내지 보호범위는 특허출원서에 첨부한 명세서의 특허청구범위에 기재된 사항에 의하여 정하여지는 것이 원칙이지만, 특허청구범위에 기능, 효과, 성질 등에 의한 물건의 특정을 포함하고 있어 그 용어의 기재만으로 기술적 구성의 구체적 내용을 알 수 없는 경우에는 발명의 상세한 설명이나 도면 등을 참작하여 특허발명의 기술적 구성을 확정하여야 하고(대법원 2006. 12. 22. 선고 2006후2240 판결, 대법원 2007. 6. 14. 선고 2007후883 판결 참조), 특허의 명세서에 기재된 용어는 명세서에 그 용어를 특정한 의미로 정의하여 사용하고 있지 않은 이상 당해 기술분야에서 통상의 지식을 가진 자(이하 '통상의 기술자'라 한다)에게 일반적으로 인식되는 용어의 의미에 따라 명세서 전체를 통하여 통일되게 해석되어야 한다(대법원 2005. 9. 29. 선고 2004후486 판결 참조). 나아가 특허청구범위에 기재된 용어 그대로의 해석이 명세서의 다른 기재에 비추어 보아 명백히 불합리한 경우에는 출원된 기술사상의 내용과 명세서의 다른 기재 및 출원인의 의사와 제3자에 대한 법적 안정성을 두루 참작하여 정의와 형평에 따라 합리적으로 해석하여야 한다(대법원 1998. 4. 10. 선고 96후1040 판결, 대법원 2003. 11. 28. 선고 2002후130 판결 참조).」라고 하면서, 「특허발명의 특허청구범위에 기재된 "유체투과성 플랩"이라는 용어 자체만으로는 일회용 기저귀 분야의 통상의 기술자가 그 기술적 구성의 구체적 내용을 알 수 없고, 특허청구범위의 각 독립항 발명 사이의 관계, 소수성 부직포에 대한 발명자와 통상의 기술자의 인식 및 '유체투과성 또는 유체불투과성'에 대한 명세서의 다른 기재 등을 종합하여 보면, 위 특허발명의 상세한 설명에 개시된 플랩의 재료 중 '기초중량 23.72g/㎡ 내지 27.12g/㎡인 미세망상조직'은 "플랩"에 대한 실시예일뿐이고 "유체투과성 플랩"에 대한 실시예로 개시된 것이라고 보기는 어려우므로, 경쟁사의 일회용 기저귀 제품이 위 특허발명의 권리범위에 포함되지 않는다.」고 하였다. {대법원 2008. 2. 28. 선고 2005다77350, 77367(병합) 판결(특허권침해금지 등)}. 같은 취지의 판결로 대법원 2008. 10. 23. 선고 2007후2186 판결(권리범위확인, 「상세한 설명에 기재된 목적, 효과, 실시예 및 출원인의 의사 등을 참작하여 제1항 발명의 권리범위는 1개의 인쇄판에서 1가지 색을 인쇄하는 구성을 가진 발명에만 한정적으로 미치는 것으로 해석한 다음, 1개의 인쇄판에서 2가지 색을 동시에 인쇄하는 구성을 가진 확인대상발명은 이 사건 제1항 발명의 권리범위에 속하지 않는다.」고 판시).

86) 대법원 2006. 12. 22. 선고 2006후2240 판결[미간행] 참조. 위 대법원 판결은 「이

범위가 동일하게 된다고 하여도 마찬가지이다.[87] 특허청구범위에 기재된

사건 등록고안(등록번호 제223717호)의 실용신안등록 청구범위 제1항에는 "탄성스프링"의 설치와 관련하여 그 실용신안등록 청구범위에 '연결부재에 삽입 구비되어 있어….'라고 기재되어 있고, "삽입"의 사전적 내지 보통의 의미는 '틈이나 구멍 사이에 다른 물체를 끼워 넣음'이라 할 것인데, 문리적으로는 "탄성스프링"이 연결부재 내부에 삽입되는 것으로 이해될 여지도 있으나 외주(外周)에 끼워 넣는 것에 대하여도 삽입이라는 표현이 사용되기도 하므로, 그 실용신안등록 청구범위에 기재된 문언의 기재내용만으로는 이 사건 등록고안의 "탄성스프링"이 연결부재 내부에 삽입·구비되는 것인지, 연결부재 외주에 삽입·구비되는 것인지, 아니면 양자를 포괄하는 것인지 그 의미가 명확하지 않으며, 명세서의 설명 및 도면에는 "탄성스프링"을 연결부재의 외주에 삽입 설치하는 구성을 개시하고 있을 뿐 연결부재 내부에 "탄성스프링"이 삽입 구비될 수 있다는 기재를 찾아 볼 수 없고, 이 사건 등록고안의 "탄성스프링"은 연결부재 상단과 슬라이딩부재 사이 또는 슬라이딩부재와 고정판 사이에서 압축·팽창을 하여 슬라이딩부재가 연결부재의 외부에서 승·하강을 가능하도록 하는 것인데, 만약 "탄성스프링"이 연결부재 내부에 삽입 구비되는 경우에는 "탄성스프링"은 연결부재 상단과 연결부재 외부에 있는 슬라이딩부재 사이 또는 슬라이딩부재와 고정판 사이에서 압축·팽창을 제대로 할 수 없어 별도의 추가적인 구성이 없이는 그 실시가 불가능하여 고안의 목적을 달성할 수 없고, 명세서의 어디에도 그러한 추가적인 구성에 대한 기재 내지 암시가 없으므로 이 사건 등록고안의 "탄성스프링"은 연결부재의 외주에 삽입 구비되는 것으로 보아야 할 것이고…」라고 판단하였다.

87) 대법원 2008. 7. 10. 선고 2008후57 판결[공2008하, 1178]) 참조. 위 대법원 판결은 「이 사건 등록고안(등록번호 제213683호)의 실용신안등록청구범위 제1항(이하 '이 사건 제1항 고안'이라고 하고, 실용신안등록청구범위 제2항도 같은 방식으로 부른다)에는 '링크수단'의 구조에 관하여 그 실용신안등록청구범위에 "가장 상측 게첨대(17)로부터 가장 하측 게첨대(17)까지 게첨대의 중심(17c)을 캐스캐이드 방식으로 연결하여 하강시 게첨대의 중심축(17c)을 중심으로 젖혀지면서 쌓이도록 구성된 링크수단(29)"이라고 기재되어 있을 뿐이어서, 실용신안등록청구범위에 기재된 문언만으로는 '캐스캐이드방식으로 연결하는 링크수단'의 기술적 구성의 구체적 내용을 알 수 없으므로 고안의 상세한 설명과 도면 등을 보충하여 이를 해석하여야 한다. 그런데 고안의 상세한 설명과 도면에는, '캐스캐이드방식으로 연결하는 링크수단'에 관하여 "일측은 게첨대의 중심과 소정의 고정각을 이루며 연결되고 타측은 전단의 게첨대의 일측 링크와 연결된 제1링크 및 일측은 상기 게첨대의 중심과 힌지결합되고 타측은 후속하는 게첨대의 일측 링크와 연결된 제2링크를 포함하여 구성됨을 특징으로 한다.", "최상측의 게첨대(17)가 상승하면 최상측의 게첨대(17) 후속단의 게첨대(17)는 캐스캐이드방식의 링크(29)로 연결되어 있기 때문에 후속단의 모든 게첨대(17)가 차례로 상승하게 된다.", "각각의 게첨대(17)의 중앙에는 2개의 링크(제1링크, 제2링크)가 연결된다. 이러한 V자 형상의 2절링크가 각 게첨대(17)를 캐스캐이드방식으로 연결하며, 이에 따라 최상측의 게첨대(17)에 후속하는 게첨대(17)

용어의 의미가 명료하더라도, 그 용어로부터 기술적 구성의 구체적인 내용을 알 수 없는 경우에는 그 발명의 상세한 설명과 도면의 기재를 참작하여 그 용어가 표현하고 있는 기술적 구성을 확정한다.[88][89]

특허청구범위에 기재된 문언과 발명의 상세한 설명 등에 기재된 사항이 모순되는 경우에는 특허청구범위의 기재내용이 우선하나 이는 어디까지나 특허청구범위가 발명의 상세한 설명에 의해 뒷받침되는 것을 전제로 하는 것으로, 특허청구범위에 기재된 사항이라고 하더라도 발명의 상세한 설명에 의하여 뒷받침되고 있지 않다면 이는 특허발명의 보호범위에 속할 수 없음은 당연하다.[90]

특허청구범위는 발명자가 한 발명으로서 일반에 공개한 것 중 보호받고자 하는 사항만을 청구하는 것이므로 명세서 중의 발명의 상세한 설명과

가 링크로 매달린 형태가 된다."라고 기재되어 있는 바, 이러한 기재를 참작하여 보면, 이 사건 제1항 고안의 실용신안등록청구범위에 기재된 용어인 '캐스케이드방식으로 연결하는 링크수단'에서 표현하고 있는 기술적 구성은 링크연결점이 게첨대의 중심축(17c)과 상하 링크수단 중 게첨대의 중심축과 연결되는 일측(29b)이어서 게첨대들이 차례로 승하강하는 구조로 해석되고, 이 사건 제1항 고안의 권리범위가 이 사건 제1항 고안의 구성 중 '링크수단'을 구체적으로 한정한 종속항인 이 사건 제2항 고안의 권리범위와 동일하게 된다고 하여도 이러한 해석이 금지되는 것은 아니다.」고 판시하고 있다. 이 판결의 해설에 관하여는 한동수, 「등록실용신안의 보호범위의 확정 방법」, 대법원판례해설 제78호, 법원도서관 2009. 432~463면 참조.

88) 대법원 2007. 6. 14. 선고 2007후883 판결[공(278), 1106] 참조. 위 대법원 판결은 「기능적 표현으로서 그 용어 자체만으로는 기술적 구성의 구체적인 내용을 알 수 없는 특허청구범위의 완충기라는 용어를 그 발명의 상세한 설명과 도면에 나타나 있는 완충날개를 가진 구조나 그와 유사한 구조로 그 권리범위를 확정하여 그와 같은 구성을 가지고 있지 않은 확인대상발명이 특허발명의 권리범위에 속하지 않는다.」고 본 원심을 수긍하였다. 이 판결은 특허청구범위에 기재된 문언을 해석하는 방법에 관한 일반론을 설시하면서도 다만 그 사안에서는 특허청구범위에 기재된 문인을 제한하여 해석하였다고 볼 여지도 있는 바, 이 판결에 대하여 "청구범위의 기재가 명료함에도 불구하고 상세한 설명의 기재를 도입하여 한정 해석하는 것은 특허법 제97조에도 어긋나는 것으로 보인다."고 비판하는 견해도 있다{장완호, 「청구범위 해석의 이중성에 관한 고찰」, 특허법원 개원 10주년 기념논문집, 특허법원(2008) 339면 참조}.

89) 정상조・박성수 공편, 특허법 주해 I, 1111, 1112면(한규현 집필부분).

90) 대법원 1998. 5. 22. 선고 96후1088 판결.

특허청구범위에 기재된 기술적 사항이 완전히 일치하는 경우는 드물고, 오히려 부합하지 않는 경우가 많다. 이런 경우 특허청구범위의 해석은 다음과 같이 이루어진다.

① 특허청구범위에 기재된 기술적 사항에 비하여 발명의 상세한 설명에는 그것보다 넓은 기술적 사항이 개시되어 있는 경우에, 특허발명의 보호범위는 명세서의 특허청구범위 중에 표현된 발명의 범위에 한정되는 것이므로, 발명의 상세한 설명에 기재되어 있다고 해도 그 보호범위를 특허청구범위보다 확장할 수는 없다. 이와 관련하여 대법원은 「이 사건 특허명세서의 발명의 상세한 설명 부분에는 (2)+(4)→(5), (5)+(6)→(1)의 방법이 기재되어 있기는 하지만, 이 사건 특허의 청구범위에는 일반식 (2)의 캐톤을 환원제의 존재 하에 일반식 (3)의 디펩티드와 반응시켜서 일반식 (1)의 화합물을 제조하는 방법 즉, (2)+(3)→(1)의 방법만이 기재되어 있고, 이와 같은 특허청구의 범위에 대한 기재 형식은 화합물 제조방법에 관한 발명의 기술적 구성요소인 출발물질, 반응수단, 반응물질, 목적물질 등이 명확하게 특정된 것이라고 할 것이어서 특허청구의 기술적 범위를 해석하고 확정하는 데 어려움이 없다고 보이므로, 이 사건 특허청구의 권리범위를 명세서에만 기재되어 있는 (5)+(6)→(1)의 방법에까지 확장할 수는 없다.」라고 판시하였고,[91] 또한 「기록에 의하면 '통형상의 드럼'은 원래 '그 바깥 테두리가 분리 또는 개방되지 않은 속이 빈 둥글고 긴 통'을 의미하는 것이고, 이 사건 등록고안이 속하는 기술분야에서 바깥 테두리의 일부가 개방된 경우에도 이와 같은 용어를 일반적으로 사용하고 있음을 인정할 만한 증거가 없으므로 원심이 이 사건 등록고안의 상세한 설명 중 실시예 2에 관한 기재를 끌어들여 '통형상의 드럼'을 외주면의 일부가 개방, 분리된 경우까지 포함하는 것으로 해석한 것은 위 법리에 반하여 부당하게 이 사건 등록고안의 권리범위를 확장 해석한 것이다.」고 판시하였다.[92]

② 특허청구범위에는 넓은 범위의 기술적 사항이 포함되어 있지만 발명의 상세한 설명에는 그 일부밖에 기재되어 있지 않은 경우 즉, 특허청구

91) 대법원 1992. 6. 23. 선고 91후1809 판결.

92) 대법원 2003. 5. 16. 선고 2001후3262 판결.

범위에는 상위개념(a1, a2, a3의 상위개념 A)을 사용하여 포괄적으로 기재되어 있지만, 발명의 상세한 설명에는 그 하위개념의 일부(a1)밖에 기재되어 있지 않은 경우 특허발명의 보호범위를 어떻게 확정할 지 문제될 수 있다. 이와 관련하여 대법원은 「이 사건 특허의 청구범위의 기재에 의하면 Na+를 생성할 수 있는 염기를 반응물질로 하는 방법은 일응 그 전부가 이 사건 특허의 권리범위에 속하는 것으로 보아야 할 것인 바, 원심은 이 사건 특허의 권리범위를 실시예 1 및 2에 기재한 NaOH를 반응물질로 하고 수용성 매질을 반응매질로 하는 방법에 이 사건 특허의 권리범위를 한정시켜 해석하여 특허의 권리범위에 관한 법리를 오해한 위법이 있다.」고 판시하였다.[93]

③ 그러나 특허청구범위에 기재된 사항이라 하더라도 발명의 상세한 설명의 기재에 의하여 뒷받침되고 있지 않다면 특허발명의 보호범위에 속할 수 없다. 이는 특허가 발명의 공개에 대한 대가로 부여되는 것이라는 특허권의 본질에 근거한 것이다. 이와 관련하여 대법원은 「특허청구범위의 기재는 발명의 상세한 설명에 의하여 뒷받침되어야 하므로 특허청구범위의 기재가 발명의 상세한 설명에서 기재된 발명의 공헌도에 비추어 지나치게 넓은 경우에는 그러한 기재는 구 특허법(1990. 1. 13. 법률 제4207호로 전문 개정되기 전의 것) 제8조 제4항에 위배되어 부적법하고, 그러한 하자가 있는 채로 특허된 경우에도 그 기술적 범위의 해석에 있어서는 특허청구범위에 기재된 발명을 발명의 상세한 설명에 의하여 뒷받침되는 부분에 한정하여야 한다.」고 판시한 바 있고,[94] 또 「특허권의 권리범위는 특허출원서에 첨부한 명세서의 특허청구범위에 기재된 사항에 의하여 정하여지고, 청구범위의 기재만으로 기술적 범위가 명백한 경우에는 원칙적으로 명세서의 다른 기재에 의하여 청구범위의 기재를 제한 해석할 수 없지만, 청구범위에 포함되는 것으로 문언적으로 해석되는 것 중 일부가 발명의 상세한 설명의 기재에 의하여 뒷받침되고 있지 않거나 출원인이 그 중 일부를 특허권의 권리범위에서 의식적으로 제외하고 있다고 보이는 경우 등과 같이 청구범

93) 대법원 1993. 10. 12. 선고 91후1908 판결.

94) 대법원 1998. 5. 22. 선고 96후1088 판결.

위를 문언 그대로 해석하는 것이 명세서의 다른 기재에 비추어 보아 명백히 불합리할 때에는, 출원된 기술사상의 내용과 명세서의 다른 기재 및 출원인의 의사와 제3자에 대한 법적 안정성을 두루 참작하여 특허권의 권리범위를 제한 해석하는 것이 가능하다. 위 법리와 기록에 의하면, 이 사건 특허발명의 상세한 설명에 기재된 목적, 실시례, 효과를 참작하여 제1항 발명의 기술 내용 중 '트랙터(1)의 전방으로 90° 회동시킬 수 있도록 상기 중앙써레판(40) 양끝에 연결'하는 수단을 위치에너지를 이용하여 접고 펴는 것이 가능하도록 중앙 써레판과 외측 써레판을 연결하는 구성으로 제한하여 해석함이 상당하므로, 원심이 이를 전제로 하여 (가)호 발명의 써레 본체에 연결된 유압실린더를 이용하여 써레판을 접고 펴는 기술내용과 제1항 발명이 그 구성 및 효과에서 많은 차이가 있고, (가)호 발명의 써레판을 접고 펴는 기술구성이 제1항 발명의 위치에너지를 이용한 기술구성을 이용하면서 단순히 유압실린더를 부가한 것에는 해당하지 않으며, 제1항 발명의 구성요소 2와 (가)호 발명의 구성요소 B도 그 구성에서 차이가 크다는 이유로, (가)호 발명이 이 사건 특허발명의 특허청구범위 제1항 및 위 청구항의 종속항인 특허청구범위 제2항 내지 제6항의 권리범위에 속하지 않는다는 취지로 판단한 것은 정당하고, 거기에 상고이유에서 내세우는 권리범위 해석에 관한 법리오해나 심리미진의 위법이 없다.」고 판시하였다.[95)]

다. 출원경과의 참작

출원경과 참작의 원칙은 출원부터 특허에 이르기까지의 과정을 통해 출원인이 표시한 의사 또는 특허청이 표시한 의견을 참작하여 특허청구범위를 해석하여야 한다는 원칙으로, 예를 들어 형식적으로 특허청구범위에 속하는 것이라고 하더라도, 출원인이 보정절차를 통하여 의식적으로 제외한 것은 특허발명의 보호범위에 포함되지 아니한다. 출원경과의 참작은 주로 피고가 주장하게 된다. 즉, 문언상으로는 피고 실시기술이 특허발명의 범위에 속하는 것으로 일응 인정되나, 피고는 출원경과를 참작하면 출원인이 문언의 범위에서 피고 실시기술과 중첩되는 범위를 제외하였으므로 그 보

95) 대법원 2003. 7. 11. 선고 2001후2856 판결.

호범위에 속하지 않는다는 식으로 주장하게 된다. 따라서 출원경과의 참작은 언제나 필요한 것은 아니며, 당사자(주로 피고)의 주장을 기다려 이 원칙을 적용하면 된다.

출원경과 참작의 원칙의 적용시기와 관련하여, 발명의 상세한 설명 등을 참작하여도 특허청구범위의 의미가 명확하게 이해되지 않는 경우에 한해서 위 원칙을 적용할 수 있다는 견해와, 위 원칙의 적용시기를 위 경우로 못박을 필요는 없다는 견해가 대립되는데, 위 원칙이 주로 피고의 방어수단으로서 기능하고 있는 점에 비추어 보면, 당사자의 주장이 있으면 위 원칙을 적용하면 될 뿐, 위 원칙의 적용시점을 특별히 한정할 필요는 없다고 생각된다.

출원의 경과를 알 수 있는 자료는 출원서류 또는 포대(包袋) 즉, 최초의 명세서, 도면, 거절이유통지서, 보정서, 이의신청서, 답변서, 거절결정불복의 심판청구서, 정정심판청구서 등이 있다. 특허권자가 거절이유통지를 받고 또는 스스로 특허청구범위의 문언을 보정하거나 정정한 경우 그 보정이나 정정의 이유를 살펴봄으로써, 특허청구범위의 문언의 의미를 이해할 수 있다. 예컨대 특허권자가 출원 중에 심사관의 거절이유통지나 이의신청에 대응하여 발명의 요지를 한정하거나 발명의 특징을 명료하게 하기 위해 특허청구범위나 발명의 상세한 설명에 대해 보정하거나 의견을 제출한 경우, 특허청구범위를 위와 같은 보정이나 제출된 의견을 참작하여 해석하여야 한다.

출원인이 의견서 등에서 특허청구범위에 기재된 문언에 관하여 설명하였다면, 이에 기초하여 특허청구범위를 해석하되, 참작을 하는 경우에도 특허청구범위에 기재된 문언을 확장하거나, 제한하여 해석할 수는 없다.

출원경과 참작의 원칙의 또 다른 모습은 출원경과금반언 또는 포대금반언으로 나타난다. 이는 출원경과에서 출원인이 의식적으로 한 주장과 모순되는 주장을 하는 것은 허용되지 않는다는 원칙으로, 이에 의하면 출원인이 의견제출을 하면서 '의식적으로' 문제되는 문언의 범위에서 특정 영역을 보정을 통해 감축하거나 이러한 취지의 의견을 제출한 경우,[96] 후일 이에

96) 대법원 2006. 6. 30. 선고 2004다51771 판결. 거절이유통지를 받고 거절결정을 피하

모순되는 주장을 하는 것은 허용되지 않는다. 다만 '의식적으로' 제외한 것이 아니라면 위 원칙은 적용되지 않으며, '의식적으로' 제외된 것에 해당하는지 여부는 명세서뿐만 아니라 출원에서부터 특허등록될 때까지 심사관이 제시한 견해, 출원인이 제출한 보정서와 의견서 등에 나타난 출원인의 의도 등을 참작하여 판단하여야 한다.

비교대상발명과 대비하여 신규성이나 진보성이 있는지가 문제되어 이와 중첩되는 특정 성분의 범위를 감축한 것이라면 위 원칙을 적용되는 것은 명백하나, 기재불비를 극복하기 위하여 보정한 경우에도 위 원칙이 적용되는지 문제된다. 보정이 문언의 실질적인 의미의 변화 없이 그 의미를 보다 명료하게 하기 위한 것에 지나지 않는 '표면적인 것'이라면 의식적 제외로 볼 수 없으나, 그렇지 않고 보정이 더 나은 설명을 위한 목적이라고 하여도 특허청구범위를 감축·삭제한 경우에는 위 원칙이 적용되어야 한다는 견해가 있다. 미국연방대법원은 이른바 "Festo 사건"에서 금반언의 원칙은 선행기술을 회피하기 위한 경우뿐만 아니라 모든 법정 특허요건을 만족하기 위하여 행해진 특허청구범위의 보정 즉, 미국 특허법 제112조의 명세서 기재불비와 관련한 보정이 필수적이어서 특허청구범위를 축소한 것이라면, 가사 그것이 보다 나은 설명을 위한 것이었다고 하더라도 금반언의 원칙이 적용된다고 하면서도, 다만 금반언의 원칙은 침해인정의 절대적 장애사유의 관점(absolute bar approach)이 아니라 상대적 장애사유의 관점(flexible bar approach)에서 보아야 한다고 판단한 바 있다.[97]

출원경과금반언 원칙은 초기에는 뒤에서 보는 균등침해가 문제되는 경우에 균등론을 제한하는 역할을 해왔지만, 현재는 그 적용범위가 더욱 확장되어 위와 같이 문언침해 자체의 성립이 문제되는 경우에도 적용되고 있다.

출원경과금반언 원칙과 관련하여 대법원은, 「원심은, … 피고가 이 사건

기 위하여 원출원의 특허청구범위를 한정하는 보정을 하는 한편 원출원발명 중 일부를 별개의 발명으로 분할출원한 경우도 같다(대법원 2008. 4. 10. 선고 2006다35308 판결).

97) Festo Co. v. Shoketsu Kinzoku Kogyu Kabushiki Co. 122 S.Ct. 1831, 2002.

특허발명의 출원시에 단순히 '엠보싱 가공을 한 부직포'를 그 특허청구범위로 기재하였다가 특허청으로부터 '부직포의 일면 또는 양면에 엠보싱을 하는 기술'이 이미 공지되었다는 이유로 거절이유를 통지받자 '부직포에 처리되는 엠보싱을 표면과 이면의 양측 동일한 위치에 형성되게 하는 구성'만을 특허청구범위로 기재한 보정서를 제출하여 이 사건 특허를 받은 것이므로, 이 사건 특허발명의 권리범위는 위와 같이 한정된다고 할 것이어서, 출원경과금반언의 원칙상 부직포의 일면에만 엠보싱을 형성한 확인대상발명에 대하여는 이 사건 특허발명의 권리범위를 주장할 수 없다는 취지로 판단하였는데, 이러한 원심의 판단을 정당하다.」고 판시하였다.[98]

라. 공지기술의 참작

특허청구범위가 공지기술만으로 이루어져 있는 경우 그 권리범위가 인정되지 않는다. 이는 피고가 항변으로 내세우는 주장이므로, 피고의 방어수단 편에서 자세히 다루기로 한다.

4. 특수한 청구항의 해석

가. 기능식 청구항의 해석

발명을 특정하기 위한 사항이 작용, 기능, 성질 또는 특성에 의하여 표현된 청구항을 기능식 청구항[99]이라고 하는데, '접지선 검출수단', '제어수단' 등이 기능식 표현의 예이다. 예전에는 특허제도는 발명의 구성을 보호하기 위한 것이지 그 효과나 기능을 보호하기 위한 것은 아니라는 이유로 기능식으로 청구항을 기재하는 것을 허용하지 않았으나, 기술의 발전에 따라 소프트웨어 관련 발명, 영업방법 발명 등 새로운 분야의 발명이 출현하여 이를 보호하기 위해 청구범위를 기능적으로 작성할 필요성이 증대하였고, 2007. 7. 1.부터 시행된 특허법에서는 "특허청구범위에는 발명의 구성에 없어서는 아니 되는 사항만으로 기재될 것"을 요구하고 있던 제42조 제4항

98) 대법원 2003. 12. 12. 선고 2002후2181 판결.
99) 미국 특허법의 means plus function claim에서 유래된 용어이다.

제3호를 삭제하고, 「특허청구범위를 기재할 때는 보호받고자 하는 사항을 명확히 할 수 있도록 발명을 특정하는 데 필요하다고 인정되는 구조·방법·기능·물질 또는 이들의 결합관계 등을 기재하여야 한다.」는 특허법 제42조 제6항을 신설하여 기능식 청구항에 관한 기재불비의 논란이 해결되었다고 할 수 있다.

발명을 구조로 표현하기 어려운 기술분야인 컴퓨터 관련발명에 대하여 특허청은 청구항에서 발명의 범위가 명확한지 여부에 관한 다음과 같은 심사기준을 가지고 있다.

i) 당업자가 출원 시 기술상식을 고려하여 청구항에 기재된 물건을 특정하기 위한 사항으로부터 그 기능을 가진 물건을 상정할 수 있는 경우에는 발명의 범위가 명확하다.

ii) 이에 대해 당업자가 출원 시 기술상식을 고려해도 청구항에 기재된 물건을 특정하기 위한 사항으로부터 그 기능을 가진 구체적인 물건을 상정할 수 없는 경우에는 통상 발명의 범위가 명확하지 아니하다.

iii) 상정할 수 없는 경우에도, ① 그 기능으로부터 특정해야만 명세서 또는 도면에 기재된 발명을 적절히 특정할 수 있으면서 ② 그 기능을 가진 물건과 출원 시 기술수준의 관계를 이해할 수 있을 때에는 발명의 범위가 명확하다.[100]

미국 특허법 제112조에서는 means plus function 청구항에 관하여 특별히 규정하고 있다. 즉, 위 청구항에 해당하기 위해서는 ① 조합(combination) 청구항일 것, ② '~을 하기 위한 수단'(means for)이라는 용어가 사용될 것, ③ 해당 수단이 이루고자 하는 기능(function)의 존재, ④ 해당 기능의 달성에 필요한 구조, 물질 또는 공정이 해당 청구항 내에 미존재의 요건을 갖추어야 하고, 기능식 청구항의 권리범위에 대하여 명세서에 기재된 구조, 재료 및 행위에 상응하는 범위 및 그 균등물에 한정되어 해석된다고 규정하고 있다.[101][102]

---

100) 컴퓨터 관련발명 심사기준(특허청 2005. 4. 15. 발행).

101) 김운호, 「이른바 기능식 청구항의 해석에 관하여」, 특별법연구 9권 (2011. 07.), 사법발전재단 770면.

위와 같은 명문 규정에도 불구하고, 미국 특허청은 1994년경까지 기능식 청구항에 대한 심사단계에서 청구항에서 구하는 것과 같은 기능을 수행하는 어떠한 선행기술도 신규성 상실의 근거가 된다고 하여 청구항을 최대한 넓게 해석하였다. 즉, 심사단계에서는 기능식 청구항을 해석함에 있어 명세서에 개시된 구조에 한정하여 해석하지 아니함으로써, 미국 특허법 제112조 제6단은 침해소송에서의 무효판단 및 무효확인소송(Declaratory Judgment) 등 법원에서의 권리범위해석에만 적용되는 것이지, 특허출원절차에서 진보성 등 특허요건을 심사하는 경우에는 적용되지 않는다는 입장을 견지하였다. 위와 같이 미국 특허청이 특허청구항을 제한해석하는 특허법 규정에도 불구하고, 같은 기능을 수행하는 모든 수단으로 청구항을 넓게 해석한 것은 제112조 제6단의 적용에 따른 균등물의 확정이 심사관에게 큰 부담이 되었기 때문이다. 그러다가 1994년 미국 연방항소법원은 Donaldson사건[103]에서 제112조 제6단은 특허청에서의 심사단계에서나 법원에서의 무효 및 침해판단에서 모두 적용된다고 하면서 이와 반대되는 판례를 폐기하였고, 미국 특허청도 이에 맞추어 심사기준을 개정함으로써 위 판결 이후부터는 출원심사단계에 있어서도 제112조 제6단을 적용하게 되었다.[104]

우리나라의 특허법에는 기능식 청구항의 해석방법에 관한 규정을 두고 있지 않으므로 그 해석방법에 관한 문제는 판례와 학설에 맡겨 있는데, 발명의 상세한 설명 등을 참작하여 기능식으로 작성된 문언의 범위를 제한해석하는 것이 허용되는지 여부 및 제한해석의 범위 등이 문제되어 왔고, 이에 관한 논의는 특허요건 판단시 발명의 내용을 정하는 단계와 특허등록 이후에 권리범위를 확정하는 단계에서 구별하여 살펴보기로 한다.

(1) 특허요건 판단단계

---

102) 「An element in a claim for a combination may be expressed as a means or step for performing a specified function without the recital of structure, material, or acts in support thereof, and such claim shall be construed to cover the corresponding structure, material, or acts described in the specification and equivalents thereof.」

103) In re Donaldson Co., 16 F.3d 1189, 29 USPQ 2d 1845(Fed. Cir.).

104) 김운호, 앞의 글, 772면.

특허청구범위의 기재만으로 보호범위가 명확한 경우에는 비록 특허청구범위가 기능식 표현으로 기재되어 있다 하더라도 발명의 상세한 설명 등 다른 기재에 의해 이를 '제한' 해석하는 것은 허용되지 않는 것이 원칙이다(다만 기능식 청구항의 경우 특허청구범위의 기재에 의해 보호범위가 명확한 경우는 드물다). 그러나 예외적으로 그 기재만으로는 보호범위를 명확히 알 수 없는 경우에는 발명의 상세한 설명 등 다른 부분의 기재를 보충하여 명세서 전체로서 특허발명의 기술내용을 '실질적으로 확정'할 수 있고, 대법원 역시 '고안의 상세한 설명과 도면의 기재를 참고하여 실질적으로 그 의미 내용을 확정하여 보면'이라는 표현을 사용하거나,[105] '명세서의 다른 기재부분을 보충하여 명세서 전체로서의 특허발명의 기술내용을 실질적으로 확정할 것'이라는 표현을 사용하여[106] 실질적 확정 과정을 거쳐 보호범위를 정하고 있다.[107]

'실질적으로 확정'한다는 의미에 관하여는 견해의 대립이 있다. ①견해는 청구항에 기재된 기능식 표현이 의미하는 기술적 구성을 발명의 상세한 설명과 도면에 나타난 구성으로 '제한'하여 해석한다는 것을 의미하고, '제한'이란 기능식 청구항을 앞서 설명한 일반적인 특허청구범위의 해석방법(문언해석, 발명의 상세한 설명 등의 참작)에 의해 해석하는 것보다 더욱 한정한다는 의미로서, 청구항에 기재된 기능적 표현이 의미하는 기술적 구성이 발명의 상세한 설명과 도면에 나타난 구성으로 한정되고, 이 경우 발명의 상세한 설명과 도면이 특허청구범위와 같은 역할을 하게 된다고 본다.[108] 이 견해는 미국 특허법의 해석과 같은 입장이라고 할 수 있다. ②견해는 기능식 청구항의 경우 발명의 상세한 설명이나 도면 등을 참작하여 그 권리범위를 실질적으로 확정하는 과정은 필수적이기는 하나, 그러한 확정은 발명의 상세한 설명 등의 참작을 통하여 드러나는 기술사상으로부터 파악되는 기술적 구성 모두를 포함하는 넓은 개념으로 보아야 한다는 입장

105) 대법원 2001. 6. 29. 선고 98후2252 판결.
106) 대법원 2006. 10. 26. 선고 2004후2260 판결.
107) 김운호, 앞의 글, 791면.
108) 박성수, 「개방형 청구항 및 발명의 필수구성요소와 특허청구범위의 해석」, 대법원 판례해설 제66호(2002), 111면.

이다. 위 견해에 따르면 예컨대 출원발명에 탄성수단이라는 기재가 있는 경우, 발명의 상세한 설명을 참작하면 출원발명은 완충기능을 하는 것임에 반하여, 비교대상발명은 반발기능을 하는 내용이라면 같은 탄성수단이라고 하더라도 그 기술사상이 다르기 때문에, 비교대상발명의 반발기능을 목적으로 하는 탄성수단 때문에 진보성이 부정된다고 해석하지 않지만, 완충기능을 하는 모든 구성을 포함하는 넓은 개념이라고 한다.109)

제한(또는 해석)의 정도에 관하여 보면, ①견해에 의하면, 청구항에 기재된 기능적 표현이 의미하는 기술적 구성을 발명의 상세한 설명 등에 기재된 내용 중에서도 실시예로 기재된 구체적 구성만으로 한정해석하고, ②견해에 의하면 발명의 상세한 설명 등에 명시적으로 기재되어 있지 않더라도, 그 기재내용으로부터 발명이 속하는 기술분야에서 통상의 지식을 가진 사람이 추고할 수 있는 범위로 해석한다.

①, ②견해 모두 발명의 상세한 설명과 도면을 참조하여 보호범위를 정한다는 점에서는 공통된다. 또한 ②견해 역시 해석의 결과 청구항의 보호범위가 상세한 설명 또는 도면에 나타난 실시예와 동일해질 수 있음을 배제하지 않는다. 우리 특허법에 미국 특허법 제112조와 같은 명문규정이 없는 점, 우리나라 특허법에서는 실시예 기재 의무가 부과되지 않은 점 등을 종합하여 볼 때, ②견해가 보다 유연하고 원칙론에 가까운 입장이라고 생각된다.

대법원 역시 최근 거절결정에 관한 상고사건에서 「발명의 내용의 확정은 특별한 사정이 없는 한 특허청구범위에 기재된 사항에 의하여야 하고 발명의 상세한 설명이나 도면 등 명세서의 다른 기재에 의하여 특허청구범위를 제한하거나 확장하여 해석하는 것은 허용되지 않으며, 이러한 법리는 특허출원된 발명의 특허청구범위가 통상적인 구조, 방법, 물질 등이 아니라 기능, 효과, 성질 등의 이른바 기능적 표현으로 기재된 경우에도 마찬가지이다. 따라서 특허출원된 발명의 특허청구범위에 기능, 효과, 성질 등에 의하여 발명을 특정하는 기재가 포함된 경우에는 특허청구범위에 기재된 사항에 의하여 그러한 기능, 효과, 성질 등을 가지는 모든 발명을 의미하는 것

109) 김운호, 앞의 글, 793면.

으로 해석하는 것이 원칙이나, 다만 특허청구범위에 기재된 사항은 발명의 상세한 설명이나 도면 등을 참작하여야 그 기술적 의미를 정확하게 이해할 수 있으므로, 특허청구범위에 기재된 용어가 가지는 특별한 의미가 명세서의 발명의 상세한 설명이나 도면에 정의 또는 설명이 되어 있는 등의 다른 사정이 있는 경우에는 그 용어의 일반적인 의미를 기초로 하면서도 그 용어에 의하여 표현하고자 하는 기술적 의의를 고찰한 다음 용어의 의미를 객관적, 합리적으로 해석하여 발명의 내용을 확정하여야 한다.」는 견해를 밝혔는 바,[110] 등록단계에서는 ②견해에 가까운 입장을 취하고 있다고 할 수 있다.

(2) 보호범위 확정단계

기능식 청구항은 명세서에 개시된 범위가 특허청구된 권리의 범위보다도 작지 않아야 한다는 특허법의 핵심적인 기본원칙을 준수하기 위하여, 보호범위를 제3자에게 알린다는 청구범위의 존재이유와 특허발명의 보호범위는 특허청구범위에 기재된 사항에 의하여 정하여진다는 특허법 제97조의 규정에도 불구하고, 그 보호범위를 명세서 또는 도면에서 개시된 구체적 구성(실시 예)에 한정하는 것이 바람직하다고 하는 견해가 있다.[111]

대법원 판례에 관하여 본다.

① 대법원 2003. 11. 28. 선고 2002후130 판결〔권리범위확인(특)〕

「특허권의 권리범위는 특허출원서에 첨부한 명세서의 특허청구범위에 기

110) 대법원 2009. 7. 23. 선고 2007후4977 판결(「명칭이 "음성 제어 방법"인 출원발명의 보정된 특허청구범위 제15항의 구성 1 '플레이어의 조작에 의해 캐릭터의 체형을 결정하는 결정수단'은 기능, 성질 등에 의한 용어가 포함되어 있는 구성으로서 발명의 상세한 설명이나 도면 등 명세서의 다른 기재에 의하면 플레이어의 조작에 의하여 캐릭터의 체형을 선택하거나 작성하여 캐릭터의 체형을 결정하는 구성을 의미하는 것으로 해석되므로, 비교대상발명 1에 개시된 '캐릭터의 일람 화면표시에서 캐릭터를 선택하여 캐릭터의 체형을 결정하는 구성'을 포함하고 있고, 구성 2 '외부로부터 입력되는 음성 또는 사전에 준비되는 음성의 성질을 캐릭터의 체형에 관한 속성정보에 기초하여 변환하는 변환수단'은 통상의 기술자가 비교대상발명 1, 2로부터 용이하게 발명할 수 있으며, 구성 3 '변환된 성질의 음성을 캐릭터의 음성으로 출력하는 출력수단' 역시 비교대상발명 1, 2에 이미 공지되어 있으므로, 특허청구범위 제15항은 진보성이 부정된다.」고 한 사례).

111) 정차호, 「기능식 청구항의 해석에 관한 소고」, 특허소송연구, 특허법원 192면.

재된 사항에 의하여 정하여지고, 청구범위의 기재만으로 기술적 범위가 명백한 경우에는 원칙적으로 명세서의 다른 기재에 의하여 청구범위의 기재를 제한 해석할 수 없지만, 청구범위에 포함되는 것으로 문언적으로 해석되는 것 중 일부가 발명의 상세한 설명의 기재에 의하여 뒷받침되고 있지 않거나 출원인이 그 중 일부를 특허권의 권리범위에서 의식적으로 제외하고 있다고 보이는 경우 등과 같이 청구범위를 문언 그대로 해석하는 것이 명세서의 다른 기재에 비추어 보아 명백히 불합리할 때에는, 출원된 기술사상의 내용과 명세서의 다른 기재 및 출원인의 의사와 제3자에 대한 법적 안정성을 두루 참작하여 특허권의 권리범위를 제한 해석하는 것이 가능하고, (중략) 이 사건 특허발명의 상세한 설명에 기재된 목적, 실시례, 효과 등에 의하면, 제1항 발명의 구성요소 중 "접지선 검출수단"은 수용가로 급전되는 전원선 중에서 접지된 전원선의 유무 및 어느 전원선이 접지된 전원선인가를 '자동으로' 검출하는 구성으로, "제어수단" 역시 접지 전원선 판별결과에 대응하여 스위칭 수단으로 하여금 기기 내부의 접지선을 검출된 접지 전원선에 '자동으로' 연결해 주는 구성으로 제한하여 해석함이 상당하므로……」라고 판시하고 있다.

② 대법원 2007. 1. 12. 선고 2005후2465 판결〔권리범위확인(특)〕

「발명의 명칭을 "형광램프"로 하는 원고의 이 사건 특허발명(특허번호 제221195호)의 청구범위 제1항은 인접한 형광램프들을 연결시키기 위하여 '상부 본체의 끝단부에 형성된 설치홈을 통하여 설치되는 연결구와 상기 연결구들을 상호연결하여 주도록 하는 접속구'의 구성을 갖고 있는 반면, 확인대상발명은 인접한 형광램프들을 일렬로 연결시키기 위하여 '본체의 양단부에 연결구를 조립하고, 이 연결구의 접지단자에 연결케이블을 삽입'하는 구성을 채택하고 있는 바, 이 사건 제1항 발명의 '연결구들을 상호 연결하여 주도록 하는 접속구'라는 기재는 기능적 표현이므로 그 기술적 범위를 확정하기 위하여 이 사건 특허발명의 명세서의 상세한 설명과 도면을 참작하여 보면, 이 사건 제1항 발명의 '접속구'는 박스 형태로서 중앙으로 격벽이 형성되어 있고 그 내측부로는 U자형의 연결편이 형성된 구성으로서, 이 사건 제1항 발명은 이 접속구의 연결편을 통하여 연결구가 끼워짐에 따라 각 형광등 본체에 끼워진 연결구간의 접속이 이루어지거나, 접속구의 일측으로 삽입되는 제2연결구 사이로 일정한 간격을 갖는 전선을 연결하여 이 전선을 통하여 각 형광등 본체 간의 전원이 연결되도록 하는 발명이라고 해석되는 반면, 확인대상발명은 위와 같은 '접속구'와 동일하거나 균등관계에 있는 구성이 결여된 채 단지 형광램프의 '연결구의 접지단자'에 '연결케이블'을 접속시켜 인접한 형광램프와 연결시키는 발명이라고 해석되므로, 확인대상발명은 이 사건 제1항 발명의 권리범위에 속한다고 볼 수 없다.」

③ 대법원 2007. 6. 14. 선고 2007후883 판결〔권리범위확인(특)〕

「이 사건 특허발명의 특허청구범위 제1항, 제5항에 기재된 완충기라는 용어는 인라인스케이트 등이 주행할 때 휠 액슬에 가하여지는 충격을 흡수한 후 이를 영구자석에 전달하지 않는 구성을 의미함이 분명하나, 완충기라는 용어는 기능적 표현으로서 그 용어 자체만으로는 기술적 구성의 구체적인 내용을 알 수 없으므로, 그 발명의 상세한 설명과 도면을 참작하여 보면, 이 사건 특허발명의 '발명의 상세한 설명'에는 완충기의 재질에 대하여는 아무런 기재가 없고, 그 구조에 대하여는 '완충기의 원주상에 탄력성이 양호한 재질로 이루어진 완충날개들이 구비되고, 완충날개들과 영구자석의 사이에는 외부충격으로부터 완충작용을 확실하게 하기 위한 완충공간이 이루어진 구성'만이 기재 내지 도시되어 있어서, 이 사건 제1항, 제5항 발명의 완충기가 표현하고 있는 기술적 구성은 완충날개를 가진 구조나 그와 유사한 구조라고 할 것이다.」[112)]

위에서 본 바와 같이 대법원은 청구범위에 포함되는 것으로 문언적으로 해석되는 것 중 일부가 발명의 상세한 설명의 기재에 의하여 뒷받침되고 있지 않은 경우 보호범위를 청구범위에 기재된 문언의 범위를 발명의 상세한 설명이나 도면에 의해 제한해석할 수 있다는 입장에 있다.

특허청구범위는 발명의 상세한 설명의 기재에 의해 뒷받침되어야 하는 것이고(특허법 제42조 제4항 제1호), 특허권은 기술공개에 대한 보상으로 일정기간 동안 독점권이 부여되는 점(이러한 취지에서 특허법에서는 발명의 상

112) 김운호, 앞의 글, 796~799면에서 재인용.

세한 설명을 '그 발명이 속하는 기술 분야에서 통상의 지식을 가진 자가 그 발명을 쉽게 실시할 수 있도록 명확하고 상세하게 기재할 것'이라는 요건을 두고 있다)을 고려할 때 상세한 설명에 기재되지 않은 발명은 비록 특허청구범위에 기재하였다고 하더라도 이를 일반에 공개하였다고 할 수 없다. 따라서 이러한 청구범위의 보호범위는 특허권자가 일반에 공개하였다고 할 수 있는 범위에 제한해석하는 것이 타당하고, 제한해석의 기준은 발명의 상세한 설명 또는 도면에 나타난 발명이 될 것이다.[113] 이러한 점에서 대법원 판례의 입장은 타당하다고 본다.

나. 제법한정 물건 청구항(product by process claim)의 해석

물건의 발명의 청구항이면서도 청구항에 기재되어 있는 하나 이상의 구성이 그것을 제조하는 방법이나 수단을 사용하여 표현된 경우가 종종 있는데, 이를 제법한정물건 청구항, 프로덕트 바이 프로세스 청구항, 방법적 형식으로 기재한 물건에 관한 청구항, 방법의 형태로 물건을 특정한 청구항, 물의 발명을 제법적으로 표현(표시)하는 청구항이라고 부른다. 여기에는 다른 구성요소 없이 순수한 제조방법만이 기재되어 있는 경우와, 다른 구성요소와 함께 그 제조방법이 기재되어 있는 경우가 있다.

미국의 경우 과거에는 제법한정물건 청구항은 발명품의 구성을 제조방법으로 특정하는 것 이외에 달리 구성을 특정할 방법이 없는 경우에만 허용되었는데(이를 'Rule of Necessity'라 한다), 이러한 요건을 갖추지 못한 물건에 관한 청구항을 기재한 특허출원이 계속되자, 위 요건을 완화하고자 하는 움직임이 일었고, 급기야 미국 CCPA(관세특허항소법원)가 In re Pilkington 사건[114] 또는 In re Brown 사건에서[115] 위 요건의 구비 여부를 묻지 않고

---

113) 김운호, 앞의 글, 800면 참조. 같은 글의 저자는 이를 특허권의 본질에 근거한 제한이라고 부른다.

114) In re Pilkington, 411 F.2d 1345, 1348, 162 USPQ 145, 147(CCPA 1969).

115) In re Brown, 459 F.2d 531, 173 USPQ 685 (C.C.P.A 1972). 「…This latter type of claim, usually called a product-by-process claim, does not inherently conflict with the second paragraph of 35 U.S.C. § 112.… That method of claiming is therefore a perfectly acceptable one so long as the claims

허용한 이래 실무상 위 요건을 갖추지 못하여도 제법한정물건 청구항이 허용되고 있고, 미국심사기준에서도 이러한 내용이 반영되기에 이르렀다.[116][117]

우리나라의 현행 심사지침[118]에 의하면, 제법한정물건 청구항은 특허를 받고자 하는 물건의 구성을 적절히 기재하기 어려운 경우에 한하여 예외적으로 인정되며, 심사관은 이와 같은 형식으로 청구한 물건의 구성이 용이하게 기재될 수 있음에도 물건의 구성을 기재하지 않아 발명이 불명확하다고 인정되는 경우 특허법 제42조 제4항 제2호 위반으로 거절이유를 통지한다고 규정하고 있다.

제법한정물건 청구항에서 물건의 특정을 위하여 기재된 제조방법을 특허발명의 필수구성요건으로 보아야 하는지 여부가 문제된다. 등록무효에 관한 사건에서 대법원은「물건의 발명의 특허청구범위에 그 물건을 제조하는 방법이 기재되어 있다고 하더라도 그 제조방법에 의해서만 물건을 특정할 수밖에 없는 등의 특별한 사정이 없는 이상 당해 특허발명의 진보성 유무를 판단함에 있어서는 그 제조방법 자체는 이를 고려할 필요 없이 그 특허청구범위의 기재에 의하여 물건으로 특정되는 발명만을 그 출원 전에 공지된 발명 등과 비교하면 된다.」고 판단한 이래,[119] 등록무효사건에서 이러한 법리를 계속 이어가고 있다.[120] 위 법리를 밝힌 모든 대법원 판결 등은 '제조방법에 의해서만 물건을 특정할 수밖에 없는 등의 특별한 사정'을 인정하지 않았지만, 위 법리의 반대해석상 제조방법에 의해서만 물건을 특정할 수밖에 없는 특별한 사정이 있는 경우에는 그와 같은 제조방법을 포함하여

---

particularly point out and distinctly claim the product or genus of products for which protection is sought and satisfy the other requirements of the statute.」, at 535.

116) 정상조·박성수 공편, 특허법 주해 I, 1183~1185면(윤태식 집필부분).

117) Manual of Patent Examining Procedure(2006. 8. 개정) 2173.05(p) Claim Directed to Product-By-Process or Product and Process.

118) 심사지침서(2006. 10. 개정), 특허청 4139면.

119) 대법원 2006. 6. 29. 선고 2004후3416 판결.

120) 대법원 2007. 5. 11. 선고 2007후449 판결(파기환송); 대법원 2008. 8. 21. 선고 2006후3472 판결(상고기각); 대법원 2009. 3. 26. 선고 2006후3250 판결(파기환송); 대법원 2009. 9. 24. 선고 2007후4328 판결.

당해 특허발명의 진보성 유무를 판단하여야 한다는 결론에 이르게 된다. 우리나라뿐만 아니라 미국, 일본 등 세계 각국의 실무 및 판례는 일치하여 제법한정물건 청구항의 특허성 판단과 관련해서는 청구항에 기재된 방법은 고려하지 않고 물건 그 자체에 대해 신규성, 진보성 등을 요구하고 있어 제조방법에 관한 기재가 물건의 구성을 한정하는 것으로 보지 않는 이른바 '동일성설'의 입장에 서 있다고 할 수 있다.[121)]

특허침해단계에서 제법한정물건 청구항의 해석을 정면으로 다룬 대법원 판결은 아직 나와 있지 않다. 특허법원 판결 중에는 「이 사건 제4항은 이른바 생산방법을 한정한 물건에 관한 청구항(Product by process claim)인데, 특허법 제42조 제4항 제3호에서는 청구항에는 발명의 구성에 없어서는 아니되는 사항만으로 기재될 것으로 요구하고 있으므로, 이러한 청구항도 권리범위를 확정함에 있어서는 물건의 생산방법에 관한 기재를 구성요소로 포함하여 청구항을 해석하여야 한다.」고 방론에서 판단하거나,[122)] 「청구범위에 물건을 제조하는 방법이 물건의 특성에 영향을 주는 구성요소로 명확히 기재되어 등록된 경우 그 효력범위를 정하는 데 있어서는 그 물건을 제조하는 방법을 그 발명의 필수적 구성요소로 보아 그 한정된 제조방법에 의해 만들어져 그 특정된 성질이나 특성을 가지는 물건에만 효력이 미치는 것으로 해석하여야 할 것이다.」라고 판단한[123)] 바 있어, 특허법원은 특허침해 판단시 제조방법에 관한 구성을 물건의 구성에 포함하여 해석하여야 한다는 이른바 '한정설'의 입장에 서 있다. 미국의 경우도 침해판단 단계에서

121) 미국의 In re Thorpe, 777 F.2d 695, 698 (Fed. Cir. 1985). 위 판결에서 CAFC는 「프로덕트 바이 프로세스 청구항이 방법에 의하여 제한되고 정의되더라도 특허성 유무의 결정(determination of patentability)은 물건 자체(the product itself)에 근거하여 결정된다.」라고 판시하였다. 일본 동경지적재산고등재판소 2006. 12. 7. 선고 2005년(行け) 제10775 판결은 「당해 제조방법은 어디까지나 그 결과 제조되는 당해 물건의 구성을 일의적으로 특정하기 위한 지표로서 기능하는 것이므로, 프로덕트 바이 프로세스 청구항의 신규성 및 진보성을 심리함에 있어서 당해 제조방법과는 다른 방법에 의하여 제조된 물건이라도 물건의 구성이 객관적으로 동일하다면 당해 발명에 포함된다고 해석하여야 한다.」고 판시하였다.

122) 특허법원 2004. 11. 5. 선고 2004호11 판결.

123) 특허법원 2006. 11. 1. 선고 2005허10947 판결.

는 청구항에 기재된 방법을 고려하여 침해 여부를 판단하고 있으나,[124] 일본의 경우에는 제조방법을 구성요소로서 고려하지 않는 동일성설의 입장에 서 있다.[125]

이와 같이 등록요건 판단단계에서는 제조방법을 구성요소로서 고려하지 않는 동일성설을, 침해 판단단계에서는 제조방법을 구성요소로서 고려하는 한정설을 취하는 실무를 비판하면서, 양 단계를 구별하지 않고 모두 동일성설 또는 한정설을 취하여야 한다거나, 원칙적으로 양 단계 모두 동일성설에 따르되 일정한 사정이 있는 경우에는 특허청구범위에 기재된 제조방법으로 제조된 물건으로 한정하는 예외를 인정하자는 견해도 있다.[126]

청구항에서 일응 제조방법으로 기재된 것이라고 해석될 여지가 있는 문언이 실질적으로는 구조적인 관계를 나타내는 것으로 해석되는 경우(이 경우는 제법한정물건 청구항이라 할 수 없다), 구성이나 특징을 명확하게 하기 위해 위 제조방법에 관한 문언을 고려하는 것이 원칙적으로 허용됨은 당연하다.[127]

출원인 입장에서는 등록된 이후에는 가급적 권리범위가 넓은 것을 선호하는 것은 당연한 현상이다. 그래서 가급적 등록을 쉽게 받기 위해 물건에 관한 청구항을 기재하면서 물건의 필수적 특징이 아닌 제법 등의 문언을 부가함으로써 출원단계에서 신규성이나 진보성 심사를 통과한 후에 권리행사 단계에서 제법 등의 문언이 권리범위를 정함에 있어서 참작되어서는 안 된다고 주장하는 것은 금반언의 원칙에 반할 소지가 크다. 또한 특허청구

124) Abbott Labs v. Sandoz Inc., 566 F.3d 1282 (Fed. Cir. 2009) (en banc in part).

125) 일본 최고재판소 제3소법정 1998. 11. 10. 선고 평성 10(オ) 제1579호 판결; 동경고재 2002. 9. 26. 선고 평성 14(ネ) 제1089호 판결. 위 법원은 위 사건에서「물건의 발명에 의한 특허청구의 범위에 당해 물건의 형상을 특정하기 위한 작도법이 기재되어 있는 경우에는 위 작도법에 의하여 얻어진 형상과 동일형상을 구비하는 것이 특허발명의 기술적 범위에 속하기 위한 요건으로 되는 것이고, 위 작도법에 의하여 제조되고 있는 것이 요건으로 되는 것이 아니다.」라고 판시하였다.

126) 한국특허법학회 편, 특허판례연구, 박영사 2009. 143~144면(조영선 집필부분). 그 외 일반적으로 등록요건 판단단계와 침해 판단단계에서 동일한 해석기준을 적용하여야 한다는 논의에 관하여는, 장완호,「청구범위 해석의 이중성에 관한 고찰」, 특허법원 개원 10주년 기념논문집, 특허법원 2008. 309~356면 참조.

127) 정상조 · 박성수 공편, 전게서 1211면(윤태식 집필부분).

범위의 기재방법을 규정하는 현행 특허법 제42조 제6항에서는 「발명을 특정하는 데 필요하다고 인정되는 구조·방법·기능·물질 또는 이들의 결합관계 등을 기재하여야 한다.」고 규정하고 있는데, 구성요소 외에 특허청구범위에 기재된 구조·방법·기능·물질 또는 이들의 결합관계 등은 모두 '발명을 특정하는 데 필요하다고 인정되는' 것이다. 따라서 권리범위를 정함에 있어서도 이를 고려하는 것은 당연하므로 적어도 권리행사단계에서는 한정설이 타당하다고 생각된다.

Ⅲ. 침해여부의 구체적 판단방법

침해여부의 구체적인 판단방법은, 특허청구범위에 기재된 구성요소(elements)와 원고가 특정한 피고 실시제품(특정의 구체적인 방법은 「제4장 권리자(원고)의 공격방법」의 설명부분을 참조할 것)의 구성요소를 일대일로 대비하여 동일한지 여부를 검토하여야 하는데, 이는 출원전 공지된 기술(비교대상발명)과 특허청구범위에 기재된 발명의 구성요소를 일대일로 대비하여 동일성 여부를 판단하는 신규성의 판단방법과 동일하다. 간혹 침해소송에서 침해 여부를 판단함에 있어서 특허발명과 피고 실시기술의 구성요소끼리를 대비하는 것이 아니라 양발명의 목적 및 효과까지 대비하여 주장하는 경우를 찾아볼 수 있는데, 목적, 구성 및 효과 면에서 대비하는 것은 발명의 진보성을 판단할 때 적용하는 방법이므로,[128] 침해 여부 판단 시에 이러한 방법을 적용하는 것은 적절하지 않다. 다만 특허청구범위에 기재된 구성요소의 의미를 해석하기 위해 발명의 상세한 설명이나 도면 중에 기재된 구성요소의 작용이나 효과 등을 참작하는 것은 당연히 가능하다.

128) 특허청 심사지침에서도 「심사관은 출원 당시에 통상의 기술자가 직면하고 있던 기술수준 전체를 생각하도록 노력하는 동시에 발명의 상세한 설명 및 도면을 감안하고 출원인이 제출한 의견을 참작하여 출원발명의 목적, 기술적 구성, 작용효과를 종합적으로 검토하되, 기술적 구성의 곤란성을 중심으로 목적의 특이성 및 효과의 현저성을 참작하여 종합적으로 진보성이 부정되는지 여부를 판단한다.」고 하고 있다. 특허청 발간 특실심사지침서 2011년도 추록 3302, 3303면.

특허발명의 보호범위에 속하기 위해서는 피고 실시기술에 특허청구범위에 기재된 구성요소가 모두 포함되어야 하고(이를 '구성요소완비의 원칙, all element rule'이라 한다), 어느 하나라도 빠져 있다면 원칙적으로 피고 실시기술은 특허발명의 보호범위에 속하지 않는다. 예컨대, 특허청구범위에 기재된 특허발명이 ⓐ, ⓑ, ⓒ요소로 이루어져 있는데, 피고 실시기술이 ⓐ, ⓑ, ⓒ, ⓓ로 이루어져 있다면 피고 실시기술은 특허발명의 보호범위에 속하게 되지만, 피고 실시기술이 ⓐ, ⓑ, ⓔ로 이루어져 있다면, 이는 특허발명의 보호범위에 속하지 않는다.

Ⅳ. 침해가 문제되는 여러 유형

1. 생략발명, 불완전이용발명

침해물건 등이 특허발명의 구성요소 중 비교적 중요성이 낮은 구성요소를 생략하여 특허발명의 작용효과보다 열악하거나 같은 효과를 가져오는 것을 이른바 생략발명으로, 이와 같은 생략발명에 일정한 구성요소를 부가한 것을 불완전이용발명으로 부르기도 하는데, 이 경우 특허권 침해를 인정할 수 있는지가 문제가 된다.

특허침해의 기본적 유형인 문언침해는 특허발명의 구성요소가 그대로 침해물건 등에 있을 것을 요구하므로 구성요소 일부가 없는 생략발명이나 불완전이용발명이 문언침해에 해당하지 않음은 분명하다. 또한, 균등침해에 관하여 보면, 생략된 구성요소의 기능, 방식 및 효과를 다른 요소가 실질적으로 수행하고 있을 때에는 균등관계에 있는 것으로 볼 수 있지만, 생략발명이나 불완전이용발명에서 말하는 구성요소의 생략이란 위와 같은 균등에도 해당하지 않는 경우를 말하므로 균등침해도 성립하지 않는다.

우리 판례는 이에 관하여, 특허발명의 청구범위의 청구항이 복수의 구성요소로 되어 있는 경우에는 그 각 구성요소가 유기적으로 결합한 전체로서의 기술사상이 보호되는 것이지, 각 구성요소가 독립하여 보호되는 것은 아니므로, 특허발명과 대비되는 침해물건 등이 특허발명의 특허청구범위에 기재된 필수적 구성요소 중의 일부만을 갖추고 있고 나머지 구성요소가 빠진 경우에는 원칙적으로 그 침해물건 등은 특허발명을 침해한 것이 아니라는 입장을 취하고 있으므로,129) 생략발명이나 불완전이용발명은 원칙적으로 특허침해에 해당하지 않는다.130)

2. 이용발명

이용발명은 특허발명 즉, 기본발명의 구성요소를 모두 그대로 가지고 있으면서(이를 '발명으로서의 일체성을 유지한다'라고도 한다) 새로운 구성요소를 부가하여 특허등록을 받은 경우를 말하며, 이러한 이용발명의 실시는 이용대상이 되는 기본발명에 관한 특허권의 침해에 해당한다(특허법 제98조 참조). 기본발명의 구성요소에 부가된 구성요소가 기본발명과 구별되는 새로운 특허의 성립을 가능하게 하는 근거가 되지 못하는 경우에는 이용발명의 관점에서가 아니라 기본발명과 동일성이 인정되는 발명으로서 문헌침해가 성립한다고 보아야 한다.

이용관계에 의한 침해가 성립하는 요건으로서 특허발명을 '그대로' 이용하는 것은 문언 기재 그대로 이용하는 것뿐만 아니라 균등물을 이용하는 경우를 포함한다.131)

---

129) 대법원 2001. 9. 7. 선고 99후1584 판결.

130) 다만 대법원은 물건의 용도가 청구항에 기재된 경우와 관련하여, 「감광드럼에 관한 물건의 발명인 특허발명의 청구항의 기재에 의하면 감광드럼을 실제로 사용함에 있어서 이를 부품으로 하는 화상형성장치 또는 주조립체에 결합하여 사용할 것이 분명하더라도, 특허발명의 기술적 특징을 갖춘 감광드럼을 특허권자의 허락 없이 업으로서 생산하였다면 바로 특허침해가 완성되고, 그 감광드럼을 생산한 후에 현실적으로 이를 부품으로 하는 화상형성장치 등에 결합하여 사용하여야만 비로소 특허침해가 성립하는 것은 아니다.」라는 취지로 판시하였다(대법원 2006. 10. 12. 선고 2006다1831 판결).

131) 대법원 2001. 8. 21. 선고 98후522 판결; 대법원 2001. 9. 7. 선고 2001후393 판결(선 등록고안과 후 고안이 이용관계에 있는 경우에는 후 고안은 선 등록고안의 권리범위에 속하게 되고, 이러한 이용관계는 후 고안이 선 등록고안의 기술적 구성에 새로운 기술적 요소를 부가하는 것으로서 후 고안이 선 등록고안의 요지를 전부 포함하고 이를 그대로 이용하되, 후 고안 내에 선 등록고안이 고안으로서의 일

화학물질의 제조방법에 관한 기본발명에 촉매를 이용하는 과정을 추가한 경우 이용발명에 해당하는지 여부가 문제된 사건에서 판례는, 「촉매라 함은 반응에 관여하여 반응속도 내지 수율 등에 영향을 줄 뿐 반응 후에는 그대로 남아 있고 목적물질의 화학적 구조에는 기여를 하지 아니하는 것임을 고려하면, 화학물질 제조방법의 발명에서 촉매를 부가함에 의하여 그 제조방법 발명의 기술적 구성의 일체성 즉, 출발물질에 반응물질을 가하여 특정한 목적물질을 생성하는 일련의 유기적 결합관계의 일체성이 상실된다고 볼 수는 없으므로, 촉매의 부가로 인하여 그 수율에 현저한 상승을 가져오는 경우라 하더라도, 달리 특별한 사정이 없는 한 선행 특허발명의 기술적 요지를 그대로 포함하는 이용발명에 해당한다고 봄이 상당하다.」라고 한 바 있다.[132)]

3. 우회발명

이는 특허발명의 구성요건 중 출발요소와 최종요소는 동일하게 하면서도 특허에 저촉하는 것을 피하기 위하여 불필요한 공정을 부가한 형태의 실시태양을 말한다. 예컨대, A+B+C→Y의 특허발명에 대하여 A+B+C+C′

체성을 유지하는 경우에 성립하며, 이는 선 등록고안과 동일한 고안뿐만 아니라 균등한 고안을 이용하는 경우도 마찬가지이다).

132) 대법원 2001. 8. 21. 선고 98후522 판결. 한편, 서울고등법원은, 원고들은 발명의 명칭이 '숙취해소용 천연차 및 그 제조방법'이고 특허청구범위를 '오리나무 추출물 10~80 중량%와 마가목 추출물 20~90 중량%로 구성된, 숙취해소용 천연차'로 하는 특허발명의 특허권자이고, 피고들은 숙취해소용 천연차 제품을 생산 판매하고 특히 피고 1은 오리나무 추출액과 마가목 추출액 각 9%, 그 외에 32가지의 서로 다른 물질로 구성된 '액상차'를 제조판매하는 자인데, 원고들이 피고들을 상대로 특허권침해금지청구를 한 사건에서, 「피고 실시제품은 오리나무 추출물과 마가목 추출물이 전체 조성물에서 차지하는 비중이 크지 않고, 위 2가지 물질이 숙취해소를 가져오는 작용기전에 있어 피고 실시제품에 추가된 다른 여러 물질과 어떠한 상대적 화학반응을 하는지 여부를 알 수 있는 자료가 없어, 상대적 비중이 낮은 오리나무 추출물과 마가목 추출물이 다른 물질의 감쇄작용에 의해 숙취해소 효과를 상실하고 추가된 다른 물질의 작용에 의하여 그러한 효과가 발현되었을 가능성을 배제할 수 없다」는 이유로 '발명으로서의 일체성'을 부인하였다. 서울고등법원 2011. 7. 7. 선고 2009나32883 판결.

→Y의 침해물건 등을 실시하는 경우로서, 우회발명은 특허발명의 구성요소를 모두 포함하고 있으므로 특허침해가 성립한다.[133)]

4. 선택발명 및 수치한정발명

상위개념의 발명이 이미 공지되어 있거나 선행특허로서 존재하고 있고, 위 상위개념에 포함되는 하위개념을 구성요소 중의 전부 또는 일부로 하는 이른바 선택발명은, 선행발명이 선택발명을 구성하는 하위개념을 구체적으로 개시하지 않고 있으면서, 선택발명에 포함되는 하위개념들 모두가 선행발명이 갖는 효과와 질적으로 다른 효과를 갖고 있거나, 질적인 차이가 없더라도 양적으로 현저한 차이가 있는 경우에 한하여 특허를 받을 수 있다 (대법원 2003. 4. 25. 선고 2001후2740 판결).

선택발명은 선행발명에 구체적으로 개시되어 있지 않은 기술사상을 내용으로 하는 것으로서 선행발명이 인식하지 않은 발명이기 때문에 등록을 허

133) 대법원 1997. 11. 14. 선고 96후2135 판결; 대법원 2000. 7. 4. 선고 97후2194 판결 등. 한편 특허발명이 종래기술에서 일반적으로 사용되던 기술적 수단을 생략하였음을 특징으로 하는 구성을 가지고 있는 경우, 그에 대비되는 확인대상발명이 그 생략된 기술적 수단을 명시적으로 채택하고 있다면, 그 확인대상발명은 특허발명의 위 구성을 갖추지 못한 것으로서 특허발명의 권리범위에 포함되지 않는다. 대법원 2006. 11. 23. 선고 2005후18 판결{「휴대용 통신장비의 안테나 장치에 관한 이 사건 특허발명(등록번호 제299298호)의 청구범위 제1항(이 사건 제1항 발명)은 '임피던스 변환 없이 50옴의 전기회로에 직접 접속되는 1/4파장 안테나의 급전점'을 구성요소로 삼고 있고, 이 구성은 종래 흔히 안테나의 급전점과 휴대용 통신장비 본체 사이에 설치되어 사용되던 임피던스 변환기를 생략하여 안테나 장치가 휴대용 통신장비의 본체에 직접 접속됨을 기술적 특징으로 하고 있음에 반하여, 피고가 이 사건 특허발명의 권리범위에 속하지 아니한다는 확인을 구하고 있는 원심 판시 확인대상발명의 대응되는 구성은 '임피던스 변환기 및 단말기 회로에 항시 집촉하여 전기적으로 연결되어 있는 도전성링'으로서 이 사건 제1항 발명이 생략한 임피던스 변환기를 명시적으로 채택하여 안테나와 휴대용 통신장비 본체가 직접 연결되지 않고 있는 바, 그렇다면 원심 판시의 확인대상발명은 이 사건 제1항 발명의 위 구성을 갖추지 못하여 그 권리범위에 속하지 아니하며, 이러한 사정은 임피던스 변환기가 이 사건 제1항 발명의 대상물품인 안테나 장치 그 자체 내에 설치되는 것이 아니라 안테나 장치와 접속되는 휴대용 통신장비 본체에 설치되는 것이라고 하여 달리 볼 것은 아니다.」라고 판시}.

용하기는 하나, 선택발명을 실시하는 것이 상위개념에 관한 기본발명의 특허권을 침해하는 것인지에 관하여는 견해가 대립되고 있다. 침해부정설은 특허발명과 선택발명은 각각 별개의 발명이고 상호 독립적이라거나 선택발명이 성립한 부분은 특허발명에서 처음부터 포함되어 있지 않았다거나 특허발명이 보호되는 범위는 발명자가 출원시에 인식한 범위에 한하므로 선택발명은 특허발명의 발명자가 표현한 기술사상과 다른 것이라는 등의 이유로 침해를 부정하는 입장이다. 침해긍정설로는, ① 선택발명은 특허발명의 구성요소를 모두 가지고 있기 때문에 이용침해에 해당하나, 다만 형식적으로는 구성요소가 중복된 것처럼 보이지만 선행의 특허발명과는 실질적으로 전혀 다른 형식으로 과제를 해결하거나 전혀 이질적인 결과를 초래하여 선행 특허발명의 기술적 사상을 이용하고 있는 것으로 볼 수 없는 때에는 특허침해를 부정할 수 있다는 견해, ② 선택발명은 이용발명의 한 태양일 수 있으나, 모든 선택발명이 이용관계를 가지는 것은 아니고 선행 특허발명의 출원당시의 기술수준 등을 참작하여 선행 특허발명의 보호범위와 그 기술개시 내용에 따라 이용관계 여부가 판단되어야 하는 바, 선행의 특허권자가 출원 당시에 인식하지 못했던 구성요소의 선택과 그에 의하여 선행의 특허발명이 예측하지 못하던 새로운 작용효과를 발휘하는 기술사상에 대해서까지 특허발명의 보호범위가 확장될 수 없음은 명백하므로, 이 경우 양자는 원칙적으로 별개의 것이고 이용관계도 존재하지 않는다고 하여야 한다는 견해 등이 있다. 미국에서는 선택발명이 기본발명의 침해로 된다는 입장에 있고,[134] 일본에서는 침해긍정설과 침해부정설이 대립하고 있는데, 일본 판례와 다수설은 침해긍정설을 따르고 있다.[135]

---

134) 竹田 稔 감수, 특허심사·심판의 법리와 과제, 발명협회 2002. 293~294면; 강경태, 「선택발명의 제문제」, 사법논집 제46집, 법원도서관(2008) 60면에서 재인용. 미국에서는 선택발명(species)이 선행의 속(genus)발명에 대해서 신규하고 비자명하다 하더라도 선택발명이 선행발명의 범위 내에 있다면 그 실시는 침해라고 한다.

135) 竹田和彦, 김관식 외 4인 역, 특허의 지식 제8판, 도서출판 에이제이디자인기획 2011. 556면; 일본의 경우, 京都地判 1999. 9. 9. 판결 [1996년(ワ)1597호]은, 「선택발명으로서 특허성이 있는지의 여부는 선택발명이 선행발명의 기술적 범위에 속하는지 여부에 관한 문제와 다른 차원의 것이고, 선택발명으로서 특허되었기 때문

대법원은 선택발명이 기본발명을 침해하는지 여부가 문제된 사건 즉, 확인대상발명이 특허발명과 출발물질과 목적물질은 동일하고 반응성 유도체를 특허발명의 하위개념에 속하는 '1-하이드록시 벤조트리아졸'로 특정한 사안에 관하여, 「이 사건 특허발명의 명세서에는 확인대상발명의 아실화제를 사용하는 것에 관한 기술이 전혀 없는 반면에 확인대상발명에는 아실화제를 특정하여 사용함으로써 확인대상발명이 특허발명에 비하여 제조공정(티아졸 환의 2-아미노기를 보호할 필요가 없는 점), 반응온도(상온에서 반응이 가능한 점), 아실화수율(특허발명이 67.2%인데 비하여 95%에 이르는 점) 등에 있어서 현저히 향상된 작용효과가 있으므로 양 발명은 기술적 사상을 현저히 달리하는 것으로서 서로 다른 발명이다.」라는 취지로 판시한 바 있다.[136] 이 판결에 대하여는 신규성이나 진보성 유무와 침해 여부는 별개의 문제이므로 진보성 유무에 의해 침해 여부를 판단하는 것은 잘못된 것이라는 비판이 있다.[137]

하급심 판결 중에는 '안경렌즈 가공장치'에 관한 특허발명의 권리범위확인 사건에서, 구성요소 대비시 「단순히 '배출수단이 구비된 배출장치'라고만 한정하고 있는 특허발명의 배출장치(C)는 보다 구체적인 내용을 갖는 확인대상발명의 위 배출부에 대하여 상위개념의 관계에 있으므로, 구성요건 3은 이에 대응하는 확인대상발명의 위 구성을 포함하고 있다.」고 한 뒤, 「확인대상발명은 이 사건 특허발명 청구항 5의 구성요소를 모두 가지고 있으면서 이를 이용한 이용발명의 관계에 있다.」고 판결한 예가 있다.[138]

수치한정발명이란 선행발명에 대하여 구체적 수치로서 그 구성요소를 한

에 선행발명의 기술적 범위에 속하지 않는다고 하는 논지는 성립되지 않는다.」고 하여 긍정설을 취하였고, 大阪地判 1975. 1. 24. 판결 [1973년(ワ)3834호]도, 「소위 선택발명으로 성립할 수는 있어도 본건 특허발명과의 관계에서는 이용관계(종속관계)가 인정되기 때문에, 본건 특허의 권리자의 승낙을 얻은 것에 대한 주장·입증이 없는 한 선택발명을 실시할 수 없다.」고 하여 긍정설을 취하였다.

136) 대법원 1991. 11. 12. 선고 90후960 판결.

137) 상세한 논의는 특허법원 지적재산소송실무연구회, 지적재산소송실무, 김철환 집필부분, 박영사 2006. 241~243면; 강경태, 「선택발명의 제문제」, 사법논집 제46집, 법원도서관 2008. 55~60면 참조.

138) 특허법원 2004. 3. 5. 선고 2003허1284 판결(확정).

정한 발명을 말하며, ① 그와 같은 수치한정이 그 기술분야에서 통상의 지식을 가진 자에게 용이하지 않고, ② 효과도 예측이 곤란한 경우에는 특허를 받을 수 있는데(위 요건을 이른바 '임계적 의의'라고 한다), 이는 화학분야에서 많이 볼 수 있다. 수치한정발명이라 하더라도 등록되기 위해서 항상 임계적 의의가 요구되는 것은 아니다. 최근 대법원은 「특허등록된 발명이 그 출원 전에 공지된 발명이 가지는 구성요소의 범위를 수치로써 한정하여 표현한 경우에 있어, 그 특허발명의 과제 및 효과가 공지된 발명의 연장선상에 있고 수치한정의 유무에서만 차이가 있는 경우에는 그 한정된 수치범위 내외에서 현저한 효과의 차이가 생기지 않는다면 그 특허발명은 그 기술분야에서 통상의 지식을 가진 자가 통상적이고 반복적인 실험을 통하여 적절히 선택할 수 있는 정도의 단순한 수치한정에 불과하여 진보성이 부정된다. 다만 그 특허발명에 진보성을 인정할 수 있는 다른 구성요소가 부가되어 있어서 그 특허발명에서의 수치한정이 보충적인 사항에 불과하거나, 수치한정을 제외한 양 발명의 구성이 동일하더라도 그 수치한정이 공지된 발명과는 상이한 과제를 달성하기 위한 기술수단으로서의 의의를 가지고 그 효과도 이질적인 경우라면, 수치한정의 임계적 의의가 없다고 하여 특허발명의 진보성이 부정되지 아니한다.」고 판시하여[139] 임계적 의의가 요구되지 않는 예외를 인정한 바 있다.

수치한정발명이 선행발명의 특허권을 침해하는지 여부에 관하여는 선택발명에 관한 논의가 그대로 적용될 수 있다.

Ⅴ. 균등침해

1. 개 요

피고 실시기술의 구성요소가 특허발명의 대응되는 구성요소와 문언상으로는 동일하지 않더라도 서로 등가관계(equivalent)에 있다면 침해물건 등이 특허발명을 침해하는 것으로 보는 것이다. 특허발명의 청구범위는 문자

139) 대법원 2010. 8. 19. 선고 2008후4998 판결.

로 기술적 사상을 표현하여 그 보호범위로 삼는 것인데, 문자로 표현하는 것의 한계 때문에 발명을 특허청구범위에 그대로 담기 어렵고, 장래 발생할 수 있는 침해 유형을 모두 예상하여 특허청구범위를 작성하는 것이 곤란하여, 침해자는 발명의 구성 중 비교적 경미한 부분에 변화를 가하여 특허발명의 침해를 회피하고자 하는 경우가 많은 점을 고려하여 일정한 요건하에 문언침해가 아니더라도 특허침해로 인정하고자 한 것이다. 예를 들어 A+B+C→Y1인 특허발명과 A+B+C'→Y2인 피고 실시기술을 대비하여 본 결과 C와 C', 그리고 Y1과 Y2가 각기 실질상 동일한 가치로 평가되는 경우에는 특허침해가 된다는 것이다.

종래 대법원은 '단순한 형상의 변경', '부품의 위치 변경', '공정의 순서 변경', '조성물의 성분비율 변경', '부품의 상하좌우 등 방향의 변경' 등의 경우에는 피고의 실시형태가 원고의 특허발명과 실질적으로 동일하다고 하여 특허권 침해를 인정하였으나, 이에 대하여는 실질적 동일성이라는 개념이 모호하고 동일성의 범위를 지나치게 확대한 것이라는 비판을 받아오던 중, 2000. 7. 28. 선고 97후2200 사건에서 처음으로 균등침해의 요건을 정립하였고, 이는 대법원의 확립된 견해로 되었다.

2. 요 건

균등침해가 성립하기 위해서는, ① 양 발명의 과제의 해결원리가 동일하고, ② 구성요소의 치환에 의하더라도 특허발명에서와 같은 목적을 달성할 수 있고 실질적으로 동일한 작용효과를 나타내며, ③ 그와 같이 치환하는 것을 그 발명이 속하는 기술분야에서 통상의 지식을 가진 자가 용이하게 생각해낼 수 있을 정도로 자명하다면, ④ 침해물건 등이 특허발명의 출원시에 이미 공지된 기술 내지 공지기술로부터 이 기술분야에서 통상의 지식을 가진 자가 용이하게 고안할 수 있었던 기술에 해당하거나, ⑤ 특허발명의 출원절차를 통하여 침해물건 등의 치환된 구성요소가 특허청구범위로부터 의식적으로 제외된 것에 해당하는 등의 특별한 사정이 없는 한, 침해물건 등의 치환된 구성요소는 특허발명의 대응되는 구성요소와 균등관계에 있는 것으로 보아 침해물건 등이 여전히 특허발명을 침해한 것으로 보는 것이다. 이 중 ①②③을 균등침해의 적극적 요건, ④⑤를 소극적 요건이라고 부르며, 적극적 요건은 원고가, 소극적 요건은 피고가 주장・입증책임을 부담한다. 위 97후2200 사건에서는 소극적 요건을 피고가 주장・입증하지 않아 소극적 요건이 쟁점이 되지는 않았으나, 대법원에서 균등침해의 법리를 처음으로 설시하면서 다른 사건의 판단에 기준을 제시하는 차원에서 소극적 요건까지 함께 설시하였다고 한다.

가. 적극적 요건

(1) 과제해결원리의 동일성

과제해결의 원리가 동일하다는 것은 특허발명과 피고 실시기술에서 치환된 구성이 특허발명의 비본질적 부분이어서 피고 실시기술이 특허발명의 특징적 구성을 그대로 가지고 있는 경우를 말한다. 특허발명의 특징적 구성을 파악함에 있어서는 특허청구범위에 기재된 구성의 일부를 형식적으로 추출할 것이 아니라 명세서의 발명의 상세한 설명의 기재와 출원 당시의 종래기술 등을 참작하여, 종래기술과 차별화되는 특허발명 특유의 특징을 파악하여야 한다.[140] 발명의 목적 및 효과 역시 고려하여야 하는데, 치환된

140) 대법원 2009. 6. 25. 선고 2007후3806 판결(「명칭이 "다수의 자외선램프를 구비하는 수처리장치"인 특허발명의 특허청구범위 제1항은 '디퓨저 방식'을 채용함에 따라 선택된 특유의 해결수단인 반면, 그 구성요소를 각 치환・변경하여 구성한 확인대상발명은 '벤투리 인젝터 방식'을 채용한 것이므로 양 발명은 과제의 해결원리가 동일하지 않고, '벤투리 인젝터 방식'이 '디퓨저 방식'에 비해 현저히 우수한 살균효과가 있어 양 발명의 작용효과가 실질적으로 동일하다고 단정할 수 없으므로 양 발명은 균등한 발명으로 볼 수 없어, 확인대상발명은 특허청구범위 제1항의 권리범위에 속하지 않는다.」고 한 사례); 특허법원 2010. 11. 19. 선고 2010허4250 판결; 특허법원 2009. 7. 24. 선고 2008허12142 권리범위확인(특){「이 사건 특허발명은, 한글모드와 영문모드의 구분 없이 입력되는 문자열을 어절별로 판별하여 전환하는 한영 자동 전환 방법을 제공하려는 과제를 해결하기 위하여, '입력된 어절 전체에 대해 한영 판정을 하고, 그 결과에 따라 자동변환을 하되, 입력모드에 상관없이, 분리자가 입력될 때까지 입력된 키에 상응하는 한글어절과 영문어절을 각각 생성한 다음 양 어절 모두에 대하여 한글인지 또는 영문인지를 판정하도록 한 해결원리'에 기초한 것인데, 확인대상발명에서는 입력모드별로 해당 입력모드의 문자(한글 또는 영문)조건에 만족하는지 여부를 먼저 검사한 후, 여기에 만족하면

구성요소로 인해 발명의 목적과 효과가 달라진다면, 과제해결의 원리가 동일하다고 할 수 없다.

(2) 치환가능성

치환가능성이란 특허발명의 구성요건 중 일부를 다른 방법이나 물건으로 치환 즉, 대체하더라도 특허발명에서와 같은 목적을 달성할 수 있고, 실질적으로 동일한 작용효과를 나타낸다는 것이다. 이는 미국에서의 균등론의 성립요건으로서 특허발명의 구성요소 A와 피고 실시기술의 구성요소 B가, 실질적으로 동일한 방식으로, 실질적으로 동일한 기능을 수행하여, 그로 인해 실질적으로 동일한 결과를 발생할 경우에만(이를 '방식, 기능, 결과의 3단계 테스트'라고 하기도 한다) 양 구성요소를 균등물이라고 보는 것과 같은 내용이다.

(3) 치환용이성

치환용이성('치환자명성'이라고 부르기도 한다)이란 "그와 같이 치환하는 것이 그 기술분야에서 통상의 지식을 가진 자라면 용이하게 생각해 낼 수 있을 정도로 자명하여야 한다"는 것이다.

균등침해의 판단기준인 치환용이성과 진보성 판단에서의 용이추고성(non-obviousness, inventive-step)과의 관계에 대하여는 양자를 같은 맥락에서 파악하는 것이 타당하다는 견해,[141] 치환용이성이 용이추고성보다 기술적으로 더 낮은 수준의 것이라는 견해,[142] 양자는 그 출발과 목적이 다른 것이므로 굳이 그 관계를 동일하다거나 어느 쪽이 '더 높다'고 일률적으로 정할 필요 없이 구체적 사안에 따라 달라질 수 있다고 보는 견해가[143] 대립하고 있다. 이에 관하여 대법원의 명시적인 판단은 없으나, 법원의 실무는

대응모드문자열 추가 생성 없이 판정을 종료하고, 입력모드의 조건에 불만족하는 경우에만 대응모드문자열을 추가로 생성하여 추가 생성된 어절에 대해서도 판정을 수행하게 되므로, 양 발명의 과제의 해결원리가 동일하다고 할 수 없다.」고 판단한 사례}.

141) 민병호, 「일본의 균등론 성립요건에 관한 고찰」, 창작과 권리 통권 제2호(1996년 봄), 34, 38면.

142) 윤선희, 특허법 3판, 박영사 1997. 776면.

143) 박성수, 「특허청구범위의 해석에 관한 소고」, 사법논집 제39집, 법원도서관 2004. 641면.

대체로 그 수준을 일률적으로 어느 쪽이 높다던가 다르다고 보고 있지는 않은 것으로 보이고, 치환용이성과 용이추고성을 해당 국면에서 별도로 판단하고 있는 것으로 이해된다.[144]

치환용이성의 판단시점을 언제로 할 것인지에 대하여는, 출원시를 기준으로 해야 한다는 견해와 침해시를 기준으로 해야 한다는 견해가 대립되고, 우리 대법원은 이 점에 관하여 명확한 입장을 밝힌 바는 없다. 미국과[145] 일본의[146] 실무는 모두 침해시설을 취하고 있다.

침해시설과 출원시설의 차이는 출원 이후의 기술이 향상된 사정을 고려할 수 있는지 여부에 있다. 즉, 출원시설에 의할 경우 침해자가 더 보호되는 반면, 침해시설에 의할 경우에는 권리자가 더 보호를 받게 된다. 균등론은 권리가 등록된 이후에 침해를 주장하는 국면에서 문제되는 것인데, 침해자로서는 침해시의 모든 사정을 감안하여 그 기술을 사용하는 경우 침해인지 여부를 판단하게 될 것인 점, 과거에는 우리나라의 산업보호라는 정책적 측면이 고려되었으나 현재는 우리나라의 산업수준도 국제적 수준까지 도달한 것으로 보이는 점, 침해시설을 취하는 것이 세계적 추세인 점 등을 종합할 때 침해시를 기준으로 판단하는 것이 보다 형평의 원칙에 충실하다고 본다.[147]

나. 소극적 요건

(1) 자유실시기술이 아닐 것

위 적극적 요건이 모두 충족되더라도, 피고 실시기술이 특허발명의 출원전에 공지된 기술이거나 기술분야에서 통상의 지식을 가진 사람이 그로부터 용이하게 창작해 낼 수 있을 때에는 특허발명을 실시하는 것이 아니라,

---

144) 특허법원 지적재산소송실무연구회, 지적재산소송실무, 김철환 집필부분, 박영사 2006. 222~224면.

145) Warner-Jenkinson Co., Inc. v. Hilton Davis Chemical Co. 41 USPQ 2d 1865 (1997).

146) 최고재판소 1998(평 10년). 2. 24. 선고 평 6(オ)1083 판결(일명 Ball Spline 사건).

147) 같은 취지로는 윤선희, 앞의 책, 779면; 유영일, 「특허소송에서의 균등론의 체계적 발전방향」, 특허소송연구 제2집, 특허법원(2001) 302면.

공중의 영역(public domain)에 있는 기술을 실시하는 것이기 때문에, 특허발명의 권리범위에 속하는지를 불문하고 균등침해가 성립하지 않는다.

이는 처음에는 균등침해의 소극적 요건으로 도입되었으나, 현재에는 균등론에 국한되지 않고, 침해소송에서 항변의 하나로 인정되고 있다. 대법원도 「어느 발명이 특허발명의 권리범위에 속하는지를 판단함에 있어서 특허발명과 대비되는 발명이 공지의 기술만으로 이루어지거나 그 기술분야에서 통상의 지식을 가진 자가 공지기술로부터 용이하게 실시할 수 있는 경우에는 특허발명과 대비할 필요 없이 특허발명의 침해에 해당하지 않는다.」고 판시하고 있다.[148]

자유실시기술인지 여부는 피고 실시기술이 원고의 특허출원 당시의 공지기술과 같은지 여부 또는 통상의 기술자가 위 공지기술로부터 용이하게 창작할 수 있는지에 의하여 판단하는데, 구체적 판단방법은 제5장 상대방(피고)의 방어수단 편에서 상세하게 설명하기로 한다.

(2) 출원경과금반언에 반하지 않을 것

위 적극적 요건은 충족되지만, 특허권자가 출원절차 등의 과정에서 특허발명과 대비되는 피고 실시기술의 치환된 구성요소를 특허청구범위에서 의식적으로 제외한 경우에는 균등침해가 성립하지 않는다는 원칙으로 미국의 판례에 의하여 발전·확립되어 온 원리이다. 이 원칙은 초기에는 균등침해를 제한하기 위한 소극적 요건으로서 도입되었지만, 현재는 균등침해의 영역에만 국한되지 않고 특허청구범위를 해석하는 데 있어서 보편적으로 적용되는 원칙으로 확립되어 있다.

출원과정에서 어떤 구성요소가 특허청구범위로부터 의식적으로 제외된 것인지는 명세서뿐만 아니라 출원에서부터 특허될 때까지 특허청 심사관이 제시한 견해 및 출원인이 심사과정에서 제출한 보정서와 의견서 등에 나타난 출원인의 의도 등을 참작하여 판단하여야 하고, 특허청구의 범위가 수개의 항으로 이루어진 발명에 있어서는 특별한 사정이 없으면 각 청구항의 출원경과를 개별적으로 살펴서 어떤 구성이 각 청구항의 권리범위에서 의

148) 대법원 2002. 12. 26. 선고 2001후2375 판결; 대법원 2001. 10. 30. 선고 99후710 판결.

식적으로 제외된 것인지를 확정하여야 한다.[149)]

출원경과금반언에 해당하기 위한 보정(또는 정정)이 어떠한 것을 의미하는 것인지 즉, "신규성, 진보성을 극복하기 위한 것만을 말하는 것인지 아니면 특허성과 관련된 것이면 어떤 이유라도 상관이 없는지(예를 들어 명세서 기재불비 등)"가 문제된다.

신규성, 진보성 흠결의 하자를 치유하기 위하여 출원인 스스로 공공의 영역에 속하거나 타인의 배타적 권리의 대상이 되는 부분을 자신의 특허청구범위에서 제외하는 보정이나 정정을 함으로써 특허를 받았다면, 출원인이 스스로 보정이나 정정을 통해 감축한 부분에 관하여는 출원경과금반언이 적용된다는 것이 대법원 판례의 확립된 입장이다.[150)]

출원과정에서의 특허청구범위의 보정 등이 선행기술과의 관계에서 신규성・진보성이 부정되지 않기 위한 목적으로 이루어진 것이 아니라, 기재불비 등 다른 거절이유를 회피하기 위한 목적으로 이루어진 경우에도 출원경과금반언이 적용되는가가 문제된다.

학설은 대체로 기재불비 등의 거절이유를 해결하기 위한 보정에도 원칙적으로 출원경과금반언이 적용되어야 한다고 보고 있다. 그 이유는 출원된 발명이 신규성, 진보성을 구비하지 못한 경우뿐만 아니라 특허법 제42조 제3항 및 제4항 소정의 기재요건을 구비하지 못한 경우도 특허법에서 규정한 거절결정의 사유가 되거나 이미 등록된 특허의 무효사유가 되는 것이고, 명세서를 보정하는 목적 내지 동기 또한 그 발명의 신규성, 진보성의 결여를 치유하기 위한 경우이거나 기재불비 등의 거절이유를 극복하기 위한 경우이거나 모두 출원된 발명의 특허를 받기 위한 것이라는 점에서는 차이가 없으며, 나아가 기재불비 등의 거절이유를 극복하기 위해 출원인이

149) 대법원 2002. 9. 6. 선고 2001후171 판결; 특허법원 2011. 8. 12. 선고 2011허2992 판결.

150) 보정에 관한 사례로는 대법원 2002. 6. 14. 선고 2000후2712 판결; 대법원 2003. 12. 12. 선고 2002후2181 판결; 대법원 2006. 6. 30. 선고 2004다51771 판결; 대법원 2007. 2. 23. 선고 2005도4210 판결; 대법원 2002. 9. 6. 선고 2001후171 판결 등이 있고, 정정에 관한 사례로는 대법원 2004. 11. 26. 선고 2002후2105 판결이 있다.

의식적으로 특허청구범위를 삭제 내지는 감축한 경우에도 출원인은 제외된 부분에 대해서는 특허 받을 의사를 포기하였음이 명백하고(이를 포기하지 않으려면 불복심판으로 다투거나 아니면 삭제나 감축 대신 기재불비를 해소할 수 있는 명확한 표현 등으로 보정하였어야 한다), 이와 같은 출원경과를 본 제3자는 출원인에 의해 의식적으로 제외된 부분에 대해서 제3자가 자유롭게 사용할 수 있는 공중의 자산으로 인식할 것이 명백하다는 것이다.[151] 타당한 견해라고 생각된다.

이 점에 관해 침해사건에서 이를 명시적으로 판단한 대법원 판례는 아직 없다. 다만 등록무효 여부가 다투어진 사건에서 대법원은 「특허출원인이 특허청 심사관으로부터 기재불비 및 진보성 흠결을 이유로 한 거절이유통지를 받고서 거절결정을 피하기 위하여 원출원의 특허청구범위를 한정하는 보정을 하면서 원출원발명 중 일부를 별개의 발명으로 분할출원한 경우 위 분할출원된 발명은 특별한 사정이 없는 한 보정된 발명의 보호범위로부터 의식적으로 제외된 것이라고 보아야 할 것」이라고 판시한 바 있고,[152] 형사사건에서는 「최초 출원될 당시 특허청구범위에는 원지의 일면을 접착제로 도포한 후 건조실을 통과하는 회수와 원지의 다른 일면을 접착제로 도포한 후 건조실을 통과하는 회수에 대하여 아무런 한정이 없었으나, 그 후 특허청 심사관으로부터 하나의 건조실을 사용하는 데 따른 작용효과의 설명이 미흡하다는 등의 거절이유통지를 받자 출원인은 그 특허청구범위를 원지의 일면을 접착제로 도포한 후 건조실을 2회 통과시키고 다시 원지의 다른 일면을 접착제로 도포한 후 건조실을 2회 통과시키는 구성으로 한정하고, 그에 따른 작용효과로서 접착제의 완전 건조 및 건조실 공간의 축소에 따른 경제성 등을 발명의 상세한 설명에 추가하였으므로, 피고인의 앨범대지 생산기계와 같이 접착제 내지 점착제가 도포된 원지의 상면 및 하면이 건조실을 각 1회 통과하는 구성을 채용하고 있는 장치를 이 사건 특허발명의 특허청구범위로부터 의식적으로 제외하였다고 봄이 상당하여, 피

151) 최성준, 「출원경과금반언의 원칙」, 정보법 판례백선 I, 박영사 2006. 73~74면; 정상조・박성수 공편, 특허법 주해 I, 1175면(박준석 집필부분).

152) 대법원 2008. 4. 10. 선고 2006다35308 판결.

고인의 앨범대지 생산기계가 이 사건 특허발명의 보호범위에 속하여 그 권리가 침해되고 있다고 주장하는 것은 금반언의 원칙에 위배되므로 허용되지 아니한다.」라고 판시한 바 있는데,[153] 대법원은 적어도 등록무효가 문제된 경우 기재불비를 극복하기 위한 보정 등에도 출원경과금반언이 적용된다는 입장에 서 있는 듯하다.

물론 명세서 기재불비의 이유에 대한 보정이 실질적인 의미의 변화 없이 불명료한 부분을 명확하게 하기 위한 것에 지나지 않는 '표면적인 것'이라면 이 경우에는 출원경과금반언이 적용되지 않을 것이나, 명세서 기재불비의 이유에 대한 보정이 더 나은 설명을 위한 목적이라고 하여도 특허청구범위를 감축, 삭제시키는 경우의 것이라면 출원경과금반언이 적용되어야 한다.[154]

거절이유통지에 대응하여 청구범위를 좁혀 보정함으로써 금반언이 발생하는 때에 그 거절이유의 옳고 그름은 중요하지 않다. 즉, 보정절차의 과정에서 심사관의 오판이 있었다고 하더라도 출원인이 당해 특허절차에서 구제수단을 취하지 아니한 채 그 보정명령을 그대로 받아들여 감축보정을 하였다면 이는 출원인 스스로 특허발명의 보호범위를 감축하는 취지의 의사표시를 한 것으로 볼 수 있고, 일반공중의 법적 안정성을 보호해야 할 것이므로, 그 감축된 부분이 특허발명의 보호범위에서 제외되는 점에는 아무런 영향을 미치지 아니한다.[155]

이처럼 보정이나 정정에 의하여 특허청구범위가 감축된 경우, 침해물건 등의 구성이 그 감축에 의하여 제외된 부분에 속하는 경우에 원칙적으로 균등침해에 속하지 않는 것으로 보아야 특허청구범위의 공시적 기능에 부합하고, 그 감축이라는 외관을 신뢰한 제3자의 이익을 보호하는 것이 되지만, 감축 과정에서 출원인의 의사가 감축에 의하여 제외된 것으로 보이는 부분을 균등침해의 영역에서 제외하지 않은 것으로 볼 만한 사정이 있을 때에는 달리 볼 수도 있는 바,[156] 특허청구범위의 감축에 해당하더라도 일

153) 대법원 2007. 2. 23. 선고 2005도4210 판결.
154) 최성준, 앞의 글, 73~74면.
155) 최성준, 앞의 글, 73~74면.

률적으로 출원경과금반언이 적용되어 균등침해가 인정되지 않는다고 할 것이 아니라, 제반 사정, 특히 감축의 동기 및 출원인의 감축 의사의 존부 등을 종합하여 사건별로 판단하여야 할 것이다.

미국의 경우 특허청구범위가 감축된 경우 출원경과금반언이 적용되어 균등론이 제한되는 범위와 관련하여, 판례는 flexible bar approach, absolute bar approach, presumptive bar approach의 순서로 입장의 변화를 겪어 왔고, 현재의 주류적 입장은 presumptive bar approach[157]를 취하고 있다고 한다. presumptive bar approach에 의할 경우 청구범위의 감축보정이 이루어진 경우 보정 전 청구항과 보정 후 청구항 사이의 영역이 권리범위에서 제외된 것으로 추정되지만, ① 예측 곤란성(unforseeability), ② 균등물과 보정의 미미한 관련성(tangential relation), ③ 보정된 청구항에 균등물을 포함하는 것을 기대할 수 없었던 다른 이유(some other reason)의 3요건 중 하나를 충족함을 증명함으로써 위 추정을 복멸하여 균등침해를 주장할 수 있다고 한다.[158]

한편 특허청구범위의 감축과 관련하여 청구항을 단순히 삭제하거나, 종속항을 독립항으로 고쳐 쓰거나, 혹은 새로운 구성요소를 부가하는 경우에도 출원경과금반언이 적용되는지가 문제되는데, 우리나라에서는 이 점을 판단한 사례는 없는 듯하다. 미국의 경우 CAFC는 2004년 Honeywell Intern 전원합의체 판결에서,[159] ① 내적 부가(기존에 존재하던 구성요소의 한정)뿐 아니라 외적 부가(새로운 구성요소의 추가)도 청구범위 감축에 해

156) 대법원 2002. 9. 6. 선고 2001후171 판결. 출원인이 특허발명의 특허청구범위 제1항에 DNA 서열의 기재를 추가하여 보정함에 있어서 추가된 DNA 서열과 균등관계에 있는 것을 자신의 권리범위에서 제외할 의도였다고 단정하기 어렵다고 본 사례로서, 이를 두고 미국 실무의 flexible bar approach를 취하고 있다고 평가하는 견해도 있다.

157) Festo Corp. v. Shoketsu Kinzoku Kogyo Kabushiki Co., Ltd., 535 U.S. 722 (2002) 판결이 최초로 밝힌 입장이다.

158) 상세한 내용은 김동준, 「균등론과 출원경과금반언」, 대법원 특별소송실무연구회 173차 발표문; 정상조 · 박성수 공편, 특허법 주해 I, 1172면(박준석 집필부분) 참조.

159) Honeywell Intern. Inc. v. Hamilton Sundstrand Corp., 370 F.3d 1131 (Fed. Cir. 2004) en banc.

당하므로 출원경과금반언이 적용되고, ② 독립항을 삭제하고 종속항을 독립항 형식으로 고쳐 쓴 경우도 특허청구범위의 감축에 해당하여 출원경과금반언이 적용된다는 견해를 밝혔다.

나아가 이미 국내에서 특허등록을 마친 경우에는, 비록 그 이후 외국에서 국내특허와 같은 내용의 특허를 출원하였다가 그 출원·등록과정에서 특허청구범위를 의식적으로 축소하였다고 하더라도, 그와 같은 외국에서의 출원·등록과정에서의 청구범위 축소를 전제로 한 출원경과금반언의 원칙에 따른 해석이, 이미 등록을 마친 국내특허의 청구범위 해석에 그대로 적용된다고는 보기 어렵다.[160]

3. 변론주의와의 관계

법원은 변론주의 원칙상 당사자가 주장하는 특허권침해의 전제사실에 국한하여 판단할 수 있지만, 그 전제사실을 토대로 하여 균등론을 적용할 것인지의 문제는 법적 평가에 해당하는 것으로서 당사자가 균등침해에 관한 주장을 하지 않았다 하더라도 법원이 이를 판단할 수 있다.[161]

Ⅵ. 간접침해

1. 개 요

특허청구범위가 복수의 구성요소로 이루어진 경우 그 발명의 보호는 개개의 구성요소가 유기적으로 결합된 전체에 대하여 이루어져야 하므로, 제3자가 구성요소의 일부만을 실시하더라도 그러한 행위는 원칙적으로 특허권의 침해로 되지 않는다. 그러나 이러한 경우를 항상 특허권의 침해에서 제외하게 되면 특허권자의 실질적인 보호를 달성할 수 없는 경우가 생길 수 있고, 어떤 행위가 침해의 예비적 행위로서 그것을 방치한다면 필연적

160) 서울고등법원 2007. 10. 24. 선고 2006나57768 판결.
161) 대법원 2001. 8. 21. 선고 98후522 판결.

으로 침해의 결과를 가져오는 경우에 한하여 특허법에서는 이러한 예비적 행위를 침해로 의제하는 규정을 두고 있는데, 이를 직접침해와 대비하여 간접침해라고 부른다. 간접침해는 자기 또는 제3자의 직접침해에 위법하게 관여하는 형태의 특허침해이다.

미국에서는 판례를 통해 직접적인 침해방식(all element rule)이 아닌 침해를 인정할 수 있는 경우에 관한 법리가 발전되었고, 1952년 개정된 특허법에서 이러한 판례에 의해 확립된 법리를 수용하기에 이르렀는데, 제271조 (b)항에서는 유도침해(inducement infrigement), (c)항에서는 기여침해(contributory infringement)를 규정하고 있다. 그중 기여침해가 우리 특허법의 간접침해의 내용과 비슷하다. 일본의 과거 특허법의 간접침해에 관한 내용은 우리 특허법과 크게 다르지 않았는데, 2002년 특허법을 개정하여 제101조의 기존내용은 그대로 유지한 채, '특허발명의 생산(또는 사용)에만'이라는 이른바 전용성이 필요하지 않은 특정유형을 간접침해의 유형으로 추가하여 현재에 이르고 있다. 이러한 간접침해가 성립하기 위해서는 객관적 및 주관적 요건이 요구되는데, 객관적으로는 ⅰ) 특허발명에 관계된 물건의 생산이나 방법의 사용에 쓰이는 물건일 것, ⅱ) 간접침해대상물이 특허발명에 의한 과제의 해결에 불가결한 것일 것, ⅲ) 간접침해대상물이 업으로서 생산·양도 등 될 것이고, 주관적으로서는 침해행위자가 간접침해대상물이 특허발명의 실시에 쓰일 것을 알고 있을 것이 요구된다.[162]

우리 특허법상 간접침해의 유형은, ① 특허가 물건의 발명인 경우에 그 물건의 생산에만 사용하는 물건을 생산·양도·대여 또는 수입하거나 그 물건의 양도 또는 대여의 청약을 하는 행위, ② 특허가 방법의 발명인 경우에 그 방법의 실시에만 사용하는 물건을 생산·양도·대여 또는 수입하거나 그 물건의 양도 또는 대여의 청약을 하는 행위를 업으로서 하는 경우이다. 간접침해가 성립하기 위해서는, ① 간접침해대상물이 특허발명의 실시에 사용될 것, ② 간접침해대상물이 특허발명의 실시에 전용될 것, ③ 업으로서 생산 등을 할 것인데, 위 ③ 요건은 직접침해의 경우와 같으므로, ①, ② 요건을 중심으로 설명한다.

162) 정상조·박성수 공편, 특허법 주해 II, 75~77면(곽민섭 집필부분).

2. 성립요건

가. 피고 실시기술이 특허발명의 실시에 사용될 것 – 공용성

간접침해가 성립하기 위하여 제3자에 의한 특허발명의 실시가 반드시 현실적으로 존재하여야 한다고 볼 필요는 없으나, 적어도 가까운 장래에 특허발명의 실시가 현실화될 고도의 개연성이 있어야 할 것이다.

간접침해에 있어서 문제되는 특허발명의 실시유형은 물건의 발명인 경우에는 '물건의 생산'에만, 방법의 발명인 경우에는 '방법의 사용'에만 한정되어 있다. 따라서 다른 실시유형 즉, 물건의 발명인 경우 물건의 사용, 양도, 대여, 수입, 양도・대여의 청약 등의 행위는 제외되고, 물건을 생산하는 방법의 발명인 경우에도 그 방법에 의하여 생산한 물건의 사용, 양도, 대여, 수입, 양도・대여의 청약 등의 행위는 제외된다.

물건의 '생산'은 발명의 결과인 물건을 만들어 내는 모든 행위를 의미한다. 공업적 생산물의 제조만이 아니라 조립, 구축, 성형 등도 포함되고 새로운 동・식물을 만들어내는 것도 포함된다. 대법원도 최근 「특허법 제127조 제1호에서 말하는 '생산'이란 발명의 구성요소 일부를 결여한 물건을 사용하여 발명의 모든 구성요소를 가진 물건을 새로 만들어내는 모든 행위를 의미하므로, 공업적 생산에 한하지 않고 가공, 조립 등의 행위도 포함된다.」고 판시한 바 있다.[163] 생산은 반드시 일관된 생산만을 의미하는 것이 아니라 부품과 부품을 결합하는 것도 생산이 될 수 있고, 발명의 결과인 물건이 생산된 이상 거기에 다른 구성요소가 부가되어 있다고 하더라도 특허 물건이 생산되었다는 사실은 변함이 없다.[164] 방법의 '사용'은 발명의 목적을 달성할 수 있도록 그 방법을 이용하는 것을 가리킨다.

생산의 개념과 관련하여 종종 문제되는 것이 단순한 수리와의 한계를 어

163) 대법원 2009. 9. 10. 선고 2007후3356 판결.

164) 대법원 2001. 1. 30. 선고 98후2580 판결(「(가)호 발명의 감광드럼카트리지가 이 사건 특허발명의 물건의 생산에만 사용되는 이상, (가)호 발명이 공지의 감광드럼카트리지에 개선된 폐 토너 회수통을 결합한 것이라고 하더라도, 위와 같은 간접침해의 성립에는 아무런 지장이 없다.」라고 판시).

디에 둘 것인가이다. 특허발명 물건이 양도된 경우 이에 의하여 특허권은 목적이 달성되어 소진(消盡, exhaustion)되므로 그 이후의 특허발명 물건의 양도나 사용은 더 이상 특허권 침해가 되지 않는다는 것이 일반적 견해인바, 특허발명 물건을 단순히 수리하는 것이라면 이는 특허권이 소진된 특허발명 물건을 '사용'하는 것에 불과하므로 특허침해로 되지 않는다. 그러나 단순한 수리를 넘어 새로운 생산에 해당되는 경우라면 특허권 침해로 될 수 있고, 따라서 그러한 수리(생산)를 위하여 특허발명에 관계된 부품을 공급하는 경우에는 간접침해가 성립할 수 있다. 그러므로 단순한 수리와 생산의 경계를 어디에 둘 것인지가 중요한 문제로 된다. 이 점에 관하여는 여러 가지 견해가 제시되고 있지만, 대체로 특허부분의 전면적 교체, 중요한 특허부분의 교체 등은 생산(즉, 재생산)에 해당한다고 보고 있는 것 같다. 일반적으로는 특허제품의 기능, 구조, 재료, 용도 등의 객관적 성질, 특허발명의 내용, 특허제품의 통상의 사용형태, 부가된 가공의 정도, 특허제품 전체의 수명과 교체부품의 수명의 차이, 양자의 경제적 가치의 차이, 교체부품이 특허제품의 기능에서 차지하는 비중, 교체부품이 특허발명의 본질적 부분인지 여부, 교체부품의 대체품을 시장에서 쉽게 얻을 수 있는지 여부, 기타 거래의 실정 등 제반사정을 종합적으로 고려하여 그 수리가 특허발명의 새로운 생산에 이를 정도의 본질적 변경인가에 따라 판단하여야 할 것이다.[165]

대법원 판례 중 이른바 리사이클링 제품인 특허발명 물건에 관한 소모품을 사적으로 교체할 수 있도록 소모품을 제조, 판매한 행위에 대하여 간접침해책임을 인정한 사건이 있는데,[166] 이에 의할 경우 사적인 소모품의 교체행위라 하더라도 물건의 생산으로 될 수 있다. 대법원 1996마365 결정 사건에서 원고는 감광드럼, 토너카트리지를 포함한 다수의 부품으로 이루어진 프린터에 관한 특허권자이고, 피고는 위 프린터의 부품 중 프린터의 전체 수명(약 30만 장이다)보다 짧은 수명을 가지는 부품인 토너 카트리지(약 3,000장이다)를 제조, 판매하였다. 대법원 1998후2580 판결의 사건에서

165) 정상조・박성수 공편, 특허법 주해 II, 97~98면(곽민섭 집필부분).

166) 대법원 1996. 11. 27. 자 96마365 결정; 대법원 2001. 1. 30. 선고 98후2580 판결.

원고는 위 사건과 같은 회사이고, 피고는 프린터의 다른 부품인 감광카트리지(약 15,000장의 수명을 가진다)를 제조, 판매하였다. 대법원은 위 각 사건에서 생산과 단순한 수리의 경계에 관한 분명한 설시를 한 것은 아니나, 문제된 부품이 「특허발명의 본질적인 구성요소에 해당하고 다른 용도로는 사용되지 아니하며 일반적으로 널리 쉽게 구할 수 없는 물품으로서 당해 발명에 관한 물건의 구입시에 이미 그러한 교체가 예정되어 있었고 특허권자 측에서 그러한 부품을 따로 제조·판매하고 있다면」, 그러한 소모품은 간접침해에서 말하는 '특허 물건의 생산에만 사용하는 물건'에 해당한다고 하였다.

일본 하급심 판결 중에는 원고의 등록실용신안 물품인 '해머를 가진 제사기'를 구입한 사람이 원고 아닌 피고로부터 소모품인 타격판을 구입하여 사용하는 것은, 원고에게 지급한 대가를 초과하여 제사기를 사용한 것이 되어, 그 행위는 제사기의 생산에 해당한다고 보아 간접침해를 긍정한 사례가 있다.[167]

미국에서는 소모품의 사적인 교체행위에 제공된 부품을 생산, 판매한 행위가 간접침해가 되는지가 쟁점이 된 사건에 관하여 사실관계가 유사한 2개의 사건에 관하여 상이한 판결이 내려진 바 있다. 첫번째는 원고(Convertible사)가 자동차용 덮개에 관한 특허권을 가지고 자동차 컨버터블 탑을 제조, 판매하고 있었고, GM사가 원고로부터 실시권을 허락받아 위 덮개(여러 부품으로 이루어져 있었다)를 부착한 자동차를 제조판매하고 있었는데, 위 자동차 사용자가 위 덮개의 부품 중 하나인 직물부분을 제조·판매하는 피고(Aro사)로부터 구입하여 이를 교환하자 원고가 피고를 상대로 간접침해책임을 물은 사건에서 연방대법원은 「완성품을 구입한 소비자는 덮개의 직물부분과 같은 소모부품의 교체 등과 같은 유지·수선을 할 수 있는 권리(특허권자의 묵시적 허락)가 있다고 해석되므로, 자동차 소비자가 직물부분을 교환하는 것은 자동차 전체의 수명이 다할 때까지는 단순한 수리행위에 해당한다.」고 하여 간접침해의 성립을 부정하였다.[168] 다른 사안

167) 大阪地裁 평성원년(1988.) 4. 24. 선고 소화 60(ワ) 6851호 판결.

168) 365 U.S. 336, 338. 이른바 "제1차 Aro 사건."

은 앞의 사건과 달리 자동차 제조자인 Ford사가 컨버터블 탑의 특허권자인 원고로부터 실시허락을 받지 않고 위 특허발명을 실시하였는데, 연방대법원은 「단순한 수리행위는 특허의 직접침해행위로 볼 수 없지만, 자동차 소비자가 수리한 직물 덮개를 부착한 자동차를 운전함으로써 사용(use)에 의한 특허에 대한 직접침해가 발생하고,[169] 따라서 직물 덮개를 생산·판매한 피고는 기여침해의 책임을 지게 된다.」고 판시하였다.[170]

간접침해의 성립에 특허권의 직접침해가 전제되어야 하는지가 문제되는데, 이에 관하여는 직접침해의 존재가 필요하다고 보는 견해(종속설), 직접침해가 요구되지 않는다는 견해(독립설), 절충설 등이 대립되고 있고, 절충설도 여러 입장으로 나뉘어 있다.

이 문제에 관하여 명확한 입장을 밝힌 국내의 판례는 아직 없으나, 프린터 부품의 사적 교환에 이용되는 부품을 제조, 판매한 행위가 간접침해라고 판단한 위 판결들을[171] 분석하여 보면, 우리 법원은 적어도 종속설은 취하지 않고 있는 것을 알 수 있다. 즉, 위 판결들에서 소비자들이 한 행위는 원고가 특허발명을 보유한 프린터에 사용되는 다양한 부품들 중 감광드럼이나 토너카트리지를 구입하여 교체한 행위이다. 그런데 위 교체행위가 프린터의 생산에 해당한다면 직접침해가 성립할 수도 있을 것이나, 앞서 본 바와 같이 '위 행위가 특허발명의 새로운 생산에 이를 정도의 본질적 변경인가'라는 기준에 비추어 보면, 위 행위는 본질적 변경에 이르지 못한 단순한 수리라고 보아야 할 것이므로, 소비자들의 행위가 특허발명의 직접침해에 해당한다고 볼 수는 없는데, 그럼에도 대법원은 위 사안에서 부품의 제조 및 판매행위가 특허발명에 대한 간접침해에 해당한다고 판단하였기 때문이다.[172]

---

169) 우리 특허법에는 침해가 성립하기 위해서는 '업으로서'의 요건이 요구되나, 미국에서는 우리나라와 달리 '업으로서'라는 요건이 없어서 소비자의 사적 사용에 대하여도 특허침해가 성립할 수 있다[35 U.S.C. §271(a) 참조].

170) 377 U.S. 476, 513~514. 이른바 "제2차 Aro 사건."

171) 대법원 1996. 11. 27. 자 96마365 결정; 대법원 2001. 1. 30. 선고 98후2580 판결.

172) 다만 위 판결들만으로는 대법원이 독립설의 입장인지, 절충설의 입장인지는 분명하지 않다.

외국의 경우에 관하여 보면, 미국의 법원은 과거에는 종속설의 입장에 있었으나(앞의 간접침해에 관한 연방대법원 판결들 역시 종속설을 따르고 있다), 미국 특허법은 일정한 경우 직접침해를 요하지 않는 규정{35 U.S.C. §271(f)}을 신설한 바 있다. 독일의 경우에도 과거 학설과 판례 모두 종속설의 입장이었으나, 현행법은 특별히 직접침해를 요구하지 않고 있다(독일 특허법 제10조, 제11조). 영국에서는 직접침해와의 관계에 관하여 특허법에 명시적으로 규정하고 있지 않으나 당연히 직접침해를 전제로 하고 있다고 해석되고 있다. 일본의 판례는 독립설의 입장에 선 경우도 있고, 종속설의 입장에 선 것도 있으며, 절충설의 입장에 선 것도 있다. 일본의 경우 우리나라에서와 마찬가지로 견해가 대립되고 있고, 판례 역시 독립설을 취한 경우, 종속설을 취한 경우, 절충설 중 등가설을 취한 경우 등 명확하게 정리되지 않고 있다.[173]

우리 특허법에서는 특허침해가 성립하기 위해서는 '업으로서'의 실시를 전제로 하므로 특허발명의 개인적, 가정적 실시행위에 대하여는 직접침해가 성립하지 않는다. 그러나 개인적, 가정적 실시에 직접침해가 성립하지 않는다는 이유만으로 개인적, 가정적 실시에 제공되는 부품을 대량으로 제조, 판매하는 행위에 대하여 어떤 책임을 물을 수 없다고 한다면, 사실상 간접침해규정을 사문화시키는 부당한 결과로 귀결될 것이고, 또한 우리 특허법의 간접침해규정에는 '직접침해'의 성립에 관한 어떠한 문언도 없으므로, 구태여 직접침해가 필요하다고 하다는 요건을 요구하는 종속설은 타당하지 않다고 생각된다. 한편 특허발명에 대한 정당한 실시권을 가진 사람이 특허발명을 실시한 경우와 같이 직접침해가 성립하지 않음이 명확한 경우에, 그에게만 특허발명의 실시를 위한 부품을 공급하거나 그의 특허발명 실시를 교사・방조하였더라도 여기에 어떤 위법성이 있다고 볼 수 없으므로, 이와 같이 직접침해가 성립하지 않음에도 직접 실시행위자에게 부품을 공급한 자에게 간접침해의 책임을 묻는 것은 부당하다고 볼 수 있으므로, 독립설 역시 타당하지 않다. 따라서 간접침해가 성립하기 위해서는 원칙적으로 직접침해가 요구되지 않으나, 위와 같은 예외적인 경우에 한하여 직

173) 정상조・박성수 공편, 특허법 주해 II, 104~106면.

접침해가 요구된다는 절충설의 입장이 타당하다고 생각된다. 다만, 예외적인 경우의 범위에 관하여는 보다 많은 논의가 요구된다.

간접침해가 성립하기 위하여 제3자에 의한 특허발명의 실시가 미리 현실적으로 존재할 것까지 요구하는 것은 간접침해규정 본연의 취지를 살릴 수 없으므로 부당하고, 가까운 장래에 그것이 현실화될 고도의 개연성의 증명이 있으면 충분하다. 그러나 이는 특허법에 명시된 요건이 아닌데다가, 제3자의 특허발명 실시는 특허침해를 의미하는 것이 보통이라고 할 수 있으므로, 상대방이 이를 다투는 경우에 한하여 특허권자가 직접침해의 존재 또는 그 고도의 개연성을 증명하는 형태로 운영하는 것이 타당할 것이다.

나. 피고 실시기술이 특허발명의 실시에 전용될 것 – 전용성

간접침해가 성립할 수 있는 대상물은 특허발명에 관계된 물건의 생산 또는 방법의 사용에만 사용되는 것이어야 하므로 간접침해대상물은 특허발명의 실시 이외의 용도를 갖는 것이어서는 안 된다. 특허발명의 실시에만 사용되는 것이면 충분하므로, 반드시 특허발명의 본질적 또는 신규의 구성요소를 포함하고 있을 필요는 없다.

어떤 경우에 다른 용도를 갖는지를 판단하기 위한 기준을 설정할 필요가 있는데, 이 점은 실제 소송에서 가장 많이 다투어지는 것이기도 하다. 간접침해대상물의 용도의 기준에 대한 학설로는, ① 단순한 사용가능성으로는 부족하고 경제적, 상업적 내지 실용적인 사용 가능성이 있어야 다른 용도가 있다고 볼 수 있다는 견해, ② 경제적, 상업적 내지 실용적인 사용 가능성만으로는 불충분하고 실제로 경제적·상업적 내지 실용적인 사용 사실이 있어야 다른 용도로 볼 수 있다는 견해 등이 주장되고 있다.

대법원은 최근 「'특허물건의 생산에만 사용하는 물건'에 해당하기 위하여는 사회통념상 통용되고 승인될 수 있는 경제적, 상업적 내지 실용적인 다른 용도가 없어야 하고, 이와 달리 단순히 특허물건 이외의 물건에 사용될 이론적, 실험적 또는 일시적인 사용가능성이 있는 정도에 불과한 경우에는 간접침해의 성립을 부정할 만한 다른 용도가 있다고 할 수 없다.」고 판시하였는데,[174] 이에 의하면 대법원은 ①설의 입장에 있음을 알 수 있다. 실제 타용도로 사용된 실적이 있는 경우를 요구하는 ②설은 지나치게 특허권자의 보호에 치중한 것으로, 거래의 안전과의 조화를 꾀한 대법원의 입장이 타당하다고 할 수 있다.

전용성은 특허권자가 이를 주장·입증하여야 한다.[175] 다만 현실적으로 다른 용도가 없다는 부정적인 사실을 증명하는 것은 극히 어려우므로, 상대방이 다른 용도가 있다고 주장하고 합리적인 근거를 제시하는 경우에(이는 본증이 아니라 반증의 정도로 봐야 할 것이다), 특허권자가 본증으로서 상대방이 주장하는 용도가 경제적·상업적 또는 실용적인 것이 아니라는 것을 증명하는 방식으로 운영하는 것이 합리적일 것이다.

전용성 판단의 기준시점은 금지청구에 관하여는 사실심 구두변론 종결시, 손해배상청구에 관하여는 침해행위시이다. 따라서 특허발명의 출원시에는 객관적·기술적인 용도가 당해 특허발명에만 국한되어 있었더라도 그 후 침해행위시까지 별개의 용도가 새로 개발된 때에는, 침해행위가 계속되었더라도 전용성의 요건은 충족되지 않은 것으로 된다. 그러나 권리범위확인심판에 있어서는 금지청구와 손해배상청구로 나누어지지 않고 구두변론이 이루어지지 않으므로 심결시를 기준으로 하여야 하고, 그 심결의 취소소송에 있어서도 소송물이 심결의 적법성인 이상 심결시를 기준으로 하여야 할 것이며, 최근 대법원도 이러한 견해를 밝힌 바 있다.[176]

174) 대법원 2009. 9. 10. 선고 2007후3356(「판결명칭이 "CMP용 연마 패드"인 확인대상발명의 물건은 명칭이 "개선된 연마패드 및 이의 사용방법"인 특허물건의 생산에만 사용되는 것이므로, 업으로서 확인대상발명의 물건을 생산·판매한 행위는 권리범위확인심판의 심결시를 기준으로 위 특허권에 대한 간접침해에 해당한다.」고 한 사례).

175) 대법원 2002. 11. 8. 선고 2000다27602 판결; 대법원 2001. 1. 30. 선고 98후2580 판결.

176) 대법원 2009. 9. 10. 선고 2007후3356 판결.

Ⅶ. 생산방법의 추정(특허법 제129조)

1. 개 요

권리자의 특허발명이 방법발명인 경우에 침해를 증명하는 것은 물건발명에 비하여 훨씬 어려운데, 그 이유는 방법은 피고의 관리 아래 실시되고 있으므로 피고의 실시태양을 특정하는 것이 매우 곤란하고, 설령 피고의 공장에 가본다고 하더라도 피고의 실시방법을 구체적으로 알 수 없는 경우도 많기 때문이다.

특허법은 특허발명이 물건을 생산하는 방법에 관한 것일 경우, 특허권자의 입증의 부담을 덜어주기 위하여 생산방법의 추정규정을 두고 있다. 이에 의하면 특허권자가 피고 실시기술에 의해 생산된 물건이 자신의 물건과 동일하다는 점, 그 물건이 특허출원 전에 공지된 물건이 아니라는 점만 입증하면, 피고가 생산하는 물건은 원고의 특허발명과 동일한 방법에 의해 생산된 것이라고 추정되고, 피고가 위 추정력을 번복하지 못하는 한 침해가 성립하게 된다. 여기에서는 위 규정에 따라 성립하는 침해를 침해의 한 유형으로 다루기로 한다.

2. 구체적 내용

특허법 제129조는 2001. 2. 3. 전문 개정되었는데, 출원 당시는 구법이 시행중이었으나 권리행사 시점에는 현행법이 시행중인 경우 구법 규정과 현행법 규정 중 어느 것을 적용할 것인지가 문제된다.[177] 양 규정의 차이

177) 구법 규정은 「물건을 생산하는 방법의 발명에 관하여 특허가 된 경우에 그 물건이 특허출원 전에 국내에서 공지된 물건이 아닌 때에는 그 물건과 동일한 물건은 그 특허된 방법에 의하여 생산된 것으로 추정한다.」인 반면, 현행법 규정은 「물건을 생산하는 방법의 발명에 관하여 특허가 된 경우에 그 물건과 동일한 물건은 그 특허된 방법에 의하여 생산된 것으로 추정한다. 다만, 그 물건이 다음 각 호의 1에 해당하는 경우에는 그러하지 아니하다. 1. 특허출원 전에 국내에서 공지되었

점으로는 공지사유, 증명책임의 소재 등이다. 학설로는 출원 시점에 관계없이 현행법 규정을 적용하여야 한다는 견해와 출원 시에 시행중이던 법 규정이 적용되어야 하므로 구법 규정을 적용하여야 한다는 견해가 제시될 수 있다. 이 문제는 「이 법 시행 당시 종전의 규정에 의하여 제출된 특허출원에 대한 심사·특허등록·특허권·특허이의신청·심판·재심 및 소송은 종전의 규정에 의하여야 한다.」는 현행법 부칙 제3항(일반적 경과조치) 중의 '소송'을 어떻게 해석할지에 좌우되는데, 위 부칙의 '소송'을 '출원이나 심결에 관련된 소송'으로 제한 해석할 합리적인 이유가 없으므로 출원 시에 시행중인 규정이 적용되어야 할 것이다.

'물건을 생산하는 방법의 발명'은 물리적인 것뿐만 아니라 화학방법에 관한 것도 포함되고, 실제로 이 규정은 고분자화학, 의약품 등 화학특허의 경우에 유용하게 기능한다.[178] 어떠한 발명이 이에 해당하는지는 '…방법'과 같은 특허청구범위의 문구에만 의존할 것이 아니라 그에 기재된 방법에 의하여 물건을 생산할 수 있는지 여부를 따져 결정하여야 할 것이다.[179]

생산방법의 추정규정을 적용받기 위해서 원고는, 피고가 실제로 실시하는 방법을 특정하고 그것이 원고의 특허발명(방법발명)과 동일하다는 점을 증명할 필요 없이, 원고의 특허발명에 의한 물건이 피고의 물건과 동일하고, 원고의 물건이 출원 시점에 공지되거나 공연히 실시된 것이 아니라는 점을 증명하면 된다.[180] 그런데, 현행 법규정은 그 법규의 형태만을 본다면

거나 공연히 실시된 물건 2. 특허출원 전에 국내 또는 국외에서 반포된 간행물에 게재되거나 대통령령이 정하는 전기통신회선을 통하여 공중이 이용가능하게 된 물건」으로 되어 있다.

178) 송영식 외 6인 공저, 송영식 지적소유권법 상, 육법사 2008. 575면.

179) 박정희, 「특허법 제129조의 생산방법의 추정」, 한국특허법학회 편 특허판례연구, 박영사 2009. 561면.

180) 특허법원은, 「특허법 제129조의 규정에 따라 제3자가 제조한 세라믹 볼이 이 사건 특허발명에 의하여 생산한 것으로 추정을 받기 위해서는 이 사건 특허발명에 따라서 제조된 세라믹 볼과 동일해야 할 것인데, 위 인정사실에 의하면, ① 이 사건 특허발명에 따라 제조된 세라믹 볼은 주성분이 SiO_2 이나, 제3자가 제조한 세라믹 볼은 주성분이 MgO이어서 세라믹 재질의 주성분이 다르고, ② 이 사건 특허발명에 따라 제조된 세라믹 볼은 900～1300℃에서 소성된 것이나, 제3자가 제조한 세라믹 볼은 주로 430～440℃보다 저온에서 소성되었거나 소성되지 않은 것으

물건이 비공지되었다는 점에 관하여 원고가 주장·입증책임을 부담하는 것이 아니라, 물건이 공지되었다는 점에 대한 주장·입증책임이 마치 피고에게 있는 듯한 형식을 취하고 있다. 그러나 생산방법의 추정규정을 둔 것은 신규물건의 생산에 관한 방법은 통상 그 특허된 방법만이 일반에 알려져 있다고 볼 수 있다는 추정에 기초한 것이기 때문에, 위와 같은 법문의 형식에도 불구하고 그 규정의 적용을 주장하는 사람이 출원 당시에 공지된 물건이 아니라는 점을 증명하여야 할 것이다. 다만 공지되지 않았다는 소극적 사실을 증명하는 것은 현실적으로 곤란하므로, 상대방이 비공지성에 의심이 가는 사정 즉, 공지되었다고 볼 수 있을만한 사정을 반증으로서 증명하는 경우, 그 적용을 주장하는 사람이 위 반증에도 불구하고 위 물건이 공지되지 않았음을 본증으로서 증명하여야 할 것이다.

생산방법의 추정규정에서의 '공지'가 신규성의 흠결사유로서의 '공지'와 동일한 개념인지 여부가 문제되는데, 위 추정규정의 취지가 원고의 입증부담을 덜어주기 위한 예외규정이므로, 추정규정의 적용을 피하기 위해 피고가 탄핵하여야 할 '공지'의 정도가 신규성의 요건인 '공지'의 정도보다는 낮다는 견해도 있다. 그러나 추정규정에는 단순히 '공지'라고만 되어 있는데, 이를 같은 법률의 신규성규정에 있는 '공지'라는 용어와 달리 해석하는 것은 자연스럽지 않다. 따라서 신규성에서의 '공지'와 동일한 기준이 적용된다고 할 것이다.[181] 그 기준시점은 당해 특허방법의 출원시이고, 외국인의 특허출원의 경우에는 특허법 제54조에 의하여 우선권주장의 기초일인 제1국에의 특허출원일이 기준이 된다.[182]

로 보이며, ③ 이 사건 특허발명에 따라 제조된 세라믹 볼은 평균 744.0N(75.9 Kgf)의 강도를 보이나, 제3자가 제조한 세라믹 볼은 평균 97.6N(6.9 Kgf)의 강도를 보이는 점에서 두 세라믹 볼은 구성 및 조성 성분에서 차이가 있어 서로 다르다. 그렇다면 제3자가 제조한 세라믹 볼은 이 사건 특허발명에 따라 제조된 세라믹과 동일한 물건이 아니므로 특허법 제129조를 적용할 수 없다.」고 판시하였다. 특허법원 2011. 5. 19. 선고 2010허36 판결.

181) 같은 취지, 박정희, 「특허법 제129조의 생산방법의 추정」, 562면.

182) 위 같은 곳; 대법원 2005. 10. 27. 선고 2003다37792 판결(「채무자가 생산한 부직포가 이미 채권자의 특허출원 전에 공지되었거나 공연히 실시된 물건에 해당하여 특허법 제129조의 생산방법의 추정을 받지 않으므로 특허권의 침해를 주장하는

생산방법의 추정은 법률의 규정에 의한 법률상의 추정이지만 특허권에 기한 금지청구권 또는 손해배상청구권의 발생에 관한 요건의 존재를 추정하는 것이므로, 그 성질은 사실추정에 속한다.[183] 이러한 추정을 번복하기 위해서 피고는 자신이 실제로 실시하는 생산방법을 특정하고, 그것이 원고의 생산방법과 다르다는 점까지 증명하여야 한다.[184] 그러한 점이 입증되는 경우, 피고의 생산방법이 특허방법과 균등 또는 우회방법이라는 등의 사실은 원고가 주장 · 입증하여야 한다.[185]

채권자가 채무자의 생산방법을 증명하여야 한다.」고 판시).

183) 위 송영식 지적소유권법 상, 576면; 이종일, 특허법, 807면.

184) 박정희, 「특허법 제129조의 생산방법의 추정」, 563면.

185) 위 송영식 지적소유권법 상, 576면.

제4장 권리자(원고)의 공격방법

Ⅰ. 서 설

특허침해행위가 발생한 경우 특허권자 또는 전용실시권자(아래에서는 '특허권자'로 약칭한다)로서는 여러 가지 공격방법을 강구할 수 있다. 민사적으로는 침해금지 및 손해배상청구를 하거나, 본안소송을 제기하기 전에 침해행위를 임시적으로 중지시키기 위하여 침해금지가처분을 제기할 수 있고, 형사고소 등을 통해 침해자가 특허침해죄로 처벌받게 할 수도 있다. 또한 특허법에는 특허권자의 공격을 뒷받침하기 위한 여러 특별 규정을 두고 있다. 아래에서는 순서대로 설명하기로 한다.

Ⅱ. 침해금지청구

1. 요건사실

침해금지청구의 요건사실은, ① 원고가 특허권 등의 권리자일 것, ② 피고의 실시행위가 있을 것, ③ 피고의 실시행위가 특허발명의 보호범위에 속할 것, ④ 현재의 침해행위 또는 장래의 침해의 개연성이 있을 것이며, 손해배상청구와 달리 고의나 과실은 필요하지 않다. 손해배상청구의 요건사실은 이에 더하여, ④ 침해자의 고의나 과실, ⑤ 인과관계와 손해발생 및 ⑥ 발생한 손해액이다. 위 ③ 요건은 앞의 제3장(특허침해)에서 이미 설명하였으므로, 여기에서는 침해금지청구와 손해배상청구의 공통된 요건에 관하여 설명하고, 손해배상청구 고유의 요건사실에 대하여는 손해배상청구 편에서 설명하기로 한다.

2. 원고의 주장 · 입증사항

가. 특허권의 존재

침해소송의 전제로서 유효한 특허권이 존재하여야 하며 그 증명은 일반적으로 특허등록원부의 제출에 의해 이루어진다. 특허등록원부에는 특허권자, 특허발명의 명칭, 설정등록일 및 존속기간 등이 나타나 있다.

소송계속 중 특허권의 존속기간이 만료되는 경우가 있는데, 변론종결일을 기준으로 이미 특허권의 존속기간이 만료된 경우 침해금지청구는 인용할 수 없으나, 존속기간만료 이전의 침해행위로 인한 손해에 대한 손해배상청구는 인용할 수 있다.

특허법은 하나의 특허발명에 대하여 여러 항의 청구항을 기재할 수 있는 다항제를 채택하고 있고, 특허권자는 각 청구항마다 권리를 행사할 수 있으므로, 특허권자가 여러 청구항에 관하여 침해를 주장하는 경우에는 각 청구항 별로 청구원인을 달리 하는 것이다. 특허권 침해금지 등 청구소송에서 원고가 소장 또는 준비서면에서 청구항을 명확히 한정하지 아니하는 경우가 있는데, 이 경우 법원은 원고가 특허청구범위의 어느 청구항에 대한 특허권 침해를 주장하는지 확정하여 그 부분에 심리를 집중하여야 한다. 다만 원고가 청구항을 특정하지 않고 특허발명에 관한 명세서만을 증거로 제출한 경우에는 특허청구범위의 모든 청구항에 대하여 특허권침해를 주장하는 취지로 볼 것이다.

나. 원고가 권리자일 것

(1) 특허권자 또는 전용실시권자

특허권자 또는 전용실시권자가 특허권의 침해행위자에 대하여 침해행위의 금지를 청구할 수 있다는 점에는 의문의 여지가 없고, 이는 특허등록원부에 등재된 특허권자 또는 전용실시권자를 의미한다.

특허등록원부에 대하여 부동산등기부와 같은 권리추정력을 인정할 수 있는지 여부에 대하여는 대법원판례가 없으나 실무상으로 특허권 발생의 실체적 요건에 관한 심사를 거쳐 특허등록이 이루어지는 점에 비추어 원고가 특허권자로 기재된 특허등록원부가 제출되고 원고의 특허권 등 권리의 취득사실에 대하여 피고가 구체적 반대사실을 들어 다투지 아니하는 한 특허등록원부에 특허권자로 기재된 것만으로도 일응 원고가 특허권자임이 증명된 것으로 보고 있다.

특허권자가 특허발명의 전부에 대하여 전용실시권을 설정한 결과 현재 발명을 실시할 수 없다 하더라도 특허권에는 절대성, 탄력성이 있어 일정한 기간이 경과하면 그 본연의 독점적 실시권을 회복할 것이므로, 특허권자는 여전히 침해금지청구권을 그대로 보유한다고 보아 단독으로 침해금지를 구할 수 있다는 것이 통설이다.[186]

전용실시권이 설정된 경우 전용실시권자가 아닌 특허권자가 손해배상청구를 할 수 있는지 여부도 문제되는데, 전용실시권이 설정되었다면 특허권자로서는 특허발명을 실시할 권한 자체를 상실하므로 침해행위로 인하여 어떤 손해를 입었다고 볼 수 없어 청구가 받아들여지기 어려울 것이나, 특허권자와 전용실시권자 사이에 실시료가 판매수량의 일정비율로 정해졌고 침해로 인해 전용실시권자가 판매한 수량이 감소하였음이 증명된다면 특허권자 역시 침해행위로 손해를 입었으므로, 그로 인한 손해배상을 구할 수도 있을 것이다. 다만 이 경우에는 특허법상의 손해액 추정에 관한 특칙규정은 적용되기 어려울 것이고, 위 손해는 성질상 특별손해의 성격을 가지므로, 특허권자로서는 침해행위자가 이러한 사정을 알았거나 알 수 있었음을 증명하여야 할 것이다.

(2) 통상실시권자

통상실시권자가 침해자에 대하여 침해행위의 금지를 구할 수 있는지에 관하여는, 통상실시권은 그 성질상 채권에 불과하므로 청구할 수 없다는

186) 정상조・박성수 공편, 특허법 주해 II, 4면(김기영 집필부분); 김주형, 「특허권등 침해에 대한 금지청구권」, 재판자료 56집, 법원도서관(1992) 337면; 中山信弘 편저, 주해 특허법 제3편(상권), 青林書院 2000. 943면.

것이 통설적 입장이다. 독점적 통상실시권자(특허권자가 통상실시권자에게만 실시권을 부여하고, 다른 사람에게는 실시권을 설정해주지 않기로 약정한 경우)의 경우 침해금지청구권 등을 인정할 수 있는지가 문제되는데, 독점의 특약이 부가되었다고 하더라도 통상실시권 본래의 채권적 성질이 변하는 것은 아니라고 하여 이를 부정하는 것이 통설이다.

통상실시권자가 특허권자를 대위하여 침해자에 대하여 침해행위의 금지 등을 구할 수 있는지 여부에 대하여는 채권자대위권은 채무자가 무자력인 경우 또는 채권자의 특정채권을 보전하기 위하여 채무자의 제3채무자에 대한 특정채권을 행사해야만 하는 견련관계가 인정되는 경우에 한하여 인정되는 것인데, 특허발명의 실시는 물건을 사용·수익하는 경우와는 달리 수인이 각기 별개로 사용·수익할 수 있는 것으로서 통상실시권자가 자신의 특허발명 실시권을 행사하기 위하여 제3자에 의한 특허발명의 실시를 반드시 금지시켜야만 하는 법률관계가 성립할 수는 없으므로 채권자대위의 요건을 충족하지 못하여 허용되지 않는다는 것이 통설적 입장이다.[187)]

독점적 통상실시권자가 채권자대위에 의하여 침해금지청구권을 행사할 수 있는지에 대하여는 견해대립이 있다. 긍정설은 독점 특약에 의하여 채권자의 특정채권을 보전하기 위해서는 제3채무자의 특허발명 실시를 배제하는 독점적 상태의 확보를 위하여 채무자의 제3채무자에 대한 특정채권을 행사해야만 하는 견련관계가 인정되므로 채권자대위권에 기한 침해금지청구권의 행사를 긍정해야 한다고 주장하고, 부정설(다수설)은 독점의 특약이 부가되었다 하더라도 통상실시권 본래의 성질이 변하는 것은 아니라고 주장하며 이를 부정한다.

실무상 통상실시권자에 대해서는 독점적 통상실시권자인지, 채권자대위권에 기한 것인지 여부를 불문하고 이를 인정하지 않는다. 대법원은 「저작권법은 특허법이 전용실시권제도를 둔 것과는 달리 침해정지청구권을 행사할 수 있는 이용권을 부여하는 제도를 마련하고 있지 아니하여, 이용허락계약의 당사자들이 독점적인 이용을 허락하는 계약을 체결한 경우라도 그

187) 윤선희, 특허법 제3판, 박영사 2007. 683면; 한국사법행정학회, 재판실무연구(3), 2008. 364~408면(성창호 집필부분).

이용권자가 독자적으로 저작권법상의 침해정지청구권을 행사할 수는 없다. 따라서 이용허락의 목적이 된 저작권법이 보호하는 재산권의 침해가 발생하는 경우에도 그 저작권자가 스스로 침해정지청구권을 행사하지 아니하는 때에는 독점적인 이용권자로서는 이를 대위하여 행사하지 아니하면 달리 자신의 권리를 보전할 방법이 없을 뿐만 아니라, 저작권법이 보호하는 이용허락의 대상이 되는 권리들은 일신전속적인 권리도 아니어서 독점적인 이용권자는 자신의 권리를 보전하기 위하여 필요한 범위 내에서 저작권자를 대위하여 저작권법 제91조에 기한 침해정지청구권을 행사할 수 있다.」고 판시하여,[188] 간접적으로 특허권의 독점적 통상실시권자가 채권자 대위에 의해 금지청구를 할 수 없음을 밝힌 바 있다.

통상실시권자가 손해배상청구를 하는 것이 가능한지에 관하여 보면, 통상실시권은 특허권자로부터 권리대항을 받지 않는 소극적 효력만을 가질 뿐이어서, 제3자에 의한 특허권의 무단 침해행위의 존재와 관계없이 통상실시권자는 특허발명을 실시할 수 있어 통상실시권에 대한 어떠한 침해가 발생한다고 할 수 없으므로, 손해배상청구권이 인정되지 않는다는 것이 통설이다. 다만 독점적 통상실시권자와 같이 특허권자에 대하여 자신에게만 특허권 실시를 허락하고 제3자에게 특허권 실시를 허락하지 않을 것을 요구할 권한이 있는 사람은 시장을 독점할 법적 이익이 있으므로 특허권을 침해하는 제3자에 대하여 손해배상청구권(채권침해에 의한 불법행위로 인한 손해배상청구권)이 있다는 견해가 유력하다.[189] 다만 이 경우 특허법에

188) 대법원 2007. 1. 25. 선고 2005다11626 판결.

189) 대법원은 독점판매권 침해 사건에서, 「특정기업으로부터 특정물품의 제작을 주문받아 그 특정물품을 그 특정기업에게만 공급하기로 약정한 자가 그 특정기업이 공급받은 물품에 대하여 제3자에게 독점판매권을 부여함으로써 제3자가 그 물품에 대한 독점판매자의 지위에 있음을 알면서도 위 약정에 위반하여 그 물품을 다른 곳에 유출하여 제3자의 독점판매권을 침해하였다면, 이러한 행위는 특정기업에 대한 계약상의 의무를 위반하는 것임과 동시에 제3자가 특정기업으로부터 부여받은 독점판매인으로서의 지위 내지 이익을 직접 침해하는 결과가 되어, 그 행위가 위법한 것으로 인정되는 한, 그 행위는 그 특정기업에 대하여 채무불이행 또는 불법행위가 됨과는 별도로 그 제3자에 대한 관계에서 불법행위로 된다.」고 판시한 바 있다(대법원 2003. 3. 14. 선고 2000다32437 판결).

서 손해액 산정을 위하여 두고 있는 특별규정인 제128조는 적용될 수 없을 것이다.

(3) 공유특허권자

2인 이상의 공동발명자는 특허권을 공유하고, 다른 공유자의 동의 없이 자신의 지분을 타에 양도할 수 없으며, 특허심판은 필요적 공동소송의 법리에 따라 전원이 공동으로 하여야 한다(특허법 제33조 제2항 · 제99조 제2항 · 제139조 제3항). 그러나 침해금지 가처분신청은 특허권의 현상을 유지하고 그 훼손을 방지하는 보존행위에 해당하므로 공유자 중 1인이 단독으로 할 수 있고, 특허침해금지소송 역시 보존행위이므로 공유자 1인이 단독으로 할 수 있다고 본다.[190] 다만 손해배상청구의 경우는 일종의 관리처분행위에 해당하므로 공유자 1인이 단독으로는 할 수 없고, 전원이 함께 청구하여야 한다는 견해가 있다.[191]

다. 피고의 침해행위의 존재

특허권침해라 함은 제3자가 정당한 권원 없이 업으로서 타인의 특허권에 속하는 물건 또는 방법의 발명을 실시하는 것을 말한다.

(1) 업으로서의 실시

사업으로 실시하는 것을 의미하므로 단순히 개인적 · 가정적 범주에서 실시하는 것은 포함되지 아니한다. 그러나 여기에서의 사업에는 영리사업뿐만 아니라, 공공사업과 같은 비영리사업도 포함된다.

'실시'에 관하여는 발명의 카테고리 별로 특허법에 상세한 규정을 두고 있는데, 발명의 카테고리는 크게 물건에 관한 발명과 방법에 관한 발명으로 구분된다. '물건에 관한 발명의 실시'란 물건을 생산 · 사용 · 양도 · 대여 또는 수입하거나 그 물건의 양도 또는 대여의 청약(양도 또는 대여를 위한 전시를 포함한다)을 하는 행위를 의미하고(특허법 제2조 제3호 가.목), '방법에 관한 발명의 실시'란 그 방법을 사용하는 행위를 의미한다(특허법 제2조 제3

190) 같은 취지로는 윤선희, 특허법 제3판, 박영사 2007. 649면.

191) 윤선희, 앞의 책, 649면; 中山信弘 저, 한일지재권연구회 역, 특허법, 법문사 2001. 306~309면.

호 나.목). '물건을 생산하는 방법에 관한 발명의 실시'란 그 방법을 사용하는 행위 및 그 방법에 의하여 생산한 물건을 사용·양도·대여 또는 수입하거나 그 물건의 양도 또는 대여의 청약을 하는 행위를 의미한다(특허법 제2조 제3호 다.목).

(2) 상대방

위 각 실시태양별로 별개의 특허권침해가 성립하므로(이를 '실시행위 독립의 원칙'이라 한다), 가령 물건의 생산자, 판매자, 사용자가 모두 다른 경우에는 생산, 판매, 사용행위 모두가 특허권침해행위로 되고, 이들 모두를 상대방으로 삼을 수 있다.

법인이 특허권침해를 한 경우 그 대표자나 임원 등은 특별한 사정이 없는 한 법인의 기관으로서 행동하는 것이므로 독립하여 실시자가 된다고 할 수 없고, 타인의 하도급을 받아 그를 위하여 행동하는 자도 독립하여 상대방으로 삼기는 어렵다.[192] 그러나 대표자가 법인의 실질상 소유자로서 법인의 침해행위와 별도로 그 독립적인 지위에 기하여 특허권침해를 하였다고 볼 특별한 사정이 있는 경우에는 상대방으로 될 수 있을 것이다.

침해물 등의 폐기, 제거청구를 하는 경우, 그 청구권의 성립요건으로서 폐기 또는 제거를 구하는 물건이 상대방의 소유여야 하므로, 그 소유자만이 위 청구의 피고로 될 수 있다. 다만 원고로서는 소제기 당시에는 소유관계를 명확히 할 수 없으므로, 상대방의 답변에 따라 피고로 지정된 사람이 소유권자가 아닌 경우 소를 일부 취하하거나, 청구취지를 적절히 변경할 필요가 있다.

이 경우 침해설비 등의 소유권이 침해자가 아닌 제3자에게 있는 경우에는 이 부분 신청은 처분권이 없는 자를 상대로 한 것으로서 기각되어야 할 것이나, 특허권자로서는 그 제3자를 상대로 아울러 침해금지소송을 제기한 다음 침해행위에 대한 가담 내지 역할분담을 소명함으로써 구제받을 수 있을 것이다.

---

192) 한국사법행정학회, 재판실무연구(3), 2008. 364~408면(성창호 집필부분).

라. 현재의 침해행위 또는 장래 침해의 개연성

특허권자는 자기의 권리를 침해한 자 또는 침해할 우려가 있는 자에 대하여 그 침해의 금지 또는 예방을 청구할 수 있으므로(특허법 제126조 제1항), 현재 침해행위가 발생하고 있거나, 장래에 침해행위가 발생할 개연성이 있다면(예를 들어, 상대방이 특허권으로 보호받고 있는 의약품의 카피약을 제조·판매하기 위하여 식품의약청에 그 품목허가를 신청한 경우) 침해금지청구 또는 예방을 청구할 수 있다.

어떤 경우가 '침해할 우려가 있는 경우'에 해당하는지에 관하여 견해가 대립되는데, 객관설은 이를 객관적으로 해석하여 침해의 준비행위가 완성된 때에 침해의 우려가 있다고 보는 반면, 주관설은 침해품을 제조·판매할 의도 즉, 침해의 의도가 인정될 때 침해의 우려가 있다고 해석한다. 주관적인 의사는 기준으로서 불명확하므로 객관설이 타당하고 현재의 다수설이다.

이에 따르면 단순히 침해품을 소지하거나 특허권을 침해할 기계의 설계도면을 작성한 정도만으로는 침해의 우려를 인정할 수 없고, 현재 특허품의 제조를 준비하고 있는 경우나 계절품이이어서 현재 생산을 중지하고 있지만 계절이 도래하면 생산의 재개가 예상되는 경우, 판매목적으로 침해품을 소지하고 있는 경우, 판매준비를 위하여 카달로그를 반포한 경우, 과거에 특허권침해의 경력이 있는 자로서 현재 침해를 위한 준비행위를 하는 경우 등 객관적인 사정이 있는 경우에는 특허권침해의 우려가 있다고 볼 수 있을 것이다.[193)]

마. 피고 실시기술의 특정

(1) 특정의 필요성 및 정도

원고가 특정한 피고 실시기술에 따라 침해법원의 심리범위가 정해지고, 침해금지 또는 침해예방을 명하는 주문이 선고되는 경우 판결에 의해 발생하는 부작위의무의 범위와 집행범위가 정해지므로, 피고 실시기술을 특정하는 것은 매우 중요한 일이다. 피고 실시기술의 특정의 문제는 소송물 특

193) 한국사법행정학회, 재판실무연구(3), 2008. 364~408면(성창호 집필부분).

정의 문제와 관계되는데, 청구취지 및 청구원인에 의해 소송물이 특정된다는 구소송물 이론에 의하면, 청구취지에는 피고 실시기술이 나타나지 않더라도 청구원인에 나타나면 소송물은 특정이 된 셈이 된다. 그러나 판결주문의 자족성의 요구에 따라 침해금지를 구하는 청구취지에는 침해금지를 구하는 대상 즉, 피고 실시기술이 집행가능한 정도로 나타나야 한다.[194] 따라서 청구원인에 피고 실시기술이 충분히 기재되어 있다고 하더라도, '피고는 원고의 특허권을 침해하는 물건을 생산, 사용, 양도하여서는 아니 된다'는 청구취지는 이를 인용하더라도 집행가능한 주문이 아니므로 부적절하다. 따라서 청구원인에 나타난 물건으로 특정하여 청구취지를 변경하여야 할 것이다.

요구되는 특정의 정도에 관하여 보면, 피고 실시기술이 원고의 특허권을 침해하였는지 여부를 판단하기 위해서는 피고 실시기술의 구성요소가 특허발명의 구성요소와 대비하는 과정을 거쳐야 하므로, 이를 대비할 수 있을 정도로 그 기술적 구성요소가 구체적으로 드러나야 하고, 피고의 실시태양(생산, 사용, 양도 등의 행위태양 중 어느 것인지)이 나타나야 하며, 간접침해의 주장을 하는 경우 피고의 행위가 특허법 제127조 각 호의 어느 실시태양에 해당하는지가 명확히 드러나야 한다.[195] 따라서 원고는 피고가 제

194) 서울고등법원 2010. 7. 6. 자 2010라239 결정(「금지대상이 추상적이고 규범적인 언어로만 구성되어 있어서 집행이 가능할 정도로 구체적이지 못해 부적법하다.」는 이유로 신청을 각하).

195) 대법원은, 「민사소송에 있어서 청구의 취지는 그 내용 및 범위를 명확히 알아볼 수 있도록 구체적으로 특정되어야 하는 것인 바(대법원 1981. 9. 8. 선고 80다2904 판결, 대법원 2009. 11. 12. 선고 2007다53785 판결 등 참조), 특허권에 대한 침해의 금지를 청구함에 있어 청구의 대상이 되는 제품이나 방법은 사회통념상 침해의 금지를 구하는 대상으로서 다른 것과 구별될 수 있는 정도로 구체적으로 특정되어야 한다.」라고 판시하였다{대법원 2011. 9. 8. 선고 2011다17090 판결(특허권침해금지의소)}. 한편, 권리범위확인심판 청구에서 확인대상발명의 특정 정도와 관련하여, 「특허권의 권리범위확인심판을 청구할 때 심판청구의 대상이 되는 확인대상발명은 당해 특허발명과 서로 대비할 수 있을 만큼 구체적으로 특정되어야 하는 바, 그 특정을 위해서 대상물의 구체적인 구성을 전부 기재할 필요는 없지만, 적어도 특허발명의 구성요건과 대비하여 그 차이점을 판단함에 필요할 정도로 특허발명의 구성요건에 대응하는 부분의 구체적인 구성을 기재하여야 하는 것이 원칙이다. 다만, 확인대상발명의 설명서에 특허발명의 구성요소에 대응하는 구체적

조하는 물건 등에 존재하는 기술적 사상을 정확히 파악하여 이를 문장화하고 도면으로 묘사함으로써 특정하여야 하며, 단지 침해물건의 사진만을 첨부한다거나 자신의 특허발명과 동일·유사한 실시행위의 금지를 구하는 것만으로는 침해금지를 구하는 피고 실시기술이 특정되었다고 볼 수 없다.[196] 다만 위에서 설명한 바와 같이, 청구취지로만 위와 같은 정도로 특정할 필요는 없고, 청구원인과 함께 위와 같은 정도로 특정되면 무방하다.

한편 아무런 부가 설명도 없이 단지 침해물건의 사진만을 첨부하는 것으로는 침해물건 등이 특정되었다고 인정하기 어려울 것이나, 실제로 사진을 첨부하는 것 이외에 더 이상 침해물건 등을 특정하는 것이 곤란한 경우도 있을 수 있으므로(특허가 아닌 실용신안의 경우는 더욱 그러하다) 일률적으로 그렇게 볼 것은 아니다.

피고가 원고에 의해 특정된 피고 실시기술의 구체적 특징 및 그 실시태양에 관하여 다투지 않는 경우 이 부분 요건사실이 정리되지만, 자백에 의하더라도 침해물건이나 방법의 기술내용이 무엇인지 알 수 없는 경우에는 법원은 자백을 한 피고에게 석명을 구하여 부족한 부분을 보충하여야 한다. 피고가 피고 실시기술의 특징 및 구체적 실시태양에 관하여 다투는 경우에는 원고가 증명하여야 한다. 경우에 따라 원고가 청구취지에서는 피고 실시기술을 제대로 특정하지 아니하였으나, 증거에는 침해 제품의 도면이나 사진 등이 제출되는 경우가 있는데, 이 경우 법원은 석명권을 행사하여 변론조서에 피고 실시기술로 특정할 수도 있을 것이다.

원고가 특허법 제129조(생산방법의 추정)를 적용하려 하는 경우, 원고는 피고가 물건을 생산하는 구체적 제조방법을 주장·증명할 필요 없이, ①

인 구성이 일부 기재되어 있지 않거나 불명확한 부분이 있다고 하더라도, 나머지 구성만으로 확인대상발명이 특허발명의 권리범위에 속하는지 여부를 판단할 수 있는 경우에는 확인대상발명은 특정된 것으로 보는 것이 상당하다.」라고 판시하였다(대법원 2010. 5. 27. 선고 2010후296 판결).

196) 원고가 피고 실시기술을 기재하는 대신 원고의 특허권의 특허청구범위를 피고 실시기술로서 특정하는 경우가 있는데, 이는 피고 실시기술이 특정된 것이 아니므로 법원이 석명권을 행사하여 피고 실시기술을 구체적으로 특정하도록 유도하여야 할 것이다.

특허발명상의 방법에 의하여 제조된 물건과 피고가 제조하고 있는 물건이 동일하다는 것과, ② 그 물건이 특허출원 전에 국내에서 공지된 물건이 아니라는 것을 주장·증명하면 되고, 이에 대한 항변으로서 피고가 자신이 실시하는 구체적 제조방법을 밝히고, 그것이 원고의 특허발명에 의한 제조방법과 다르다는 것을 주장·증명하여야 한다. 따라서 위 추정규정의 적용이 주장되는 경우 피고 실시기술의 특정은 피고의 주장·증명을 기다려 그에 따라 심리, 확정되어야 할 것이다.

생산방법의 추정규정을 주장하는 경우, 원고는 소장에서 먼저 특허청구범위에 기재된 방법과 동일한 방법을 기재하면 된다.[197] 실무에서는 원고가 위 추정규정의 적용을 주장하면서 청구취지로 피고의 구체적 생산방법을 한정하지 아니한 채 신규물질의 생산, 판매 등의 금지를 구하였는데, 피고가 자신이 실제로 실시하는 생산방법이 원고 특허발명의 생산방법과 다르다는 점을 주장·증명하지 못한 경우(즉, 위 추정을 번복하지 못한 경우), 위와 같이 생산방법으로 한정되지 않은 청구취지 역시 적법하다고 보고 있고, 판결의 주문에서도 이러한 청구취지를 인용하고 있다. 그러나 소송의 진행에 따라 피고가 실제로 실시하는 제조방법이 구체적으로 판명된 경우(다만, 그 구체적 방법이 원고 특허발명의 생산방법과 실질적으로 동일하다고 인정되는 경우), 법원은 원고로 하여금 청구취지를 위 생산방법으로 한정하도록 변경할 것을 유도하여, 생산방법을 특정하지 않은 채 어떠한 신규물질의 생산을 금지함으로써 피고의 영업활동의 자유를 과도하게 침해하는 주문이 선고되지 않도록 하여야 할 것이다.

(2) 특정을 위한 문서제출명령 및 검증신청

실무상 원고가 피고 실시기술의 특정을 위하여 법원에 문서제출명령이나 피고 공장에 대한 현장검증을 신청하는 경우가 있다. 그런데 문서제출명령의 경우 민사소송법 제315조 제2호의 기술에 속하는 사항으로서 이를 인용할 요건을 갖추기 어려운 경우가 많고(민사소송법 제344조 참조), 검증은 법관의 오관에 의하더라도 기술사상을 특정하는 것이 용이하지 아니할 뿐만 아

197) 권택수, 「특허권침해금지청구소송에 있어서의 실무상 제문제」, 서울북부지방법원 승격기념논문집(2004. 12.), 355~400면.

니라 피고로 하여금 영업비밀의 공개를 강요하거나 기술탐지의 수단으로 악용될 우려가 있으므로 법원은 위와 같은 증거방법신청을 쉽게 채택하지 않을 것이다.

이러한 증거방법의 신청은 주로 방법발명에 관하여 문제되는데, 방법발명은 그 속성상 물건에 관한 발명에 비해 권리행사의 단계에서 많은 제한을 받을 수밖에 없다. 왜냐하면 방법의 실시는 주로 피고의 공장에 설치된 설비에 의해 이루어지는데, 이러한 설비에 대한 접근기회가 없는 특허권자로서는 피고가 실시하는 구체적 방법을 파악하기조차 어려운 경우가 많을 것이기 때문이다. 이러한 어려움을 구제하기 위해 물건을 생산하는 방법에 관한 발명의 경우 특허법에는 생산방법의 추정규정(특허법 제129조)을 두고 있기는 하나, 위 규정의 적용을 받을 수 없는 경우 법원은, 원고가 다른 방법으로써 피고 실시기술을 특정하고 피고가 이를 실시하고 있다는 증명을 하여 피고의 침해행위가 의심되는 경우에 한하여, 검증 등의 증거방법을 채택할 것이다.

따라서 법원은, 침해물건 등의 특정이 곤란한 특별한 사정이 있는 경우에는 우선 피고에게 임의의 협력을 구하여 침해물건 등의 특정을 완료하는 것이 바람직하고, 문서제출명령 및 검증 등의 강제적인 방법은 원고와 피고측의 이해관계를 신중하게 형량하여 허용하되, 그 과정에서 피고의 영업비밀이 침해되는 일이 없도록 주의를 기울여야 할 것이다.[198][199]

---

198) 일본 특허법 제104조의2는, 「특허권침해에 관한 소송에 있어서 특허권자가 침해행위를 조성한 것으로 주장한 물건 또는 방법의 구체적 태양을 부인할 때에는 상대방(피고)은 자기의 행위의 구체적 태양을 명시하여야 한다. 다만, 상대방이 이를 명시할 수 없는 상당한 이유가 있는 때에는 그러하지 아니하다.」라고 규정하여 상대방은 원칙적으로 단순부인을 하지 못하고 구체적 태양을 명시하여 부인할 수 있으며, 제105조는 침해행위에 관한 증명을 위하여 필요한 서류의 제출 또는 검증물의 제시를 명할 수 있도록 규정하고 있다. 위에서 구체적 태양 명시의무를 거부할 상당한 이유의 유무는 법원의 소송진행상의 필요성과 피고의 영업비밀 보호상의 필요성을 비교형량하여 판단하여야 한다고 한다.

199) 우리나라가 가입한 무역관련지적재산권에관한협정(TRIPs) 제42조는 각 회원국은 지적재산권에 관한 사법절차에 있어 비밀정보를 보호하기 위한 수단을 제공하여야 한다고 규정하고 있는데, 우리나라 민사소송법에는 미국 연방민사소송규칙에서 규정하고 있는 영업비밀 등의 공개금지나 공개방식의 제한과 같은 보호명령(pro-

(3) 특정의 예(청구취지)

청구취지에서 피고 실시기술을 특정하는 방식은, 별지 목록에 의해 특정하거나, 청구취지 자체에 피고 실시기술을 특정하거나, 위 두 가지 방식을 혼용하여 특정하는 방식이 실무상 일반적으로 사용되고 있다.

별지 목록에 의해 특정하는 방식의 예는 "피고는 별지 목록 기재 ○○○장치를 제조, 사용, 양도, 대여, 수입 또는 전시하여서는 아니 된다."는 식이다. 별지 목록에는 위 장치의 사진 또는 도면이 나타나 있는 등 최소한 그 구성상의 특징이 나타나 있는 것이 일반적이다.

별지 목록에 의하지 않고 특정하는 방식의 예는 주로 피고의 상품명이나, 형식번호 등이 있는 경우에 사용되는데, 예로서 "피고는 상품명 ○○○의 제품을 제조, 사용, 양도, 대여, 수입 또는 전시하여서는 아니 된다." 또는 "피고는 A1형, B1형의 형식번호가 붙은 제품을 제조, 사용, 양도, 대여, 수입 또는 전시하여서는 아니 된다."는 식이다. 위와 같은 방식으로 청구취지를 기재한 경우에도, 청구원인에서는 피고 제품의 구체적인 구성이 나타나야 함은 앞서 설명한 바와 같다.

청구취지에서 '…제품 또는 이와 유사한 물건'의 제조금지를 구하는 경우가 있는데, 이 경우 위 '또는 이와 유사한 물건' 부분은 청구의 특정성을 결여한 것이어서 적절하지 않다. 그리고 특허권 등을 침해하는 물건의 완성품 외에 그 반제품에 대하여도 폐기 등을 명할 필요가 있으나 단순히 '반제품'이라고 표시하게 되면 특허권 등의 권리범위와는 관련 없는 부분의 부품까지를 포함하게 되므로 '반제품(위의 완성품의 구조를 구비하고 있는 것으로 아직 완성에 이르지 않은 물건)'으로 한정하여야 할 것이다.

---

tective order) 제도는 없지만, 민사소송법 제163조 제2호는 소송기록 중에 당사자가 가지는 영업비밀이 적혀 있는 때에는 법원은 당사자의 신청에 따라 결정으로 소송기록 중 비밀이 적혀 있는 부분의 열람·복사 등을 신청할 수 있는 자를 당사자로 한정할 수 있다고 규정하고 있다.

또한 법원은 원고의 문서제출명령신청이 있는 경우 민사소송법 제347조 제4항에 의하여 피고에게 그 문서를 제시하도록 명할 수 있고, 이 경우 법원은 그 문서를 다른 사람이 보도록 하여서는 아니 되는데, 법원은 위 제도를 활용하여 피고로부터 문서를 제시받아 이를 기초로 원고의 등록특허기술과 다른 점에 관한 설명을 듣는 기회로 활용할 수 있을 것이다.

방법의 발명인 경우, 실무상 주로 활용되는 방식은 “피고는 별지 목록 기재 방법에 의하여 정제하여서는 아니 된다.” 또는 “피고는 별지 목록 기재 방법에 의하여 초산비닐을 제조하여서는 아니 된다.” 등으로 기재하고 있고, 별지 목록에는 방법의 구체적인 단계가 기재된다.

(4) 특정되지 않은 경우

피고 실시기술이 특정되지 않은 경우, 청구취지가 특정되지 않아 부적법한 소제기이므로 소각하 판결을 하여야 한다는 견해와, 청구원인이 증명되지 않았으므로 청구기각판결을 하여야 한다는 견해의 대립이 있어 왔다.

대법원은 최근 권리범위확인심판에 관한 심결취소소송에서 「확인대상발명의 설명서에 특허발명의 구성요소와 대응하는 구체적인 구성이 일부 기재되어 있지 않거나 불명확한 부분이 있다고 하더라도, 나머지 구성만으로 확인대상발명이 특허발명의 권리범위에 속하는지 여부를 판단할 수 있는 경우에는 확인대상발명은 특정된 것으로 보는 것이 타당하다.」라고 판시한 바 있는데(대법원 2010. 5. 27. 선고 2010후296 판결), 이와 같이 피고 실시기술의 구성이 전혀 특정되지 않은 경우가 아니라면 본안에 관한 판결을 하는 것이 바람직할 것이다.

그러나 대법원은, 「특허권의 권리범위확인심판을 청구할 때 심판청구의 대상이 되는 확인대상발명은 당해 특허발명과 서로 대비할 수 있을 만큼 구체적으로 특정되어야 할 뿐만 아니라, 그에 앞서 사회통념상 특허발명의 권리범위에 속하는지를 확인하는 대상으로서 다른 것과 구별될 수 있는 정도로 구체적으로 특정되어야 한다. 만약 확인대상발명의 일부 구성이 불명확하여 다른 것과 구별될 수 있는 정도로 구체적으로 특정되어 있지 않다면, 특허심판원은 요지변경이 되지 아니하는 범위 내에서 확인대상발명의 설명서 및 도면에 대한 보정을 명하는 등 조치를 취해야 하며, 그럼에도 그와 같은 특정에 미흡함이 있다면 심판의 심결이 확정되더라도 일사부재리의 효력이 미치는 범위가 명확하다고 할 수 없으므로, 나머지 구성만으로 확인대상발명이 특허발명의 권리범위에 속하는지를 판단할 수 있는 경우라 하더라도 심판청구를 각하하여야 한다.」라고 판시하였고,[200] 또 「청구

200) 대법원 2011. 9. 8. 선고 2010후3356 판결.

취지의 특정 여부는 직권조사사항이라고 할 것이므로 청구취지가 특정되지 않은 경우에는 법원은 피고의 이의 여부에 불구하고 직권으로 그 보정을 명하고, 이에 응하지 않을 때에는 소를 각하하여야 하나(대법원 1981. 9. 8. 선고 80다2904 판결, 대법원 2009. 11. 12. 선고 2007다53785 판결 등 참조), 형식적으로는 청구취지 보정의 기회가 주어지지 아니하였어도 실질적으로는 이러한 기회가 주어졌다고 볼 수 있을 만한 특별한 사정이 있는 경우에는 보정명령 없이 소를 각하하더라도 이를 위법하다 할 수 없다.」라고 판시함으로써, 소 각하판결을 하여야 한다는 견해를 취하였다.[201)]

3. 금지명령

가. 주문례

금지명령은 원고가 특정한 피고 실시기술에 대하여 피고가 실시하는 구체적 태양을 금하는 취지로 명하게 된다. 가령 물건에 관한 특허발명을 침해하는 경우, "피고는 별지(여기에서 물건의 특징이 나타나야 한다) 기재 물건을 생산, 사용, 양도, 대여, 수입, 양도나 대여를 위한 청약 또는 이를 위한 전시를 하여서는 아니 된다."와 같을 것이고, 방법에 관한 특허발명인 경우에는 "피고는 별지(여기에 방법의 특징이 기재되어야 한다) 기재 방법을 사용하여서는 아니 된다." 등으로 될 것이다. 물건을 생산하는 방법의 경우에는 위 방법발명에 관한 주문 외에 "피고는 별지 기재의 방법으로 생산한 물건을 사용, 양도, 대여 또는 수입하거나 그 물건의 양도 또는 대여의 청약을 하여서는 아니 된다."는 방식이 될 것이다.

나. 가집행선고

침해금지판결 역시 재산권의 청구에 관한 이행판결이므로 성질상 가집행선고가 허용되지 않는 경우에 해당하지 않으므로 가집행선고를 붙이는 것이 원칙이다(민사소송법 제213조 제1항 본문). 다만 실무에서는 침해금지청구를 인용하지만, 특허무효심판이 제기되어 있고 침해법원의 입장에서는 무효사

201) 대법원 2011. 9. 8. 선고 2011다17090 판결.

유가 명백하다고까지 볼 수는 없지만 무효로 판단될 여지도 있다고 인정되는 경우 또는 사건의 특성상 침해금지로 인한 여파가 큰 경우 등에는 가집행선고를 예외적으로 붙이지 않는 경우도 있을 수 있다.[202)]

다. 간접강제의 허용 여부

원고가 침해행위의 금지 등을 구하면서 피고가 침해행위의 금지의무에 위반할 경우 위반시마다 원고에게 일정한 금원을 지급하거나 위반행위의 중지시까지 정기적으로 일정한 금원을 지급할 것을 구하는 간접강제를 구하는 경우가 있다.

이와 유사한 사안에 관하여 「부작위채무를 명하는 판결의 실효성 있는 집행을 보장하기 위하여는, 부작위채무에 관한 소송절차의 변론종결 당시에서 보아 집행권원이 성립하더라도 채무자가 이를 단기간 내에 위반할 개연성이 있고, 또한 그 판결절차에서 민사집행법 제261조에 의하여 명할 적정한 배상액을 산정할 수 있는 경우에는, 위의 부작위채무에 관한 판결절차에서도 민사집행법 제261조에 의하여 장차 채무자가 그 채무를 불이행할 경우에 일정한 배상을 할 것을 명할 수 있다.」는 취지의 대법원판결(대법원 1996. 4. 12. 선고 93다40614 판결)이 있기는 하나, 위 판결은 인격권침해의 구제에 관한 판결로서 주로 재산권침해에 관한 구제의 문제인 지적재산권 관련사건에 그대로 적용된다고는 할 수 없고, 판결절차와 집행절차를 엄격히 구분하고 있는 우리 민사소송법의 원칙에 반하여 이를 인정한다면 집행절차에 관한 체계에 혼란을 야기할 수 있으므로 실무에서는 특별한 사정이 없는 한 주문에 간접강제조항을 포함시키지 아니하고 있으며, 원고가 간접강제 부분을 포함한 청구취지를 제출하는 경우 법원은 이를 취하할 것을 권유하는 것이 보통이다. 최근 하급심판결(서울고등법원 2011. 7. 20. 선고 2010

---

202) 제약회사가 제조·판매하는 의약품의 제조·판매가 금지될 경우 치료에 상당한 제한이 초래되거나, 특허발명이 차지하는 부분이 완성품의 극히 일부분에 지나지 않거나, 침해행위자와 특허발명 침해와의 관련성이 떨어지는 경우(예컨대 차량의 수만 가지 부품 중 하나인 기어박스가 특허권을 침해한 것으로 인정되는데, 피고가 완성차를 직접 제조하지 않고 단순히 수입판매만 하는 경우) 등이 그러한 경우에 해당할 수 있을 것이다.

나97688 판결)에서는, 본안재판절차에서 간접강제결정을 허용할 경우, ① 우리 절차법에서 준별하여 정한 재판절차와 집행절차의 구분의 원칙이 무너지는 점, ② 상고될 경우 간접강제에 대한 판단의 기준시가 되는 사실심 변론종결시와 간접강제결정이 내려지는 시점인 상고심 판결선고시 사이에 시간적 간격이 더욱 커지는 점, ③ 간접강제결정에 대하여만 불복할 경우 항고와 달리 상소의 방법에 따른 불복으로 그 심리에 상대적으로 장기간이 소요되어 집행공백 기간을 단축하려는 취지에 오히려 반하게 되는 점 등의 문제점이 있고, ④ 집행의 공백의 문제는 가처분제도에 의하여 해결함이 바람직하다는 점 등의 사유를 들어 간접강제청구를 법리상 기각한 예가 있다.

라. 합리적 운영을 위한 제한 가능성[203)]

(1) 문제의 제기

침해금지청구는 매우 강력한 특허권 행사방법이다. 이는 특허권자에게 압도적인 협상력(excessive bargaining power)을 부여하는 한편,[204)] 상대방은 막대한 자본을 투자한 영업을 중지할 것인가 아니면 특허권자에게 손해배상액을 지급할 것인가의 기로에 서게 된다. 또 소비자는 침해품을 사용하거나 서비스를 받지 못하게 된다.[205)]

이러한 침해금지명령의 부작용을 우려하여 특허권자에게 그러한 구제수단을 인정하지 않기도 어렵다. 왜냐하면 침해자는 손해배상만을 한 후 계

203) 자세히는 김기영, 「Patent Troll에 대한 법적·제도적 대응방안 연구」, 서울대학교 대학원 법학박사 학위논문, 2008. 8., 124~150면 및 정상조·박성수 공편, 특허법 주해 II, 2010. 10~26면(김기영 집필부분) 참조.

204) Mark A. Lemley & Carl Shapiro, 「Patent Holdup and Royalty Stacking」, 85 Tex. L. Rev. 1991, 1991 (2007); Rebecca A. Hand, 「Ebay v. MercExchange : Looking at the Cause and Effect of a Shift in the Standard for Issuing Patent Injunctions」, 25 Cardozo Arts & Ent. L.J. 461, 469 (2007); 정차호, 「특허의 침해금지권에 관한 eBay 판결 : 특허권의 몰락?」, 지식재산21 (2006. 7), 59면; David D. Conrad, 「Mining the Patnet Thicket : The Supreme Court's Rejection of the Automatic Injunction Rule in Ebay v. Mercexchange」, 26 Rev. Litig. 119, 148 (Winter, 2007).

205) David D. Conrad, 위 같은 면.

속 특허침해를 할 수도 있기 때문이다.[206]

따라서 특허권자에게 침해금지명령이란 구제수단을 인정하면서도 그 발령 요건 또는 기준을 정함으로써 이를 합리적으로 운영할 필요가 있다.

그런데 우리 특허법은 금지청구를 하기 위한 요건에 관하여는 규정하지 않고 있다.[207] 이는 민사집행법에서 임시의 지위를 정하기 위한 가처분의 요건을 규정하고 있고,[208] 미국 특허법 제283조가 금지명령 발령에 있어 형평법상의 요건을 고려하도록 하고 있는 것과 다르다.

따라서 우리나라에서 금지명령을 발령함에 있어 미국법상의 형평법상의 법리나 임시의 지위를 정하기 위한 가처분의 경우와 같은 요건 또는 민법상의 권리남용금지의 법리 등을 적용하여 금지명령의 발령을 제한할 수 있을 것인지가 문제된다.[209][210]

---

206) Rebecca A. Hand, 위 논문, 469면.

207) 특허법 제126조는 「특허권자 또는 전용실시권자는 자기의 권리를 침해한 자 또는 침해할 우려가 있는 자에 대하여 그 침해의 금지 또는 예방을 청구할 수 있다.」라고만 규정하고 있다.

208) 민사집행법 제300조 제2항은 「가처분은 다툼이 있는 권리관계에 대하여 임시의 지위를 정하기 위하여도 할 수 있다. 이 경우 가처분은 특히 계속하는 권리관계에 끼칠 현저한 손해를 피하거나 급박한 위험을 막기 위하여, 또는 그 밖의 필요한 이유가 있을 경우에 하여야 한다.」고 규정하고 있다.

209) 한편, 가처분 및 금지명령이 쉽게 인용되어야 하는지 아니면 발령요건을 엄격하게 하여야 하는지는, 앞 제2장에서 본, 권리의 보호에 관한 소유권 이론(Property Theory)과 손해배상이론(Liability Theory)에 따라서 다른 결론에 이를 수 있다. 즉, 소유자의 허락이 없는 경우에는 그 권리를 박탈할 수 없다는 소유권이론에 의하는 경우 특허권자의 금지청구는 항상 인정되어야 할 것이나, 소유자의 허락 없이도 국가의 개입에 의하여 권리를 박탈할 수 있는 경우를 예정하고 있는 손해배상이론에 의하면 특허권자의 금지청구권이 박탈되는 경우가 상정될 수 있는 것이다. 자세히는 Guido Calabresi & A. Douglas Melamed, 「Property Rule, Liability Rule and Inalienability : One View of the Cathedral」, 85 Harv. L. Rev. 1089, 1106~1107 (1972); Mark A. Lemley & Philip J. Weiser, 「Should Property or Liability Rules Govern Information?」, 85 Tex. L. Rev. 783, 786 (2007); 윤진수, 「권리남용 금지의 경제적 분석」, 재산법 1 민법논고 I, 박영사 2007. 93~94면; 허성욱, 「권리남용금지 법리에 관한 법경제학적 고찰」, 법조 통권 591호 및 592호 (2005. 12., 2006. 1), 법조협회 212면 등 참조.

210) 또한, 영업방법발명과 같은 새로운 유형의 특허 등장과 특허청 심사관의 업무 과중 등으로 말미암은 부실특허의 남발 가능성, Patent Thicket 및 Patent Troll 문

이하 이러한 점에 관하여 미국 등 외국과 우리나라의 판례를 통하여 검토해 보기로 한다.

(2) 미국의 경우

미국 특허법 제154조는 특허권자가 제3자의 실시를 배척할 수 있는 권리가 있음을,[211] 제283조는 침해금지명령의 발령에 있어 형평의 원리를 고려할 것을 규정하고 있다.[212][213]

미국에서의 금지명령은 일반적으로 잠정가처분적 금지명령(Temporary Restraining Order : TRO), 가처분적 금지명령(Preliminary Injunction), 영구적 금지명령(Permanent Injunction)으로 나눠진다.[214] 시기적으로 잠정가

제의 등장과 같은 현실적인 상황을 고려하여 금지명령의 발령 여부를 결정하여야 하는지도 문제 될 수 있다. Rebecca A. Hand, 앞의 논문, 472면 참조.

211) 그 중 일부의 원문은 다음과 같다.
35 U.S.C. 154 Contents and term of patent; provisional rights.
(a) IN GENERAL.－
(1) CONTENTS.－Every patent shall contain a short title of the invention and a grant to the patentee, his heirs or assigns, of the right to exclude others from making, using, offering for sale, or selling the invention throughout the United States or importing the invention into the United States, and, if the invention is a process, of the right to exclude others from using, offering for sale or selling throughout the United States, or importing into the United States, products made by that process, referring to the specification for the particulars thereof.

212) 그 원문은 다음과 같다.
35 U.S.C. 283 Injunction.
The several courts having jurisdiction of cases under this title may grant injunctions in accordance with the principles of equity to prevent the violation of any right secured by patent, on such terms as the court deems reasonable.

213) 위 제154조와 제283조는 서로 상충하는 측면이 있고, 양자의 관계에 관하여는 (i) 침해금지권은 특허권의 본질에 해당한다고 보아야 하므로 제154조의 우월적 지위를 인정하고 제283조를 어느 정도 무시하여 특별한 사정이 없는 한 침해금지를 명하여야 한다는 견해와, (ii) 제283조의 존재의의도 같이 참작하여 침해금지를 명령함에 있어서 돌이킬 수 없는 손해, 공익 등 다른 형평법적 요소도 같이 고려하여야 한다는 견해가 있을 수 있고, 금지청구권과 관련된 미국의 판례들은 이러한 상반된 입장에 대하여 법원이 어떠한 태도를 취하였는지를 보여주는 것이라 한다. 정차호, 앞의 논문, 58면.

214) 장성원, 「미국 특허재판제도 －특허권자의 손해배상 및 금지명령을 중심으로－」,

처분적 금지명령은 가처분적 금지명령 신청에 대한 심문 전까지 현상을 유지하는 데 목적이 있는 것이고, 가처분적 금지명령은 본안소송의 사실심리 전에 내려지는 것이며, 영구적 금지명령은 본안소송의 사실심리 이후에 내려지는 것이다.[215)]

전통적으로 미국에서는 금지명령의 발령요건으로 승소가능성 외에, ① 회복할 수 없는 손해(irreparable harm),[216)] ② 법률상 구제수단의 피해구제수단으로서의 부적합성(inadequacy to compensate for the injury), ③ 고통의 형평(balance of the hardship), ④ 공공의 이익(the public interest)의 4가지 요소가 고려되었다.[217)]

그러나 1908년의 Paper Bag 사건[218)] 이후 미국 법원은 특허 분쟁에 관하여는 예외를 인정하여 위와 같은 형평법적 요소를 고려하지 않고 또 특허권자의 특허실시 여부를 묻지 않고 금지명령을 발하여 왔다.[219)]

즉, 법원은 특허침해가 인정되면 공공복리(public welfare, 특히 public health)에 영향을 미치는 예외적인 상황을 제외하고는 자동적으로 금지명령을 발하여 왔다.[220)][221)]

재판자료 73집, 법원행정처(1996. 12) 569면. 가처분적 금지명령 대신 예비적 금지명령으로 부르기도 한다. 최승재, 미국특허법, 법문사 2011. 359~365면 참조.

215) 정연덕, 「Patent Troll에 대한 법적 문제점(Legal issues on patent troll)」, LAW & TECHNOLOGY 제3권 1호, 서울대학교 기술과법센터 (2007. 1) 85면.

216) 여기서 '회복할 수 없는 손해'란 금액으로 적정하게 평가할 수 없거나 보상될 수 없는 손해를 말한다. Bryan A. Garner, Black's Law Dictionary, West Group, 2000, 316면; 신승남, 「eBay 판결 이후 한국 IT 기업들의 미국 시장에서의 특허권 위험관리 전략에 대한 시사점」, 비교사법 제14권 2호 (통권 37호), 한국비교사법학회 (2007) 469면.

217) Deborah Platt Majoras, 「A Government Perspective on IP and Antitrust Law」, Sympoisum : The IP Grab : The Struggle Between Intellectual Property Rights and Antitrust, 38 Rutgers L.J. 493 (Winter, 2007), 495면; David B. Conrad, 앞의 논문, 124면.

218) Continental Paper Bag Co. v. Eastern Paper Bag Co., 210 U.S. 405, 4219 (1908) (「사용되지 않는 특허의 보유자도 침해를 금지할 수 있다.」고 판시).

219) Rebecca A. Hand, 앞의 논문, 462면.

220) Rebecca A. Hand, 앞의 논문, 463면; 정연덕, 앞의 논문, 85~86면; David B. Conrad, 앞의 논문, 121면.

그러던 중 2006년 미국 대법원은 eBay Inc. et al. v. MercExchange, L.L.C. 사건에서[222] 미국 특허법 제283조에서 형평의 원리에 따를 것을 규정하고 있고, 특허법 제261조가[223] 특허권이 사유재산권의 성격을 가진다고 규정하고 있는 점에 비추어 다른 사유재산권과 마찬가지로 특허침해로 인한 금지명령을 발령하기 위해서도 형평법상의 네 가지 요소를 고려하여야 한다고 하면서 원심판결을 파기환송하였다.

eBay 판결 이후 하급심 법원의 실무는 특허권자가 침해자의 경쟁자인지에 따라 금지청구의 인용 여부를 결정하는 경향을 띠고 있다.[224] 즉, 위 eBay 판결의 환송심 판결 및 z4 사건 판결에서는 특허권자가 경쟁자가 아니라는 이유로 금지명령청구를 인용하지 않았고,[225] Tivo Inc. v. Echostar

---

221) 이러한 법원의 태도에 대해서는 의약계는 찬성, 소프트웨어 산업분야는 반대의 견해를 밝혀 왔다. Doug Harvey, 「Reinventing the U.S. Patent System : A Discussion of Patent Reform through an Analysis of the Proposed Patent Reform Act of 2005」, 38 Tex. Tech L. Rev. 1133, 1155~1156 (Summer, 2006).

222) 126 S. Ct. 1837 (2006).

223) 35 U.S.C. § 261. Ownership; assignment
Subject to the provisions of this title [35 USC § §1 et seq.], patents shall have the attributes of personal property.

224) Rebecca A. Hand, 앞의 논문, 482면; John M. Golden, 「'Patent Trolls' and Patent Remedies」, 85 Tex. L. Rev. 2111, 2113 (2007).

225) MercExchange L.L.C. v. eBay, Inc., F.Supp.2d, 2007 WL 2172587 (E.D.Va., July 27, 2007); z4 Technologies, Inc.. v. Microsoft Corp., 434 F.Supp.2d 437 (E.D.Tex., 2006) [법원은 「원고가 해당 특허발명을 직접 실시하지 않으므로(원고가 피고의 경쟁자가 아니므로), 침해금지명령이 없다고 하더라도 원고 측에 일실이익이 발생하지 않고, 시장점유율 또는 상표인지도가 변화하지 않으며, 피고가 Microsoft 한 회사뿐이므로 앞으로 계속된 침해가 발생하는 경우 특허권자가 손해배상을 용이하게 받을 수 있으므로 돌이킬 수 없는 손해(irreparable injury to patentee)가 있다고 보기 어렵고, 특허발명이 피고 침헤품의 아주 작은 부품에 연관될 뿐이고 피고 침해품의 핵심과는 관련이 없으며, 피고가 2007년 판부터는 특허발명을 침해하지 않을 것을 약속하였고, 원고가 손해배상만으로는 충분하지 않다는 점을 설명하지 못하여 손해배상이 더 적절하다는 점에서 다른 법적 구제수단(remedies available at law)이 존재하며, 침해금지가 되는 경우 피고는 전체 Microsoft Office 프로그램을 전면 재설계하여야 하는데 그러한 재설계가 지나치게 어렵거나 거의 불가능하므로 침해금지명령으로 겪는 피고의 고통이 지나치게 크다는 점에서 고통의 비교형량(balance of hardship)이라는 점에서도 피고에게

Communications Corp. 판결 등에서는[226] 경쟁자임을 이유로 금지명령을 내렸다.

(3) 일본의 경우

일본 특허법 제100조는 우리나라 특허법 제126조와 마찬가지로 제1항에서 「특허권자 또는 전용실시권자는 자기의 특허권 또는 전용실시권을 침해하는 자 또는 침해할 우려가 있는 자에 대해서 그 침해의 정지 또는 예방을 청구할 수 있다.」라고 규정하고 있고, 제2항에서는 우리 특허법 제126조 제2항과 동일한 내용을 규정하고 있다. 일본 법원은 이러한 규정에 따라 특허권의 침해가 인정되면 금지청구권을 인용하는 실무태도를 유지했다.[227]

한편 일본에는 앞에서 본 eBay 판결 이후의 미국에서의 새로운 경향에 따라 침해금지청구와 손해배상청구의 관계를 재정립하여야 한다는 견해도 있다.[228] 즉, 금지명령은 침해자로 주장된 자의 영업이 완전히 정지되는 등 매우 경직적인 성격을 가진 구제수단이란 점에서 그 발령에 신중을 기하되, 권리구제수단으로서 좀 더 유연성이 있는 손해배상에 의한 구제를 적극적으로 활용하자는 견해가 그것이다.

(4) 우리나라에서의 제한 가능성

유리하고, 피고 제품의 배포에 대한 사소한 지연마저도 수많은 소비자에게 큰 피해를 입힐 수 있어 침해금지명령은 공중의 이익(public interest)에 반한다는 이유로 침해금지청구를 기각하였고, 특히 특허권 침해가 있는 경우 돌이킬 수 없는 손해가 있는 것으로 추정되어야 한다는 원고의 주장에 대하여 그러한 손해에 대하여는 원고가 입증할 책임이 있다.」고 판단하였다.]; Paice LLC v. Toyota Motor Corp., 2006 WL 2385139 (E.D.Tx. 2006).

226) TiVo Inc. v. EchoStar Commc'ns Corp., 446 F.Supp. 2d 664 (E.D. Tex. 2006); Visto Corp. v. Seven Networks, Inc., No. 2:03-CV-333, 2006 U.S. Dist. LEXIS 91453 (E.D. Tex. Dec. 19, 2006); Transocean Offshore Deepwater Drilling, Inc., v. GlobalSanteFe Corp., Civ. No. H-03-2910, 2006 U.S. Dist. LEXIS 93408 (S.D. Tex. Dec. 27, 2006).

227) 松本重敏, 「eBay事件判決と日本特許法の比較考察－差止請求權と損害賠償請求權相互の位置づけ－」, 知財管理 Vol. 57 No. 2 (2007) 191면 참조; 松本重敏, 特許發明の保護範圍[新版]－その理論と實際－, 有斐閣 2000. 345면 참조.

228) 松本重敏, 위 논문, 183～184, 191면. 우리나라에서도 이와 관련된 논의가 있는바, 이에 대해서는 심미랑, 특허침해금지청구권 기능의 재정립, 고려대학교 대학원 박사학위논문, 2010. 205～207 참조.

앞에서 본 바와 같이, 우리나라 특허법 제126조 제1항은 「특허권자 또는 전용실시권자는 자기의 권리를 침해한 자 또는 침해할 우려가 있는 자에 대하여 그 침해의 금지 또는 예방을 청구할 수 있다.」라고 규정하고 있을 뿐,[229] 이러한 금지명령을 발함에 있어 어떠한 요소를 고려하여야 하는지에 관하여 아무런 언급이 없다. 이는 미국 특허법의 관련 규정 및 가처분에 관한 민사집행법의 규정과도 다르다.

나아가 가처분이 본안 판단 전의 임시적 처분인데 반하여 금지청구는 본안 심리 결과 침해가 인정되는 것을 전제로 하는 처분이므로 금지청구 인용 여부를 가처분에서와 같은 기준에 따라 판단하기는 어려울 것이다.

다만 특허권도 사권(私權)의 일종이고 특허법에 그 권리의 행사 등에 관하여 특별한 규정이 없는 경우 민법이 보충적으로 적용될 수 있으므로, 특허권 행사의 한 형태인 금지청구에도 민법 제2조의 신의성실의 원칙 또는 권리남용금지의 원칙이 적용될 수 있다 할 것이다.[230]

나아가, 법원이 권리남용금지 법리의 적용을 위한 객관적 요건인 권리행사자의 이익과 그 때문에 침해되는 상대방의 이익 사이에 불균형이 있는지를 판단함에 있어서는 미국의 eBay 판결에서 설시한 금지명령 발령요건이나 우리나라의 가처분 발령시 요구되는 보전의 필요성 요건 등을 어느 정도 고려할 수 있을 것이다.[231] 그러한 고려요소에는, 현대의 소프트웨어

229) 여기서 '침해할 우려'라 함은 일반적으로 현실의 침해에는 이르지 않았지만 침해발생의 개연성이 극히 큰 것을 의미하고, 이러한 우려를 정형화하여 법에 의하여 침해로 의제한 것이 특허법 제127조의 간접침해이다. 침해할 우려의 판단기준에 관하여는 객관설과 주관설이 대립하고 있다. 자세히는 제4장 II.의 2.의 라.항 현재의 침해행위 또는 장래 침해의 개연성 부분 참조. 이 '침해할 우려'의 해석을 어떻게 하느냐에 따라 금지청구를 인용할 범위가 달라질 수도 있을 것이다.

230) 정차호, 앞의 논문, 71~72면.

231) 일본 최고재판소는 우리 특허법 제126조 제1항에 대응하는 일본 특허법 제100조 제2항에서 말하는 "침해의 예방에 필요한 행위"는 「특허발명의 내용, 현재 행하여지거나 또는 장래에 행하여질 염려가 있는 침해행위의 태양 내지 특허권자가 행사하는 금지청구권의 구체적 내용 등에 비추어 금지청구권의 행사를 실효 있게 하는 것이어도, 동시에 그것이 금지청구권의 실현을 위하여 필요한 범위 내의 것이라는 것을 요한다.」라고 판시한 바 있다. 최고재 1999. 7. 16. 제2소법정 판결 1998년(オ) 제604호 [특허권침해예방청구사건], 民集 53권 957면; 中山信弘 외 편,

등 첨단산업 관련 기술의 복잡성으로 인한 특허덤블(Patent Thicket)의 문제나 제품 일부분에만 관련된 특허 때문에 제품 전체의 생산이 중단될 수도 있다는 점, 영업방법발명은 그 역사가 짧고 진보성 여부 판단 시 대비할 선행기술의 부족 등으로 부실한 특허가 부여될 가능성이 크고 이미 부여된 특허도 무효로 될 가능성이 큰 점 등도 포함될 수 있을 것이다.[232)]

한편 앞에서 본 바와 같이, 금지청구 역시 재산권에 관한 청구이므로 본안판결에서는 가집행선고를 붙이는 것이 원칙이다. 그러나 피고가 원고의 제약관련 발명을 침해하고 있다고 주장되는 사건에서 만약 피고에 대하여 침해금지명령이 발령되면 그 파장이 매우 클 것으로 예상되고, 원고의 특허권에 관하여 무효주장이 제기되었으며, 침해법원이 보기에 무효사유가 명백하지는 않지만 그렇다고 무효사유가 없다고 단정할 수도 없는 경우 등에는 예외적으로 가집행을 붙이지 않을 수도 있을 것이고, 이러한 방법으로 제한적이나마 형평법적 요소를 고려하는 것과 같은 효과를 얻을 수 있을 것이다.[233)]

마. 폐기 · 제거청구

특허권자는 침해행위를 조성한 물건의 폐기, 침해행위에 제공된 설비의 제거 기타 침해의 예방에 필요한 행위를 청구할 수 있는데(특허법 제126조 제2항), 침해조성물 등의 폐기 · 제거청구권은, 침해금지 또는 예방청구의 구체적인 내용이 규정되어 있지 않으므로, 그 내용을 명확하게 하고 부작위

비교특허판례연구회 역, 특허판례백선 제3판, 박영사 2005. 549면에서 재인용.

232) 이는 앞에서 본 eBay 사건의 1심 법원 또는 Kenedy 대법관의 동의의견 및 서울중앙지방법원의 2007카합1672호 사건에서 가처분신청에 관하여 취한 태도라 할 수 있다.

233) 침해금지기간의 명시 여부도 문제인데, 서울고등법원은 「피고가 침해금지 및 침해예방 의무를 부담함에 있어서, 그 기간은 무한하지 아니하고 다른 사정이 없는 한 법률이 정한 저작권 보호기간 동안에 한정된다고 할 것인 바, 그 보호기간은 구 컴퓨터프로그램 보호법 제7조 제3항에 따라 해당 프로그램이 공표된 다음 연도부터 50년이 되는데, 이 사건에서 원고 프로그램은 2005년경에 등록 · 공표되었으므로 보호기간은 그 다음 연도부터 50년의 기간이 끝나는 2055. 12. 31.이다.」라고 판시하였다(서울고등법원 2011. 5. 25. 선고 2009나60413 판결).

명령의 실효성을 확보하기 위해 침해행위 조성물건 또는 제공설비의 폐기·제거를 예시로 하여, 침해자에 대하여 침해예방에 필요한 조치를 취할 수 있도록 한 것이다.

폐기·제거청구는 본청구인 침해금지 및 예방청구의 부대청구의 성격을 가지므로, 이와 독립적으로 청구할 수 없다.

폐기·제거청구는 물품의 폐기나 설비의 제거로 돌이킬 수 없는 상태를 초래할 수 있다는 점에서 그 인용 여부는 구체적 사안에 따라, 위 청구를 인용하지 않는 경우 특허권자의 불이익과, 인용할 경우 침해자측의 불이익을 비교교량하여 결정하여야 하고, 그 범위는 침해의 예방에 필요한 최소한도로 한정되어야 한다.

폐기·제거에 갈음하여 인도를 구하는 것이 허용되는지에 관하여는, 폐기가 인정되는 이상 인도는 당연히 인정되어야 한다는 견해와, 특허법 제126조 제2항은 특허권자에게 타인의 소유물을 자유롭게 처분하는 것까지 허용하는 것은 아니라는 이유로 이를 부정하는 견해가 대립하고 있다.

바. 침해금지명령의 집행

침해금지를 명하는 판결이 확정되거나, 가집행이 선고된 경우 피고에게는 부작위의무가 발생하게 된다. 침해금지를 명하는 판결은 피고에게 단순히 부작위의무를 지우는 데 그치기 때문에 판결이 송달됨으로써 피고에게 금지의무가 발생하고 따로 판결을 집행할 필요는 없다.

피고가 위 부작위의무를 이행하지 않을 경우에 부작위의무 자체는 성질상 대체성이 없으므로 원고로서는 그 이행을 강제하기 위해서는 대체집행을 할 수는 없고, 민사집행법 제261조에 의한 간접강제의 방법에 의하는 것이 원칙이다. 또 원고는 위반결과에 대한 제거와 위반행위의 반복을 방지하기 위한 장래에 적당한 처분을 대체집행의 방법으로 집행할 수 있다(민사집행법 제261조 제1항). 부작위의무 위반에 대하여 원고가 강제할 수 있는 법적수단은 침해금지가처분이 발령된 경우에도 그대로 적용될 수 있다.

(1) 대체집행

대체집행을 하기 위해서는 부작위를 명하는 원래의 집행권원 외에 별도의 집행권원을 얻어야 할 것이나, 민사집행법에서는 이러한 경우에 별도의 집행권원 없이도 종전의 부작위를 명한 집행권원에 기초하여 수권결정을 받기만 하면 강제집행이 가능한 것으로 정하고 있다(민사집행법 제260조 제1항, 민법 제389조 제3항).[234] 따라서 원고는 법원으로부터 대체집행에 관한 수권결정을 받아 피고의 비용으로 위반행위로 인한 완제품, 반제품 및 금형 등을 제거할 수 있다. 수권결정은 제1심 법원의 관할에 속하고, 가집행선고부 판결이 집행권원인 경우 사건이 상소심에 계속 중이더라도 관할법원은 제1심 수소법원이 된다.[235] 위와 같이 피고의 부작위의무에 대한 의무위반의 경우 원고로서는 대체집행명령에 의해 피고의 위반행위로 인하여 발생한 물건을 제거할 수 있기 때문에, 청구취지에 피고의 물건의 특징을 구체적으로 특정하는 것이 매우 중요한 의미를 가진다.

대체집행을 신청하는 경우 원고는 집행권원에 표시된 부작위채무를 명시하고, 제거하여야 할 물건과 수권을 구하는 작위 또는 장래에 대한 적당한 처분의 내용을 구체적으로 특정하여야 한다. 신청의 취지는 "신청인(또는 신청인의 신청을 받은 집행관)은 별지 목록 기재의 물건을 피신청인의 비용으로 제거할 수 있다."는 내용의 수권결정이지, "피신청인은 별지 목록 기재 물건을 피신청인의 비용으로 제거하라."는 취지가 아님에 유의할 필요가 있다. 신청의 이유에서는 부작위채무에 관한 집행권원이 성립한 후에 피신청인의 의무위반에 의하여 유형적 침해상태가 발생하고, 실제로 부작위의무의 이행을 방해하고 있는 것을 구체적으로 주장하고, 이를 뒷받침하는 자료를 제출하여야 한다.[236]

(2) 간접강제

원고는 피고가 침해행위를 계속하는 것에 대응하여 그 중단시까지 일정한 금원의 지급을 명하는 간접강제명령을 신청할 수 있다. 간접강제의 관할은 제1심 법원에 속하며(민사집행법 제260조 제1항), 제1심 법원의 의미는 대체집행에 있어서와 같다.

234) 법원실무제요, 민사집행 Ⅲ, 법원행정처 2003. 576면.
235) 법원실무제요, 민사집행 Ⅲ, 법원행정처 2003. 556면.
236) 법원실무제요, 민사집행 Ⅲ, 법원행정처 2003. 578면.

대체집행은 피고의 위반행위가 어떠한 결과를 남기는 경우에 원고가 가처분법원으로부터 수권결정을 받아 그 결과로 생긴 물건 등을 제거할 때 이용하고, 간접강제는 결과를 남기지 않는 의무위반의 경우에 주로 이용하게 되므로 지적재산권침해금지명령의 경우에는 대체집행이 문제되는 경우가 많다.[237] 법원은 간접강제의 신청이 이유 있으면 간접강제를 명하는 결정을 하여야 하는데, 이 결정에는 집행권원에서 명하여진 부작위의무를 특정하고, 위 의무를 위반하는 경우에 회당 지급하여야 할 배상금을 정한다.[238]

사. 신용회복에 필요한 조치

원고는 지적재산권 침해로 인한 손해배상에 갈음하거나 손해배상과 함께 신용회복을 위하여 필요한 조치로서 신문 등 정기간행물에 해명광고를 실을 것 등을 구할 수 있다. 이 경우 청구취지에서 광고문의 전체적 크기와 글자의 크기를 구체적으로 특정하여 구하여야 한다.

법원은 권리자의 청구에 따라 침해자의 침해행위로 인하여 권리자의 업무상 신용이 실추된 점을 인정할 수 있는 경우에는 침해자의 침해죄에 대한 형사판결, 패소한 민사판결, 해명자료 등을 신문, 잡지 등에 게재할 것을 명할 수 있다. 그러나 권리자의 업무상 신용이 실추된 점을 인정할 수 있는 경우에도 침해자의 침해행위의 태양, 침해행위 전후의 사정 등에 비추어 침해자에게 손해배상을 명하는 것으로 충분히 침해자의 손해가 전보되었다고 볼 수 있는 경우에는 권리자의 청구 중 신용, 명예회복에 필요한 조치 부분은 기각하여야 한다.

과거에는 사죄광고도 허용되었으나, 헌법재판소가 사죄광고를 명하는 것은 양심의 자유를 침해하는 동시에 인격권을 침해한다고 결정한 이후로는 허용되지 않고 있다.

---

237) 한국사법행정학회, 재판실무연구(3), 2008. 364~408면(성창호 집필부분) 참조.
238) 법원실무제요, 민사집행 Ⅲ, 법원행정처 2003. 595면.

Ⅲ. 손해배상청구

1. 요건사실 및 실무

손해배상청구의 요건사실은, ① 원고가 특허권 등의 권리자일 것, ② 상대방의 침해행위가 있을 것, ③ 침해자의 고의 또는 과실, ④ 인과관계 및 손해발생, ⑤ 발생한 손해액인데, ①, ②요건은 이미 침해금지청구부분에서 설명하였으므로 여기에서는 나머지 요건에 관하여 설명한다.

특허침해로 인한 손해배상청구의 선결문제는 특허에 대한 침해 여부이므로, 침해법원에서는 특허권에 대한 침해 여부에 대한 심리를 상당히 진행한 후에, 손해배상에 관한 심리를 진행하는 것이 일반적인 실무의 모습이다. 특허침해로 인한 손해배상청구소송에서, 침해 여부에 관한 중간확인판결(민사소송 제264조)의[239] 활용이 주장되기도 한다. 위 제도는 이론상으로는 특허침해로 인한 손해배상청구소송에서 활용하기에 적합하기는 하나, 실무에서는 거의 활용되지 않고 있다.[240] 그 이유는 침해확인판결이 있게 되면 그 후의 손해배상액의 심리가 다소 맥이 빠진 상태로 진행될 우려가 있고, 피고의 원활한 협조가 있어야만 심리가 진행될 수 있는 경우도 많은데(예를 들어 손해배상액 산정을 위해서 피고에게 문서제출을 명하는 제도가 있는데, 위 명령에도 불구하고 피고가 이를 거부하는 경우에는 결국 강제할 실효적인 수단은 없으므로, 피고의 자발적인 문서제출은 심리에 있어서 매우 중요하다), 침해확인판결이 선고된 경우 피고로서는 심리에 원활하게 협조하기보다 적극적인 방해를 할 우려가 있기 때문이 아닐까 생각된다.

239) 민사소송법 제264조(중간확인의 소) 「재판이 소송의 진행 중에 쟁점이 된 법률관계의 성립 여부에 매인 때에 당사자는 따로 그 법률관계의 확인을 구하는 소를 제기할 수 있다.」

240) 그 예로는 한·영전환방법에 관한 서울고등법원 2008. 2. 19. 선고 2001나60585 특허권침해금지가처분 사건의 중간판결 참조.

2. 원고의 주장, 입증사항

가. 고의 또는 과실

고의란 자신의 행위가 특허권을 침해한다는 사실을 알면서 이를 행하는 심리상태를 말하고, 과실이란 자신의 행위가 지적재산권을 침해하다는 사실을 알 수 있었음에도 불구하고 주의의무를 게을리 하여 알지 못하고 이를 행한 심리상태를 말한다. 침해자가 특허권자와 동종업계에 종사하는 사람인 경우에는 고의, 과실의 증명이 용이한 경우가 많을 것이다. 특허법에서는 특허권을 침해한 사람의 과실을 추정하는 규정을 두고 있다(제130조). 위 추정규정이 적용되는 경우 그 추정을 복멸하려면 피고는 자신에게 과실이 없다는 것을 항변으로 주장·증명하여야 하는데, 침해자가 등록된 특허권의 존재를 알지 못한 데 상당한 이유가 있거나 그 존재를 알았다 하더라도 침해자의 행위가 특허권의 보호범위에 속하지 않는다고 인식한 것에 상당한 이유가 있는 경우에는 추정의 효력은 복멸될 수 있다.

나. 손해발생, 인과관계 및 손해액

특허권 침해로 인한 손해배상에서 주장되는 손해도 일반불법행위와 마찬가지로 재산적 손해와 정신적 손해로 구분되고, 재산적 손해는 다시 소극적 손해와 적극적 손해로 구분된다. 특허법에는 손해액 산정에 관한 여러 특별규정을 두고 있는데, 이는 소극적 손해 중 일부손해에 관하여서만 적용되는 것으로, 아래에 설명한 손해들 중 특별규정이 적용되지 않는 범위의 손해에 관하여서는 특허권자가 필요한 요건사실을 증명함으로써 손해배상책임을 물을 수 있다. 특허권침해소송에서는 원고가 손해배상을 청구하면서 특별규정의 적용을 주장하는 경우가 대부분이고, 특별규정에서 인정되는 손해 외의 손해배상을 주장하는 경우는 드물다.

(1) 소극적 손해

침해행위가 없었더라면 특허권자가 얻을 수 있었을 이익 즉, 일실이익의 상실을 의미한다. ① 특허권자의 판매량 감소에 의하여 잃은 이익, ② 제품가격 인하에 의하여 잃은 이익, ③ 실시료 또는 사용료 수입의 감소 등이 일반적으로 상정할 수 있는 것들이다.

(가) 판매량 감소로 인한 일실이익

침해자의 침해행위로 인하여 특허권자의 제품 판매수량이 감소된 결과 그가 입게 된 손해를 의미하고, 판매가격 인하로 인한 손해 등과는 달리 통상손해의 성격을 가지는 경우가 많다. 요건사실로는 특허권자가 특허권을 실시하고 있을 것, 침해행위에 의하여 특허권자의 실시제품의 판매수량이 감소하였을 것, 그 감소된 수량 및 특허권자의 단위수량당 이익액 또는 이익률이다. 손해액의 계산방식은 다음의 두 가지가 있다.

㉠ "매출감소액(감소한 판매수량×특허권자 제품의 가격)×특허권자의 이익률"

㉡ "감소한 판매수량(침해가 없었더라면 판매가능한 판매량－실제판매량)×특허권자 제품의 단위당 이익액"

일실판매이익의 심리, 확정에 있어서 침해자의 침해제품이 판매되지 아니하였더라면 특허권자의 제품이 판매되었을 것이라는 인과관계가 인정되어야 하는데, 인과관계는 직접적인 증명은 어려우므로, 여러 가지의 간접사실에 의하여 추인하는 방법에 의하여 인정하는 수밖에 없다. 인과관계를 추인할 수 있는 간접사실로는, 특허권자의 제품과 침해자의 제품이 기능, 작용효과 등이 동일, 유사하여 경쟁관계에 있을 것, 다른 비침해제품으로 대체할 수 없다는 사정이 존재할 것, 특허권자와 침해자의 거래대상, 수요자, 판매지역이 공통될 것, 특허권자에게 수요를 충족시킬만한 생산·판매능력이 있을 것 등이다.

침해제품의 판매수량을 침해로 인하여 감소된 특허권자의 판매수량이라고 볼 수 있을지가 문제되나, 일반적으로 침해제품의 판매수량의 전부를, 침해가 없었다면 특허권자가 판매할 수 있었을 수량이라고 할 수는 없다. 같은 특허발명을 실시한 제품이라고 하더라도 상품 자체에 품질 등 차이가 있을 수 있고, 가격, 선전광고, 서비스, 판매자의 영업노력, 다른 경쟁제품과의 관계 등 특허권 이외의 요소가 판매에 영향을 미칠 수 있기 때문이다. 침해자의 침해제품의 판매수량을 특허권자의 특허실시품의 판매감소수량이라고 인정하기에 유리한 사정으로는 특허권자·침해자의 2공급자 시장(혹은 특허실시품의 판매에 관하여 특허권자가 독점적 지위를 점하고 있을 것), 동일한 거래선에 대한 판매의 경합, 특허실시품이 다른 동종제품에 비하여 우월한 특징을 갖고 있는 점(특허실시품의 고객흡인력), 침해행위 개시후의 특허권자 제품의 현저한 매출 감소, 특허권자 제품과 침해자 제품이 실질적으로 동규격, 동성능이고 가격도 실질적으로 차이가 없는 점, 동종동등의 경쟁제품의 부존재, 특허권자에게 특허실시품의 충분한 생산여력, 판매능력이 있는 점 등이다. 불리하게 작용하는 사정으로는 특허권자, 침해자 제품의 가격, 성능, 품질 등의 차이가 있는 점, 대체품의 존재, 다른 경업자의 존재, 침해제품의 매출이 침해자의 영업노력, 브랜드, 광고 선전, 지명도 등의 영향을 크게 받은 점 등이다. 이 외에도 침해개시 전후에 걸쳐 특허권자 제품이 팔리는 상태에 전혀 변화가 없다든가, 침해제품의 판매가 정지된 후에도 특허권자 제품의 매출이 증가하지 않았다는 등의 사정도 유력한 반대사정이라고 할 수 있다.

특허법에는 침해자의 판매량을 특허권자의 판매량으로 추정하는 규정(제128조 제1항)을 두고 있기 때문에, 특허권자가 위 추정규정을 주장하는 경우 일단 침해자의 판매수량에 따라 손해액을 산정하되, 위에서 든 것과 같은 사정들은 피고가 항변으로서 주장하는 제128조 제1항 단서의 '판매할 수 없었던 사정' 또는 '기여율'에서 고려될 것이다.

'단위수량당 이익액 또는 이익률'의 개념도 문제되는데, 이는 특허법 제128조 제2항의 침해자의 이익액과 관련하여 논의되어 왔으므로, 편의상 해당 항목에서 살펴보기로 한다.

(나) 판매가격 하락으로 인한 일실이익

침해자의 침해제품과 경쟁하기 위하여 특허권자가 어쩔 수 없이 자기 제품의 가격을 내린다든가, 침해제품이 출하된 결과 특허권자제품의 가격파괴가 생긴 경우 또는 침해제품이 판매되지 않았다면 당연히 인상하였을 특허권자 제품의 가격을 인상하지 못한 경우 등에는 특허권자는 제품의 판매수량 감소와는 별개의 손해를 입게 된다. 이 경우 특허권자는 보다 높은 가격으로 자기의 제품을 판매하였더라면 얻을 수 있었을 이익을 잃은 것이기 때문에 그 이익의 상실분을 손해로 파악할 수 있다. 이 경우의 손해액은 ㉠ "특허권자의 총판매량 × 가격인하분" 또는 ㉡ "특허권자의 총판매량 × 가격미인상분"의 방법으로 산정할 수 있다.

위 손해가 인정되려면 침해행위와 위와 같은 사정 사이에 인과관계가 존재하여야 하고, 특허권자의 가격인하가 다른 요인으로 인한 것이 아니라 침해행위로 인한 것임을 증명하여야 한다. 특허권자 제품의 가격인하에 따른 손해는 특별손해의 성질을 가지므로, 특허권자로서는 침해자가 위와 같은 사정을 알았거나 알 수 있었을 경우에 한하여 그 배상을 청구할 수 있다.

(다) 실시료 수입감소 등으로 인한 일실이익

특허권자가 타인에게 특허권의 실시를 허락하여 생산판매수량 또는 매출액에 따라 실시료를 정한 경우, 침해행위에 의하여 실시권자의 매출이 감소하면 특허권자로서는 실시료 수입의 감소라는 손해를 입게 된다. 또한 특허권자가 타인에게 특허권의 실시를 허락하지 않은 경우라 하더라도, 타인이 특허권자 등의 특허권을 실시하기 위해서는 원칙적으로 특허권자로부터 실시허락을 받아 실시료를 지급하여야 하므로, 이 경우에도 특허권자로서는 통상 받을 수 있는 정도의 실시료를 받지 못하는 손해를 입었다고 볼 수 있다.

타인에게 실시허락을 한 경우 침해자의 침해행위와 실시권자의 판매수량 감소와의 인과관계, 단위당 실시료 또는 사용료를 심리, 확정한 후, "실시권자의 감소된 판매수량 × 실시권자의 판매가격 × 약정실시료율"의 방법으로 실시료 또는 사용료 수입의 감소로 인한 손해액을 산정할 수 있다〔아래의 추정규정(특허법 제128조 제1항)에 의하여 침해자의 판매수량이 실시권자 등의 감소된 판매수량으로 추정되면 "침해자의 판매수량 × 실시권자의 판매가격 × 약정실시료율"의 방법으로 산정할 수 있다〕. 타인에게 실시허락을 하지 않은 경우에는 실시권자의 판매수량 감소가 생길 수는 없으나, 침해자가 실시료를 지급하지 않고 무단 실시하였다는 측면에서 "침해자의 판매수량 × 침해자의 판매가격 × 통상실시료율"의 방법으로 그 손해액을 산정할 수 있는데, 이를 입법화한 것이 뒤에서 보는 통상의 실시료 추정규정(특허법 제128조 제3항)이다.

한편 특허권자가 특허권에 관하여 실시권을 일정한 금액으로 정하여 설정한 경우에는 특허권 침해로 인하여 실시권자의 매출이 감소하더라도 특허권자로서는 실시료 수입의 감소라는 손해가 없으므로 손해배상청구를 할 수 없다.

(2) 적극적 손해

이는 침해자의 침해행위로 인한 특허권자의 기존재산의 감소를 말한다. 적극적 손해에 해당하는 것으로는 침해의 제거 등을 위하여 지출한 비용, 변호사비용 등이 있는데, 적극적 손해에는 특별한 사정으로 인한 손해에 해당하는 경우가 많아 이러한 경우에는 침해자가 이를 알았거나 알 수 있었을 경우에 한하여 그 배상을 청구할 수 있다. 한편, 변호사비용에 대하여는 실제로 소요된 변호사보수 중 변호사 보수의 소송비용 산입에 관한 규칙으로 정한 금액은 소송비용에 산입되어 특허권자가 이를 따로 청구할 수 없으나, 침해자의 부당한 응소, 항쟁 그 자체가 불법행위로 인정되는 경우와 침해자가 부당하게 책임을 회피하거나 이행청구에 불응하는 경우에는 특허권자가 지급하는 변호사비용을 침해행위와 상당인과관계가 인정되는 손해로 인정할 수 있다.[241)]

(3) 정신적 손해

특허권도 재산권의 일종이므로 그 침해로 인하여 통상 발생할 수 있는 손해는 재산적 손해라 할 것이나, 그 침해로 인하여 회복할 수 없는 정신적 손해가 발생한 경우에는 피고에 대하여 위자료를 청구할 수 있을 것이다. 다만 정신적 손해는 특별손해의 성격을 가지므로 침해자가 그러한 사정을 알았거나 알 수 있었을 경우에 한하여 인정될 것이다. 따라서 일반적으로 위자료 청구가 받아들여지기는 어려울 것이나, 가령 특허권의 침해가 현저히 반도덕적인 경우나 피해자에게 현저한 정신적 고통을 느끼게 하는 상황에서 침해행위가 이루어진 경우 예외적으로 인정될 수도 있을 것이다.

241) 대법원 1972. 2. 29. 선고 71다2622 판결; 대법원 1972. 4. 20. 선고 72다265 판결; 대법원 1972. 9. 26. 선고 72다1284 판결.

다. 침해기간의 시기 및 종기

민법의 원칙상 불법행위로 인한 손해배상채무는 불법행위의 성립과 동시에 지체에 빠지므로 지연손해금은 불법행위일부터 기산함이 원칙이고, 불법행위에 대한 배상의 성격을 가지는 특허권 침해로 인한 손해배상채무 역시 위 원칙의 적용을 받게 된다. 그런데 특허권 침해행위는 일반 불법행위와 달리 침해행위가 1회로 그치는 것이 아니라, 지속적 반복적으로 발생하는 특징이 있는데(침해가 성립하기 위해서는 업으로서 실시할 것을 요건으로 하고 있으므로, 특허침해제품의 생산·판매 등은 1회에 그치지 않고 지속적으로 이루어지는 것이 보통이다), 위 원칙을 충실히 적용하여 각 침해행위마다 손해배상액을 산정하고, 각 손해배상액에 대하여 그 침해일부터의 지연손해금을 부담시키는 방법은 법원의 심리부담을 가중시키고 판결주문 역시 매우 복잡하게 만들 수 있다. 보다 효율적인 방법은 수회의 침해행위가 있는 경우 각 침해행위별로 손해액을 산정하는 것이 아니라, 침해행위의 시기 및 종기를 특정하여 그 기간 동안 여러 침해행위로 인하여 발생한 전체 손해액을 산정하고, 침해행위의 종기일부터 지연손해금을 계산하는 방법이 실무상 통용된다. 따라서 증거에 의해 명확하게 드러나지 않는 경우 원고로서는 침해행위의 시기 및 종기(특히 종기가 특정되어야 한다)를 특정할 필요가 있다. 변론종결일까지 침해행위가 계속되는 경우라면, 변론종결일까지의 손해액을 산정하고 그날부터 지연손해금의 지급이 명해질 것이다.

3. 손해액 산정을 위한 특별규정

특허침해가 인정되더라도 원고가 손해액을 입증하는 것은 결코 쉬운 일이 아니다. 특허법에는 원고의 입증부담을 덜기 위해 여러 규정을 두고 있는데 이에 관하여 보기로 한다.

가. 판매수량의 추정

특허법 제128조 제1항은 「특허권자는 당해 권리를 침해한 자가 그 침해행위를 하게 한 물건을 양도한[242] 때에는 그 물건의 양도수량에 특허권자가 당해 침해행위가 없었다면 판매할 수 있었던 물건의 단위수량당 이익액을 곱한 금액을 특허권자가 입은 손해의 액으로 할 수 있다. 손해의 액은 특허권자가 생산할 수 있었던 물건의 수량에서 실제 판매한 물건의 수량을 뺀 수량에 단위수량당 이익의 액을 곱한 금액을 한도로 한다. 다만, 특허권자가 침해행위 외의 사유로 판매할 수 없었던 사정이 있는 때에는 당해 침해행위 외의 사유로 판매할 수 없었던 수량에 따른 금액을 빼야 한다.」고 규정하고 있다.

위 규정의 '생산할 수 있었던 물건의 수량(생산능력)'의 의미 및 시기와 관련하여 견해가 대립되고 있으나,[243] 실무에서 이 점이 쟁점으로 되는 경우는 많지 않다.

'단위수량당 이익액'의 개념에 관하여도 여러 견해가 주장되고 있는데, 침해가 없었다면 증가하였을 것으로 상정되는 대체제품의 단위당 매출액에서, 그것을 달성하기 위하여 증가하였을 것으로 상정되는 단위당 비용(변동비용)을 공제한 금액(한계이익액)을 의미한다는 견해가 다수설이고, 대법원 역시 디자인권 침해사건에서 이러한 견해를 밝힌 바 있다.[244] 변동비용은 고정비용에 대비되는 개념으로서 특허품의 판매량에 연관된 비용을 의미하며, 추가생산에 따른 재료비나 운송비, 그에 따른 인건비 등이 있다. 특허권자의 단위수량당 이익액의 산정을 위한 자료는 특허권자 측에게 있으므로 침해자의 이익액보다는 그 증명이 훨씬 용이할 것이나, 비용에 관하여 엄격한 증명을 요구할 때에는 영업비밀의 개시를 강제할 우려가 있으므로, 유연하게 합리적인 증거에 의하여 상당한 비용을 인정하면 될 것이다.

---

242) 양도는 침해 태양 중 대표적인 사례를 규정한 것으로 보아, 대여와 같은 다른 침해 태양에도 유추적용을 긍정하는 견해가 유력하다.

243) 상세한 내용은 정상조·박성수 공편, 특허법 주해 II, 201면 이하 참조.

244) 「구 의장법 제64조 제1항 본문에서 말하는 단위수량당 이익액은 침해가 없었다면 의장권자가 판매할 수 있었을 것으로 보이는 의장권자 제품의 단위당 판매가액에서 그 증가되는 제품의 판매를 위하여 추가로 지출하였을 것으로 보이는 제품단위당 비용을 공제한 금액을 말한다.」(대법원 2006. 10. 13. 선고 2005다36830 판결)

'판매할 수 없었던 사정'은 침해자가 입증함으로써 그에 해당하는 금액만큼을 손해액에서 공제받을 수 있는 것이므로 피고의 방어수단으로서 기능한다(상세한 내용은 아래 4.항 참조).

나. 이익액의 추정

특허법 제128조 제2항은 「침해자가 그 침해행위로 인하여 이익을 얻은 때에는 그 이익의 액을 특허권자가 받은 손해의 액으로 추정한다.」고 정하고 있다. 이는 특허권자가 자신에게 발생한 인과관계 있는 손해를 증명하는 것이 곤란한 점을 고려하여, 침해자가 받은 이익액을 특허권자의 손해액으로 추정하는 것이다.

위 추정규정에 따라 손해배상청구의 요건사실 중 손해의 발생까지 추정되는지가 문제되는데, 대법원은 「특허법 제128조 제2항에서 말하는 이익은 침해자가 침해행위에 따라 얻게 된 것으로서 그 내용에 특별한 제한은 없으나, 이 규정은 특허권자에게 손해가 발생한 경우에 그 손해액을 평가하는 방법을 정한 것에 불과하여 침해행위에도 불구하고 특허권자에게 손해가 없는 경우에는 적용될 여지가 없으며, 다만 손해의 발생에 관한 주장·입증의 정도에 있어서는 경업관계 등으로 인하여 손해 발생의 염려 내지 개연성이 있음을 주장·입증하는 것으로 충분하다.」고 판시하여 추정의 범위를 밝힌 바 있다.[245)]

---

245) 대법원 2006. 10. 12. 선고 2006다1831 판결(「원고는 이 사건 제25항, 제26항 발명의 특허권자로서 국외에서 레이저프린터의 부품이자 이 사건 특허제품인 감광드럼을 생산하여 레이저프린터 제조회사에 공급함으로써, 원고의 특허제품이 장착된 레이저프린터와 카트리지가 국내는 물론 미국에서도 판매되어 왔는데, 피고는 원고의 허락 없이 이 사건 제25항, 제26항 발명을 실시하여 감광드럼을 국내에서 생산함으로써 원고의 특허권을 침해하고 그 침해제품을 국내에서 판매하거나 미국에 수출함으로써 이익을 얻었으며, 피고의 침해제품은 원고의 특허제품과 동일한 기술적 특징을 가지고 서로 완벽하게 호환되는 것으로서 국내 및 미국 시장에서 직접적으로, 또는 원고의 특허제품을 채택한 카트리지를 통하여 간접적으로 서로 경쟁하는 결과가 된 것으로 보이므로, 피고의 침해제품 일부가 미국으로 수출되었다거나 원고의 특허제품은 레이저프린터 제조회사가 인증한 정품이었음에 반하여 피고의 침해제품은 그렇지 아니하였다는 등의 사정이 있다고 하더라도 여전히 원고에게는 피고의 이 사건 특허침해행위로 인한 손해발생의 염려나 개연성이 인정

침해자의 이익개념에 관하여 순이익설, 총이익설, 한계이익설 등이 주장되고 있으나, 매출액에서 변동비용(재료비, 판매비 등)을 공제한 한계이익을 의미한다는 견해가 유력하며, 이러한 입장을 따른 하급심 판결 역시 점차 늘어나고 있다. 대법원도 최근 디자인권 침해사건 및 상표권 침해사건에서 한계이익설의 견해를 밝힌 바 있다.246) 실무상 특허권자가 일실판매이익을 주장・증명하면서 판매수입에서 공제하여야 하는 비용항목에 대한 증거를 전부 제출하지 않는 경우가 있는데 이 경우에는 특허권자가 합리적 수준의 비용항목을 주장・증명하면 필요비용이 일응 증명된 것으로 보고, 침해자의 추가 비용항목에 관한 반증이 제출되면 이를 참작하여 공제하여야 하는 적정한 비용항목을 추가하고 있다.247)

그리고 특허권자가 침해자의 이익을 주장・증명함에 있어 침해자의 판매수입에 이익률을 곱하는 경우가 있는데, 이때에도 특허권자로 하여금 적정한 이익률이라고 일응 인정할 수 있는 비율을 주장・증명하게 하고, 침해자로 하여금 그보다 작은 이익률이 있으면 반증으로 제출하게 하여 적정한 이익률을 심리・확정하여야 한다.

다. 실시료 상당액

특허법 제128조 제3항은 「특허권의 실시에 의하여 통상 받을 수 있는 금액을 특허권자가 받은 손해의 액으로 하여 그 손해배상을 청구할 수 있다.」고 규정하고 있고, 통상 받을 수 있는 금액이란 통상의 실시료를 의미한다. 이 조항은 위 이익액의 추정규정과 달리 침해행위와 손해 사이의 인과관계, 손해액뿐만 아니라 손해발생도 추정된다고 보므로, 법원은 침해자

된다고 할 것이고, 피고의 침해행위에 따른 이익에 비례하여 원고에게 손해가 발생한다는 점에 대한 주장・입증이 없다고 하여 달리 볼 것은 아니다.」라고 판시).

246) 대법원 2006. 10. 13. 선고 2005다36830 판결; 대법원 2008. 3. 27. 선고 2005다75002 판결.

247) 위와 같은 방법으로도 적정한 단위당 판매이익 또는 이익률 등을 도출하기 어려운 경우 즉, 당사자가 개인기업이나 영세기업으로 제대로 매출 관련 자료 등을 소지하고 있지 않거나, 자료의 제출을 거부하는 경우에는 실무상 특허법 제128조 제5항 등에 의하여 세법상의 표준소득률, 기준경비율 또는 단순경비율을 적용하여 이익액을 산정하는 경우가 많다.

의 침해행위와 통상실시료 또는 통상사용료만을 심리·확정하면 된다.

산정의 자료로서는, 기존의 실시허락계약에서 정한 실시료, 동종기술에 관한 당업계의 일반적인 실시료, 국유특허권실시계약서의 실시료 산정방법에 의하여 산정되는 실시료(특허청이 작성한 국유특허권의 통상실시권 유상 실시계약서에는 「실시료＝단위 제품의 가격×허락수량×점유율×기본율」의 방식으로 산정되고 있다) 등이 활용될 수 있다. 대법원은 「통상 받을 수 있는 금액에 상당하는 액을 결정함에 있어서는, 특허발명의 객관적인 기술적 가치, 당해 특허발명에 대한 제3자와의 실시계약 내용, 당해 침해자와의 과거의 실시계약 내용, 당해 기술분야에서 같은 종류의 특허발명이 얻을 수 있는 실시료, 특허발명의 잔여 보호기간, 특허권자의 특허발명 이용 형태, 특허발명과 유사한 대체기술의 존재 여부, 침해자가 특허침해로 얻은 이익 등 변론종결시까지 변론과정에서 나타난 여러 가지 사정을 모두 고려하여 객관적, 합리적인 금액으로 결정하여야 하고, 특히 당해 특허발명에 대하여 특허권자가 제3자와 사이에 특허권 실시계약을 맺고 실시료를 받은 바 있다면 그 계약 내용을 침해자에게도 유추 적용하는 것이 현저하게 불합리하다는 특별한 사정이 없으면, 그 실시계약에서 정한 실시료를 참작하여 위 금액을 산정하여야 하며, 그 유추적용이 현저하게 불합리하다는 사정에 대한 증명책임은 그러한 사정을 주장하는 자에게 있다.」고 판시한 바 있다.[248]

라. 상당한 손해액 인정

특허법 제128조 제5항은 「법원은 손해가 발생한 사실이 인정되나 그 손해액을 입증하기 위하여 필요한 사실을 입증하는 것이 해당 사실의 성질상 극히 곤란한 경우에는 손해액 추정규정 등에 불구하고 변론 전체의 취지 및 증거조사의 결과에 기초하여 상당한 손해액을 인정할 수 있다.」고 규정하여, 권리침해로 인한 재산상 청구인 손해배상청구에 있어서 위자료 산정시와 마찬가지로 법원의 재량권을 인정하고 있다.

성질상 극히 곤란한 경우의 예로서는, 이용률 산정이 매우 곤란한 경우,

248) 대법원 2006. 4. 27. 선고 2003다15006 판결.

지역 전체에서의 판매사실이 인정되는 경우에 그 일부 지역에서의 침해품의 판매수량은 인정할 수 있지만, 그 외의 지역에서의 판매수량을 입증하는 것이 극히 곤란하거나 큰 비용이 소요되는 경우, 침해자가 매입·매출관계 서류를 전혀 작성하지 아니하였거나 폐기한 경우, 침해자가 자료제출을 거부한 경우 등을 들 수 있다.

위 조항이 적용되기 위해서는 손해의 발생사실이 인정되어야 하며, 이에 관한 주장·증명책임은 특허권자에게 있다.

특허권침해소송에서 다른 추정규정의 적용을 주장하더라도 그 요건사실이 모두 증명되는 경우는 많지 않기 때문에 실무에서 가장 많이 활용되는 조항이나, 위 조항의 존재 덕분에 증거에 의해 손해액을 산정하는 다른 조항의 심리가 소홀해지는 면도 없지 않다. 대법원은 「자유심증주의 하에서 손해의 발생 사실은 입증되었으나 사안의 성질상 손해액에 대한 입증이 곤란한 경우 증명도·심증도를 경감함으로써 손해의 공평·타당한 분담을 지도원리로 하는 손해배상제도의 이상과 기능을 실현하고자 함에 그 취지가 있는 것이지, 법관에게 손해액의 산정에 관한 자유재량을 부여한 것은 아니므로, 법원이 위와 같은 방법으로 구체적 손해액을 판단함에 있어서는, 손해액 산정의 근거가 되는 간접사실들의 탐색에 최선의 노력을 다해야 하고, 그와 같이 탐색해 낸 간접사실들을 합리적으로 평가하여 객관적으로 수긍할 수 있는 손해액을 산정해야 한다.」고 설시한 바 있는데,[249] 위 조항을 적용함에 있어서 이러한 점을 주의할 필요가 있으나, 경우에 따라서는 (예컨대 침해행위보다 비현실적으로 거액의 손해액이 산정되는 경우 등) 위 조항을 적절히 활용함으로써 합리적인 범위의 손해액을 산정할 수도 있을 것이다.

이 규정의 활용범위를 다른 특별규정(제128조 제1, 2, 3항)의 개개의 요건사실을 인정함에 있어서 적용하자는 견해도 있다.[250] 즉, 제128조 제1항 규정이 적용되기 위해서는 ① 침해자의 양도수량과 ② 침해행위가 없었다면 특허권자가 판매할 수 있었던 물건의 단위수량당 이익액이 입증되어야 하

249) 대법원 2009. 9. 10. 선고 2006다64627 판결.

250) 中山信弘 편저, 주해 특허법(상), 제3판(청림서원, 2000), 1218면 이하 참조.

고, 제128조 제2항 규정이 적용되기 위해서는 ③ 침해자가 얻은 이익액, 즉 매출액과 변동비용이 입증되어야 하며, 제128조 제3항 규정이 적용되기 위해서는 ④ 실시료 상당액이 증명되어야 하는데, 이러한 개개의 요건사실들을 원고가 구체적인 증거에 의해 입증하는 것은 결코 쉽지 않다. 따라서 제128조 제5항의 규정에 의해 다른 특별규정의 개개의 요건사실을 법원이 합리적인 재량에 의해 인정할 수 있다면, 결과적으로 위 요건사실의 입증부담이 완화되어 특별규정의 입법취지를 살릴 수 있다는 견해인데, 경청할 만한 견해이다. 다른 특별규정에 의해 손해액을 산정하려는 시도 없이 제128조 제5항에 지나치게 의존하여 손해액을 산정하려는 실무경향이 있음을 부인할 수 없다. 그러나 제128조 제5항에 의한 손해액의 산정 역시 합리적인 근거를 가져야 하며, 산정된 손해액이 어떠한 근거에 의해 산정되었는지에 관해 합리적 근거를 제시하지 못한다면 이는 판결에 대한 불신을 초래할 수 있으므로 결코 바람직하지 않다. 이러한 측면에서 보더라도 위 견해에 의하면 제128조 제5항 규정을 적용함에 있어서 합리적인 근거가 제시될 수 있기 때문에 바람직하다고 생각된다.

마. 적용순서 및 변론주의와의 관계

원고가 여러 특별규정의 적용을 주장하는 경우 조항의 순서에 따라(제1항 → 제2항 → 제5항) 추정규정을 적용하여야 하는지가 문제되는데, 대법원은 저작권 침해사건에서 「저작권법 제93조 제2항과 제3항은 저작재산권자의 손해액에 대한 증명의 편의를 도모하기 위한 규정으로서 최소한 제3항의 규정에 의한 금액은 보장해 주려는 것이므로, 결국 제2항에 의한 금액과 제3항에 의한 금액 중 더 많은 금액을 한도로 하여 선택적으로 또는 중첩적으로 손해배상을 청구할 수 있다.」고 판시한 바 있다.[251]

특별규정을 적용함에 있어서 법원은 당사자가 주장하는 조항만을 적용하여야 하는가 아니면 당사자가 명시적으로 주장하지 않는 조항도 적용할 수 있는가 문제되는데 이에 대하여는 견해대립이 있으나, 특별규정에 따라 추정되는 범위는 인과관계 및 손해의 범위 정도로서, 각 규정은 이러한 구체

251) 대법원 1996. 6. 11. 선고 95다49639 판결.

적인 요건사실을 서로 달리하는 것이므로 변론주의의 원칙상 당사자의 주장과 다른 조항을 법원이 직권으로 적용하여서는 안 된다는 견해가 유력하다.[252] 다만 어느 견해에 의하더라도 제5항은 권리자의 주장이 없더라도 법원이 직권으로 심리·적용할 수 있다는 것에는 이견이 없는 듯하다.

원고가 제1항의 적용을 주장하는 경우에 피고가 제2, 3항을 적용한 경우의 손해액이 더 적다고 주장하면서 제2, 3항의 적용을 주장할 수 있는지가 문제되는데, 판례는 부정경쟁방지법에 관한 사건에서 이를 부정하였다.[253]

바. 서류제출명령

특허법 제132조에서는 「법원은 당사자의 신청에 의하여 다른 당사자에게 당해 침해행위로 인한 손해의 계산을 하는데 필요한 서류의 제출을 명할 수 있으나, 그 서류의 소지자가 그 서류의 제출을 거절할 정당한 이유가 있는 경우에는 그렇지 아니하다.」고 규정하여 피해자인 특허권자가 침해자의 이익이나 통상실시료 또는 통상사용료를 증명하기 위하여 장부 등 서류의 제출을 요구할 수 있도록 하였다. 이때 당사자가 제출명령에 응하지 아니하는 경우에는 직접 제재를 가할 수는 없으나, 법원은 그 서류에 관한 상대방 당사자의 주장을 진실한 것으로 인정할 수 있다(민사소송법 제349조).

4. 손해액 산정에 관한 상대방(피고)의 방어

피고는 원고의 손해액 주장에 대하여 다음과 같은 방식으로 원고 주장이 부당함을 다툴 수 있다. 이는 제5장에서 설명할 피고의 방어수단에 해당할

---

252) 박성수, 특허침해로 인한 손해배상액의 산정, 경인문화사 2007. 361~363면 참조.

253) 「피침해자가 부정경쟁방지법 제1항에 의하여 손해액을 청구하여 그에 따라 손해액을 산정하는 경우에 침해자로서는 같은 항 단서에 따른 손해액의 감액을 주장할 수 있으나, 같은 항에 의하여 산정된 손해액이 같은 조 제2항이나 제3항에 의하여 산정된 손해액보다 과다하다는 사정을 들어 같은 조 제2항이나 제3항에 의하여 산정된 손해액으로 감액할 것을 주장하여 다투는 것은 허용되지 아니한다.」 (대법원 2009. 8. 20. 선고 2007다12975 판결)

수 있으나, 침해 여부에 대한 방어가 아니라, 손해산정에 관한 방어이므로 이해의 편의를 위해 여기에서 설명한다.

가. 판매할 수 없었던 사정(특허법 제128조 제1항)

특허권자가 침해행위 외의 사유로 판매할 수 없었던 사정이 있는 때에는 당해 침해행위 외의 사유로 판매할 수 없었던 수량에 따른 금액을 빼야 하므로, 위 사정은 피고가 주장·입증하여야 하는 항변이 된다.[254]

특허권자가 판매할 수 없었던 사정으로서는, 침해자의 영업노력, 시장에서의 대체품의 존재, 침해제품의 매출이 특허기술과 무관한 다른 특징에 의한 것이거나 가격이 특히 저렴하기 때문이라는 사정, 침해자의 시장개발 노력, 침해품의 품질우수성 등을 들 수 있다.

나. 기여율(기여도)(특허법 제128조 제2항)

침해자가 생산·판매한 제품 중 일부만이 특허권 침해에 해당하는 경우, 침해자가 생산·판매한 단일 제품에 여러 특허발명이 적용되어 있고 침해된 특허권은 그 일부인 경우, 침해된 특허권 외에 침해자제품의 판매에 공헌하는 다른 여러 요인(침해자의 자본, 신용, 영업능력, 선전광고, 브랜드, 지명도, 캐릭터 사용 등)이 있는 경우 등에 있어서, 침해자의 이익액을 산정함에 있어서 매출성과에서 특허발명이 기여하는 정도를 고려하여야 하는지가 문제되는데, 해당 특허권이 기여한 부분만을 이익액으로 하여 손해액을 산정하여야 한다는 점에는 이론이 없고, 판례 역시 그러하다.[255]

---

254) 대법원도 디자인권 침해사건에서 「디자인권의 침해로 인한 손해액의 추정에 관한 구 의장법 제64조 제1항 단서(위 특허법 규정의 단서와 동일하다)의 사유는…위 단서를 적용하여 손해배상액의 감액을 주장하는 침해자는 그러한 사정으로 인하여 의장권자가 판매할 수 없었던 수량에 의한 금액에 관해서까지 주장과 증명을 하여야 한다.」고 하여 항변임을 명백히 하였다(대법원 2006. 10. 13. 선고 2005다36830 판결).

255) 「물건의 일부가 저작재산권의 침해에 관계된 경우에 있어서는 침해자가 그 물건을 제작·판매함으로써 얻은 이익 전체를 침해행위에 의한 이익이라고 할 수는 없고, 침해자가 그 물건을 제작·판매함으로써 얻은 전체 이익에 대한 당해 저작재산권의 침해행위에 관계된 부분의 기여율(기여도)을 산정하여 그에 따라 침해행

기여율의 주장·입증 책임을 누가 부담하느냐에 관하여는 견해대립이 있는데, 기여율은 손해액의 감액을 위해 침해자 측에서 주장하는 경우가 많고, 그 자료 역시 침해자 측에서 주로 가지고 있으며, 사건에 따라서는 기여율이 주장되지 않는 경우도 있기 때문에, 이는 침해자 측에서 주장·입증하여야 하는 항변으로 보는 것이 더욱 타당할 것이고, 판례 역시 상표권침해 사건이기는 하나 그러한 견해를 밝힌 것으로 보인다.[256]

기여율을 결정함에 있어 주요 고려요소로는 제품 전체의 매출 성과(고객흡입력, 수요자의 선택·구입의 동기 등)에 대하여 해당 특허권이 가지는 불가결성이나 중요도, 제품 전체의 구조 또는 기능상 해당 특허권이 가지는 불가결성이나 중요도, 제품 전체에 있어서 다른 부분의 가치와 해당 특허권 부분의 가치와의 상대적 평가, 제품 전체에 있어서 침해자의 독자적 기술의 유무 등이 있고, 보조적 고려요소로는 제품 전체에 대하여 해당 특허 발명에 관계되는 부분이 차지하는 가격 비율 등이 있는 바, 이런 요소들을 종합하여 기여율을 결정하여야 할 것이다.

다. 공제될 항목 및 금액(특허법 제128조 제1, 2항)

특허권자가 특허법 제128조 제1, 2항의 추정규정의 적용을 주장하는 경우 특허권자의 단위 수량당 이익액 또는 침해자의 이익액을 산정함에 있어, 매출액에서 침해물건 또는 대체물건의 생산, 판매와 관련하여 지출된 비용은 공제되어야 한다(한계이익설). 따라서 이러한 공제항목 및 공제액수의 주장은 항변과 유사한 성격을 가지게 된다.

특허법 제128조 제2항의 경우 특허권자로서는 침해자가 올린 매출액에서

위에 의한 이익액을 산출하여야 할 것이고, 그러한 기여율은 침해자가 얻은 전체 이익에 대한 저작재산권의 침해에 관계된 부분의 불가결성, 중요성, 가격비율, 양적 비율 등을 참작하여 종합적으로 평가할 수밖에 없다.」(대법원 2004. 6. 11. 선고 2002다18244 판결)

256) 대법원 1997. 9. 12. 선고 96다43119 판결(「침해자의 순이익액은, 그 중 상품의 품질, 기술, 의장, 상표 이외의 신용, 판매정책, 선전 등으로 인하여 상표의 사용과 무관하게 얻은 이익이 있다는 특별한 사정이 없는 이상 그것이 상표권자가 상표권 침해로 인하여 입은 손해액으로 추정된다고 보아야 한다.」고 판시).

공제하여야 하는 비용항목에 대한 증거를 전부 제출하지 않는 경우가 많고, 실제로 위 자료는 침해자 측에 있기 때문에 특허권자가 위 자료를 전부 제출하는 것이 현실적으로 가능하지도 않다. 따라서 실무상 특허권자가 합리적 수준의 비용항목을 주장·증명하면 필요비용이 일응 증명된 것으로 보고, 침해자의 추가 비용항목에 관한 자료가 제출되면 이를 참작하여 공제함으로써 이익액을 산정하게 될 것이다.

라. 경과실의 참작(특허법 제128조 제4항)

특허법 제128조 제4항에서는 「제3항의 규정에도 불구하고 손해액이 동항에 따라 산정된 금액을 초과하는 경우에는 초과액에 대해서도 손해배상의 청구를 할 수 있되, 침해자에게 고의 또는 중대한 과실이 없는 경우에는 법원은 손해배상의 액을 정함에 있어 이를 참작할 수 있다.」고 규정하고 있다. 이는 침해자에게 손해액의 전부를 배상하게 하는 것이 신의와 형평의 원칙에 비추어 부당할 때 산정된 손해액을 감액할 수 있도록 한 규정으로서 고의 또는 중과실이 없다는 사실에 대한 증명책임은 침해자가 부담하며, 침해자의 주장과 관계없이 법원이 직권으로 심리, 판단할 수 있다고 본다.

특허법 제128조 제1, 2항에 의하여 추정되는 손해액에 대하여도 경과실을 이유로 감액할 수 있는지 여부에 대하여는 견해가 대립되나, 경과실을 참작한다 하더라도 특허법 제128조 제3항 소정의 통상실시료 상당액보다 적은 금액을 손해액으로 정할 수는 없다.

마. 과실상계

손해의 발생 및 확대에 특허권자의 과실이 기여한 경우, 일반 민법상의 법리에 따라 법원은 직권으로 또는 침해자의 주장, 증명에 따라 그 손해액을 적당한 액으로 감액할 수 있다.

5. 실무상 산정례

가. 특허법 제128조 제1항 적용례

이에는, ① 회계자료에 대한 감정결과 및 회계법인에 대한 사실조회결과에 의해 단위 한계이익을 산정하고, 여기에 피고의 판매량을 곱한 후, 여러 간접사실에 의해 인정된 기여도를 곱하여 손해액을 계산한 사례,[257] ② 피고의 설치수량, 원고의 판매가 및 이익률을 인정하여 손해액을 산정한 사례가 있다.[258]

나. 특허법 제128조 제2항 적용례

이에는, ① 한계이익설의 입장에서, 피고의 매출액에서 변동경비 및 기준경비를 뺀 피고의 소득금액을 산정하여 이를 손해액으로 인정한 사례,[259] ② 피고가 판매한 수량에 피고의 제품당 이익액을 곱하여 손해액을 산정한 사례,[260] ③ 피고의 침해품 매출액에 피고의 단위 순이익률 또는 영업이익

257) 서울중앙지방법원 2009. 10. 14. 선고 2007가합63206 판결. 이 판결에는 한계이익액을 산정함에 있어서, 공제할 비용항목에 관한 주장 및 판단 역시 포함되어 있다.

258) 서울중앙지방법원 2011. 5. 13. 선고 2010가합79935 판결; 성남지원 2010. 8. 12. 선고 2009가합7324 판결; 서울동부지방법원 2009. 2. 18. 선고 2008가합11663 판결. 특히 서울동부지방법원 2008가합11663 판결은 원고의 제품당 이익액을 「(총판매액－총변동비용)/판매수량」방식에 의해 산출하였다.

259) 서울고등법원 2005. 12. 7. 선고 2003나38858 판결; 수원지방법원 2010. 4. 22. 선고 2008가합23845 판결; 서울중앙지방법원 2004. 2. 13. 선고 2002가합30683 판결. 서울고등법원 2003나38858 판결은 소득세법 제80조 제3항의 소득금액 추계방식 {소득금액＝수입금액－주요경비(매입비용＋임차료＋인건비)－(수입금액×기준경비율)}을 적용하여 소득금액을 산정하였고, 수원지방법원 2008가합23845 판결 역시 위 방식을 유추 적용하였다.

260) 수원지방법원 2010. 2. 4. 선고 2009가합8799 판결; 대전지방법원 2010. 9. 17. 선고 2009가합5678 판결; 대구지방지법 2006. 10. 18. 선고 2005가합1982(병합) 판결. 대구지방법원 2005가합3018, 2005가합1982(병합) 판결은 소극적 손해(일실수입), 적극적 손해, 위자료까지 판단한 사건으로 소극적 손해는 침해기간별로 제128조 제1항 또는 제5항을 적용하여 손해액을 산정하였다.

률을 곱하여 산정한 사례,[261] ④ 피고가 침해하여 도급받은 계약상 공사대금에서 피고가 실제 공사에 지출한 비용을 빼서 손해액을 산정한 사례,[262] ⑤ 원고의 최근 4년간의 총매출액, 영업이익금을 이용하여 영업이익률을 산정하고, 피고의 침해기간 동안 원고회사의 영업이익률도 위 비율과 같은 정도인 사실을 인정한 후, 피고들의 침해제품 판매금액에 위 원고회사의 영업이익률을 곱하여 손해액을 산정한 사례가[263] 있다.

다. 특허법 제128조 제3항 적용례

이에는 실시권계약이 있어 그에 따라 약정된 단위당 실시료를 피고의 판매수량에 곱해 손해액을 산정한 사례가 있다.[264]

라. 특허법 제128조 제5항 적용례

구체적 간접사실을 인정하여 위 규정을 적용한 것으로서, ① 피고의 매출액과 표준소득률은 인정되었으나, 영업이익률까지 인정할 근거가 없어 표준소득률이 영업이익률과 동일할 것이라는 전제에서 재량규정을 적용한 사례, ② 피고의 침해기간, 피고가 회계자료에 반영한 침해로 인한 예산 손해액, 피고의 판매가 등의 자료를 고려하여 손해액을 산정한 사례,[265] ③ 침해기간, 원・피고 제품의 가격차이, 피고 거래처의 생산 대수, 피고의 납품매출액, 원고의 연구개발비 등을 고려하여 손해액을 산정한 사례가[266] 있다.

---

261) 서울중앙지방법원 2009. 10. 7. 선고 2007가합33960 판결; 광주지방법원 2011. 8. 25. 선고 2009가합3205 판결.

262) 서울중앙지방법원 2009. 4. 23. 선고 2008가합71693 판결.

263) 서울고등법원 1996. 8. 28. 선고 95나9060 판결(상표법 사건이다).

264) 서울중앙지방법원 2009. 6. 4. 선고 2008가합9315 판결; 서울중앙지방법원 2010. 10. 19. 선고 2009가합146440 판결.

265) 서울중앙지방법원 2009. 12. 17. 선고 2009가합78066 판결.

266) 광주지방법원 2011. 1. 20. 선고 2009가합13714 판결.

Ⅳ. 침해금지가처분

1. 개 요

특허권자 등은 침해행위자를 상대로 침해금지를 구하는 본안소송이 확정될 때까지 침해상태를 방치하는 것이 특허권의 배타적 성격에 부합하지 않는 경우, 위 위험의 제거, 방지를 위하여 금지청구권을 피보전권리로 하여 침해의 정지, 예방을 명하는 특허권침해금지가처분을 신청할 수 있다. 가처분은 신속성을 본질적 요소로 하므로, 본안소송의 엄격한 증명의 정도보다 낮은 정도의 소명에 의하여 가처분 명령을 발령하는 것이 원칙이기는 하다. 그러나 특허침해금지가처분의 경우 파급효가 크다 보니 본안소송에 준할 정도로 상당한 심리기간이 소요되는 현상이 발생하고 있다. 이를 두고 가처분의 본안소송화라고 하는데 바람직한 현상은 아닐 것이다.

특허권침해금지가처분은 특허권을 침해하거나 침해할 우려가 있는 자에게 금지청구권을 근거로 한 본안판결에서 명하게 될 침해금지의 부작위의무를 미리 부과하는 점에서 임시의 지위를 정하는 가처분에 속하며, 가처분에서 명하는 부작위의무가 본안소송에서 명할 부작위의무와 내용상 일치하는 이른바 만족적 가처분에 속한다.

특허권침해금지가처분에 의하여 명하여지는 부작위의무는 가처분 채무자의 실시행위 그 자체이며 그 실시행위는 가처분 채무자의 입장에서는 막대한 자본이 투하된 사업일 경우가 많고, 가처분에 의하여 그 사업에 치명적인 손해를 입힐 확률이 높다는 점에서, 부동산에 대한 출입금지, 방해금지 등과 같이 가처분 채무자에 대한 영향력이 상대적으로 작고 주로 가처분 채권자의 권리행사에 중점을 두어 행하여지는 다른 가처분보다 높은 정도의 보전의 필요성이 요구된다.[267] 즉, 일반사건의 경우에는 많은 경우에 채권자와 채무자 사이의 거래 등 직접적인 상호관계를 전제로 분쟁이 있게

267) 김주형, 위 같은 글, 344~345면; 윤선희, 특허법, 법문사 2003. 679면; 서울중앙지방법원 2008. 5. 14. 자 2007카합1672 결정(프로그램저작권에 관한 것임) 참조.

되므로 분쟁의 경위를 주장 소명하는 사이에 자연히 보전의 필요성도 밝혀지게 되나 특허사건의 권리침해는 채권자와 채무자 사이에 직접적인 거래관계가 없는 경우가 대부분이므로 별도로 보전의 필요성을 심판하여야 하고, 이는 결국 가처분 명령이 거부되는 경우 가처분 채권자가 입을 불이익과 가처분 명령이 발해지는 경우 가처분 채무자가 입을 불이익을 당사자의 형평을 고려하여 자유재량에 따라 합목적적으로 판단하여야 할 것이다.[268] 나아가 이러한 판단에 있어서는 특허발명의 실시품이 갖는 고객획득능력의 고저 즉, 채무자 상품과의 품질의 차이, 동종상품의 유무, 경업의 정도 및 이들이 채권자 또는 채무자의 영업에서 차지하는 비율, 그 이익률, 손해배상능력의 유무 등이 함께 고려되어야 할 것이고,[269] 특히 특허권이 무효로 될 개연성이 많은 경우 등에는 보전의 필요성을 엄격히 판단하여야 할 것이다.[270]

2. 소명사항

가. 피보전권리

피보전권리는 채권자의 특허권에 기한 금지청구권 및 채무자의 침해금지 부작위의무라는 권리의무 관계의 존재이고, 피보전권리의 존부는 결국 채무자의 행위가 특허권침해행위를 구성하는지 여부에 달려 있다(침해여부 판단에 관하여는 이 장 앞의 「Ⅱ. 침해금지청구」 설명 부분 참조).

피보전권리의 존부를 판단함에 있어서 실무에서는 발명의 성질을 고려한 예가 있는데, 영업방법발명이 문제된 경우 서울중앙지방법원은 2003. 3. 24. 자 2002카합3054 결정에서 「인터넷을 이용하여 구현되는 사업방법이나 사업형태에 관한 이 사건 아이디어와 같이 이른바 Business Model에 대하여 부여되는 특허의 대부분은 그 이전에 발명되거나 사용되던 영업방법을 참조하여 그 결함을 제거하거나 보완함으로써 개발된다는 특징이 있는 점,

268) 김주형, 위 같은 글, 345면.
269) 송영식 외 6인, 송영식 지적소유권법 상, 육법사 2008. 586면.
270) 위 같은 책, 585~586면; 이시윤, 신민사집행법, 박영사 2004. 429면 참조.

일반적인 특허에 있어서는 많은 경우 대체기술이 있고 특허기술이 적용되는 범위도 적은 반면 영업방법에 관한 발명은 그 발명이 속한 서비스업 분야에 있어서 과도한 독점을 발생케 할 가능성이 높고, 이러한 독점에 의하여 경쟁회사들 간의 경쟁질서의 순간적인 붕괴, 시장의 균형이나 질서의 훼손 등을 초래할 수 있는 점 등 특수한 사정이 있음을 고려하여 영업방법에 관한 발명의 성립이나 그 신규성, 진보성 등이 인정되는지 여부에 관하여는 통상의 특허발명보다 신중하고 엄격한 기준에 의하여 심사할 필요가 있다고 할 것이다.」라고 판시하여 영업방법발명에 관련된 가처분신청에 관하여 좀 더 신중하게 결정하여야 한다는 태도를 보인 바 있고, 또 프로그램저작권에 관한 것이기는 하나, 같은 법원 2007카합1672 사건에서 「컴퓨터프로그램은 그 기능성과 논리성 때문에 표현의 독창성 및 다양한 표현 가능성이 낮아 이를 강하게 보호하는 것은 사회적 비용을 증가시키게 되므로 실질적 유사성의 범위를 다른 저작물에 비하여 좁게 보는 것이 상당하다고 할 것이다.」라고 설시하였다.[271]

나. 보전의 필요성[272]

특허권침해금지가처분은 임시의 지위를 정하기 위한 가처분이므로 현저한 손해를 피하거나 급박한 위험을 막기 위하여 또는 그 밖의 필요한 이유가 있을 경우에 하여야 할 것이고(민사집행법 제300조 제2항), 특히 만족적 가처분에 속하기 때문에 보전의 필요성에 관하여 더욱 고도의 소명이 있어야 하고, 고도의 소명이란 채무자에게 반증을 허용하더라도 심증이 번복될 가능성이 극히 적은 경우를 말한다. 법원으로서는 가처분의 인용 여부에 따

271) 서울중앙지방법원 2008. 5. 14. 자 2007카합1672 결정. 이 판결에 동의하는 견해로는, 이규홍, 「영업방법발명의 헌법적 이해」, 사법논집 제53집, 법원도서관 2011. 214~215면 참조. 한편 이러한 견해에 대해서는, 이러한 사정은 다른 기술분야의 특허에 있어서도 동일하게 있을 수 있는 부작용이며, 영업방법특허만을 다른 기술분야와 달리 취급할 근거가 없다는 비판이 있다. 박성수, 「영업방법발명의 발명으로서의 성립성 및 신규성과 진보성 인정기준」, 한국정보법학회, 정보법 판례백선(I), 한국정보법학회, 박영사 2006. 161면.

272) 이 부분은 주로 법원실무제요 민사집행(Ⅳ), 법원행정처 발간 317~320면에 기초하여 작성된 것이다.

른 당사자들의 이해득실 관계, 본안소송에 있어서의 장래 승패의 예상, 공공복리에 미칠 영향 기타 제반 사정들을 신중하게 고려하여 결정하여야 한다.

(1) 채권자측 사정

가처분신청이 받아들여지지 않을 경우 본안판결의 확정시까지 채권자가 입게 될 손해를 고려하여야 한다. 여기의 손해에는 시장점유율의 감소, 실시품 매출의 감소, 판매가격의 저하, 판매경비의 증가에 따른 재산적 손해와 침해행위로 인한 명예, 신용의 훼손 등 정신적 손해가 모두 포함된다.

채무자가 금전적인 손해배상을 할 자력이 없다는 사정은 채권자가 특허권침해로 현저한 손해를 입게 될 개연성을 인정할 주요근거가 될 수 있다. 장차 금전적인 손해배상이 가능하다는 이유로 침해금지가처분신청을 배척할 수 있느냐에 대해서는, 독점적 실시권을 보장하고 타인의 침해행위를 배제하고자 하는 특허권제도의 본질에 반하여 침해자에게 본안판결 확정시까지 일종의 실시권을 허락하는 결과가 되므로 타당하지 않다는 견해가 일반적이나, 채권자와 채무자의 이익을 비교형량하여 결정할 문제라는 견해도 있다.

채권자가 특허발명을 위하여 투여한 연구개발비의 규모가 크고, 당해 특허분야에 있어서의 경쟁이 치열하며, 기술변화의 속도가 빠를수록 침해금지가처분의 보전의 필요성이 높게 인정될 것이다. 그리고 채권자가 입게 될 손해가 시장점유율의 감소, 신용 저하 등과 같이 금전적 배상만으로는 충분하지 못하거나 단시간 내에 회복하기가 어려운 손해일 경우에도 보전의 필요성이 더 커진다고 보아야 할 것이다.

그러나 본안판결 확정시까지 채무자의 침해행위를 저지하지 아니한다고 해서 채권자의 잠재적인 고객이 종국적으로 이탈하거나 고객을 추가로 상실할 우려가 거의 없는 경우, 예컨대 물품이나 용역의 이용이 1회적인 것이 아니고 반복적인 것이어서 나중에 본안판결 확정 후에 채무자의 실시행위를 금지하면 채무자의 고객이 당연히 채권자의 고객으로 될 것이 예상되는 경우 등에는 특별한 사정이 없는 한 보전의 필요성을 인정하기 어려울 것이다.

한편 채권자가 침해사실을 알고도 상당한 기간이 경과하도록 침해금지가처분 신청 등 권리구제를 위한 조치를 게을리하였다는 사정은 보전의 필요성을 인정함에 있어 소극적 요소로 작용할 수 있으며, 특허발명의 실시 여부에 따라서도 보전의 필요성이 달라진다고 할 것이다.

① 특허발명 미실시의 경우

채권자가 특허발명을 실시하지 않는 경우에는 일반적으로 보전의 필요성을 인정하기 어렵다. 특허권자가 스스로 또는 실시권자를 통하여 발명을 실시하고 있지 않은 경우에는 채무자의 침해행위로 인하여 현저한 손해 또는 회복할 수 없는 손해(irreparable harm)가 발생한다고 보기 어려운 경우가 대부분일 것이고, 따라서 이러한 경우에는 특별히 가처분이 필요한 이유가 입증되지 않는 한 가처분신청을 받아들이지 않는 것이 타당할 것이다. 다만 미실시의 이유, 미실시의 기간, 구체적인 실시계획의 존재 등을 종합적으로 검토하여 위와 같은 미실시를 정당화할 만한 특별한 사정이 있는 경우에는 보전의 필요성을 인정할 수 있다.

대법원은 「실용신안권 침해금지가처분사건에서 피신청인이 제조, 판매하고 있는 국민차에 부착된 파워윈도우가 신청인의 실용신안권을 침해하였다고 하더라도 가처분에 있어 보전의 필요성은 가처분을 발하는 경우와 발하지 아니하는 경우에 있어서 당사자 쌍방의 이해득실, 본안소송의 계속 여부, 그 내용 등 제반 사정을 고려하여야 할 것인 바, 채무자는 특허청에 채권자의 등록고안인 '모터가 내장된 팔받침'에 관한 실용신안권의 등록무효심판청구를 하여 현재 그 사건이 특허청에 계속 중이고 특허청의 무효심판절차에서 그 등록고안에 관한 실용신안권에 대하여 무효심결이 내려질 개연성이 없지 아니하며, 채무자가 채권자의 등록고안을 사용함으로써 채권자가 입게 되는 손해는 극히 경미하고, 채권자는 현재 등록고안을 이용한 자동차 제품을 생산하지 않고 있으나, 채무자가 제조, 판매하는 파워윈도우가 부착된 자동차는 현재 국내뿐만 아니라 해외로도 수출되고 있는 점 등 여러 사정을 참작하면, 채권자에게 채무자가 위 제품을 제조하는 것 등을 금지하지 아니하면 아니 될 현존하는 급박한 위험 내지 현저한 손해가 발생할 개연성이 있다고 보기 어렵다.」고 하여 그 보전의 필요성을 인정하지

않고 가처분신청을 기각한 원심결정을 지지함으로써 채권자의 실시 여부를 참작하여 판단한 예가 있다.273)

② 특허발명 실시의 경우

채권자가 특허발명을 실시하고 있는 경우에는 채무자 측의 이해관계와 비교형량하기 위하여 그 실시상황을 구체적으로 파악할 필요가 있다. 즉, 채권자 측의 영업품목에서 특허발명의 실시제품이 차지하는 비중, 생산설비, 생산량, 영업실적, 시장점유율 등을 종합적으로 파악하여 그것이 상당한 정도에 이른다고 평가되는 경우에는 대체로 보전의 필요성을 인정할 수 있고, 반면 채권자 측의 실시상황이 채무자 측의 실시상황에 비교해 볼 때 극히 미미한 경우에는 다른 제반 사정과 더불어 보전의 필요성을 배척해야 할 사유가 될 수 있다.

(2) 채무자측의 사정

가처분신청이 받아들여질 경우 본안판결의 확정시까지 채무자가 입게 될 손해를 고려하여야 한다. 보통 채무자가 영업규모가 큰 제조업자인 경우에는 그 영업의 실시가 금지됨으로써 상당한 손해를 입게 되므로, 채권자 측의 실시상황이 극히 미미하다고 한다면 다른 제반 사정과 더불어 보전의 필요성을 배척해야 할 사유가 될 수 있다.

침해금지청구권의 요건으로서 침해자의 고의·과실 등 주관적 요소는 필요하지 않으나, 보전의 필요성을 판단함에 있어서는 가처분으로 인하여 채무자가 입게 될 손해가 채무자의 고의적인 특허권침해행위로 인하여 그 스스로 초래한 것인지 여부도 고려하여야 한다.

채무자가 당해 특허발명에 관련된 사업의 초기단계에 있다거나, 당해 제품 이외에 다른 제품도 다수 취급하고 있어서 당해 제품의 사업상 비중이 낮은 경우에는 채무자가 입게 될 타격이 작으므로 보전의 필요성을 보다 쉽게 인정할 수 있다.

(3) 본안소송의 승패의 예상

침해금지가처분의 피보전권리가 일단 소명된 경우라 하더라도 본안소송에서의 종국적인 승소 가능성은 다를 것이므로 이와 같은 본안소송에서의

---

273) 대법원 1994. 11. 10. 자 93마2022 결정.

장래 승패의 예상 역시 실무상 보전의 필요성 유무를 판단하는 하나의 요소가 된다. 채권자가 본안소송에서의 승소가능성을 명백히 소명한 경우에는 본안판결시까지 정당한 권리자인 채권자가 입게 될 손해는 분명한 반면, 채무자가 가처분으로 인하여 부당하게 손해를 입게 될 가능성은 희박하므로 보전의 필요성은 더욱 쉽게 인정될 수 있을 것이다. 그러나 본안에서의 승소가능성이 낮은 경우에는 가처분이 배척됨으로써 채권자가 입게 될 손해보다 가처분으로 인하여 채무자가 부당하게 손해를 입을 가능성이 더 커지므로 미리 가처분을 받아들일 만한 보전의 필요성은 적어진다고 할 수 있다.

예컨대, 채권자가 전용실시권자인데 특허권자에 대한 계약위반으로 어차피 실시권등록이 말소될 운명에 있는 경우는 여전히 전용실시권자로 등록되어 있음을 기화로 제3자에 대하여 그 권리를 행사하는 것은 허용하기 어렵다고 할 것이므로 보전의 필요성을 인정하기 어렵다.

이와 관련하여, 특허발명이 신규성이 없는 공지기술에 해당하는 경우에는 무효심결의 유무에 관계없이 피보전권리의 존재 자체가 부인되겠지만, 진보성이 없다고 인정되는 경우에는 어떻게 처리해야 할지가 문제된다. 대법원은 「가처분채권자가 신청 당시에 실체법상의 권리를 가지고 있다 하더라도 그 권리가 가까운 장래에 소멸하여 본안소송에서 패소판결을 받으리라는 점이 현재에 있어 충분히 예상되는 경우에는 보전의 필요성이 없다고 풀이하는 것이 상당하고, 더구나 특허권침해의 금지라는 부작위의무를 부담시키는 이른바 만족적 가처분일 경우에 있어서는 보전의 필요성 유무를 더욱 신중하게 결정하여야 할 것으로서 만일 가처분신청 당시 채무자가 특허청에 별도로 제기한 심판절차에 의하여 그 특허권이 무효라고 하는 취지의 심결이 있은 경우나, 무효심판이 청구되고 그 청구의 이유나 증거관계로부터 장래 그 특허가 무효로 될 개연성이 높다고 인정되는 등의 특별한 사정이 있는 경우에는 당사자 간의 형평을 고려하여 보전의 필요성을 결한 것으로 보는 것이 합리적이라 할 것이다.」라고 판시하여[274] 그 해결책을 제시하고 있다. 따라서 특허무효심결이 이미 내려진 경우에는 그 심결이

274) 대법원 2007. 6. 4. 자 2006마907 결정.

확정되지 아니하였다 하더라도 장차 특허법원 등에서 심결이 취소될만한 특별한 사정이 소명되지 않는 한 침해금지청구의 본안 승소가능성이 낮다고 보아 원칙적으로 보전의 필요성을 부인함이 타당하고, 아직 무효심결이 없는 경우라도 무효심판청구 이유나 증거관계로부터 판단할 때 장차 무효심결이 내려질 개연성이 높다고 인정되는 경우에는 보전의 필요성을 부인하여야 할 것이다(본안소송에서 특허권에 명백한 무효사유가 존재하는 경우 특허권의 행사를 배척할 수 있는지에 관한 논의가 있는데 상세한 내용은 「제5장 Ⅳ. 특허가 무효라는 항변－판례상의 '권리남용' 항변」의 설명 부분 참조).

(4) 공공복리

특허법은 독점적인 특허권의 보호 때문에 단기적으로는 자유경쟁을 저해하는 불이익이 있다 하더라도 특허권 보호라는 인센티브를 통하여 발명을 장려하고 기술발전을 촉진하는 것이 장기적으로는 공익에 보다 부합한다는 공공정책적 결단에 기초하고 있으므로, 일반적인 특허권침해사건에 있어서 유효한 특허권에 대한 침해가 인정될 경우에는 그 특허권을 보호하여 주는 것이 공익에 부합한다고 할 수 있다. 그러나 침해금지가처분으로 인하여 본안판결의 확정시까지 공공복리에 심각한 위해가 발생할 우려가 있을 경우에는 그와 같은 공익적 요소도 고려하여 보전의 필요성 유무를 판단하여야 한다. 가령 채권자가 특허발명을 실시하지 않거나 극히 미미한 정도로 실시하고 있고, 반면에 채무자는 상당한 규모로 특허발명을 실시하여 그 실시제품을 대량생산하는 경우에 법원이 가처분을 발령하면 채무자의 영업이 중단되는 결과 일반사회에 특허발명의 실시제품이 부족한 상황이 초래된다. 이 경우 특허발명의 실시제품이 사치품이라거나 다른 대체품이 있을 경우에는 일반 사회의 불이익이 그다지 크지 않지만, 의약품이나 생활필수품으로서 달리 대체품도 없는 경우라면 그 불이익이 막심할 수 있는 바, 이러한 사정은 보전의 필요성을 배척해야 할 사유가 될 수 있다. 대법원 판례 중에는 보전의 필요성을 배척하는 여러 사유 중 하나로서 국가의 수출전략을 들고 있는 것도 있다.[275]

275) 대법원 1994. 11. 10. 자 93마2022 결정.

예를 들어 이동통신서비스의 전면적인 중단을 요구하거나, 교통카드·휴대폰을 이용한 결제 시스템서비스, 하수처리시설의 운영중지, 완성단계에 있는 교량건설의 중지 등을 구하는 경우는 특단의 사정이 없는 한 보전의 필요성을 인정하기가 쉽지 않을 것이다.

(5) 채무자의 태도

채무자가 본안판결 확정시까지는 제조·판매하지 않겠다는 취지의 주장을 하는 경우 단순히 위와 같은 약속만으로 보전의 필요성을 부인하기는 어려우나 예컨대 채무자가 이미 상당한 비용을 들여 동일한 용도의 특허를 침해하지 않는 다른 금형을 제작한 것이 소명되는 경우 등은 다른 여러 사정까지 감안하여 보전의 필요성을 인정하지 아니할 수도 있을 것이다.

또한, 채무자가 실제 더는 생산하지 않음이 명백한 경우(아예 생산한 적이 없다고 다투다가 그 주장이 허위로 밝혀진 경우는 다르다), 기념품 등으로 한정수량만 생산한 경우, 전시회에 전시하였으나 실제로 제품을 제조하지는 아니한 경우, 카탈로그만 작성한 경우 등은 보전의 필요성을 인정하기 어렵다.

채권자와 채무자가 전혀 모르는 사이가 아니라 원래 계약에 의하여 사용권을 부여하였다가 로열티 미지급 등을 이유로 계약을 해지한 경우는 상반된 두 가지 측면이 있을 수 있다. 그 하나는 계약해지의 사유 등이 다투어지고 있는 경우, 계약을 근거로 하여 이미 완성되거나 인도된 물품만을 판매하는 경우 쉽게 가처분을 발령하기 어렵다는 것이고, 반면 채권자의 대리점, 하도급관계에 있다가 계약에 위반하여 특허권침해로까지 나아간 경우 오히려 통상의 경우보다 보전의 필요성을 인정할 필요성이 클 것이다.

(6) 채무자의 지위

채무자가 채권자와의 관계에서 어떠한 지위에 있는지, 특허침해를 주도하고 있는지 등도 보전의 필요성 판단에서 고려될 수 있다.

특허침해품을 제조하는 제조회사가 따로 있음에도 제조회사를 제쳐 두고 판매회사나 시공회사만을 상대로 하는 가처분신청은, 판매회사나 시공회사가 주도되어 제조회사에 도급하여 침해품을 제작하였다든가, 판매회사나 시공회사의 판매 또는 시공분량이 제조회사 제조량의 대부분을 차지한다든가 하는 사정이 없는 이상 보전의 필요성을 인정하기 어렵다. 따라서 특허권을 침해하는 농산물을 재배하는 농민을 대상으로 하지 아니하고 농수산물유통공사 등 유통업체를 대상으로 하는 가처분도 앞서와 같이 유통업체의 주도적인 특허침해행위가 밝혀져 있지 아니한 이상 보전의 필요성을 인정하기 어렵다.

채권자가 침해자를 상대로 한 특허권침해분쟁에서 승소한 직후 특허권분쟁에서 패소한 침해자로부터 실시권을 부여받아 사용하고 있는 자를 상대로 침해금지가처분을 제기한 경우 그러한 채무자에게는 특허권자와 합의하거나 다른 대체품을 찾을 기회를 부여하여야 하므로 상당한 기간이 경과하기까지는 보전의 필요성을 인정하기 어렵다. 그 침해품이 사업운영을 위한 기본적인 컴퓨터프로그램 등 채무자의 사업에 불가결한 경우에는 더욱 그러하다.

채권자는 자동차 부품을 제조하는 외국법인이고 채무자는 자동차를 조립·생산하는 내국법인인데, 채권자는 채무자가 자동차 일부 부품에서 채권자의 특허를 침해하고 있다고 주장하고, 채무자는 채권자가 아닌 다른 외국법인으로부터 기술을 도입하였다고 주장하고 있는 상황에서, 실제로 두 외국법인 사이에 특허권에 관한 분쟁이 계속되고 있는 사정이 소명되는 경우, 외국법인 간의 특허권리관계에 대한 분쟁이 종결되지도 아니한 상태에서 단순 부품사용업체인 내국법인을 상대로 하는 가처분은 그 보전의 필요성을 인정하기 어렵다.

3. 신청에 대한 재판

가. 신청을 배척하는 재판

가처분신청이 소송요건(당사자능력, 소송능력, 당사자적격, 법정대리권 등)을 흠결하였거나 법원이 명한 담보를 제공하지 아니한 때에는 신청을 각하하고, 피보전권리 또는 보전의 필요성이 없는 때에는 신청을 기각한다.

나. 가처분을 명하는 재판

재판은 결정으로 한다(민사집행법 제281조 제1항). 원래 결정은 이유의 기재를 생략한 채 상당한 방법으로 고지하면 되지만(민사소송법 제221조 제1항·제224조 제1항), 가처분신청을 기각하는 경우에는 항고심 법원으로 하여금 쟁점 및 판단의 근거를 파악할 수 있도록 이유를 기재하여 주는 경우가 많다.

특허권침해금지가처분신청과 함께 채무자의 부작위의무 위반에 대비한 간접강제신청을 함께 하는 경우도 있는데, 특별한 사정이 없는 한 간접강제신청은 받아들이지 않는다(자세한 내용은 이 장 앞의 「Ⅱ. 침해금지청구 3. 바. (2) 간접강제」 설명 부분 참조).

가처분 신청원인이 인정되는 경우에 법원은 신청목적을 이루는 데 필요한 처분을 직권으로 정한다(민사집행법 제305조 제1항). 이때 법원이 일부 기각의 주문을 내어야 하는지와 관련하여 그 필요가 없다는 견해도 있으나, 인용의 범위가 양적, 질적으로 다른 경우에는 당사자의 신청취지와 법원의 인용의 범위를 명백하게 구분하기 위해서 일부 기각의 주문을 내는 것이 타당하다 할 것이다. 가처분 관련 주문은 간결, 명료하고 또 당사자 및 집행관이 명확하게 이해할 수 있어야 하고, 피고 실시기술을 특정하여야 한다.

가처분의 내용은 필요 최소한에 그쳐야 하므로 집행관 보관형 가처분이 가능한 경우에 폐기형 가처분을 하는 것은 허용되지 아니하고, 집행관 보관형 가처분을 하는 경우에도 그 대상물건을 피고 실시기술의 완제품, 반제품('위의 완성품의 구조를 구비하고 있는 것으로 아직 완성에 이르지 않은 물건') 등으로 제한하여야 하며, 이에 더 나아가 피고 실시기술의 실시와 무관한 물건에까지 확장하여서는 아니 된다. 생산설비, 금형의 집행관 보관을 구하는 경우도 제품의 생산·판매금지만을 명하여서는 가처분의 실효성이 없을 것으로 예상되는 특별한 사정이 없는 이상 쉽게 인정되기 어려울 것이다.

침해제품의 생산 및 영업 관련 서류 등의 집행관보관을 구하는 경우도 있으나 채무자의 영업비밀이 포함되어 있을 우려가 크고 특정되었다고 보기도 곤란하므로 실무상 위와 같은 신청은 받아들여지지 않는 것으로 보인다.

다. 보 증

법원은 침해금지가처분에 대하여 담보의 제공을 명할 수 있다(민사집행법 제301조 · 제280조 제3항). 그 액수가 문제될 뿐 실무상으로는 예외 없이 담보제공을 명하고 있다. 특허권침해금지가처분에 있어서는 당사자는 물론 관련 업계에서도 가처분재판 결과에 촉각을 곤두세우고 있는 경우가 적지 않은데, 담보제공명령으로 인하여 심문을 거쳐서 신중하게 형성된 재판부의 심증이 미리 노출되는 것을 예방하기 위하여, 가처분결정에 앞서 담보제공명령을 별도로 발하기보다는 담보제공을 조건으로 하여 가처분결정을 내리는 경우가 대부분이다.

담보제공명령을 별도로 발하지 아니하고, 담보제공을 조건으로 하여 가처분결정을 내리는 경우 채권자에게 담보제공명령의 고지일로부터 상당한 기간(보통 5일 또는 7일) 내에 보증금, 유가증권 또는 지급보증위탁계약 체결문서를 제출하는 방법에 의하여 담보를 제공할 것을 명하는 사례도 있으나, 가처분에 대한 재판의 집행은 채권자에게 재판을 고지하거나 송달한 날부터 2주를 넘긴 때에는 하지 못하는 것이므로(민사집행법 제301조 · 제292조 제2항), 침해물품의 집행관 보관을 함께 구하는 침해금지가처분의 경우 굳이 상당한 기간을 정할 필요는 없을 것이다. 기간을 정하여 담보제공명령을 별도로 발하는 경우 채권자가 소정의 기간 내에 담보를 제공하지 아니하면 법원은 가처분신청을 각하하게 된다(민사소송법 제124조).

보증금액은 법원이 제반 사정을 참작하여 재량으로 정한다. 실무상 가압류, 처분금지가처분 및 점유이전금지가처분에 대하여는 청구금액이나 목적물의 가액에 따른 보증금액의 산정기준이 정해져 있으나, 특허권침해금지가처분은 성질상 청구금액이나 목적물의 가액 등을 금전적으로 산정할 일률적인 기준이 있을 수 없다. 결국, 재판부로서는 가처분 발령 후 본안판결시까지 채무자가 당해 실시품의 생산 중단 등으로 인하여 입게 될 예상 손해액을 기본적인 기준액으로 삼고, 여기에 채권자의 자력과 소명의 정도, 본안에서의 승소가능성 등을 종합적으로 고려하여 구체적인 사안에 따라 적절하게 증감한 금액을 보증금으로 정할 수밖에 없을 것이다.

4. 주문례 및 가처분명령의 집행

가. 주문례

침해금지를 명하는 주문은 본안판결의 침해금지를 명하는 주문과 크게 다르지 않다(상세한 내용은 이 장 앞의 「Ⅱ. 침해금지청구 3. 가. 주문례」 부분 참조).

가처분의 경우에는 "피신청인은… 제품과 그 반제품(위의 완성품의 구조를 구비하고 있는 것으로 아직 완성에 이르지 않은 물건)에 대한 점유를 풀고 이를 신청인이 위임하는 집행관에게 인도하여야 한다. 집행관은 위 보관의 취지를 적당한 방법으로 공시하여야 한다."와 같이 물건에 대한 점유해제를 명할 수 있다. 이 명령은 본안판결의 물건의 폐기, 침해행위에 제공된 설비의 제거 기타 침해예방에 필요한 명령(특허법 제126조 제2항)의 집행을 위하여 하는 것이다. 따라서 이러한 명령은 가처분에서만 가능한 것이므로 본안청구를 구하면서 물건에 대한 점유해제 및 집행관 인도명령을 구하는 것은 부적절하다.

제조설비에 대하여도 점유해제 및 집행관 보관명령을 구하는 경우가 있다. 이는 특허법 제127조의 "그 물건의 생산에만 사용하는 물건을 업으로서 생산·양도·대여 또는 수입하거나 그 물건의 양도 또는 대여의 청약을 하는 행위"를 특허권에 대한 침해로 보고, 제126조 제2항에서 「특허권자 등은 침해행위에 제공된 설비의 제거 그 밖의 침해의 예방에 필요한 행위를 청구할 수 있다.」고 규정하고 있는 데서 비롯하는 것이므로, 그 제조설비가 특허권의 침해행위에만 사용되지 않고, 다른 제품을 생산하는 데에도 사용되는 경우에는 점유해제를 명하지 않는다.[276]

침해품에 대한 폐기명령은 특허법 제126조 제2항에 따라 본안판결에서 구하여야 할 성격의 명령이므로 가처분 단계에서 구하는 경우는 적절하지 않다.

---

276) 법원실무제요, 민사집행 Ⅳ, 법원행정처 2003. 323면.

나. 집 행

가처분결정의 주문례에 따라 집행관 보관형 명령과 채무자의 실시금지명령의 집행방법은 다음과 같다.

(1) 집행관 보관형 명령의 집행

가처분에 대한 재판의 집행은 채권자에게 재판을 고지하거나 송달한 날부터 2주 내에 하여야 한다(민사집행법 제301조·제292조 제2항). 채권자는 위 기간 이내에 피고 실시기술의 완제품, 반제품 및 금형 등 소재지의 지방법원 소속 집행관에게 가처분 결정정본을 제시하여 집행관 보관형 가처분을 집행할 수 있다. 채무자는 집행기간을 도과한 가처분 집행에 대하여 집행에 관한 이의의 방법으로 구제받을 수 있다(민사집행법 제16조). 집행관은 가처분 결정정본을 근거로 피고 실시기술의 완제품, 반제품 및 금형에 대한 채무자의 점유를 배제하고, 자신이 이를 점유한 다음, 적당한 방법으로 그 취지를 공시한다. 집행력은 피고 실시기술의 실시 태양에 대하여 생기는 것이므로, 만약 채무자가 실제로 실시하는 기술 태양이 피고 실시기술과 다른 경우에는 이에 대한 현실적인 집행이 불가능하다.

(2) 실시금지명령의 집행

실시금지명령은 집행을 따로 요하지 않는 부작위를 명하는 가처분이므로 원칙적으로 집행기간의 문제가 생기지 않는다. 그러나 위에서 본 집행관 보관형 명령 등의 집행이 완료된 후 채무자가 피고 실시기술의 실시제품을 재차 생산하는 경우에는 법원의 실시금지명령을 구체적으로 위반한 것이므로 채권자는 그 제거 또는 방지를 구할 수 있다(민사집행법 제260조, 민법 제389조 제3항). 즉, 채권자는 민사집행법상 대체집행의 방법에 의하여 채무자의 비용으로 피고 실시기술의 완제품, 반제품 및 금형 등을 제거할 수 있고(민사집행법 제260조), 채무자가 피고 실시기술을 계속하여 실시하고 있다면 그 중단시까지 금전의 지급을 명하는 간접강제의 방법을 취할 수도 있다(민사집행법 제261조). 이 경우에 민사집행법상 집행기간 규정이 적용되는데, 기산점은 채무자의 명령위반 행위시로 보는 것이 일반적이다.[277]

(3) 집행정지

277) 법원실무제요, 민사집행 Ⅳ, 172면.

민사집행법은 소송물인 권리 또는 법률관계가 이행되는 것과 같은 내용의 가처분을 명한 재판에 대하여 이의신청 또는 상소가 있는 경우에, 이의신청 또는 상소의 이유로 주장한 사유가 법률상 정당한 이유가 있다고 인정되고 주장사실에 대한 소명이 있으며, 그 집행에 의하여 회복할 수 없는 손해가 생길 위험이 있다는 사정에 대한 소명이 있는 때에는 당사자의 신청에 의하여 집행의 정지 또는 취소를 할 수 있다고 규정하고 있다(민사집행법 제309조).

위 규정에 따라 특허권침해금지가처분에 대하여도 집행정지가 가능한지가 문제되는데 견해가 대립되고 있다. 부정설은 실무상 특허권침해금지 가처분 신청에 대하여는 그 피보전권리와 보전의 필요성을 매우 엄격하게 심사하여 발령하고 있어서 이에 대한 집행정지를 인정한다면 침해금지가처분 제도의 존재 의의 자체를 멸각시킬 우려가 있고, 위 민사집행법 규정의 입법 취지가 특허권침해금지가처분을 염두에 둔 것이 아니라는 입장이고, 긍정설은 특허권침해금지가처분이나 공사금지가처분도 민사집행법 제309조 소정의 "소송물인 권리 또는 법률관계가 이행되는 것과 같은 내용의 가처분"(이행적 가처분)에 해당하고, 특허권침해금지가처분의 경우 채무자는 모든 영업활동이 중지되고 기업이 존폐의 위기에 처하게 되는 점에서 집행정지의 필요성도 있으므로 집행정지가 인정되어야 한다고 주장한다.[278]

Ⅴ. 형사처벌

1. 규 정

특허권자 등은 특허권침해행위자를 형사고소하여 특허권침해죄(특허법 제225조 제1항)로 처벌받게 할 수 있는데, 특허권침해죄는 피해자의 고소가 있어야 논할 수 있는 이른바 친고죄이다.

그런데 특허를 무효로 하는 심결이 확정된 때에는 특허법 제133조 제1항 제4호의 경우에 해당되지 아니하는 한 그 특허권은 처음부터 없었던 것으

278) 송영식 외 6인, 송영식 지적소유권법 상, 589면 주 904) 참조.

로 보게 되므로(특허법 제133조 제3항 참조), 무효심결 확정 전의 고소라 하더라도 그러한 특허권에 기한 고소는 무효심결이 확정되면 고소권자에 의한 적법한 고소로 볼 수 없다 할 것이고, 이러한 고소를 기초로 한 공소는 형사소송법 제327조 제2호 소정의 공소제기의 절차가 법률의 규정에 위반되어 무효인 때에 해당한다고 보는 것이 판례의 입장이다.[279]

특허법 제231조 제1항은 「제225조 제1항에 해당하는 침해행위를 조성한 물건 또는 그 침해행위로부터 생긴 물건은 이를 몰수하거나 피해자의 청구에 의하여 그 물건을 피해자에게 교부할 것을 선고하여야 한다.」라고 필요적 몰수에 관하여 규정하여 형법 제48조의 몰수 규정에 대한 특별규정을 두고 있다.

2. 침해죄의 구성요건

침해죄가 성립하기 위해서는 피고인에게 침해의 고의가 존재할 것, 특허권이 존재할 것, 피고인의 실시행위가 특허발명의 보호범위에 속할 것이고, 이러한 요건은 모두 검사가 입증하여야 한다. 특허권의 존재, 특허발명의 보호범위의 해석, 피고인의 실시행위의 특정 및 특정된 행위가 해당 특허발명의 보호범위에 속하는지에 관한 판단은 앞의 「Ⅱ. 침해금지청구」 부분에서 설명한 바와 같다.

3. 침해의 고의

침해금지청구에서는 고의 또는 과실이 요구되지 않고, 손해배상청구소송에서는 특허법에 과실추정규정(제130조)이 있으므로 고의가 문제되지 않지만, 침해죄가 성립하기 위해서는 고의가 요구된다. 고의란 특허권의 존재 및 자신의 행위가 특허권의 보호범위에 속한다는 점을 인식하고도 이를 용인하여 침해행위로 나아간 심리상태를 의미한다.

이와 관련하여 대법원은, 「피고인 1이 피해자인 이 사건 특허권자로부터

279) 대법원 2008. 4. 10. 선고 2007도6325 판결.

납품받은 이 사건 특허발명의 실시품이 회전판과 꼬챙이의 결합이 견고하지 못하여 고기가 이탈되고 화재가 발생하는 등의 문제가 발생함에 따라 피고인 1의 남편인 공소외인이 이 사건 특허발명을 개량하여 실용신안등록출원을 한 점, 공소외인의 등록실용신안의 고안의 상세한 설명에서도 이 사건 특허발명을 종래기술로 언급하면서 그 문제점을 지적하고 있는 점, 이 사건 특허발명과 공소외인의 등록실용신안의 실시품인 이 사건 장치는 그 구성에서 일부 차이가 있고, 균등관계에 있는지의 판단은 통상의 기술자에게도 쉽지 않으며, 일반인의 경우는 매우 어려운 점, 이 사건 장치를 개발한 후 피고인 1이 변리사에게 문의하였을 때, 이 사건 장치가 이 사건 특허발명을 침해하지 않는다는 의견을 들은 점, 공소외인의 등록실용신안의 고안의 상세한 설명에 이 사건 특허발명이 종래기술로 기재되어 있음에도 심사관이 기술평가절차에서 공소외인의 등록실용신안에 대하여 실용신안등록 유지결정을 한 점, 이 사건 장치가 이 사건 특허발명의 일부 청구항의 권리범위에 속한다는 특허심판원의 심결이 2006. 2. 28. 무렵에야 이루어진 점 등에 비추어 보면, 특허심판원의 심결 이전인 이 사건 범죄일시에 피고인들에게 이 사건 장치가 이 사건 특허발명을 침해한다는 인식과 용인이 있었다고 보기는 어렵다.」고 판시하였다.[280]

특허권자는 침해자에게 경고장을 발송함으로써 고의에 대한 증거를 확보할 수 있다. 변리사 등으로부터 "행위자의 사용행위가 권리침해에 해당하지 않는다."라는 법률자문을 받은 것이 고의를 조각하는지가 종종 문제되는데, 그러한 점만으로 고의를 조각한다고 판단한 예는 찾기 어려우나, 그러한 점을 포함하여 여러 가지 사정을 고려한 끝에 고의를 인정하기 어렵다고 판단한 사례는 있다.[281]

4. 피고인의 방어방법

기소된 피고인은 특허권의 권리범위가 인정되지 않거나,[282] 자신의 행위

280) 대법원 2010. 1. 14. 선고 2008도639 판결.
281) 위 대법원 2008도639 판결 참조.

가 특허권의 보호범위에 속하지 않는다고 다투거나,[283] 특허권에 무효사유가 있다는 등의 방법으로 방어권을 행사할 수 있다. 뒤에서 설명하는 민사소송에서의 피고의 방어수단은 대부분 형사절차에서도 그대로 적용될 수 있을 것이다. 다만, 민사소송에서는 특허발명에 진보성 흠결 등의 무효사유가 존재하는 경우가 명백한 경우 무효심결이 확정되기 전에도 이러한 특허권에 기한 권리행사를 권리남용으로 보아 배척하는 법리가 확립되어 있음에 비해, 형사절차에서는 이러한 법리를 인정한 바가 아직 없고, 앞서 본 바와 같이 뒤에 무효심결이 확정되면 공소제기절차가 법률의 규정에 위반하여 무효이므로 공소기각판결을 하고 있다.

---

282) 대법원 2005. 10. 14. 선고 2005도1262 판결{「특허발명의 특허청구범위에 그 효과 달성에 필요한 필수적 구성요소가 모두 기재되었다고 볼 수 없는 발명은 구 특허법(1990. 1. 13. 법률 제4207호로 전문 개정되기 전의 것) 제8조 제4항에 위반하여 등록된 것으로서 그 특허를 무효로 하는 심결이 확정되기 전이라도 그 권리범위를 인정할 수 없고, 이처럼 권리범위가 인정되지 아니하는 특허발명과 동일 또는 균등한 관계에 있는 발명을 실시하는 행위는 특허권침해죄를 구성하지 아니한다.」고 판시}.

283) 대법원 2002. 3. 29. 선고 2001도6973 판결(실용신안의 구성요소 3개 중 2개만을 실시한 경우); 위 대법원 2005도1262 판결(「정정심결이 확정된 경우 그 정정이 별도의 정정무효심판절차에 의하여 무효로 되지 아니하는 한, 그 특허발명은 처음부터 정정된 특허청구범위에 의하여 특허권 설정등록이 된 것으로 보아야 하지만, 헌법 제13조 제1항, 형법 제1조 제1항의 입법 취지 및 특허발명의 특허청구범위는 특허권자가 독점하여 실시할 수 있는 영역과 제3자가 침해해서는 아니 되는 영역을 객관적으로 확정하여 대외적으로 공시하는 규범적 효력이 있는 점에 비추어 보면, 피고인의 행위가 특허권침해죄에 해당하는지 여부를 판단함에 있어 정정 후의 특허청구범위를 침해대상 특허발명으로 삼는 것이 피고인에게 불리한 결과를 가져오는 경우까지도 정정의 소급적 효력이 당연히 미친다고 할 수는 없는 법리이고, 그 결과 원심이 정정 전의 특허청구범위를 침해대상 특허발명으로 삼아 피고인이 그 특허발명의 침해죄를 범하였는지 여부를 판단한 것은 정당하다.」고 판시).

제5장 상대방의 방어수단

I. 개 요

침해소송의 상대방은 다양한 방법으로 침해주장을 방어할 수 있다. 예를 들어 침해주장에 대하여 자신의 행위가 특허권의 보호범위에 속하지 않는다고 원고의 주장을 탄핵하거나, 특허심판원에 이에 대한 공적 확인을 구하는 소극적 권리범위확인심판을 제기할 수도 있고, 보다 적극적으로 원고의 특허에 대하여 무효심판을 제기하여 이를 무효로 만들 수도 있다. 또한, 침해소송에서도 원고의 특허발명이 공지기술로 이루어져 있다고 주장하거나, 명백한 무효사유가 존재한다고 주장하거나, 자신의 행위는 자유실시기술에 해당한다는 등의 다양한 방어수단을 행사할 수 있다.

이 장에서는 침해소송에서 피고가 행사할 수 있는 방어수단에 대하여 실무상 자주 주장되는 순서로 살펴보고, 새로운 방어수단으로서 발명의 성립성이 문제되는 경우, 특허권 행사가 특허법의 취지를 벗어나서 부당하다는 취지의 항변,[284] 특허괴물(Patent Troll)에 의하여 소가 제기된 경우 등에 관하여는 다음 제6장에서 설명하기로 한다.

284) 이는 특허권에 명백한 무효사유가 있는 경우에 그에 기한 권리행사는 권리남용이라는 후술하는 무효사유의 항변과는 구별되는 것이다.

Ⅱ. 공지기술항변

1. 의 의

대법원은 「등록된 특허발명의 전부가 출원 당시 공지, 공용의 것이었다면 그러한 경우에도 특허무효의 심결의 유무에 관계없이 그 권리범위를 인정할 근거가 상실된다는 것은 논리상 당연한 이치라고 보지 않을 수 없다.」고 판시하여[285] 무효심결 여부와 관계없이 공지기술만으로 이루어진 특허발명의 권리범위를 부정하고 있다.

특허발명이 공지기술에 해당된다는 것은 피고가 주장 및 증명책임을 부담한다. 위 항변은 뒤에서 설명할 권리남용항변(무효사유 항변)이나 자유실시기술항변과 중첩적으로 주장될 수 있으나, 실무상 주장되는 빈도가 권리남용항변이나 자유실시기술항변보다 점차 낮아지고 있는 듯하다.

2. 요 건

가. 공지·공용

특허발명의 전부가 공지·공용이라는 것은, 그 특허발명 전체가 출원 전에 공지 또는 공연히 실시되었거나, 출원 전에 반포된 간행물 등에 게재되거나, 대통령령이 정하는 전기통신회선을 통해 공중이 이용 가능하게 된 발명과 동일하여 그 신규성을 인정할 수 없다는 것을 의미한다(특허법 제29조 제1항 제1, 2호).

예를 들면 구성요소 A+B+C로 된 발명에 있어서, 위와 동일한 구성 전체가 하나의 문헌에 그대로 나타나 있거나, 그 전체로서 출원 전에 실시되었을 경우 등을 의미하고, 개별 구성요소들이 여러 문헌에 나뉘어 공지된 경우를 뜻하는 것이 아니다. 따라서 A라는 구성은 a라는 문헌에, B라는 구성은 b라는 문헌에, C라는 구성은 c라는 문헌에 각각 흩어져서 공지되어

285) 대법원 1983. 7. 26. 선고 81후56 전원합의체 판결.

있을 때에는 A+B+C로 된 구성 전부가 공지기술인 경우에 해당하지 않는다.

'공지'란 비밀이 아닌 상태에서 일반 제3자에게 발명이 공개된 것을 말하므로, 현실적으로 불특정다수인이 인식하지 않았다고 하더라도, 객관적으로 불특정다수인이 인식할 수 있는 상태에 놓여 있다면 공지되었다고 보아야 한다. '비밀이 아닌 상태'일 것을 요구하므로 다수의 사람이 알고 있더라도 그들에 대하여 비밀유지의무가 부여된 상태, 예컨대 회사의 연구발명 관여자들에게 알려진 경우에는 공지라고 할 수 없다. '공개'의 정도는 해당 발명의 기술분야에 대한 통상의 지식을 가진 자라면 별도의 노력 없이 해당 발명을 실시할 수 있을 정도에 이르러야 한다.

화학물질의 화학구조식이 문헌에 기재되어 있는 경우에 위 물질이 공지되었다고 볼 수 있을지가 문제된다. 화학물질의 경우 구조식만으로는 공지라고 볼 수 없고 적어도 통상의 기술자가 위 화학물질에 도달할 수 있는 실마리나 위 물질의 물성 등이 제시되어야 위 물질이 공지되었다고 보는 견해와 다른 발명과 구별하지 않고 공지되었다고 보는 견해가 대립될 수 있다. 화학물질의 구조식은 인간의 상상력에 의해 자유롭게 만들어 낼 수 있는 것인데, 누군가가 구조식 생성 프로그램을 이용하여 상상에 의해 창작하여 이를 어떤 간행물에 실었다고 하여 이를 공지된 것으로 보아 뒤에 실제로 많은 시행착오를 거쳐 위 화학물질을 개발한 사람의 노력이 보호받지 않는다면 이는 매우 부당한 결과이고, 기술적 창작에 대한 보상이라는 특허법의 취지에도 부합하지 않는다. 따라서 전자의 견해가 타당하다고 생각한다.

'공연 실시(공용)'란 일반 공중이 알 수 있는 상태에서 발명이 실시('실시'의 정의에 관하여는 특허법 제2조 제3호 참조)된 것을 말한다. 발명자가 일반공중이 보는 가운데 발명품을 시운전하였다고 하더라도 일반공중이 발명의 기술적 사상을 알 수 없는 경우라면 공연히 실시된 것이라고 할 수 없다. 그러나 발명품이 판매된 경우에는 구매자가 이를 분해, 역설계하여 발명의 기술적 사상을 알아낼 수 있으므로 이는 공용에 해당할 경우가 많을 것이다. 공연실시란 법률관계가 아니라 사실의 문제이므로, 권리자가 특허발명이 적용된 장치가 설치된 장소(가령, 하수처리장 등)에 일반인의 출입을 금하는 표지를 부착한 경우, 이러한 경고에도 불구하고 불특정다수인이 출입한 사실 및 당시 특허발명의 내용을 인식할 수 있었던 사실이 밝혀진다면 이는 공연실시된 것으로 보아야 할 것이다.

한편 특허출원 당시 신규 화학물질이 이미 존재하였음이 밝혀진 경우 위 물질은 공지 또는 공연실시되었다고 할 것이나, 위 화학물질의 생산 및 공급이 특허권자의 지배영역 내에서 이루어졌고, 이에 일반공중이 접근할 수 없었다면 이는 공지 또는 공연실시되었다고 할 수 없을 것이다.

나. 반포된 간행물

'반포된 간행물'이란 불특정다수의 일반공중이 그 기재 내용을 인식할 수 있는 상태에 있는 인쇄 기타의 기계적, 화학적 또는 전자기적 방법에 의하여 공개의 목적으로 복제된 문서, 도화, 사진 등의 정보전달매체를 말한다.

'간행물'에는 특허명세서, 제품 카탈로그, 학술지, 고문서 등 인쇄물뿐 아니라 마이크로필름, CD롬, 광디스크 등 비인쇄물도 포함된다. 비밀문서, 소송기록 등은 인쇄된 복제물이라도 공개를 목적으로 한 것이 아니므로 간행물에 해당되지 아니한다. '반포'란 일반공중이 언제라도 열람할 수 있는 상태에 놓여 있는 것을 의미한다.

제품의 카탈로그,[286] 세미나에서 발표하는 연구논문[287] 등은 그 형식과 내용 등에 비추어 볼 때 즉시 일반공중에게 반포할 것을 전제로 제작되는 것이므로 피고가 구체적인 반포 사실을 소명하지 못하였다고 하더라도 이를 쉽게 배척할 것이 아니라 경험칙을 근거로 하여 반포 사실을 인정할 수 있다. 그러나 예약구독자만을 위한 간행물이 특허발명의 출원 전에 발행되었지만, 예약구독자에게 배포된 것은 출원 후였다면 그 간행물은 출원 전에 반포된 것이라고 할 수 없다.

대학원 학위논문의 경우에는 대학원 당국에의 제출시 또는 논문심사위원회의 인준시에 바로 반포된 상태에 놓이는 것이 아니라, 논문심사에서 통

---

286) 대법원 1992. 2. 14. 선고 91후1510 판결.

287) 대법원 1996. 11. 26. 선고 95후1517 판결.

과된 이후에 인쇄 등의 방법으로 복제된 다음 공공도서관 또는 대학도서관 등에 입고되거나 주위의 일반공중에게 배포됨으로써 비로소 반포된 상태에 놓이는 것이고,[288] 도서관에 입고(서가에 진열) 이전인 등록시에 학위논문이 곧바로 반포된 상태에 놓이거나 그 기재 내용이 공지로 되는 것이 아니다.[289]

3. 자기공지의 예외

특허법에는 특허를 받을 수 있는 권리를 가진 자에 의하여 공지된 경우와 특허를 받을 수 있는 권리를 가진 자의 의사에 반하여 공지된 경우라 하더라도, 일정한 요건을 갖춘 경우에는 위 발명이 공지되지 않은 것으로 보는 규정(특허법 제30조)을 두고 있다.

일반적으로 특허발명이 창작된 때로부터 출원될 때까지 적지 않은 시간이 소요된다. 그런데 위 규정이 없다면, 발명자 등 특허를 받을 권리를 가진 자로서는 특허출원이 이루어지기 전에는 당해 발명을 비밀로 유지하여야 하므로 위 발명에 관한 사업설명회나 신제품발표회를 개최하는 등의 사업화행위를 못하게 되는 등 원활한 사업에 지장을 받을 수밖에 없고, 특히 회사 내부 직원 등의 불법적인 행위로 발명내용이 유출된 경우 등에는 예상치 못한 불이익을 입게 되므로 이러한 불이익을 방지하기 위한 것이 위 규정의 취지이다.

위 규정의 적용을 받기 위해서는 출원인은 공지일부터 12개월 이내에 특허출원서에 그 취지를 기재하여 출원하여야 하고, 이를 증명할 수 있는 서류를 특허출원일부터 30일 이내에 특허청장에게 제출하여야 한다. 위 기간은 종래 6개월이었으나 2011. 12. 2. 법률 제11117호로 개정되고 한미간 자유무역협정 및 한미간 자유무역협정에 관한 서한교환이 발효된 2012. 3. 15.부터 시행된 개정 특허법에 따라 12개월로 변경되었다. 다만 개정된 특허법 제30조는 동법시행 후 최초로 출원하는 특허출원부터 적용한다.[290]

---

288) 대법원 1996. 6. 14. 선고 95후19 판결.

289) 대법원 2002. 9. 6. 선고 2000후1689 판결.

대법원 판례에 의하면 위와 같은 절차에 관한 요건을 매우 엄격하게 보고 있다. 최근 대법원은 「특허를 받을 수 있는 권리를 가진 자에 의하여 그 발명이 자기공지된 경우 그날부터 6월 이내에 특허출원을 하면 그 발명은 제29조 제1항 각 호의 어느 하나에 해당하지 아니한다 라고 정하고, 같은 조 제2항 전단은 제1항 제1호의 규정을 적용받고자 하는 자는 특허출원서에 그 취지를 기재하여 출원하여야 한다는 뜻을 정하고 있다. 특허법 제30조 제2항 규정의 내용 및 취지, 특허법 제30조에서 정하는 공지 예외 적용의 주장은 출원과는 별개의 절차이므로 특허출원서에 그 취지의 기재가 없으면 그 주장이 없는 통상의 출원에 해당하고 따라서 그 주장에 관한 절차 자체가 존재하지 아니하여서 출원 후 그에 관한 보정은 허용될 수 없는 점 등에 비추어 보면, 특허법 제30조 제1항 제1호의 자기공지 예외 규정에 해당한다는 취지가 특허출원서에 기재되어 있지 아니한 채 출원된 경우에는 자기공지 예외 규정의 효과를 받을 수 없는 것이고, 같은 조 제2항 전단에 규정된 절차를 아예 이행하지 아니하였음에도 불구하고 그 절차의 보정에 의하여 위 제1호의 적용을 받게 될 수는 없다고 할 것이다.」라고 판시하여,[291] 특허출원서에 '자기공지 예외'의 취지를 기재하지 않으면 이를 추후에 보정할 수 없다고 판단한 바 있다. 자기공지의 예외 규정이 원칙에 대한 예외를 정한 규정이라는 점을 고려할 때 타당하다고 생각된다.

분할출원(특허법 제52조) 또는 변경출원(특허법 제53조)을 하는 경우에도 출원인은 그 출원서에 자기공지의 예외의 취지를 기재하고, 이를 증명할 수 있는 서류를 그 출원일부터 30일 이내에 제출하여야만(특허법 제52조 · 제53조 제2항 제2호), 자기공지의 예외의 이익을 누릴 수 있다.

290) 특허법 부칙 제1, 2조.

291) 대법원 2011. 6. 9. 선고 2010후2353 판결. 위 사건은 학술대회에서 출원발명과 관련된 연구 결과에 관한 논문을 발표한 발명자들로부터 특허를 받을 권리를 승계한 자가, 2006. 6. 21. '공지 예외 적용의 대상인 출원'이라는 취지가 기재되어 있지 않은 특허출원서로 출원발명을 출원한 뒤 그 다음날인 2006. 6. 22. 특허청에 위 출원발명이 2006. 5. 26. 간행물 발표에 의하여 공개되었다는 내용과 "특허법 제30조 제2항의 규정에 의하여 증명서류를 제출한다"라는 취지가 기재된 「공지 예외 적용대상 증명서류 제출서」라는 제목의 문서를 제출한 사안이다.

위 요건이 충족되면, 해당 발명은 위 공지에 의해서는 공지되지 않은 것으로 의제된다. 다만 출원일 자체가 소급되지는 않으므로, 자기공지가 있고, 제3자에 의한 동일한 출원이 있은 후에, 자기공지를 한 사람이 특허출원한 경우에는 자기공지를 주장한 특허출원은 특허법 제36조(선출원)에 위배되고, 선출원은 공지성 요건이 흠결되어 결국 모두 특허받을 수 없게 된다.

Ⅲ. 자유실시기술항변

어느 발명이 특허발명의 권리범위에 속하는지를 판단함에 있어서 특허발명과 대비되는 발명이 공지의 기술만으로 이루어지거나 그 기술분야에서 통상의 지식을 가진 자가 공지기술로부터 용이하게 실시할 수 있는 경우에는 특허발명과 대비할 필요도 없이 특허발명의 권리범위에 속하지 않게 되고,[292] 이러한 주장을 자유실시기술 항변이라고 한다.

특허권은 출원시의 기술수준을 넘은 발명에 대하여 부여되는 것이므로 침해대상이 되어 있는 기술이 출원 시에 공지기술이거나, 공지기술로부터 용이하게 추고할 수 있는 정도인 경우에는 그에 대해서 특허권의 행사를 인정하는 것은 특허법의 기본원칙에 반한다는 사상에 기초하고 있다.

이 주장에 대한 판단방법은 피고의 주장에 따라 달라지는데, 피고가 ① 공지기술과 동일하다고 주장하는 경우에는 피고 실시기술과 공지기술의 구성을 일대일로 대비하고(이는 침해 여부의 판단 시에 피고 실시기술과 특허발명과 대비하는 방법 즉, 신규성 판단 방법과 같다), ② 공지기술로부터 통상의 기술자가 용이하게 실시할 수 있는 경우라고 주장하는 경우에는 피고 실시기술과 공지기술을 목적, 구성 및 효과 면에서 대비하여 통상의 기술자가 공지기술로부터 피고 실시기술을 용이하게 실시할 수 있는지 여부를 판단하게 된다(이는 진보성 판단방법과 같다). 이때 피고 실시기술을 특허발명의 특허청구범위에 기재된 구성과 대응되는 구성으로 한정하여 파악할 것은 아니고, 원고가 특정한 피고 실시기술의 구성 전체를 가지고

292) 대법원 2004. 9. 23. 선고 2002다60610 판결.

그 해당 여부를 판단하여야 한다.[293)]

Ⅳ. 특허가 무효라는 항변 – 판례상의 '권리남용' 항변

1. 서 설

특허의 무효심결이 확정되지 아니한 경우에도 법원이 특허권침해소송에서 특허권에 무효사유가 존재하는지 아닌지의 판단을 할 수 있는지가 문제된다. 특허법 제133조는 별도로 마련한 특허권의 무효심판절차를 거쳐 무효로 할 수 있도록 규정하고 있으므로, 특허권은 일단 등록이 된 이상 무효심판절차에 의하여 무효심결이 확정되지 않는 한 유효한 것이며, 다른 소송절차에서 그 전제로서 특허가 당연무효라고 판단할 수 없는 것이 원칙이다. 종래 대법원도 「법원은 특허권침해금지 등 청구소송에서 원고의 특허발명이 진보성을 결여하여 그 특허권이 무효라는 피고의 항변에 대하여는 특허무효심결이 확정되기 전까지는 당연히 권리범위를 부정할 수 없어 피고의 위와 같은 주장을 주장 자체에서 이유 없다는 이유로 배척하여야 한다.」고 판시하여 왔다(대법원 1992. 6. 2. 자 91마540 결정; 대법원 1998. 12. 22. 선고 97후1016, 1023, 1030 판결; 대법원 2001. 3. 23. 선고 98다7209 판결). 그러다가 대법원은 2004. 10. 28. 선고 2000다69194 판결에서 「특허무효심결이 확정되기 이전이라고 하더라도 특허권침해금지 등 청구소송을 심리하는 법원은 특허에 무효사유가 있는 것이 명백한지 여부에 대하여 판단할 수 있고, 심리한 결과 당해 특허에 무효사유가 있는 것이 분명한 때에는 그 특허권에 기초한 금지와 손해배상 등의 청구는 특별한 사정이 없는 한 권리남용에

---

293) 대법원 2008. 7. 10. 선고 2008후64 판결(권리범위확인, 「확인대상고안의 '가위식 링크구조'는 등록고안과는 무관한 구성이므로 이를 제외하고 자유실시기술 여부를 판단하여야 한다는 상고인의 주장에 대하여, '링크수단'에 관한 구성을 포함하는 것으로 특정된 확인대상고안을 원심 판시의 비교대상고안 1, 2, 3 등의 공지기술과 대비한 다음, 이러한 공지기술에는 확인대상고안의 '링크수단'에 관한 구성이 나타나 있지 아니하여 확인대상고안은 공지기술로부터 극히 용이하게 실시할 수 있는 고안에 해당하지 않는다.」고 판시).

해당하여 허용되지 아니한다.」고 판시하였다(위 법리는 위 판결의 방론으로만 설시된 것일 뿐 위 사건에 위 법리가 적용된 것은 아니다). 위 대법원 판결은, 특허를 무효로 한다는 심결이 확정되지 않는 한 특허발명의 보호범위는 부정되지 않는다는 종래 대법원 판례의 태도를 유지하면서도, 방론이지만 특허에 무효사유가 존재함이 명백한 때에는 그 권리행사를 제한할 수 있는 여지를 열어 둔 것에 특색이 있다.

위 대법원 판결 이후 서울고등법원 2005. 1. 25. 선고 2003나8802 판결은, 「특허의 무효심결이 확정되기 이전이라고 하더라도 특허권침해소송을 심리하는 법원은 특허에 무효사유가 있는 것이 명백한지 여부에 대하여 판단할 수 있고, 심리한 결과 당해 특허에 진보성 결여 등 무효사유가 있는 것이 분명한 때에는 그 특허권에 기초한 금지와 손해배상 등의 청구는 특별한 사정이 없는 한 권리남용에 해당하여 허용되지 않는 것이다.」라고 판시하여 진보성 여부가 직접적인 쟁점이 된 사안에서 위 법리를 정면으로 인용하는 등 위 대법원 판결 이후로 하급심에서는 위 법리를 적극 수용하는 태도를 취하였다.[294]

그런데 위 대법원 2000다69194 판결은 무효항변이 허용되는지 여부가 쟁점인 사건이 아니었고, 명확한 이론적인 근거와 적용요건이나 적용범위 등에 관한 상세한 설명이 없이 결론만을 제시하였으며, 특히 위 판결이 전원합의체판결이 아니고 소부에서 한 판결이며 주된 이유에서가 아니라 방론으로 설시된 관계로 대법원의 태도가 어떠한 것인지에 관하여 논란이 있어 왔다.[295]

이러한 논란이 있던 중에 최근 대법원은 2012. 1. 19. 선고 2010다95390

294) 서울고등법원 2008. 9. 2. 선고 2007나96487, 2008나9428 판결도 같은 취지이다. 한편 위 대법원 판결 이후로 권리남용항변이 주장된 경우 그에 대한 판단을 배척한(판단하지 않은) 경우는 없으며, 2008. 1. 1.부터 2011. 9. 27.까지 권리남용항변을 받아들인 경우는 1심이 53건, 2심이 3건, 권리남용항변을 기각한 경우는 1심이 11건, 2심이 1건 있다. 주장되는 사유는 대부분 진보성 흠결이나, 신규성 흠별도 6건, 기재불비도 1건이 있었다.

295) 최성준, 무효사무가 명백한 특허권에 기초한 금지청구 등이 권리남용에 해당하는지 여부, 정보법 판례백선(1), 박영사 2006. 136면.

전원합의체판결에서 「특허법은 특허가 일정한 사유에 해당하는 경우에 별도로 마련한 특허의 무효심판절차를 거쳐 무효로 할 수 있도록 규정하고 있으므로, 특허는 일단 등록된 이상 비록 진보성이 없어 무효사유가 존재한다고 하더라도 이와 같은 심판에 의하여 무효로 한다는 심결이 확정되지 않는 한 대세적(對世的)으로 무효로 되는 것은 아니다. 그런데 특허법은 제1조에서 발명을 보호·장려하고 그 이용을 도모함으로써 기술의 발전을 촉진하여 산업발전에 이바지함을 목적으로 한다고 규정하여 발명자뿐만 아니라 그 이용자의 이익도 아울러 보호하여 궁극적으로 산업발전에 기여함을 입법목적으로 하고 있는 한편, 제29조 제2항에서 그 발명이 속하는 기술분야에서 통상의 지식을 가진 자가 특허출원 전에 공지된 선행기술에 의하여 용이하게 발명할 수 있는 것에 대하여는 특허를 받을 수 없다고 규정함으로써 사회의 기술발전에 기여하지 못하는 진보성 없는 발명은 누구나 자유롭게 이용할 수 있는 이른바 공공영역에 두고 있다. 따라서 진보성이 없어 본래 공중에게 개방되어야 하는 기술에 대하여 잘못하여 특허등록이 이루어져 있음에도 별다른 제한 없이 그 기술을 당해 특허권자에게 독점시킨다면 공공의 이익을 부당하게 훼손할 뿐만 아니라 위에서 본 바와 같은 특허법의 입법목적에도 정면으로 배치된다. 또한, 특허권도 사적 재산권의 하나인 이상 그 특허발명의 실질적 가치에 부응하여 정의와 공평의 이념에 맞게 행사되어야 할 것인데, 진보성이 없어 보호할 가치가 없는 발명에 대하여 형식적으로 특허등록이 되어 있음을 기화로 그 발명을 실시하는 자를 상대로 침해금지 또는 손해배상 등을 청구할 수 있도록 용인하는 것은 특허권자에게 부당한 이익을 주고 그 발명을 실시하는 자에게는 불합리한 고통이나 손해를 줄 뿐이므로 실질적 정의와 당사자들 사이의 형평에도 어긋난다. 이러한 점들에 비추어 보면, 특허발명에 대한 무효심결이 확정되기 전이라고 하더라도 특허발명의 진보성이 부정되어 그 특허가 특허무효심판에 의하여 무효로 될 것임이 명백한 경우에는 그 특허권에 기초한 침해금지 또는 손해배상 등의 청구는 특별한 사정이 없는 한 권리남용에 해당하여 허용되지 아니한다고 보아야 하고, 특허권침해소송을 담당하는 법원으로서도 특허권자의 그러한 청구가 권리남용에 해당한다는 항변이 있는 경우 그 당부를 살피기 위한 전제로서 특허발명의 진보성 여부에 대하여 심리·판단할 수 있다고 할 것이다. 이와 달리 신규성은 있으나 진보성이 없는 경우까지 법원이 특허권 또는 실용신안권 침해소송에서 당연히 권리범위를 부정할 수는 없다고 판시한 대법원 1992. 6. 2. 자 91마540 결정 및 대법원 2001. 3. 23. 선고 98다7209 판결은 이 판결의 견해에 배치되는 범위에서 이를 변경하기로 한다.」라고 판시함으로써, 전원합의체판결을 통하여 종래의 논란을 해소하려는 노력을 하였다.

따라서 대법원 2000다69194 판결 및 2010다95390 전원합의체판결에 따라 특허침해소송에서의 상대방은 특허권에 명백한 무효사유가 존재한다는 것을 입증하는 방법으로 방어권을 행사할 수 있다.

그런데 위와 같은 대법원 전원합의체판결 이후에도 위 판결에서 말하는 '무효로 될 것임이 명백한 경우' 및 '특별한 사정이 없는 한'이라는 요건 및 '권리남용에 해당'하여 허용되지 아니한다는 효과의 의미에 관하여는 계속 논의의 여지가 있어 보인다.[296]

아래에서는 미국 및 일본의 경우를 먼저 살펴보고, 아직까지 논의가 필요해 보이는 점들에 관하여 살펴보기로 한다.

2. 미국의 경우

미국 특허법 제282조에 따라 특허는 그 유효성이 추정되고,[297] 이러한 추정을 복멸하기 위해서 피고 침해자는 무효에 관한 명백하고 확실한 증거를 제출하여야 한다.[298] 특허의 유효성이 추정되는 이유로는 행정행위의 공정력(presumption of administrative correctness)을 들고 있다.[299]

296) 위 판결이 있은 직후 법원 내 지적재산권법연구회에 위 판결이 기존에 논의되던 위와 같은 점들을 모두 해결하지 못했다는 점에서 '절반의 성공'이라고 비판하는 취지의 글이 게시되었다.

297) 35 U.S.C. § 282.

298) SRAM Corp. v. AD－Ⅱ Eng'g, Inc., 465 F.3d 1351, 1357 (Fed. Cir. 2006).

299) Christopher A. Harkins, 「Fending Off Paper Patents and Patent Trolls : A Novel 'Cold Fusion' Defense Because Changing Times Demand It」, 17 Alb.

위 제282조의 규정 및 관련 판례에 따라 미국에서는 침해소송에서 무효주장을 할 수 있음이 명백하므로 무효주장의 가능 여부는 문제되지 않고,[300] 그보다는 침해소송 과정에서 무효주장, 예를 들어 진보성이 없다는 주장이 나왔을 때 이를 사실문제로 보아 배심원을 비롯한 사실판단자(factfinder)에 의한 사실판단을 거쳐야 하는지, 아니면 법률문제(matter of law)로 보아 법관이 판단하면 되는지가 문제가 되었다. 이와 관련하여 미국 연방대법원은 일찍이 Graham 판결에서 진보성 판단은 법률문제임을 판시하였고,[301] 1996년의 Markman v. Westview Instruments Inc. 사건에서는[302] 특허청구범위의 해석은 배심원에게 맡길 수 있는 문제가 아니라 판사에게 유보된 것으로 판단한 연방항소법원의 판단을 지지함으로써 다시 한 번 이를 확인하였으며, 그 이후 이 점 자체에 관한 논란은 보이지 않는다.

다만 연방항소법원은 종래 발명의 진보성 판단에 있어 「특허청구항은 선행기술, 그 문제의 성격 또는 해당 기술분야에서 통상의 지식을 가진 자의 지식에 의하여 선행기술의 가르침(teachings)을 결합할 동기 또는 시사를 가지고 있다는 점이 드러나야만 자명한 것으로 된다.」라고 하는 '가르침(teaching), 시사(suggestion) 또는 동기(motivation)' 기준(소위 'TSM test')을 채택하였고, 이는 사실상 특허 유효 여부의 문제를 사실판단의 문제로 돌리는 효과가 있었다.[303] 그런데 연방대법원이 2007. 4. 30. KSR International Co. v. Teleflex Inc. et al. 사건에서[304] 특허청이 특허출원에 대하여 특허법 제103조에 기하여 거절함에 있어서는 반드시 명백한 근거를 제시하여야 하고, 연방순회항소법원이 채용한 TSM test가 Graham 사건에서

L.J. Sci. & Tech. 407 (2007), 431~432면.

300) 심미랑, 특허침해금지청구권 기능의 재정립, 고려대학교 대학원 박사학위논문, 2010. 8., 169면 참조.

301) Graham v. John Deere Co. of Kansas City, 383 U.S. 1 (1966).

302) 517 U.S. 370 (1996).

303) John F. Duffy, Commentary, 「KSR v. Teleflex : Predictable Reform of Patent Substance and Procedure in the Judiciary」, 106 Mich. L. Rev. First Impressions 34 (2007), http://www.michiganlawreview.org/firstimpressions/vol106/duffy.pdf (2011. 10. 27. 최후 접속).

304) 127 S.Ct. 1727, 1730 (2007).

연방대법원이 설정한 분석방법과 반드시 배치되는 것은 아니고 또 유용한 것이기는 하나, 그것이 지나치게 경직되거나 형식적으로 운용되어서는 안 되고, 선행기술자료 등의 암시나 동기가 명시적인 경우뿐만 아니라 묵시적으로 제시된 경우에도 진보성을 부인하여야 하며, 암시나 동기가 있었는지는 통상의 기술자의 상식을 고려하여 융통성 있게 판단하여야 한다는 취지로 판시하면서, 원고의 특허에 진보성이 없다고 판단한 연방지방법원의 간이판결(summary judgment)을 지지함으로써, 이 문제가 법률문제이고 더 이상의 사실판단이 필요 없는 문제임을 선언하였고, 이로써 침해자로 주장된 피고들이 좀 더 쉽게 특허가 무효라는 확인판결(declaratory judgment)을 받을 수 있게 되었다.

3. 일본의 경우

일본에서는 최고재판소가 2002. 4. 11. 킬비(キルビー) 판결에서 「심리의 결과 당해 특허에 무효이유가 존재하는 것이 명백한 때에는, 그 특허권에 기초한 금지, 손해배상 등의 청구는 특단의 사정이 없는 한, 권리의 남용에 해당하여 허락되지 않는다고 해석하는 것이 상당하다.」라고 판시하여 일정한 경우 특허침해소송에서 특허무효의 항변을 하는 것이 가능하다는 취지의 판결을 하였다.[305)]

위 판결 이전에는 하급심판례와 학설로서, ① 발명의 기술적 범위는 특허청구범위의 문언과 동일한 구성으로 한정하여 해석하여야 한다거나 발명의 기술적 범위를 청구항보다 좁은 실시예나 명세서, 도면에 구체적으로 개시된 것에 한정하여 해석하여야 한다는 한정해석설, ② 침해대상물건이 출원시의 공지기술의 실시인 것이 입증된 것이면 특허권의 효력은 미칠 수 없다는 자유기술의 항변설, ③ 정정심판에 의하여 전부공지가 안 되도록 정정하지 않는 한, 대상물건이 그 기술적 범위에 포함되는 것은 확정할 수 없으므로 그와 같은 특허권을 근거로 한 청구는 기각하여야 한다는 기술적 범위확정불능설, ④ 예컨대 특허발명에 신규성을 결한다고 하는 중대하고

305) 최고재 2000. 4. 11. 제3소법정판결[1998(オ) 제364 채무부존재확인청구사건].

명백한 하자가 인정되면 당연무효를 인정하여야 한다는 무효항변설, ⑤ 전부공지의 특허권에 기초한 권리의 행사는 권리의 남용으로서 허용되지 않는다는 권리남용설 등이 있었고, 최고재판소 판결은 없었다.306)

킬비 판결은 종래의 대심원(大審院) 판결을307) 변경하면서 침해소송재판소가 특허무효이유의 존부를 판단할 수 있다고 한 것으로서, 개별 권리행사 자체를 권리남용으로 보는 권리남용설을 채택한 것이었다.308) 다만 이 판결은 "무효이유가 존재하는 것이 명백하다"는 것 즉, 명백성을 요건으로 권리남용의 항변이 가능한 것으로 하고 있고, 권리남용의 주관적 요소에 관하여는 판단하지 않았으며, 침해소송에 있어서 판단할 수 있는 무효사유(신규성, 진보성 등)에 관하여 특별히 구별하고 있지 않았다.309) 나아가 같은 판결은 '특단의 사정'으로 '정정심판의 청구가 되어 있는 때'를 들었는데, 이는 정정심판의 청구에 의해 특허무효이유가 해소될 것이 확실하게 예측되고 동시에 정정 후의 특허청구의 범위에 기초하여 침해가 인정될 경우를 말하는 것으로 해석된다.310)

일본에서는 위 킬비 판결 이후 무효심판(심결취소소송)과 침해소송에서의 판단이 일치하지 않을 가능성 및 침해소송에서 무효사유의 존재가 명백하다는 것이 어떤 의미이고 그 판단 기준 및 입증의 정도는 어떠해야 하는지를 둘러싸고 많은 논란이 발생하였고,311) 입법을 통하여 이러한 문제를

306) 中山信弘 외 편, 비교특허판례연구회 역, 특허판례백선(제3판), 박영사 2005. 508면.

307) 대심원 명치 36년 (れ)2662호, 명치 37. 9. 15. 판결, 刑錄 10輯, 1679면; 대심원 대정 5년 (オ)제1033호 대정 6. 4. 23. 판결, 民錄 23輯, 654면 등.

308) 일본 재판소법 제10조 제3호는 최고재판소의 종전 판례를 변경하는 경우에 대법정에서 심리할 것을 규정하고 있으므로, 킬비 판결과 같이 대심원 판결을 소부에서 변경하는 것은 아무런 문제가 없다 한다. 위 특허판례백선(제3판), 508면 참조.

309) 위 같은 책, 508~509면.

310) 위 같은 책, 509면.

311) 차상육, 「특허침해소송과 권리남용항변(A Study on the Defence of Patent Misuse in the Patent Infringement Lawsuit)」, 정보법학 제11권 제2호, 한국정보법학회 2007. 186~188면 참조. 일본의 판례·학설 및 킬비 판결 이후의 정책방향에 관한 자세한 논의는 일본 수상관저 홈페이지(www.kantei.go.jp) 중 「침해소송에 있어서 무효의 판단과 무효심판의 관계 등에 관한 현상과 과제」, http://www.kantei.

해결하였다. 그 내용을 보면, (i) 우선, 무효심판에 대한 심결취소소송의 관할법원과 침해소송의 항소심을 지적재산고등재판소로 일원화하여 양 판결의 불일치를 최소화하고(知的財産高等裁判所設置に關する法律 제2조), (ii) 「침해소송에 있어서 당해 특허가 특허무효심판에 의하여 무효로 될 것이라고 인정되는 때에는 특허권자는 상대방에 대하여 그 권리를 행사할 수 없다.」는 규정(특허법 제104조의3 제1항, 특허권자등의 권리행사의 제한) 및 「무효이유의 항변이 소송사건의 심리를 부당하게 지연시킬 목적으로 제출된 것이라고 인정되는 때에는 법원은 신청 또는 직권으로 각하의 결정을 할 수 있다.」는 조항(특허법 제104조의3 제2항)을 신설하였으며, (iii) 침해소송에서 주장되는 특허권에 대하여 병행하여 특허무효심판절차가 행하여지고 있는 경우, 당해 소송에 있어서 특허법 제104조의3 제1항의 규정에 의한 공격 또는 방어의 방법을 기재한 서면이 제출된 때에는 법원은 그 취지를 특허청장에게 통지하고(특허법 제168조 제5항), 특허청장은 그러한 통지를 받은 때에는 법원에 대하여 해당 소송기록 중 심판관이 심판에 있어서 필요하다고 인정하는 서면의 사본의 송부를 요구할 수 있다(특허법 제168조 제6항)고 규정하였다.

이러한 새로운 입법은 '형평의 이념' 및 '소송경제와 분쟁의 실효적 해결'을 목표로 한 것으로서 종래의 판례에 비하여, (i) 신설된 일본 특허법 제104조의3은 특허침해소송에서 특허무효사유에 대하여 심판할 수 있도록 하면서, 앞에서 본 킬비 판결과 달리 문언상 '명백성' 요건을 요구하고 있지 않고, '특단의 사정'이 없을 것을 요구하지 않고 '무효로 될 것이라고 인정'될 것을 요구하여 이러한 항변을 할 수 있는 범위를 넓히고 있으며, (ii) "특허권자는 상대방에 대하여 그 권리를 행사할 수 없다"라고만 하고 있어 그것이 권리남용에 해당하여 그러한 것인지 어떠한 것인지에 관하여는 밝히지 않고 있는 점에 특징이 있다.[312)]

이로써 일본에서는 무효사유를 포함하고 있는 특허권의 행사에 대하여 특허법 제104조의3에 의한 항변, 킬비 판결에 기한 권리남용항변, 민법상의

go.jp/jp/singi/sihou/kentoukai/titeki/dai4/4siryou1.pdf(2011. 10. 27. 최후 접속) 참조.

312) 차상육, 앞의 논문, 177면.

일반조항으로서의 권리남용의 항변이 가능하게 되었다.[313)]

4. 우리나라의 경우

위 대법원 2000다69194 판결이 선고되어 특허침해소송에서 특허의 무효를 주장하는 것이 가능하게 되고, 2010다95390 전원합의체판결에 의하여 그러한 취지가 다시 확인되었다.

그런데 우리나라는 미국이나 일본과 달리 특허무효소송과 특허침해소송의 관할이 분리되어 있어 양 소송에서의 결론이 일치하지 않을 가능성이 상존하고 있는 상태이다. 또한 대법원 전원합의체판결에서도 '무효로 될 것임이 명백한 경우', '특별한 사정'의 의미 및 '권리남용에 해당한다'는 것이 민법상의 권리남용에 해당한다는 것인지에 관하여 뚜렷하게 밝히고 있지 않음으로써, 일본에서 킬비 판결 이후 겪었던 혼란(명백성의 의미, 판단기준에 관한 논란 등 포함)을 그대로 겪을 수밖에 없는 것이 아닌가 하는 우려가 있다.

즉, 대법원 판례의 설시에 따를 경우, '당해 특허에 무효사유가 있는 것이 분명한 때' 및 '특별한 사정'을 어떻게 해석하여야 하고, 그러한 점에 관한 입증의 정도는 어떤 것이며, '권리남용에 해당'하는 것으로 본다면 일반적인 권리남용과 달리 그 객관적・주관적 요건에 관하여 따져볼 필요 없이 무효사유가 있음이 명백하면 바로 권리남용이 되는 것인지도 문제된다.

또한 특허침해소송에서 주장 가능한 '무효사유'가 신규성이나 진보성에만 국한되는지 아니면 다른 무효사유도 주장될 수 있는지 또한 문제될 수 있다. 그런데 위 항변을 인정하는 이유가 별도로 특허무효심판제도를 두고 있는 현행제도와의 충돌을 피하기 위한 것이란 점에서 무엇이 무효사유인지에 관해서는 특허법상의 특허무효심판의 사유를 고려하지 않을 수 없다. 특허법상의 특허무효심판이 비록 '무효'라는 말을 사용하고 있긴 하나 특허

313) 森 義之, 「權利行使の制限の抗辯(商標法 39條, 特許法 104條の3)と權利濫用の抗辯(キルビー抗辯)」, ジエロブィタール化粧品事件), 別冊 ジユリスト 商標・意匠・不正競爭判例百選(中山信弘 외 編), 有斐閣(2007. 11) 66~67면 또는 같은 책의 번역본인 비교상표판례연구회 편, 상표판례백선, 박영사 2011. 211~211면 참조.

법 제133조에서 규정하고 있는 무효사유들은 일반적인 행정행위의 무효사유 즉, 행정행위의 하자가 중대하고 명백한 경우와는 다른 것으로서 사실상 행정행위의 취소사유에 해당하는 것인 점 등에 비추어,[314] 행정행위의 중대하고 명백한 하자(예를 들어, 행정청이 처분을 할 권한이 없다든가 처분을 할 법률구성요건을 결한 경우, 법률에서 특히 중요하게 요구하고 있는 절차를 흠결한 처분을 한 경우 등과 같이 행정처분이 당초부터 잘못된 것이라는 것을 외형상 및 객관적으로 한 눈에 알 수 있는 경우[315])라고 하는 일반적인 행정행위의 무효사유에 한정되는 것이 아니라 신규성, 진보성 흠결, 기재불비 등 특허법 제133조의 무효사유를 모두 포함하는 것으로 해석하는 것이 합리적일 것이다. 그러나 이는 차후 판례에 의해 확인될 부분이다.

다음으로 어떠한 경우에 무효사유가 있는 것이 '분명한 때' 또는 '명백한 경우'라고 보아야 할 것인가에 관해서는, "무효사유가 단지 존재한다는 것보다 심증의 정도가 높은 것으로 무효심판청구가 제기된다면 당해 특허가 무효로 될 것이 확실하게 예견된다고 판단되는 경우"를 말한다는 견해와,[316] 특허침해소송사건을 일반 사건과 달리 법관의 자유심증 형성에 고도성을 요구할 법적 근거가 없고, 또 권리남용항변을 공지기술항변이나 자유기술항변과 달리 취급할 뚜렷한 이유도 없으므로, 통상의 사실인정과 동일하게 무효의 명백성 존재에 대해서도 통상의 본증단계에서의 법관의 심증형성 정도(객관적으로 고도의 개연성, 주관적으로 법관의 확신)이면 족하다는 견해,[317] 무효의 항변을 인정하는 것은 한 번의 절차로 분쟁을 종결시키고자 하는 것이고 재판과 심판 사이에 결론이 다르게 되어 추후 재심

---

314) 이한주, 「특허침해소송에 있어 무효사유의 판단」, 사법논집 제41집, 법원행정처 539~540면 참조. 이러한 점에서 특허무효심판은 특허처분을 취소하여 원상회복시키는 형성적 성질의 것이라고 보아야 할 것이다. 같은 글, 575면 참조.

315) 高部 眞規子, 「無效理由が 存在することが明らかな特許權に基づく差止め等の請求と權利の濫用」, 最高裁判所判例解說, 法曹時報 54권 5호(2002. 5.), 254면; 이한주, 위 논문, 583면 주 113) 참조.

316) 이한주, 위 논문, 582면.

317) 차상육, 앞의 논문, 188~189면.

등을 통하여 다시 심리하게 된다면 그러한 취지를 살릴 수 없으므로, 재심절차에 의한 추가적이고 불필요한 절차가 필요하지 않게 되는 경우를 의미한다고 하는 견해가 주장되고 있다.318)

대법원 판례가 '분명한 때' 또는 '명백한 경우'라고 한정하고 있고, 특허침해소송을 담당하는 침해법원의 기술전문성이 부족한 상황에서 무효항변을 인정할 수 있는 범위를 넓히는 것보다는 전문성이 확보될 때까지는 신중한 태도를 취할 필요가 있다 할 것이므로, '무효사유가 단지 존재한다는 것보다 심증의 정도가 높은 것으로 무효심판청구가 제기된다면 당해 특허가 무효로 될 것이 확실하게 예견된다고 판단되는 경우'로 보는 견해가 타당할 것이다. 하급심 판결 중에는319) 피고가 원고의 등록고안에 명백한 무효사유가 존재한다고 항변한 사건에서 「이 사건 등록고안은 신규성 또는 진보성이 결여된 고안으로서, 이 사건 등록고안의 무효심판청구를 기각하는 심결이 있었으나 그 심결을 취소하는 특허법원의 판결이 선고되었고, 이후 위 판결이 그대로 확정되었기에 그 확정된 심결취소판결의 기속력을 받는 특허심판원의 등록무효심판에서 당해 실용신안권이 무효로 될 것이 확실히 예견된다고 할 수 있으므로, 이 사건 등록고안에 기초한 침해금지청구 등의 권리행사는 허용되지 아니한다.」고 판시한 바 있는데, 위 판결은 위 견해와 같은 입장으로 보인다.

다음으로 대법원 판결에서는 "특별한 사정이 없는 한 권리남용에 해당하여"라고 판시하여 특별한 사정이 없을 것을 요구하고 있는 바, 여기서 '특별한 사정'이 무엇인가에 관해서는 "일부 공지의 경우와 같이 무효사유가 존재하더라도 정정심판청구에 의해 특허가 무효라고 말할 수 없게 되는 상황이 도래될 가능성이 있는 경우"를 말한다고 하는 견해가 있고,320) 그렇다면 이 요건은 정정심판이 청구되더라도 확실히 청구기각의 심결이 예견될 것을 말한다 할 것이다.321)

---

318) 中山信弘 저, 韓日知財權硏究會 역, 工業所有權法(上) 特許法, 법문사 2001. 416면.

319) 서울중앙지방법원 2011. 11. 29. 선고 2010가합81730 판결.

320) 竹田和彦 저, 김관식 외 역, 特許의 知識 제6판, 도서출판 명현 2002. 462면; 이한주, 앞의 논문, 583~584면.

마지막으로 위 판결에서는 무효사유가 있음이 분명한 때에는 권리남용에 해당한다고 하고 있는 바, 그 취지가 무효사유가 있음이 명백하면 일반적인 권리남용에 해당하기 위한 주관적 및 객관적 요건의 충족 여부를 불문하고 바로 권리남용에 해당하는지 여부가 문제될 수 있다. 이와 관련하여 우선, 객관적 요건의 충족 여부와 관련하여, '명백성'을 요구하고 있는 것이 바로 당사자 사이의 이익형량을 위한 것이므로 권리남용의 객관적 요건에서 요구하는 이익형량의 요건을 충족하는 것이라는 주장이 있다.[322] 그러나 과연 명백성의 요구가 당사자 사이의 이익형량을 요구하는 것 또는 이익형량의 요건과 같은 것으로 볼 수 있는지는 의문이다.

다음으로 주관적 요건과 관련해서는, 우선 이와 같은 요건에 관해서는 전혀 논하지 않고 바로 권리남용이라고 판결한 것은 주관적 요건을 명시적으로 요구하고 있는 일부 대법원의 판결들과 모순되는 점이 있으나,[323] 권리남용에 해당하기 위하여 주관적 요건을 필요치 않은 것으로 보는 것이 권리남용에 관한 현대적 추세에 부합한다는 견해도 있고, 일반적인 권리남용의 경우에는 권리 자체에는 아무런 하자가 없으나, 특허권에 무효사유가 있는 경우는 원래 특허받을 수 없는 발명에 대하여 특허가 부여된 경우에 관한 것으로서 그 요건을 완전히 같게 보기 어려운 점 등에 비추어 주관적 요건을 엄격하게 요구할 필요는 없다고 생각된다.[324]

한편 이처럼 특허침해소송에서 법원이 특허권에 무효사유가 있어 권리남용이라고 판단한 경우 특허무효심판과의 관계는 어떻게 되는가가 문제될 수 있다. 특허침해소송에서 특허권에 무효사유가 있다고 하는 판단은 당사자 사이에만 효력이 있는 상대적인 것으로서 절대적으로 무효임을 선언하

321) 차상육, 앞의 논문, 198~199면.

322) 이한주, 앞의 논문, 582면.

323) 일본에서도 이러한 요건을 따지지 않음으로써 권리자의 사정을 고려하지 않는 것은 '권리남용의 남용'이 아닌가 하는 의문이 제기되었다. 大瀨戶豪志, 「特許權者等の'權利行使制限の抗辯'について」, 知的財産權法と競爭法の現代的展開, 社團法人 發明協會 (2006) 469면 참조.

324) 이한주, 앞의 논문, 597~598면. 다만, 주관적 요건이 존재할 경우 권리남용을 보다 쉽게 인정할 수 있을 것이다. 같은 논문, 582면.

는 특허무효심판과는 다르므로 아무런 문제가 되지 않는다는 견해가 있다.[325] 이론적으로는 특허침해소송이 민사소송의 일종으로서 그 판결의 효력이 제3자에게 미치지 않는다는 점에서 위 주장은 법률 이론상으로는 큰 문제가 없는 것으로 보이지만, 특허침해소송을 담당하는 일반법원과 특허무효심판에 대한 심결취소소송을 담당하는 특허법원 간에 특허의 무효 여부에 관하여 판단을 달리하는 것은 법원의 판결에 대한 신뢰도를 저하시킬 수 있고,[326] 문제가 된 특허에 관련된 사람들에게 혼돈을 가져오거나 그 지위를 불안정하게 할 수도 있다 할 것이므로, 궁극적으로는 그러한 모순된 결론이 나오지 않을 수 있는 방향으로 제도를 개선할 필요가 있고, 이러한 점에서 특허소송의 항소심을 단일화시킨 미국 및 일본의 예를 참고할 필요가 있다.

Ⅴ. 권리소진

1. 의 의

명문의 규정은 없으나[327] 특허권자로부터 일단 적법하게 당해 특허권에 관한 제품을 양도받은 후에, 이를 다시 양도하거나 사용하는 행위가 특허권의 침해를 구성하지 않는다는 것은 이의 없이 받아들여지고 있는데, 이를 권리소진의 원칙(Exhaustion Doctrine, First Sale Doctrine)이라 한다. 이는 특허권 그 자체는 여전히 유효하게 존속하지만, 그 특허권이 화체된 특허제품에 대하여만 침해주장을 할 수 없다는 것으로, 피고는 이를 항변으로서 주장할 수 있다.

소진과 관련하여 현재 우리나라에서는 판결례들이 많이 축적되어 있지는 않으나, 국제간 교역이 활발해지면서 그 논의가 활발하고, 최근 다른 국가

325) 中山信弘 저, 工業所有權法(上) 特許法, 416면; 이한주, 위 논문, 599면.
326) 다르게 판단한 예.
327) 저작권법 등에는 소진의 법리를 명문화한 규정이 있다. 저작권법 제20조, 반도체 집적회로의 배치설계에 관한 법률 제9조, 종자산업법 제59조 참조.

에서는 주목할 가치 있는 판결이 나오고 있으므로 이에 관하여 소개한다.

2. 국제적 소진의 인정 여부

특허권자가 다른 국가에서 생산하여 판매한 특허품을 국내의 수입업자가 국내로 수입하는 행위가 국내에서 설정등록된 특허권을 침해하는지 여부가 문제된다. 하급심 판결 중에는, 「각국에서의 특허권은 서로 독립적이고, 또 개개의 특허 실시행위는 서로 독립된 것이라 할지라도, 원고의 이 사건 특허권은 원고가 위 약품을 독점적으로 제조하여 적법하게 스위스에 수출함으로써 이미 행사되어 소진된 것이고, 그 후에 위 약품이 어떻게 유통・소비되는가 하는 점은 원고의 제조, 판매행위에 기초를 두고 그 제품이 실수요자에게 분배되는 과정에 불과하여 원고가 관여할 사정이 아니며, 피고(병행수입업자)가 위 약품을 적법하게 수입한 제3국에서 다시 수입하는 경우에까지 추급권을 행사하여 특허권자로서의 권리를 주장할 수는 없다.」고 침해를 부정한 예가 있는데,[328] 위 판결은 특허권의 소진범위를 국내뿐만 아니라 국제적 범위까지 인정하는 입장에 있다(이른바 국제적 소진론).

일본에서는 국제적 소진이 문제된 사안(피고 회사가 원고가 독일 및 일본에서 특허권을 가지고 독일에서 생산하여 판매한 자동차용 알루미늄 휠을 수입하는 행위가 일본에서의 원고의 특허권 침해를 구성하는지가 문제된 사안으로 이른바 "BBS 사건"이라 한다)에서, 1심은 국제적 소진론을 부정하며 '국내'에서의 특허권의 소진이론은 현재 특허법의 입법 당시부터 국내에서의 사회적 공통 이해로서 특허법이 전제로 하고 있던 것인 반면, 특허권의 '국제'적 소진은 현재의 특허법이 전제로 하고 있던 것이라고는 인정할 수 없기 때문에 병행수입, 병행수입품의 판매 등은 국내의 특허권의 침해에 해당한다고 판단하였으나, 2심은 「원고는 이 사건 특허발명과 동일한 발명에 대하여, 독일 특허권을 가지고, 독일에서 본건 각 제품을 적법하게 확포하고 있어 발명 공개의 대가를 확보할 기회를 이미 1회 보장받고 있으므로, 이 사건 특허권은 본건 각 제품에 관하여 소진한 것으로 해

328) 서울지방법원 동부지원 1981. 7. 30. 선고 81가합466 판결.

석한다.」고 하여 침해를 부정하였다. 이에 대해 최고재판소는 1심과 같이 국제적 소진론을 배척하면서도, 「오늘날 국제거래에 있어서 광범위하고 진전된 상품의 유통과 특허권자의 권리와의 조정을 고려할 때, 국내의 특허권자 또는 이와 같다고 인정되는 자가 국외에서 특허제품을 양도하는 경우에 있어서도 특허권자는 양수인에 대하여 당해 제품의 판매처 또는 사용지역으로부터 국내(일본)를 제외한다는 뜻이 양수인과의 사이에 합의되었을 경우 또는 양수인으로부터 특허제품을 양수한 제3자 또는 그 후의 전득자에 대하여는 양도인과 양수인 사이에 위와 같은 뜻의 합의가 있었다는 사실이 특허제품에 명기된 경우를 제외하고는 특허권을 행사할 수 없는데, 이 사건에서는 위와 같은 합의가 있거나 명기되었음이 주장·증명되어 있지 않다.」는 이유로 침해를 부정하였다.[329]

3. 수리 : 재생산

특허권이 있는 특허제품을 수리하거나 부품을 교환하는 행위가 특허권의 침해에 해당하는지 소진으로 허용되는지도 문제된다. 부품을 생산, 판매하는 행위가 완성품에 관한 특허권의 간접침해에 해당하는지에 관하여는 앞의 「제3장 특허침해 Ⅵ. 간접침해」 편에서 상세하게 설명하였다. 우리나라에서는 상표권이 있는 제품을 재생하면서 상표를 그대로 사용한 경우 상표권의 소진에 해당하는지가 문제된 사례는 있으나,[330] 특허권의 소진에 해당하는지와 관련하여 문제된 사례는 아직 없다.

미국에서는 특허제품에 가한 변형행위가 '수리'에 해당한다면 소진이 적용되어 허용되지만, '재생산'에 해당한다면 특허권의 침해로 된다는 이른바

329) 최고재 평성 9년(1997.) 7. 1. 선고 평성 7 (オ) 1988호 판결.

330) 대법원 2003. 4. 11. 선고 2002도3445 판결. 위 판결은 「상표권자 등이 국내에서 등록상표가 표시된 상품을 양도한 경우에는 당해 상품에 대한 상표권은 그 목적을 달성한 것으로서 소진되고, 그로써 상표권의 효력은 당해 상품을 사용, 양도 또는 대여한 행위 등에는 미치지 않는다고 할 것이나, 원래의 상품과의 동일성을 해할 정도의 가공이나 수선을 하는 경우에는 실질적으로 생산행위를 하는 것과 마찬가지이므로 이러한 경우에는 상표권자의 권리를 침해하는 것으로 보아야 한다.」고 하여 상표권 침해를 인정하였다.

수리와 재생산(repair and reconstruction)의 법리가 판례이론으로 발전되어 왔다. 연방대법원이 이른바 1961년 Aro I 사건에서[331] 「부품의 조합(완성품)에 대하여 특허를 받은 경우에는, 개개의 부품에 대해서는 그 자체에 특허를 받지 않는 한, 특허권자는 특허에 의한 독점을 향수할 수 없다. 비록 위 부품이 조합 중에서 아주 중요하고 또 그것을 교환하는 데 큰 비용이 든다고 해도 마찬가지이다. 특허의 대상인 조합의 구성요소로서 소모품인 부품을 대체함으로써 조합 전체의 사용(use of the whole of a patented combination) 상태를 유지하는 것은 판례법상 허용되지 않는 재생산(re-construction)을 구성하는 것은 아니다.」라고 하여 특허권의 침해를 부정한 이래, 위 법리는 기본적인 판례로 통용되고 있다. 또한, CAFC는 부품교환이 특허권침해가 되는지가 문제된 사안에서(이른바 "Jazz Photo 사건",[332] 사용이 끝난 일회용 카메라를 사서 거기에 새로운 필름을 충전하여 재판매한 피고의 행위가 수리인지 재생산에 해당하는지가 문제되었다), "1회용 카메라의 경우 필름과 전지를 제외한 모든 구성부품은 아직 사용할 수 있는 상태에 있고, 실제로 재사용되고 있다는 것을 지적한 다음, 필름, 필름 용기, 카메라 케이스 중 현상업자에 의해 파손된 부분 등을 제외하면 다시 만들어진 카메라는 실질적으로 원래 상태와 같다는 점에 주목하여, 사용이 끝난 일회용 카메라에 필름 등을 재충전하는 행위는 수리 범위 내에 있는 행위"라고 판시하였다. 미국 CAFC는 다음과 같은 요소를 고려하여 수리와 재생산을 구별하고 있다. 즉, ① 특허제품 전체의 사용이 끝난 후에 그것을 사용할 수 있도록 하는 행위는 재생산에 해당하나, ② 특허를 받지 않은 부분(부품)만의 사용이 다하였을 때에 전체를 사용할 수 있는 상태로 유지할 목적으로 부품을 교환하는 경우에는 수리에 해당되며, ③ 의도된 것과 다른 용도를 수행할 수 있도록 특허 장치 중의 부품을 개조 또는 교환하는 경우에는 수리 또는 수리에 가깝다.

일본 최고재판소는 원고가 특허권을 가지고 제조, 판매한 잉크카트리지 중 잉크가 소비된 것에 잉크를 충전하여 판매한 행위가 원고의 특허권을

331) ARO MFG. CO. v. CONVERTIBLE TOP CO., 365 U.S. 336 (1961).
332) Fuji Photo Film Co. v. Jazz Photo Corp., 394 F.3d 1368, 1374 (Fed.Cir.2005).

침해하는지가 문제된 사건에서, 「특허권자가 국내에서 양도한 특허제품에 대하여 가공이나 부재의 교환이 이루어져 이것에 의해 당해 특허제품과 동일성을 잃은 특허제품이 새롭게 생산된 것이라고 인정되는 때에는 특허권자는 그 특허제품에 대해서 특허권을 행사하는 것이 허용된다. 새로운 '생산'에 해당하는지에 관하여는 당해 특허제품의 속성, 특허발명의 내용, 가공 및 부재 교환의 태양 외, 거래의 실정 등도 종합하여 고려하여 판단하는 것이 타당하며, 당해 특허제품의 속성으로서는 제품의 기능, 구조 및 재질, 용도, 내구사용기간, 사용 태양 등이 고려되어야 하고, 부재 교환의 태양으로서는 가공 등이 된 때의 당해 특허제품의 상태, 가공의 내용 및 정도, 교환된 부재의 내구사용기간, 당해 부재의 특허제품 중에 있어 기술적 기능 및 경제적 가치가 고려의 대상이 되어야 한다. 원고 제품의 잉크 탱크에 잉크가 재충전되어 재사용되는 경우에는 인쇄품질의 저하나 프린터 본체의 고장 등이 발생할 우려도 있기 때문에 한번 사용이 끝나면 새로운 것으로 교환하게끔 되어 있고, 이러한 이유로 원고 제품에는 잉크보충을 위한 개구부가 설치되어 있지 않으며, 이러한 구조상 잉크를 재충전하기 위해서는 잉크 탱크 본체에 구멍을 뚫는 것이 불가피하고, 피고 제품의 제품화 공정에 있어서도 이 사건 잉크를 주입한 후에 이것을 막게 되어 있다는 점 등에서 생산에 해당한다.」고 보아 특허권 침해를 인정하였다.[333)]

4. 방법발명특허의 소진 여부

물건의 발명이 아니라 방법발명의 경우에도 소진이 성립할 수 있는지도 문제되는데, 특허권이 소진된다는 것은 적법하게 판매된 특정한 물건에 대해 소진된다는 의미이므로 물건의 발명에 관한 특허에 대해 권리가 소진됨에는 의문이 없으나 방법발명의 특허에 대해서도 권리가 소진되는지는 논의의 여지가 있다.[334)]

---

333) 최고재 평성 19년(2007.) 11. 8. 선고 평성 18 (受) 826호 판결.

334) 그 외 유전자조작발명과 소진과의 관계에 대해서는 김동준, 「GM종자와 관련한 특허권 소진의 문제」, Law & Technology 제7권 제2호, 서울대학교 기술과법센터

우리나라의 하급심판결 중에서는 「소진이론이란 '물건의 특허' 또는 '제조방법의 특허'에 있어서 특허대상이 된 물건 또는 특허방법에 따라 생산된 물건이 '특허권자'에 의하여 적법하게 판매·배포되었을 경우 그 권리가 소진 또는 소모되어 당해 물건에 특허권의 효력이 미치지 않는다는 이론으로서, '단순 방법의 특허'(고농도 유기오수의 퇴비화방법)에는 적용될 여지가 없다.」고 판단한 사례,[335)]「방법 발명의 경우에는 물건의 발명과 달리 일반적으로 그 발명의 특허권은 소진되지 않지만, 특허권자가 방법의 특허권과 동시에 그 방법을 실시하기 위한 장치에 관해서도 특허권을 가지고 그 방법은 다른 장치에 의해서도 사용할 수 있는 경우에는 특허권자가 그 특허장치를 양도한 이상 그 방법의 특허권도 소진한다.」고 판단한 사례가[336)] 있다.[337)]

일본에서는, 방법의 발명에 대하여는 원칙적으로 소진의 문제가 발생하지 않지만, 물건을 생산하는 방법의 발명에 대하여는 물건 발명의 경우와 다르게 취급하여야 할 이유가 없다고 보아 그 방법에 따라서 생산된 물건이 특허권자에 의해 적법하게 배포된 경우 권리가 소진하는 것으로 보는

(2011) 70~89면 참조.

335) 서울고등법원 2000. 5. 2. 선고 99나59391 판결.

336) 서울중앙지방법원 2008. 1. 31. 선고 2006가합58313 판결; 특허법원 2009. 12. 18. 선고 2008허13299 판결(「방법의 발명에 대한 특허권자가 우리나라에서 그 방법의 실시에만 사용하는 물건을 양도한 경우에 양수인 또는 전득자가 그 물건을 이용하여 해당 방법발명을 실시하는 것과 관련하여서는 특허권이 소진된다고 해야 할 것이지만, 방법의 발명에 대한 특허권이 공유인 경우에 있어서는 다른 공유자가 그 물건의 양도에 대해서 동의를 한 바가 없다면, 양수인 또는 전득자가 그 물건을 이용하여 해당 방법발명을 실시하는 것과 관련하여서 특허권이 소진되지 않는다고 해야 할 것」이라고 판시).

337) 한편 적극적 권리범위확인 사건에서의 소진 주장과 관련하여 대법원은 「특허권의 적극적 권리범위 확인심판은 특허발명의 보호범위를 기초로 하여 심판청구인이 그 청구에서 심판의 보호대상으로 삼은 발명(확인대상발명)에 대하여 특허권의 효력이 미치는가를 확인하는 권리확정을 목적으로 한 것이므로, 설령 확인대상발명의 실시와 관련된 특정한 물건과의 관계에서 특허권이 소진되었다 하더라고 그와 같은 사정은 특허권 침해소송에서 항변으로 주장함은 별론으로 하고 확인대상발명이 특허권의 권리범위에 속한다는 확인을 구하는 것과는 아무런 관련이 없다.」고 판시하였다(대법원 2010. 12. 9. 선고 2010후289 판결).

해석이 일반적이다.

미국 연방대법원은 방법발명의 특허 역시 소진의 대상이 된다고 판시하였다.[338] 이 사건에서는 마이크로프로세서 및 칩세트 등 PC의 중심장치와 주변기기 간의 효율적 데이터 전송을 위한 방법의 특허권을 가지고 있는 원고가 A사에 위 특허권의 실시허락을 하여 A가 마이크로프로세서 및 칩세트를 제조·판매하고 있었는데, 피고는 A사로부터 이를 구매하여 원고의 허락을 받지 않고 원고와 A사가 아닌 다른 회사의 주변기기와 임의로 결합하여 컴퓨터를 제조·판매한 것이 특허권의 침해로 되는지가 다투어졌다. 미국 연방대법원은 「방법특허의 실시행위에 대하여 소진을 적용하지 않을 경우 특허권자는 특허명세서 중에 방법발명을 삽입함으로써 소진이론을 회피할 수 있게 되어 부당하고, 특허된 방법 역시 상품에 구현될 수 있는 이상 그러한 상품의 판매는 특허권을 소진시킨다.」고 판단하고, 소진의 적용을 위해 상품에 어느 정도까지 방법발명의 특허가 구현되어야 하는지에 관하여, "당해 상품이 당해 특허발명을 실시하는 용도 이외의 다른 합리적인 용도를 갖지 않고(no reasonable use), 당해 상품이 당해 특허발명의 핵심적 특징을 구현하는 요소(essential feature)로 되어야 한다."는 판단 기준을 제시한 후, 이 사건에서는 위 두 요건이 모두 충족된다고 판단하여 침해를 부정하였다.

Ⅵ. 기타 특허법에 규정된 항변

피고는 특허권이 무효 또는 존속기간 만료로 소멸하였다거나, 특허권의 효력이 제한된다거나(특허법 제96조·제181조), 피고가 특허권자의 허락에 의한 전용실시권 또는 통상실시권을 가진다거나, 특허법 제39조·제103조·제104조·제105조·제122조·제182조·제183조에 의한 법정실시권을 가진다거나, 특허법 제98조·제106조·제107조·제138조에 의한 강제실시권을 가진다고 항변할 수 있다.

---

338) QUANTA COMPUTER, INC., et al., v. LG ELECTRONICS, INC., 128 S.Ct. 2109 (U.S. 2008).

제6장 새로운 방어수단의 모색

I. 서 설

침해소송의 상대방이 사용할 수 있는 전통적인 방어수단은 앞에서 본 바와 같다. 그러나 기술발전이 비약적으로 이루어지고, 사회경제가 고도로 발전함에 따라 종래에 등장하지 않은 새로운 종류로서 발명의 성립성이 문제되는 발명도 등장하고 있고, 특허를 반경쟁적으로 행사함으로써 특허법의 이상인 기술혁신을 통한 산업기술발전에 반하는 현상 역시 발생하고 있으며, 오로지 특허침해소송을 제기하여 침해자로부터 손해배상금을 지급받는 것을 본연의 목적으로 하는 이른바 특허괴물(Patent Troll)의 권리행사 역시 문제되고 있다. 여기에서는 이러한 현상에 대하여 살펴본 후 그에 대한 상대방의 방어수단에 대하여 살펴보기로 한다.

II. 특허의 대상인지가 문제되는 경우

1. 개 요

우리 특허법 제1조〔목적〕는 「이 법은 발명을 보호·장려하고 그 이용을 도모함으로써 기술의 발전을 촉진하여 산업발전에 이바지함을 목적으로 한다.」고 규정하고 있고, 같은 법 제29조 제1항〔특허요건〕은 「산업상 이용할 수 있는 발명으로서 다음 각 호의 1에 해당하는 것을 제외하고는 그 발명에 대하여 특허를 받을 수 있다.」고 규정하고 있으며, 같은 법 제32조〔특허를 받을 수 없는 발명)는 「공공의 질서 또는 선량한 풍속을 문란하게 하거나 공중의 위생을 해할 염려가 있는 발명에 대하여는 제29조 제1항 및 제2항의 규정에 불구하고 특허를 받을 수 없다.」고 규정하고 있는 바, 위와 같은 규정에 따르면 우리 특허법상 '산업상 이용할 수 있는 발명으로서 신규성 및 진보성이 있으면 공서양속에 반하지 않는 한 특허를 받을 수 있는 것'으로 볼 수 있다.

위와 같이 우리 특허법이 넓은 범위에서 특허를 받을 수 있도록 규정하고 있으나, 예전에는 생각하지 못하였던 새로운 분야에서의 기술개발 등으로 특허의 대상이 될 수 있는지가 문제되는 분야가 있는 바, 여기에서는 이 중 의료행위 관련발명 및 소프트웨어 관련발명 특히 영업방법(business method, BM)발명에 관하여 살펴보기로 한다.

상대방은 권리자의 특허발명이 위 범주에 해당하고 아래에서 보는 바와 같이 산업상 이용가능성이 없는 경우에 해당한다면, 침해소송에서 권리자의 특허권에 명백한 무효사유가 있다고 주장하거나, 무효심판을 제기하여 이를 적극 주장할 수 있을 것이다.

2. 의료행위 관련발명

가. 문제의 제기

종래 우리나라에서는 인체를 기본 구성요소로 포함하고 있는 진단, 치료 또는 수술과 같은 의료행위에 관련된 발명은 그것이 신규성 또는 진보성을 가지고 있더라도 '산업상 이용할 수 있는 발명'이 아니라는 이유로 특허의 보호대상에서 제외했다.[339] 그러나 최근 생명공학기술의 발전에 따라 인간의 유전자 구조의 해명이 진전되고 이를 이용한 유전자치료 및 재생의료기술이 큰 발전을 이루면서, 생명공학을 이용한 의료기술의 개발이 국가의 산업발전 및 경쟁력 향상에 크게 이바지할 수 있는 것으로 인식되고 있고, 이에 따라 의료행위 관련발명이 과연 '산업상 이용할 수 없는 발명'으로서 특허의 대상에서 제외되어야 하는가에 관하여 많은 논의가 진행되고 있

339) 김병일, 「의료방법의 특허성」, 창작과 권리 28호(2002년 가을호), 2면 이하 참조.

다.[340]

나. 의료행위 관련발명에 대한 심사기준 및 판례

특허청의 특허・실용신안 심사지침서(제2부 제2장 제2절)는 의료행위를 "인간을 수술, 치료 또는 진단하는 방법의 발명"이라고 정의하고, 의료행위는 사람 그 자체가 발명의 대상이 되므로 산업상 이용가능성이 없는 발명이라고 하고 있다. 다만, "인간을 수술하거나 치료하거나 또는 진단에 사용하기 위한 의료기기, 의약품", "인간으로부터 채취한 것(혈액, 소변, 피부, 모발 등)을 처리하는 방법 또는 이들을 분석하여 각종 데이터를 수집하는 방법에 관한 발명" 및 "사람이 그 대상에 포함되지 않는다는 것이 분명한 동물에 대한 수술, 치료 및 진단하거나 발육을 촉진하는 등의 방법 발명"은 산업상 이용가능성이 있는 발명이라고 하고 있다. 나아가 2008. 6.에 개정된 의료위생분야심사기준에서는 「분석, 검사, 측정 방법 등 각종 데이터를 수집하는 방법의 발명에 있어서, 그 방법이 질병의 진단과 관련된 것이더라도 그 방법발명이 임상적 판단을 포함하지 않는 경우에는 산업상 이용할 수 있는 발명으로 인정한다. 다만, 그 발명의 구성이 인체에 직접적이면서, 일시적이 아닌 영향을 주는 단계를 포함하는 경우에는 산업상 이용가능성이 없는 것으로 취급한다.」고 하고 있다.[341] 이처럼 특허청의 심사기준은 기본적으로 의료행위를 산업상 이용가능성이 없는 것으로서 특허의 대상이 아니라고 규정하면서, 다만 임상적 판단을 포함하지 않고 인체에 직접적이고 계속적인 영향을 주는 단계가 포함되어 있지 않은 진단방법 등 일정한 경우에 특허의 대상이 될 수 있다고 하고 있다.

대법원은 「사람의 질병을 진단, 치료, 경감하고 예방하거나 건강을 증진시키는 의약이나 의약의 조제방법 및 의약을 사용한 의료행위에 관한 발명은 산업에 이용할 수 있는 발명이라 할 수 없으므로 특허를 받을 수 없으

340) 위 같은 곳, 3~4면; 김병일, 「의료방법과 특허」, 비교사법 11권 4호(통권 27호) 하 (2004. 12.) 394~395면; 정상조・박성수 공편, 특허법 주해 I, 422~423면(김기영 집필부분) 참조.

341) 심사지침서 및 심사기준은 특허청 홈페이지에서 찾아볼 수 있다.

나 다만 동물용 의약이나 치료방법 등의 발명은 산업상 이용할 수 있는 발명으로서 특허의 대상이 될 수 있는 바, 출원발명이 동물의 질병만이 아니라 사람의 질병에도 사용할 수 있는 의약이나 의료행위에 관한 발명에 해당하는 경우에도 그 특허청구범위의 기재에서 동물에만 한정하여 특허청구함을 명시하고 있다면 이는 산업상 이용할 수 있는 발명으로서 특허의 대상이 된다고 할 것이다.」라고 판시하여[342] 의료행위 관련발명은 기본적으로 산업상 이용가능성이 없어 특허성이 부정된다는 태도를 보였고, 특허법원도 이를 따르는 판결을 하여 왔다.[343]

다. 종래실무에 대한 비판적 견해

의료행위가 산업상 이용가능성이 없어 특허를 받을 수 없다는 종래의 실무는 생명공학기술의 발달과 이를 이용한 유전자치료, 재생의료기술이 대기업의 연구소 등에서 큰 비용을 들여 연구되고 이를 영리 목적을 위하여 이용할 필요가 커짐에 따라 그러한 현실을 제대로 반영하지 못하고 있다는

---

342) 대법원 1991. 3. 12. 선고 90후250 판결.

343) 특허법원 2001. 8. 17. 선고 2000허6387 판결(발명의 명칭이 "모발의 웨이브방법"으로서 비록 의료행위에 직접 관련된 것은 아니나 위 대법원 판결의 취지에 따라 「의료업에 해당하여 산업상 이용 가능성이 부정되는 발명은 인간의 질병의 치료방법, 수술방법, 진단방법, 예방방법 등과 같은 의료행위에 관한 방법의 발명에 한정된다고 봄이 상당하다.」라고 판시); 특허법원 2005. 6. 23. 선고 2004허7142 판결(「이 사건 출원발명은 온구기를 사용하여 사람의 등 부위의 경혈과 배 부위의 경혈을 자극하는 방법에 관한 것으로, 온구기의 시구 순서와 시구시의 몸의 자세 등으로 구성되어 있는 바, 이는 사람의 질병을 치료, 경감하고 예방하거나 건강을 증진시키는 의료행위에 관한 것이고, 인체를 필수 구성요소로 하고 있는 것으로서 산업에 이용할 수 있는 발명이라 할 수 없어 특허의 대상이 될 수 없다.」고 판시); 특허법원 2008. 8. 22. 선고 2007허7723 판결{「공지의 약제학적 조성물(약물)을 공지의 용도(질병치료)에 사용하는 데 있어 어느 부위에 투여하여야 효과적인지는 질병을 치료하는 방법에 속하는 것인데, 인간의 질병을 치료하는 방법은 산업상 이용가능성이 없어 특허를 받을 수 없으므로, 의약의 용도발명인 이 사건 제1항 발명의 청구범위에 이러한 치료방법에 관한 기재가 포함되어 있다고 하여도 이를 발명의 구성으로 보아서는 안 된다(만약 이러한 기재를 발명의 구성요소로 인정할 경우, 공지의 약물과 용도로 구성된 발명에 이러한 치료방법을 기재함으로써 모든 사람이 공유하여 그 혜택을 누려야 할 '인간의 질병을 치료하는 방법'에 특허권을 허용하는 결과가 되어 부당하다).」고 판시}.

비판을 받고 있다.[344)]

현재의 실무를 비판하는 견해는 크게, 특허부여를 거절하는 결론적 취급에는 찬성하나 그 결론을 도출하는 이론구성에 있어 의료행위에 관한 발명을 산업상 이용가능성이 없다고 무리하게 해석하기보다는 특허법 제32조의 불특허사유나 윤리적인 이유로 특허를 부여하지 않는 것이 바람직하다는 견해와,[345)] 인도적 견지에서 의료행위 관련발명을 규제하는 것은 인정하지만, 규제방법으로서 특허취득 자체를 인정하지 않을 것이 아니라, 특허취득은 인정하고 그 효력을 제한하는 사후적인 규제방법을 검토할 필요성이 있다는 견해로 나누어진다.[346)]

라. 외국의 실무

(1) 일 본

과거 일본 특허청은 종래 "의료행위를 포함한 인체(그 일부를 포함한다)를 대상으로 하는 발명(인체를 구성요건으로 하는 발명)은 산업상의 이용가능성이 없다는 해석 하에 치료·진단방법 등 인체를 대상으로 하는 순(純) 의료적 발명은 물론, 그 이외 발명의 특허성을 부정함과 아울러 인체로부터 분리 또는 배출한 것(예컨대, 타액·소변·혈액 등)도 인체 일부를 구성하는 것으로서, 이를 이용하는 진단방법 발명의 특허성도 부정해 왔다."[347)]

이러한 심사지침에 대하여는 학계로부터 많은 비판이 있었고, 이에 일본 특허청은 특허성이 없는 의료행위의 범위를 줄이려고 노력한 결과, 1975년에 인체로부터 분리 또는 배출된 것은 의료행위에 포함되지 않는다고 하기에 이르렀고, 1993년에는 「인간으로부터 채취한 것(예 : 혈액, 오줌, 피부,

344) 김병일, 「의료방법과 특허」, 394~395면 참조.

345) 윤권순, 「의료발명의 특허성에 대한 비판적 고찰」, 창작과 권리 (1999년 봄호, 제14호) 4~5면; 최덕규, 특허법 4정판, 세창출판사 2000. 192~193면.

346) 김병일, 「의료방법과 특허」, 399면; 정상조·박성수 공편, 특허법 주해 I, 429면(김기영 집필부분) 참조.

347) 吉藤幸朔 저·熊谷健 보정, 특허법개설(제13판), 1998. 69면; 中山信弘 외 편, 비교특허판례연구회 역, 특허판례백선[제3판], 박영사 (2005) 57면에서 재인용.

머리카락, 세포, 조직)을 처리하는 방법 또는 이를 분석하는 등 각종 자료를 수집하는 방법은 의료행위에 해당하지 않되, 채취한 것을 채취한 자와 동일인에게 치료하기 위하여 돌려줄 것을 전제로 하여 처리하는 방법(예 : 혈액투석방법)은 "인간을 수술, 치료 또는 진단하는 방법"에 해당한다.」는 내용으로 변경하였다{심사기준 제II부 제1장 2.1 (1)}.

그 후 생명공학기술의 발전과 함께 다양한 첨단기술이 개발되어 고도의 선진 의료기술이 정비되고 그 일환으로 재생의료, 유전자치료 관련기술 등 동일인에게 돌려주는 것을 전제로 한 첨단기술이 생겨나며 이러한 기술에 대한 특허권의 보호요청이 당연히 높아지게 되자, 특허청은 2003. 8. 7. 다시 심사기준을 개정하여, 인간으로부터 채취한 것을 원재료로 하여 의약품 또는 의료재료(예 : 배양피부시트, 인공 뼈 등의 신체의 각 부분을 위한 인공적 대용품 또는 대체물)를 제조하는 방법은 특허부여의 대상이 되는 것으로 하였다.[348]

(2) 유　럽

유럽에서는 종래 근본적으로 윤리적인 이유에서 의료행위 관련발명에 대한 특허성을 배제하면서도 형식상으로는 산업상 이용가능성이 없다는 이유를 들었고,[349] 이러한 접근방법은 유럽특허조약(European Patent Convention, EPC)에도 반영되어 종전 EPC 제52조 제4항은 「외과적 처치 또는 치료에 의한 인간 또는 동물의 처치방법 및 인간 또는 동물에 실시되는 진단방법은 제52조 제1항에서 말하는 산업상 이용가능성이 없다. 다만 이 규정은 화합물 또는 조성물을 위 방법으로 사용하는 것에는 적용하지 않는다.」라고 규정하고 있었다. 그러나 2007. 12. 13.부터 시행되는 개정 조약에서는 위 제52조 제4항을 삭제하고, 제53조 (c)항에서 의료행위 관련발명을 불특허사유의 하나로 규정하고 있다.[350]

---

348) 일본 특허 · 실용신안 심사기준(http://www.jpo.go.jp/shiryou/index.htm에서 검색 가능, 2011. 9. 3. 최종 접속) 참조.

349) 윤권순, 위 같은 글, 9면; BGH GRUR 1968. 142, 145 －Glatzenoperation, 박영규, 「유전자 치료법을 포함한 의료방법 발명의 특허법적 문제 : 유럽에서의 논문을 중심으로」, 산업재산권 13호(2003. 5.), 42면에서 재인용.

350) 유럽특허청(EPO), http://www.epo.org/law-practice/legal-texts/html/epc/2010/e/

(3) 미 국

미국 특허법 제101조는「신규하고 유용한(new and useful) 제조방법(process), 기계(machine), 제조물(manufacture), 조성물(composition of matter) 또는 이러한 신규하고도 유용한 것들을 개량시킨 것을 발명 또는 발견한 자는 이 법률에 정한 조건 및 요건에 따라 특허를 받을 수 있다.」고 규정하고 있는 바, 이러한 법조문에 충실하여 미국 특허법 제287조 (c)(1)항은 사람에 대한 치료・진단・수술방법도 다른 방법과 마찬가지로 특허의 대상으로 하되, 다만 특허권의 효력은 의사 또는 관련 건강관리주체의 실시에는 미치지 않는 것으로 하고 있다.[351]

한편 미국 특허법 제287조 (c)(2)(A)는 "의료행위란 신체에 대한 의료 또는 외과 절차 행위"를 의미하며,「(i) 특허에 관련된 장치, 제조물 또는 조성물을 그 특허에 위반하여 사용하는 것, (ii) 조성물의 사용방법에 관한 특허에 위반하여 실시하는 것, (iii) 생명공학 특허에 위반한 공정(process)의 실시는 제외된다.」고 규정함으로써, 의약의 새로운 사용에 관한 특허 및 유전자치료방법 등의 생명공학 분야의 특허를 침해하는 형태의 사용에 대하여는 의사 등이 면책되지 않음을 규정하고 있다.

최근 CAFC는 유방암진단을 위한 인간유전자에서 분리된 특정 유전자에 관한 발명이 특허대상성이 있는지가 다투어진 사건에 관하여 주목할 만한 판결을 선고하였다.[352]

---

ar53.html에서 검색 가능(2012. 1. 10. 최종 접속).

351) 이것은 1993년에 백내장 수술방법의 특허를 취득한 의사가 다른 의사를 특허권침해로 제소한 사건(Pallin v. Singer, 36 USPQ 2d 1050)을 계기로 미국의사협회가 의료방법에 대한 특허 때문에, "① 특허를 받은 치료방법에 대한 접근이 제한되고, ② 경제적 부담이 증가하며, ③ 환자의 비밀정보가 없어지고, ④ 새로운 치료방법 개발에 대한 인센티브는 특허로 보호되지 않아도 충분하다."고 주장하며, 특허법의 개정을 요구한 것에 기인한다. 김병일,「의료방법의 특허성」, 17~24면 참조. 여기서 관련 건강관리주체는 의사가 의료행위를 행하며 직업상의 제휴관계를 맺고 있는 주체를 의미하며, 전형적으로는 병원, 대학 등을 가리키므로, 특허권자는 의료행위를 한 의사가 근무하는 병원에 대하여도 금지청구나 손해배상청구를 할 수 없다. 35 USC §287 (c)(2).

352) THE ASSOCIATION FOR MOLECULAR PATHOLOGY et al v. USPTO and MYRIAD, 653 F.3d 1329 (Fed. Cir. 2011).

해당 청구항의 내용은 다음과 같다.

「BRCA1 폴리펩타이드용 분리된(isolated) DNA 코딩으로서, 상기 폴리펩타이드는 SEQ ID NO:2로 제출된 아미노산 염기서열을 가지는 것을 특징으로 한다.」[353]

위 유전자 청구항에 기재된 DNA의 염기서열은 자연에 있는 DNA의 염기서열과 동일하다. 유전자 청구항에 관하여는 인간신체에서 분리된 특정 유전자가 기존에 자연에 존재하는 물건에 해당하여 특허능력이 부정되는지가 다투어졌고, 1심법원인 뉴욕남부지방법원은 위 청구항 발명에 대하여 특허대상성을 부정하였다.[354] 참고로 유럽특허청은 2004년 위 특허출원에 대응하는 특허에 대하여 무효로 판단하였고 이는 그대로 확정된 바 있다.

CAFC는 유전자 청구항에 대하여 연방대법원이 종래 제시한 판단기준,[355] 즉, 자연에서 발견될 수 없도록 조합되거나 변형되더라도 '자연에 있는 것과 유사한 성질을 가지는 화합물'과 (설령 염기서열이 같다고 하더라도) 인간의 발명이 '자연에 있는 것과 뚜렷이 구별할(markedly different) 수 있는 성질을 가진 화합물'과는 구분되어야 한다는 기준을 적용하여, 이 사건 분리된 DNA는, 자연에 존재하는 분자들과는 화학적 특성과 성질이 구분되어, 자연에 존재하는 분자들과는 뚜렷이 구분된다고 하여 특허대상성을 인정하였다.[356] 그러나 미국 연방대법원은 위 사건을 상고 허가하여

353) 원문은 「An isolated DNA coding for a BRCA1 polypeptide, said polypeptide having the amino acid sequence set forth in SEQ ID NO : 2」이다.

354) THE ASSOCIATION FOR MOLECULAR PATHOLOGY et al v. USPTO and MYRIAD, 702 F.Supp.2d 181 (S.D.N.Y., 2010).

355) Hartranft v. Wiegmann, 121 U.S. 609 (1887); Am. Fruit Growers v. Brogdex Co., 283 U.S. 1 (1931).

356) 구체적 논거는 다음과 같다 : 「It is undisputed that Myriad's claimed isolated DNAs exist in a distinctive chemical form-as distinctive chemi-cal molecules -from DNAs in the human body, i.e., native DNA. Native DNA exists in the body as one of forty-six large, contiguous DNA molecules. Each DNA molecule is itself an integral part of a larger structural complex, a chromosome. In each chromosome, the DNA molecule is packaged around histone proteins into a structure called chromatin, which in turn is packaged into the chromoso -mal structure. See supra, Figure 3. Isolated DNA, in contrast, is a free-standing

심리한 끝에 관련사건[357]의 연방대법원의 취지에 따라 심리하라는 취지로 파기환송하였다.

위 관련사건의 해당 발명은 면역 관련 위장질환의 치료방법을 최적화하는 방법에 관한 것으로서, 그 내용은 '6-티오구아닌을 성분으로 하는 약을 특정 질환이 있는 객체에 투여하는 단계, 위 객체에서의 6-티오구아닌의 농도를 결정하는 단계로 이루어지는데, 8×10^8개의 적혈구당 6-티오구아닌의 농도가 230p mol 이하인 경우에는 상기 약의 투여를 점차 늘리고, 8×10^8개의 적혈구당 6-티오구아닌의 농도가 400p mol 이상인 경우에는 양의 투여를 점차 감소시키는 것'을 특징으로 하고 있다. 이 사건에서는 위와 같이 특정한 질환을 치료하기 위하여 환자가 투여받아야 하는 특정 약물의 양을 정하는 방법을 청구하는 의학발명이 미국 특허법상의 특허성을 갖추었는지가 다투어졌는데, 미국 연방대법원은 '이 방법은 사람에 있어서의 「6-티오구아닌의 양과 6-티오구아닌의 투여량이 효과가 없거나 해로울 수 있는 가능성과의 상관관계」라고 하는 자연법칙에 대한 독점을 청구하는 것이기 때문에 특허를 받을 수 없다. 또한 혈액 속의 6-티오구아닌의 양을 확인하기 위해 어떠한 기술적 수단이 필요하다 해도 이러한 수단은 과학자들

---

portion of a native DNA molecule, frequently a single gene. Isolated DNA has been cleaved (i.e., had covalent bonds in its backbone chemically severed) or synthesized to consist of just a fraction of a naturally occurring DNA molecule. For example, the BRCA1 gene in its native state resides on chromosome 17, a DNA molecule of around eighty million nucleotides. Similarly, BRCA2 in its native state is located on chromosome 13, a DNA of approximately 114 million nucleotides. In contrast, isolated BRCA1 and BRCA2, with introns, each consists of just 80,000 or so nucleotides. And without introns, BRCA2 shrinks to just 10,200 or so nucleotides and BRCA1 to just around 5,500 nucleotides. Furthermore, claims 5 and 6 of the '282 patent cover isolated DNAs having as few as fifteen nucleotides of a BRCA sequence. Accordingly, BRCA1 and BRCA2 in their isolated state are not the same mole-cules as DNA as it exists in the body; human intervention in cleaving or synthesizing a portion of a native chromo-somal DNA imparts on that isolated DNA a distinctive chemical identity from that possessed by native DNA」

357) Mayo Collaborative Services v. Prometheus Laboratories, Inc., 566 U.S.(2012)

에게 잘 알려져 있으므로 이러한 수단만으로는 그 발명이 특허를 받기에 충분하지 않다.'는 이유로 위 발명의 특허성을 부정하였다. 이 사건은 관련 업계에 미치는 파장이 매우 크기 때문에 서로 대립되는 입장을 유지하고 있는 CAFC와 미국 연방대법원의 후속 판단을 지켜볼 필요가 있다.

마. 의료행위 관련발명의 적절한 보호방안

앞에서 본 바와 같이 의료행위 관련발명을 특허로 보호할 것인가 및 특허성을 부인하는 경우에 그 논거는 무엇인가에 관하여는 많은 논란이 있고 각국의 입법례도 이와 관련하여 다양한 입법 및 실무 태도를 보여주고 있다.

그런데 우리 특허법 제29조 제1항에서 '산업'이라고만 규정하고 있고, TRIPs(Agreement on Trade-Related Aspects of Intellectual Property Rights) 제27조 제1항은 「특허는, 신규성, 진보성 및 산업상 이용가능성을 충족한 경우에는 물건, 방법을 묻지 않고 모든 기술분야의 모든 발명에 대하여 차별 없이 부여되어야 한다.」고 규정하고 있는 점에서,[358] 특허법상 '산업'의 의미를 제한할 아무런 근거가 없는 한 그 의미는 본래의 의미대로 넓게 해석하는 것이 바람직하고, 따라서 의료행위 관련업(業)도 '산업'에 속한다고 보아야 할 것이다. 나아가 '이용가능성'의 의미에 관하여도 다양한 견해가 있을 수 있으나,[359] 그 자체 조건이 없는 객관적인 개념임에 비추어 "산업상 이용이 불가능한 것을 제외한다."는 의미로 넓게 이해하여야 할 것이다.[360] 따라서 특허법 규정의 해석상 의료행위 관련발명이 산업상 이용가능성이 없다고 보기는 어렵다.

한편 TRIPs 제27조 제2항은 공서양속(good public order and customs)에 위반되는 발명은 특허대상에서 제외할 수 있다고 규정하고 있고, 이러

---

358) WTO 홈페이지, http://www.wto.org/english/tratop_e/trips_e/t_agm3c_e.htm#5에서 검색 가능(2012. 1. 10. 최종 접속).

359) 中山信弘 저, 한일지재권연구회 편, 공업소유권법(상), 법문사 2001. 121면 참조.

360) 위 같은 곳. 산업상 이용가능성이라는 용어를 처음 도입한 독일의 Kohler는 이를 '기술의 범용성' 내지 '반복가능성'이라는 의미로 사용하였다 한다. 김병일, 「의료방법과 특허」, 408면.

한 TRIPs 第27조 제2항의 정신을 반영한 것이 우리 특허법 제32조라 할 수 있다.[361] 그러면 의료행위 관련발명에 특허를 부여하는 것이 공서양속에 위배되느냐가 문제될 수 있으나, 공서양속에 반하는 발명이라 함은 당해 발명이 본래 공서양속을 해칠 목적을 가진 경우뿐만 아니라 당해 발명의 공개 또는 사용이 공서양속에 반하는 경우도 포함하나 당해 발명 본래의 목적 이외에 부당하게 사용한 결과 공서양속을 해칠 염려가 있는 경우까지를 말하는 것은 아니라고 보아야 할 것이므로,[362] 의료행위 관련발명이라 하여 반드시 특허법 제32조에 해당하여 특허를 받을 수 없다고 보기는 어렵다.

결국, 의료행위에 관한 발명을 단순히 산업상 이용가능성이 없거나 공서양속에 반하는 것으로서 특허를 받을 수 없다고 보는 것은 문제가 있다 할 것이고, 따라서 그 특허성을 부인하기 위해서는 다른 근거가 있어야 할 것이다.[363]

그런데 의료행위 관련발명에 특허를 부여할 것인가의 문제는 인간이 최신 의료기술의 도움을 받아 건강한 삶을 누려야 한다는 인도적 필요와 특허라는 독점권을 부여하여 생명공학 관련의료기술과 같은 새로운 의료기술의 개발을 촉진한다는 현실적 필요 사이의 이익형량 또는 조화를 위하여 어떠한 방안을 채택할 것인가와 관련되어 있다고 볼 수 있다.[364]

그 방안으로는 우선 Trips 第27조 (a)(3)항이나 개정된 EPC 第53조 (c)항과 같이 의료행위 관련발명을 별도의 불특허사유로 규정하되 현재 우리나라 및 일본의 심사기준, EPC 第54조 (5)항 및 미국 특허법 第287조 (c)항 등을 참고로 하여 의료기기, 의약품에 관한 발명 및 의약의 사용방법, 검사 및 진단을 위한 기기의 처리방법 등은 예외적으로 특허의 대상이 될 수 있음을 규정하는 방법, 일단 특허를 부여하되 법정실시권제도를 두거나

361) 윤선희, 특허법, 법문사 2003. 185면; 특허청, 특허·실용신안심사지침서, 제2부 제2절 참조.

362) 위 같은 책, 186~187면 및 위 심사지침서, 같은 절 참조.

363) 조영선, 특허법 제3판, 박영사 2011. 96면; 정상조·박준석, 지적재산권법, 홍문사 2011. 92~93면 참조.

364) 김병일, 「의료방법과 특허」, 404~405면 참조.

조제행위에서와 같이(특허법 제96조 제2항) 특허권의 효력을 제한하는 방법(그 규정형식은 "특허권의 효력은 의사 등이 인간을 진단, 치료, 수술, 처치 또는 예방을 위하여 특허발명을 실시할 경우에는 미치지 않는다."라고 하거나, 미국법과 같이 특허권자의 금지청구권은 제한하되 손해배상청구권은 일정 한도로 제한할 수 있을 것이다), 또는 특허는 부여하되 특허 실시권의 설정 및 실시료 지급을 쉽게 하기 위하여 저작권법상의 저작권집중관리제도와 유사하게 그 실시계약 또는 실시료 징수를 대행하는 기관을 두는 방법 등을 생각할 수 있을 것이다.365)

3. 영업방법(Business Method, BM)발명

가. 서 설

영업방법발명이란 컴퓨터 또는 정보통신기술과 영업방법에 관한 아이디어가 결합된 형태의 발명을 의미한다. 대법원이 「일반적으로 비즈니스모델 발명이라 함은 정보기술을 이용하여 실현한 새로운 비즈니스 시스템이나 방법에 관한 발명을 말한다.」라고 판시한 이래,366) 특허법원 등 하급심 역시 영업방법발명을 위와 같은 내용으로 파악하고 있다.

영업방법발명은 역사적으로 볼 때 컴퓨터 및 인터넷 등 정보통신기술이 급속히 발전한 비교적 근래에 출현한 발명의 한 분야인데, 초기에는 이에 대한 특허등록을 허용할 것인지에 관하여 견해가 분분하였다.367) 그 이유는 우리나라 특허법에서는 발명을 '자연기술을 이용한 기술적 창작'이라고 정의하고 있는데, 이러한 요건을 엄격히 적용할 경우 발명으로서의 성립성이 부정될 소지가 크기 때문이다. 우리나라의 실무는 특허법의 발명의 정의 규정을 유지하면서도, 특허청이 영업방법발명을 심사하기 위한 심사기

365) 김병일, 「의료방법과 특허」, 408~412면; 정상조 · 박성수 공편, 특허법 주해 I, 439면(김기영 집필부분) 참조.

366) 대법원 2003. 5. 16. 선고 2001후3149 판결.

367) 영업방법의 보호방법에 관하여는 아직도 많은 대안이 논의되고 있다. 자세한 내용은 이규홍, 「영업방법발명의 헌법적 이해」, 사법논집 제53집, 법원도서관 2011. 235~236면 참조.

준을 제정하고, 수시로 개정함으로써 영업방법발명의 등록문제에 대처해 오고 있다.

여기에서는 우리나라에서의 영업방법발명의 등록요건 및 권리범위의 해석에 관한 실무에 관하여 살펴보고, 주요국가에서의 실무, 특히 미국에서의 영업방법발명의 취급의 변천의 역사 및 2008년 및 2010년에 있었던 CAFC 및 연방대법원의 Bilski 판결에 관하여 본 후, 미국에서의 실무변화가 우리나라의 실무에 대하여 시사하는 점에 관하여 검토하기로 한다.

나. 우리나라의 실무

(1) 관련 심사기준의 주요내용

특허청은 1984년에 「컴퓨터 관련발명의 심사기준」을 제정한 후, 1995년 1차로 개정하고, 1998년에 2차 개정으로 '기록매체 청구항'을[368] 인정함과 아울러 발명의 성립성 판단에 있어서 자연법칙의 이용 여부 외에 산업상 이용할 수 있는 구체적 수단 즉, 기술적 사상이 존재하는지도 함께 고려하도록 하였다. 그 후 2005년에 3차로 개정하여 발명의 성립성에 관하여는 「소프트웨어에 의한 정보처리가 하드웨어를 이용해 구체적으로 실현되고 있는 경우, 해당 소프트웨어와 협동해 동작하는 정보처리장치, 그 동작방법 및 해당 소프트웨어를 기록한 컴퓨터로 읽을 수 있는 기록매체는 자연법칙을 이용한 기술적 사상의 창작이다.」라고 하면서, 「소프트웨어에 의한 정보처리가 하드웨어를 이용하여 구체적으로 실현되고 있는 경우란, 소프트웨어가 컴퓨터에 읽혀서 하드웨어와 협동하여 특정한 목적달성을 위한 정보의 처리를 구체적으로 수행하는 정보처리장치 또는 그 동작방법이 구축되는 것을 말한다.」라고 하고 있다.

심사기준해설에서 거시 된 예 중에는 다음과 같은 것이 있다.[369]

---

368) 우리나라는 인터넷 거래방법을 기록한 기록매체 청구항을 물건의 청구항으로 보고 있고, 그 발명으로서의 성립성은 기록매체에 저장된 방법의 성립성을 판단하는 방법을 그대로 적용한다. 특허청, 컴퓨터 관련발명 심사기준, 2005. 17면; 정차호, 「인터넷 거래방법을 기록한 매체 청구항의 성립성(inventiveness) : 미국 CAFC의 흔들리는 입장」, IP Policy 지식재산정책 통권 제9호(2011. 12), 한국지식재산연구원 86면.

예 1) "수신수단이 통신 네트워크를 매개로 배송되는 기사를 수신하는 단계, 표시수단이 수신한 기사를 표시하는 단계, 사용자가 해당 기사의 문장 중에 소정의 키워드가 존재하는지 여부를 판단하고 존재하는 경우에 보존명령을 기사보존·실행수단에 부여하는 단계, 위 기사보존·실행수단은 보존명령이 부여된 기사를 기사기억수단에 기억하는 단계로 구성되는 네트워크로 배송된 기사의 보존방법"

예 2) "수신수단이 통신 네트워크를 매개로 배송되는 기사를 수신하는 단계, 표시수단이 수신한 기사를 표시하는 단계, 기사보존·판단수단이 해당 기사의 문장 중에 소정의 키워드가 존재하는지 여부를 판단하고 존재하는 경우에 보존명령을 기사보존·실행수단에 부여하는 단계, 위 기사보존·실행수단은 보존명령이 부여된 기사를 기사기억수단에 기억하는 단계로 구성되는 네트워크로 배송된 기사의 보존방법"

심사기준해설에 의하면 예 1의 밑줄 친 단계는 사람의 정신활동에 근거해 행해지는 것이므로, 예 1은 소프트웨어와 하드웨어가 협동하는 것에 의해 구축된 정보처리시스템의 동작방법이라 할 수 없어 발명의 성립성이 부정되나, 예 2의 밑줄 친 단계는 컴퓨터가 수행하는 것이므로 예 2는 기사보존·판단수단, 기사보존·실행수단 및 기사기억수단이라는 소프트웨어와 하드웨어가 협동한 구체적 수단에 의해 실현되므로 발명의 성립성이 충족된다고 한다.

한편 특허청은 2000년 8월에 BM발명 등의 심사를 위하여 「전자상거래 관련발명의 심사지침」을 제정하여, 전자상거래 관련발명 청구항의 유형을 '컴퓨터상에서 구현되는 구성의 한정이 없는 유형'과 '한정이 있는 유형'으로 크게 분류하고, 순수한 영업방법 또는 추상적 아이디어와 같이 컴퓨터상에서 구현되는 구성의 한정이 없는 유형은 구체적 수단을 청구하는 것이 아니므로 자연법칙을 이용한 기술적 사상으로 인정될 수 없다고 하는 반

369) 컴퓨터 관련발명 심사기준 해설, 특허청 2007. 3. 148~152면.

면, 컴퓨터상에서 구현되는 구성의 한정이 있는 유형은 컴퓨터 관련발명에 해당하여 다른 컴퓨터 관련발명과 마찬가지로 컴퓨터 관련발명의 심사기준에 의해 성립성 판단을 하도록 하였다.370)

특허청의 위와 같은 심사기준의 제정 및 개정은 우리나라에서의 독자적 논의에 따라 이루어지는 것이라기보다는 미국이나 일본 등 주요국에서의 심사기준의 변화를 수용하는 형태로 이루어지고 있다.371)

(2) 주요판결

대법원은 2001. 11. 30. 선고 97후2507 판결에서 소프트웨어 발명도 자연법칙을 이용한 기술사상이 될 수 있음을 인정하고, 소프트웨어 특허를 받기 위한 요건으로, ① 자연법칙을 이용할 것, ② 소프트웨어는 하드웨어와 유기적으로 결합될 것, ③ 하드웨어 자원을 이용할 것의 세 가지 기준을 제시한 바 있다. 아래에서는 그 후에 있은 주요 판결에 관하여 본다.

① 대법원 2003. 5. 16. 선고 2001후3149 판결

원고는 "생활쓰레기 재활용 종합관리방법"이라는 명칭의 발명의 출원인인데, 특허청은 산업상 이용할 수 있는 발명에 해당하지 않으므로 특허법 제29조 제1항의 규정에 위배되어 특허 받을 수 없다는 이유로 거절하였고, 특허심판원 역시 동일한 이유로 원고의 심판청구를 기각하였다.

이 사건 출원발명은 쓰레기 분리수거를 위한 생활쓰레기 재활용 종합관리방법에 관한 것으로, ① 바코드 스티커와 달력지를 관할 관청에서 각 배출자에게 배포하는 제1단계, ② 각 배출자들은 정해진 규정에 의해 바코드 스티커를 쓰레기봉투에 부착하여 배출하는 제2단계, ③ 수거자가 수거하여 처리과정을 거치는 제3단계, ④ 잘못 분류된 쓰레기봉투는 전면에 부착된 바코드를 판독하여 해당 배출자에게 시정명령을 지시하는 제4단계로 이루어지고, 궁극적으로는 이들 각 단계에서 얻어지는 자료들을 축적한 통계로 생활쓰레기를 종합 관리하는 것이다.

특허법원은 위 각 단계가 자연법칙을 이용한 것이 아니고, 발명 전체로서도 자연법칙을 이용한 것이 아니며, 비즈니스모델발명에 속하기 위해서

370) 전자상거래 관련발명의 심사지침, 특허청 2000. 8. 제2장 1. 참조.
371) 특허청, 컴퓨터관련발명심사기준해설, 15면.

는 컴퓨터상에서 소프트웨어에 의한 정보처리가 하드웨어를 이용하여 구체적으로 실현되고 있어야 하는데, 이 사건 출원발명은 그 각 단계가 컴퓨터의 온라인(on-line)상에서 처리되는 것이 아니라 오프라인(off-line)상에서 처리되는 것일 뿐만 아니라, 소프트웨어와 하드웨어가 연계되는 시스템이 구체적으로 실현되고 있는 것도 아니므로, 일반적인 비즈니스모델발명의 범주에 속하지 않는다는 이유로 원고의 청구를 기각하였다. 대법원 역시 특허법원의 판단과 동일하게 판단하여 상고 기각하였다.

② 특허법원 2002. 12. 18. 선고 2001허942 판결

피고가 특허등록한 "인터넷상의 원격교육방법 및 장치"에 관한 발명에 대해서 제기된 특허등록무효심결취소 사건으로, 해당 특허발명이 '자연법칙을 이용한 기술적 사상의 창작'에 해당되는지 여부가 다투어졌다.

청구항 1은 인터넷을 매체로 한 원격교육장치에 있어서, 피교육자(사용자) 측의 단말장치(10)와 교육자 측의 서버장치(30)로 구성되어 있으며, 단말장치는 접속부(18) 및 인터페이스부(14), 입력부(12), 출력부(24), 운영시스템(16), 인터넷프로토콜(20), 브라우저(22)로 이루어지는 일련의 구성요소로 형성되어, ① 사용자가 원하는 데이터를 서버장치에 요구하고, ② 이것을 화면에 표시하여, ③ 사용자가 검색하여, ④ 사용자가 수행하는 것을 말하고 있고, 한편 서버장치(30)는 접속부(32) 및 인터페이스부(34), 운영시스템(36), 인터넷프로토콜(38), 데이터베이스관리부(44), 원격교육진행부(42), WWW서버(40), 데이터베이스(46)로 이루어지는 일련의 구성요소로 형성되어, ① 사용자가 요구한 데이터를 전송하고, ② 사용자가 수행한 데이터를 평가하며, ③ 관리하고, ④ 저장하고 있다.

특허심판원은 청구항 1에 대하여, '원격교육을 실시하고 사용자의 학습을 평가 관리'하기 위하여 전기 또는 자기신호로 동작하며 그 동작 중에 신호를 변환시키고, 또 프로세스를 수행하는 과정에서 알고리즘의 상태를 변환시키고 있기 때문에 단말장치와 서버장치 상호 간 또는 단말장치 및 서버장치 각각의 내부에는 항상 어떤 형태로든 물리적 변환이 일어나고 있고, 또 단말장치 및 서버장치를 포함한 프로세스에 의해 '원격교육을 실시하고 사용자의 학습을 평가 관리'한다고 하는 컴퓨터 정보처리에 이용될 수 있

으므로, 이 사건 특허의 특허청구범위 제1항은 산업상 이용할 수 있는 것임과 동시에 자연법칙을 이용한 발명이라고 판단하여, 무효를 주장하는 원고의 청구를 기각하는 심결을 하였다.

특허법원은, '자연법칙을 이용한 기술적 사상'이란, 자연계를 지배하는 과학기술상의 원리나 인과율을 이용하여, 반복하여 실시할 수 있는 보편성과 반복성 및 객관성을 가지고 목적하는 바의 효과 즉, 기술적 효과를 달성하기 위한 합리적인 수단을 의미하는 것이므로, 자연법칙 그 자체나 인간의 정신활동 또는 사람의 심리적, 생리적 작용을 이용한 것이나, 논리법칙, 경제법칙을 그대로 이용한 것은 물론 자연법칙에 반하는 발명은 '자연법칙을 이용한 발명'이라고 할 수 없으나, 논리적인 법칙이나 수학적인 원리 그 자체나 이를 직접적으로 이용하는 방법이나 원리 자체에 대한 특허를 청구하는 것이 아니고, 수학적인 연산을 통하여 변환되는 데이터를 이용하여 특정한 기술수단의 성능을 높인다거나 제어함으로써 유용하고 구체적이고 실용적인 결과를 얻을 수 있는 기술적인 장치나 방법으로 청구하는 경우에는 그와 같은 장치나 방법이 특정한 목적을 달성하기 위한 합리적인 수단으로서 보편성과 반복성 및 객관성을 갖는 것이라면 자연법칙을 이용한 기술적 사상이라고 할 수 있다고 판단한 후, 이 사건 특허발명은 단순한 수학적인 원리나, 컴퓨터나 인터넷의 범용적인 기능의 단순한 이용 자체를 특허로 청구하고 있는 것이 아니라, 인터넷이라는 기술적인 통신수단에 의하여 연결되고, 원격 교육을 위한 교육용 페이지와 평가용 페이지를 상호 전송하고 학습이나 시험데이터를 평가하고 관리 및 저장함으로써 시간과 장소의 제약을 덜 받으면서 동시에 학습과 평가의 결과를 지속적으로 할 수 있는 효과적인 원격 교육을 가능하게 한다는 구체적이고 실용적인 효과를 달성할 수 있는 기술적인 수단으로서, 접속부, 인터페이스부, 운영시스템 등의 수단과 함께 CGI 프로그램부와 데이터베이스부 및 데이터베이스관리부 등으로 구성된 원격교육수단이 유기적으로 결합된 단말장치와 서버장치를 청구하고 있고, 이러한 장치들이 자연법칙을 이용한 기술적 장치들로서 원격교육의 수단으로서 보편적, 반복적으로 사용될 수 있는 기술수단이므로 자연법칙을 이용한 기술적 사상이라고 판단하였다(다만 진보성 흠결로 심결을 취소하였다).

③ 특허법원 2006. 12. 14. 선고 2006허1742 판결

이 사건 발명은 네트워크를 기반으로 상품구매정보 및 가상 아이템 정보를 이용하여 컨설팅 정보를 제공하는 방법에 관한 것인데, 법원은 「BM 발명은 컴퓨터상에서 소프트웨어에 의한 정보처리가 하드웨어를 이용하여 구체적으로 실현되고 있어야 성립하는데, 출원발명의 가장 핵심적인 부분이라 할 수 있는 '사용자의 생활설계 기초정보를 분석, 비교한 후 그 결과를 산출하는' 단계의 구성이 구체적으로 명확하게 기재되어 있지 아니하여 사람이 판단하는 과정으로 해석할 수밖에 없으므로, 이는 자연법칙을 이용하고 있다고 볼 수 없거나 실시방법의 전부 또는 일부를 결여한 미완성 발명에 해당한다.」고 판단하였다.

④ 특허법원 2006. 12. 21. 선고 2005허11094 판결

해당 발명은 인터넷 커뮤니티상의 개인방 형태의 미니룸 생성 및 관리방법에 관한 발명인데, 법원은 「정보 기술을 이용하여 새로운 영업방법을 실현하는 비즈니스 방법(business method)발명에 해당하기 위해서는 컴퓨터상에서 소프트웨어에 의한 정보처리가 하드웨어를 이용하여 구체적으로 실현되고 있어야 하고, 이는 소프트웨어가 컴퓨터에 의해 단순히 읽혀지는 것에 그치지 않고, 나아가 소프트웨어와 하드웨어가 구체적인 상호 협동 수단에 의하여 사용목적에 따른 정보의 연산 또는 가공을 실현함으로써 사용목적에 대응한 특유의 정보처리장치 또는 그 동작방법이 구축되는 것을 말한다고 할 것인데, 출원발명은 회원이 컴퓨터를 통해서 미니룸의 생성 여부를 어떻게 확인하는지, 기억수단인 데이터베이스에 가구가 어떻게 전시되고 회원이 구매가구 선택을 위해 데이터베이스에 저장된 가구목록에 어떻게 접근하여 선택할 수 있는지 등에 대하여 명확하게 기재되어 있지 않으므로, 소프트웨어와 하드웨어의 결합을 이용한 구체적 수단을 내용으로 하고 있지 않을 뿐 아니라, 사용목적에 따른 단계별 정보의 연산 또는 가공이 어떻게 실현되는지에 대해 구체적으로 명확하게 기재되어 있지도 않아 발명에 해당하지 않는다.」라고 판단하였다.

⑤ 특허법원 2006. 12. 21. 선고 2006허4697 판결

해당 발명은 법원경매 부동산을 분석하여 관련된 정보를 제공하는 영업방법에 관한 것으로, 청구항 1은 경매물건에 대한 권리내용에 대응하는 전문가의 지식을 데이터베이스화하는 단계, 경매법원에서 제공되는 경매물건 정보를 참조하여 물건 리스트 및 권리내용을 데이터베이스화하는 단계, 상기에서 데이터베이스화된 각 물건에 대해 등기권리와 물건화권리를 우선일자 순으로 배열하여 1차 권리분석을 실행하고 그 실행결과를 토대로 전문가 지식기반의 기본 분석결과 데이터를 데이터베이스화하는 1차 권리분석 단계, 유무선 네트워크상에서 접속된 경매입찰자의 정보단말기로 경매물건 리스트를 제공하여 경매입찰자가 선택한 경매물건에 대한 내역 및 기본 분석 데이터를 제공하고 경매입찰자가 현재 선택한 경매물건의 권리내용을 수정하는지 판단하는 단계, 상기에서 경매입찰자가 경매물건의 권리내용을 수정하면 등기부상 권리와 물건화권리를 우선일자 순으로 다시 배열하여 2차 권리분석을 실행하며 그 실행결과를 토대로 전문가 지식기반의 분석결과 데이터를 데이터베이스화하여 상기 정보단말기로 제공하는 2차 권리분석 단계를 포함하고 있고, 청구항 6은 컴퓨터가 상기 방법의 프로그램 소스를 실행시킬 수 있도록 기록한 저장기록매체에 관한 것이다.

특허심판원은 기재불비 및 신규성, 진보성이 없다는 이유로 등록무효심결을 하였다. 특허법원은, 「해당 특허발명은 경매법원에 설치된 경매관할서버와 경매서비스를 제공하는 경매서비스서버가 유무선 네트워크로 연결되어 있음을 필수적 구성요소로 한다. 그러나 특허발명의 청구범위에는 경매관할서버와 경매서비스서버 사이에 네트워크를 구축하는 기술적 구성이 명확하게 기재되어 있지 않다. 또한, 발명의 상세한 설명에는 경매관할서버(110)와 경매서비스서버(120)에 경매서비스 업체에서 개발한 '경매진행처리를 위한 프로그램'이 설치되어 있고, '경매서비스서버(120)'가 경매관할서버(110)로부터 각 경매물건에 대한 정보를 제공받는다고만 기재되어 있을 뿐, 경매관할서버(110)와 경매서비스서버(120)에 설치된다는 '경매진행처리를 위한 프로그램'이 어떤 내용의 프로그램인지, 경매서비스서버가 경매관할서버로부터 경매물건에 대한 정보를 제공받는 과정이 소프트웨어와 하드웨어가 어떻게 협동하고 동작함으로써 실현되는지에 대하여 구체적으로 명확하게 기재되어 있지 않다. 따라서 해당 특허발명은, 이를 구성하는 소프트웨어의 측면에서만 보면 출원 전 공지된 발명들에 비하여 더 정확한 권리분석결과를 산출할 수 있다고 볼 여지는 있지만, 소프트웨어에 의한 정보처리가 하드웨어를 이용하여 구체적으로 실현되어야 하는 영업방법의 특허발명으로서는 이를 실현하는 방법이 결여된 미완성발명에 해당하거나, 명세서의 기재가 특허법 제42조 제4항, 제3항의 규정에 위반되어 기재불비에 해당하므로 특허를 받을 수 없다.」라고 하면서 특허권자의 심결취소청구를 기각하였다.

⑥ 특허법원 2007. 6. 27. 선고 2006허8910 판결

원고는 "회사여행계획 및 관리시스템 및 방법"이라는 명칭의 발명을 특허출원하였다가 특허청으로부터 청구항 12. 내지 17.에 대하여 「비즈니스 관련 발명인데 소프트웨어에 의한 정보처리가 하드웨어를 이용하여 구체적으로 실현되는 방법이 기재되어 있지 아니하고 각 단계의 주체가 사람인지 컴퓨터인지 명확하지도 않아 자연법칙을 이용한 기술적 사상이라고 볼 수 없다.」는 이유로 거절결정을 받고 특허심판원에 거절결정취소심판을 청구하였다.

특허심판원은, 「청구항 12는 항공사 등의 컴퓨터 예약시스템과 연결되어 있고 회사 내의 여행계획자, 부서관리자, 여행관리자 등이 컴퓨터로 연결되어 여행계획, 비용보고 및 여행관리를 하는 방법에 관한 것으로, ① 여행요청을 작성하는 단계, ② 여행계획에 대한 승인을 얻는 단계, ③ 비용보고를 작성하는 단계, ④ 비용보고에 대한 승인을 얻는 단계 및 ⑤ 완료된 여행예약을 수신하는 단계를 포함하는 것을 특징으로 하는데, 이 사건 제12항 발명이 ② 및 ④의 '여행계획이나 비용보고에 대한 승인'이라는 인간의 정신적 활동을 이용하고 있어 발명에 해당하지 아니한다.」는 이유로 원고의 청구를 기각하는 심결을 하였다.

특허법원은 BM발명이 성립하려면, 전체로서 판단된 청구항이 사람의 정신활동 등을 이용한 것이거나 단순히 컴퓨터나 인터넷의 범용적인 기능을 이용하고 있는 것이어서는 안 되고, 컴퓨터 시스템상에서 소프트웨어와 하드웨어의 구체적인 상호 협동수단에 의하여 특정한 목적 달성을 위한 정보

의 처리를 구체적으로 수행하는 정보처리장치 또는 그 동작방법이 구축됨으로써 컴퓨터나 인터넷이 단순히 이용되는 것 이상의 새로운 효과를 발휘할 수 있어야 한다고 한 후, 청구항 12에 대하여, 「② 및 ④의 여행계획과 비용보고에 대한 승인을 여행관리시스템으로 얻는 단계들에 대하여, 일응 여행관리시스템을 통한 소프트웨어 처리단계와 이를 수행하기 위한 여행관리시스템이라는 하드웨어 수단이 포함되어 있기는 하나, 그 소프트웨어와 하드웨어 수단은 매우 추상적인 용어인 '여행관리시스템'으로만 기재되어 있고, 위와 같은 승인을 하는 주체는 회사 내의 승인권자라는 사람일 수밖에 없고, 발명의 실시를 위하여는 위와 같은 사람에 의한 승인절차가 필수불가결하다고 보이는 바, 위 여행관리시스템이 회사 여행자 등으로부터 요청된 여행계획이나 비용보고를 어떠한 구체적인 수단이나 절차를 통하여 위 승인권자로부터 승인받는지, 위 승인절차에서 승인권자인 사람의 행위와 위 시스템의 행위가 어느 정도로 관련되어 있는지 등에 대한 소프트웨어와 하드웨어의 구체적인 협동수단 및 그 협동관계가 불명료하고, 단순히 '여행관리시스템으로 승인을 얻는 단계'라고만 기재되어 있다. 또한, 청구항 전체로도, 여행관리시스템이 특정한 목적 달성을 위하여 갖추어야 할 구체적인 협동수단(예를 들면, 여행계획이나 비용보고의 작성과 보고루트를 자동화하고, 승인권자에게 적절한 승인, 정밀한 비용상환 등을 보장하기 위한 자동화된 요약보고나 구체적인 시스템으로 구현된 승인 화면을 제공하며, 이때 회사 자원의 적절한 관리가 가능하도록 하는 여행계획 및 비용보고 모듈과 위 모듈로부터 발생한 자료를 통합하여 회사 여행관리자나 부서관리자들이 활용할 수 있도록 하는 여행결정 모듈 등이 동시에 작성, 제공되게 하는 수단 등)이 어떻게 구현되는지를 구체적으로 한정하지 않고 있어서, 소프트웨어와 하드웨어가 구체적인 상호 협동수단에 의하여 특정한 목적 달성을 위한 정보의 처리를 수행하는 정보처리장치 또는 그 동작방법으로 구축되어 새로운 효과를 발휘하고 있다기보다는, 컴퓨터나 인터넷시스템의 범용적인 기능이 단순히 이용되고 있는 것에 불과하다고 보이므로, 제12항 발명은 전체적으로 위와 같은 컴퓨터나 인터넷시스템의 범용적인 기능을 이용하는 사람의 행위 위주로 구성된 것으로서 자연법칙을 이용한 기술적 사상에 해당한다고 할 수 없다.」는 이유로 심결취소청구를 기각하였다.

⑦ 특허법원 2010. 11. 17. 선고 2010허2087 판결

「특허법 제2조 제1호는 자연법칙을 이용한 기술적 사상의 창작으로서 고도한 것을 '발명'으로 정의하고 있으므로, 특허발명이 자연법칙을 이용한 것이 아닌 때에는 특허법 제29조 제1항 본문의 '산업상 이용할 수 있는 발명'의 요건을 충족하지 못한 것인데, 특히 정보기술을 이용하여 영업방법을 구현하는 이른바 영업방법발명에 해당하기 위해서는 컴퓨터상에서 소프트웨어에 의한 정보처리가 하드웨어를 이용하여 구체적으로 실현되고 있어야 하고, 특허발명이 자연법칙을 이용한 것인지 여부는 청구항 전체로서 판단하여야 하므로, 청구항에 기재된 발명의 일부에 자연법칙을 이용하고 있는 부분이 있더라도 청구항 전체로서 자연법칙을 이용하고 있지 않다고 판단될 때에는 특허법상의 발명에 해당하지 않는다(대법원 2008. 12. 24. 선고 2007후265 판결 참조).

이 사건 제1항 발명은 사용자에게 향상된 정보를 제공하기 위한 방법으로 타겟 컨텐츠 및 추가 컨텐츠 모두를 사용자에게 제공하여 광고의 성능을 개선하는 것이어서, 영업방법발명의 범주에 속한다고 할 수 있다. 그런데 문서 정보를 수용하는 단계(구성요소 1), 문서 정보를 사용하는 단계(구성요소 2), 컨텐츠를 조합하는 단계(구성요소 3)를 수행하는 하드웨어에 관하여 특허청구범위에 아무런 기재가 없고, 가사, 이 사건 제1항 발명이 컴퓨터상에서 실현되는 것을 전제로 하여 작성되었다 하더라도, 구성요소 1, 2, 3을 수행하기 위한 컴퓨터의 구체적 하드웨어가 이 사건 특허발명의 명세서에 객관적이고 명시적으로 나타나 있다고 보이지도 아니하므로, 이 사건 특허발명의 상세한 설명을 참작하여도 이 기술분야에서 통상의 지식을 가진 자가 이 사건 제1항 발명의 구성요소 1, 2, 3이 컴퓨터상에서 소프트웨어에 의한 정보처리가 하드웨어를 이용하여 구체적으로 어떻게 실현되는지 알 수 있다고 보이지도 않으므로, 이 사건 제1항 발명은 특허법 제29조 제1항의 '산업상 이용할 수 있는 발명'이라고 할 수 없다.」

(3) 정 리

특허청과 법원은 소프트웨어 관련발명의 성립성을 판단함에 있어서, “소프트웨어에 의한 정보처리가 하드웨어를 이용하여 구체적으로 실현되고 있는지”를 기준으로 한다. 즉, 소프트웨어 자체만으로는 발명으로 성립할 수 없고, 소프트웨어와 하드웨어의 구체적인 상호 협동수단에 의하여 특정한 목적 달성을 위한 정보의 처리를 구체적으로 수행하여 컴퓨터나 인터넷이 단순히 이용되는 것 이상의 새로운 효과를 발휘할 수 있는 경우라야 하며, 컴퓨터나 인터넷시스템의 범용적인 기능이 단순히 이용되고 있는 것이라면 성립성이 부정된다. 다만 소프트웨어가 하드웨어에 어떻게 이용되어야만 단순한 컴퓨터나 인터넷의 범용적 사용이 아니라, 특정 목적을 달성하기 위한 유기적 결합이라고 볼 것인지에 관하여는 여전히 의미가 명확하지 않다는 비판도 있다.[372)]

한편 청구항에 기재된 발명의 필수 단계에 있어서, 해당 프로그램이 어떠한 과정을 거쳐 해당 하드웨어가 어떻게 동작하는지가 명확하게 나타나 있지 않은 경우 자연법칙을 이용한 기술적 사상에 해당한다고 할 수 없다는 이유로 발명의 성립성 자체를 부정하는 경우와 필수적 구성요소가 기재되어 있지 않다는 이유로 기재불비로 보는 경우가 혼용되고 있다.

따라서 침해소송의 상대방은 원고의 특허발명이 위와 같은 요건을 충족시키지 못함을 주장하여 산업상 이용가능성이 없거나 기재불비의 무효사유가 존재한다고 주장함으로써 방어할 수 있다.

다. 외국의 실무

(1) 미 국

우리나라의 특허법에서는 발명의 성립요건을 적극적으로 규정하고 있는데 반하여, 미국 특허법에서는 특허법상 특허대상에서 제외되는 발명에 해당하는지로 판단하는 체제를 취하고 있다. 영업방법발명은 미국 특허법 제101조에서 특허대상에서 제외하고 있는 것에 해당하는지가 문제되는데, 시대의 변화에 따라 영업방법발명의 취급이 달라져 왔다. 그런데 최근 CAFC

---

372) 박성수, 「영업방법발명의 발명으로서의 성립성 및 신규성과 진보성의 인정기준」, 한국정보법학회 편 정보법판례백선, 박영사 2006. 159면.

와 연방대법원이 Bilski 판결을 선고함으로써 영업방법발명의 취급에 변화가 생겼으므로, 미국의 실무변화를 Bilski 판결 이전과 이후로 나누어 살펴보기로 한다.

(가) Bilski 판결 이전의 동향[373]

1980년대 이전에는 컴퓨터프로그램이 수학공식과 마찬가지라거나 정신적 행위를 전산화한 것에 불과하다는 등의 이유로, 법원은 소프트웨어 발명이 불특허사항에 해당한다고 보았다.[374] 예를 들어, Gottschalk v. Benson 사건에서는,[375] 10진수의 각 자리를 각기 2진수로 나타낸 것을 일정한 수학적 알고리즘에 따라서 순수한 2진화 10진수로 바꾸는 방법에 관한 발명의 특허능력이[376] 다투어졌는데, 미국 연방대법원은 당해 발명에서 제시된 방법은 일정한 수학지식을 가진 통상의 사람도 할 수 있는 것을 컴퓨터에 의해서 처리하게 함으로써 더욱 신속하게 할 뿐이라는 점에서 단순히 수학적 알고리즘 그 자체에 불과하므로 특허능력이 없다고 판시했다. 즉, 당해 발명에서 신규성이 있다고 판단된 요소(point of novelty)는 오직 특정의 수학공식에 있는데, 이러한 수학공식 그 자체에 대해서 특허능력을 인정하게 되면 당해 수학공식에 대한 일반공중의 이용을 박탈하는 결과가 되고 기술과 과학 및 산업의 발전이라고 하는 특허법의 목적에 반하게 되므로, 특정한 기계를 포함하지 않는 프로세스 청구범위의 경우 어떠한 물체를 다른 상태나 다른 물건으로 변환하는 점이 있어야 특허대상성을 만족할 수 있다고 판시하였다.

위 판결의 영향으로, 수학적 알고리즘에 관한 소프트웨어발명의 경우에는 문제된 수학적 알고리즘의 이용으로 특정의 물리적 객체를 변화시키거나 특정의 공정을 통제하는 경우에 한해서만 특허능력이 인정된다고 하는

---

373) 정상조, 「소프트웨어 특허의 현황과 과제」, Law & Technology 제3권 제6호 (2007. 11.), 서울대학교 기술과 법센터 42~45면 참조.

374) 자세한 내용은 이규홍, 「영업방법발명의 헌법적 이해」, 사법논집 제53집, 법원도서관 2011. 221~224면 참조.

375) 409 U.S. 63 (1972).

376) 특허능력(patent eligiblity)은 '특허대상성', '특허성'이라고도 번역되는데 우리나라의 '발명의 성립성'에 대응되는 개념이다.

엄격한 기준이 형성되었다.[377] 예컨대, Parker v. Flook 사건에서는[378] 촉매변환(Catalytic conversion) 공정에서 순간적으로 변하는 상황에 맞는 공정한계치를 산정하는 방법에 관한 발명의 특허능력이 다투어졌는데, 미국 연방대법원은 특정 수학적 알고리즘이 공정한계치를 산정할 뿐이고 그러한 공정한계치에 의해서 주위의 물리적 객체를 변화시키거나 당해 공정을 통제하지는 않기 때문에, 당해 발명에 특허능력이 인정될 수 없다고 판시했다.

1980년대에 들어와서, 프로그램의 저작권법적인 보호의 한계가 지적되고 특허법적 보호의 필요도 증대함에 따라서, 미국 특허상표청은 소프트웨어 발명에 대해서 널리 특허권을 부여하게 되었고 미국 연방법원도 다수 소프트웨어발명의 특허능력을 인정해 주게 되었다. Diamond v. Diehr 사건에서,[379] 고무경화공정(rubber-curing process)에서 유명한 수학공식인 아레니우스(Arrhenius)공식을 이용하여 시간이 지남에 따라서 변하는 경화형판(硬化型板) 내의 온도를 측정하고 측정된 온도하에서 고무 경화에 걸리는 시간을 산정한 후 산정된 시간이 경과하면 경화형판을 열게 해주는 방법에 관한 발명의 특허능력이 다투어졌는데, 미국 연방대법원은 앞서 본 Benson 사건에서와는 달리 이 사건에서의 수학적 알고리즘이 경화 소요시간을 산정할 뿐만 아니라 경화형판을 열도록 지시까지 한다는 점을 강조하면서, 그러한 지시 때문에 고무라고 하는 물리적 객체를 변화시켰다고 판단하여 발명의 특허능력을 인정했다.

그 후에 미국 연방법원들은, CAT Scan 단면도촬영공정에서 특정 수학적 알고리즘에 의해서 노출시간을 산정하는 방법에 관한 발명과[380] 전통적인 형태의 지진파동을 원주형 파장으로 변환해서 지진탐사를 하는 방법에 관한 발명[381] 그리고 순차적 방식으로 정보를 처리하던 컴퓨터를 정보가 입력된 순서와 관계없이 정보를 처리하는 컴퓨터로 변환하는 방법에 관한

377) In re Freeman, 578 F. 2d 1237 (CCPA, 1978) 등 다수의 70년대 판례.
378) 437 U.S. 584 (1978).
379) 450 U.S. 175 (1981).
380) In re Abele, 684 F.2d 902 (CCPA, 1982).
381) In re Taner, 681 F.2d 787 (CCPA, 1982).

발명[382] 등의 특허능력을 인정하였다.

그 후 아무런 물리적 변화나 화학적 변화도 초래하지 않는 컴퓨터프로그램 자체 또는 사업적 방법이 특허받을 수 있는 발명에 해당되는지가 문제되었는데, 가장 넓은 범위의 특허능력을 수용한 판결이 State Street Bank & Trust Co. v. Signature Financial Group, Inc[383] 판결(이하, "SSB 판결"이라 한다)이라 할 수 있다. 이 사건에서 문제된 특허발명은 mutual funds의 관리 및 회계의 목적으로 개발된 프로그램으로 "Hub and Spoke"라는 등록상표를 가진 프로그램에 관한 발명인데, 동 발명의 핵심은 다수의 mutual funds("Spoke")를 절세의 목적상 partnership 형태로 투자 portfolio("Hub")를 구성해서 운영하는 방법에 관한 것이다. 이러한 투자구조는 mutual fund 관리자에게 연구비용 및 기타의 간접경비를 줄이면서도 '규모의 경제'의 장점을 살릴 수 있도록 해주는데, 특허출원된 발명 프로그램은 각 mutual fund들이 전체 투자 portfolio에서 차지하는 매일매일의 투자지분과 비율을 토대로 해서 각 mutual fund들에 할당된 투자금액의 변화를 계산하고, 회계연도의 총수익금, 비용, 순이익이나 순손실액 등을 회계 및 조세처리를 위해서 산정해 주는 것이다. 이 사건의 특허발명 프로그램은 각종 비율이나 이익액 또는 손실액 등의 수치를 산정해주는 수학적 공식이 중요한 요소의 하나로 되어 있지만, CAFC는 컴퓨터발명의 핵심이 수학적 공식으로 추상적인 아이디어에 머무른 경우에는 자연법칙 그 자체와 마찬가지로 특허 받을 수 없지만, '구체적이고 유용하며 실체를 가진 결과'(useful, concrete and tangible result)를 생산하기 위해서 당해 수학적 공식의 이용이 이루어진 경우에는 발명에 해당된다고 볼 수 있다고 판시하였다. SSB 판결은 컴퓨터프로그램 또는 사업적 방법에 관한 발명에 대해서 중요한 기준을 마련한 것으로 평가되고 있다.

그 후에 있은 AT&T Corp. v. Excel Communications, Inc. 사건에서는[384] 전화통화기록방법에 관한 발명이 문제되었는데, 특허발명은 장거리

382) In re Pardo, 684 F.2d 912 (CCPA, 1982).

383) 149 F.3d 1368 (Fed. Cir., 1998), cert. denied, 119 S. Ct. 851 (1999).

384) 172 F.3d 1352 (Fed. Cir., 1999), cert. denied, 120 S. Ct. 368 (1999).

전화에 관한 통화시각과 수신자 및 장거리전화회사 등에 관한 전화통화기록을 하면서 같은 장거리전화회사를 선택했는지 아니면 다른 장거리전화회사를 선택했는지를 표시해둠으로써 그 차이에 따라서 다른 전화요금을 부과할 수 있도록 하는 것을 특징으로 하고 있었다. CAFC는 위 발명이 수학적 공식을 포함하고 있지만 그러한 수학공식을 독점하고자 하는 것이 아니라 '수학공식을 이용한 기술적 사상'을 청구항으로 삼고 있다는 점을 중시하였고, 특허대상을 물리적인 변환(physical transformation)이 이루어지는 경우에 한정할 필요는 없다는 점을 명백히 밝히면서, 알고리즘이 구체적으로 유용한 결과를 가져다주는지가 유일한 기준일 뿐이라고 판시하였다.

나아가 Amazon.com v. Barnesandnoble.com 사건에서는[385] amazon.com이 개발해서 특허등록한 one click system이 문제되었는데, 이는 고객이 일단 주문을 하게 되면 그 고객에 관한 정보를 회사의 컴퓨터에 입력하고 같은 고객정보가 고객 자신이 사용하는 Web Browser에도 "cookie"의 형태로 저장되도록 해서, 신용카드를 이용해 상품을 주문한 고객의 경우 다음 번에는 다시 같은 정보를 입력하지 않아도 되게 한 것에 특징이 있다. 연방대법원은 해당 발명이 인터넷을 통한 상품주문에 관한 사업방식이라고 하는 추상적인 아이디어에 불과하다면 발명에 해당한다고 볼 수 없겠으나, 같은 고객정보를 반복해서 입력하지 않고 한 번의 입력으로 지속해서 상품주문이 이루어질 수 있도록 하기 위해서 컴퓨터기술을 활용한 구체적이고 유용한 기술적 사상으로 보아서 발명으로 보호될 수 있다고 보았다. 요컨대, SSB 판결 이후로 영업방법발명도 유용하고 구체적이며 실체를 가진 결과(useful, concrete and tangible result)를 가져다주는 기술적 사상에 해당되면 특허대상에 해당된다고 보는 태도가 굳어졌다고 할 수 있다.

(나) Bilski 판결

① CAFC의 판결[386]

SSB 판결 이후 영업발명 관련 특허출원이 급증하였는데 1999년에 2,600

385) 73 F.Supp.2d 1228 (W.D.Wash., 1999).

386) In re Bernard L. Bilski and Rand A. Warsaw, 545 F.3d 943 (Fed. Cir., 2008).

여 건이었던 것이 2008년에는 그 숫자가 14,000여 건에 이르렀고,[387] 어떠한 형태로든 소프트웨어와 연결된 영업방법뿐만 아니라, 소프트웨어를 전혀 사용하지 않는 순수한 영업방법 그 자체를 출원하는 경우도 증가하였다.

그러던 중 CAFC는 위 사건에서 영업방법발명의 성립성을 판단하기 위한 기존의 판단기준을 모두 폐기하고, 기계 또는 변환(machine or transformation)기준만을 유일한 판단기준으로 삼아야 한다고 한 후, 해당 발명은 위 요건을 만족 하지 못한다고 판단하여 특허능력을 부정하였다.

출원된 발명은 상품거래 분야의 가격변동 리스크를 방지하는 방법에 관한 것인데, 청구항 1은, (a) 소비자가 과거 평균치와 소비자 리스크 포지션을 감안한 고정가격으로 상품을 구매하는 것을 포함하여 특정상품의 상품거래중개인과 소비자 사이에 일련의 거래를 시작하는 단계, (b) 해당 상품의 소비자 리스크 포지션을 상쇄할 수 있는 시장참여자를 식별하는 단계, (c) 시장참여자의 일련의 거래가 해당 소비자 거래의 리스크 포지션을 상쇄하도록 두 번째 고정가격으로 상품거래중개인과 시장참여자 사이에 일련의 거래를 시작하는 단계로 이루어져 있다.

위 발명은 소비자(발전소)와 시장참여자(석탄회사) 그리고 상품거래중개인(상품제공자)이 서로 다른 리스크 포지션에 있으므로, 이러한 리스크를 줄이기 위해 소비자와 시장참여자 모두 소정의 방식으로 상품거래중개인을 사용하는 것에 특징이 있는데, 청구항에서 알 수 있는 바와 같이 구체적 단계에서 어떠한 장치나 수단이 구성요소에 전혀 포함되어 있지 않으며, 물리적 변환 등의 구성요소도 전혀 나타나 있지 않다.

미국 특허상표청은 기술적 결과물(technological test) 기준에[388] 의해 당

---

387) 박시영, 「영업방법발명의 성립성에 관한 미국판례 동향 : 미국 연방대법원의 Bilski 사건」, 지식재산 21 113호(2010. 10.), 특허청 139~160면; Steven J. frank, 「The Death of Business-Method Patents」, IEEE Spectrum, March 2009. at 32~34.

388) 이 기준은 해당 발명이 협의의 과학과 관련한 기술적 혁신을 가져올 것을 요구하는 입장이고, 이에 의하면 영업방법에 관한 특허대상성이 근본적으로 부정된다고 한다. 박준석, 「영업방법발명 등 컴퓨터프로그램 관련발명의 특허법적 보호에 관

해 발명이 특허대상이 아니라는 이유로 거절결정하였고, BPAI(Board of Patent Appeals and Interferene)은 물리적 대상의 변환이 없다는 이유로 특허능력을 부정하였다.

CAFC는 전원합의체(en banc) 판결에서 다음과 같이 판단하였다. CAFC는 기계 또는 변환(machine or transformation)을 유일한 판단기준으로 하고,[389] SSB 판결에서 확립된 "유용하고 구체적이며 실체적인 결과"라는 판단기준은 성립성에 대한 유용한 지표를 마련해줄 수는 있지만, 기계 또는 변환 테스트를 대신하지는 못한다고 하였다.

또한 CAFC는 기존에 사용된 판단기준인, ① Freeman-Walter-Abele 기준(컴퓨터프로그램의 특허대상 여부를 판단하는 방법으로 ① 청구항이 알고리즘을 직접적이거나 간접적인 방식으로 언급하고 있는지의 여부와, ② 청구된 발명이 전체적으로 보아 알고리즘 자체에 해당하는지 여부의 2단계로 판단하는 기준)은[390] 특허대상이 될 수 있는 알고리즘인지 아닌지를 가려내기 위한 기준인데, 이를 통과하는 방법의 폭이 너무 좁아서 특허대상이 될 수 있는 특허출원도 거절하게 할 수 있으므로 부적절하고, ② 위 사건에서 특허상표청이 적용한 기술분야기준 역시, 기술분야라는 것이 모호하고 지속적으로 변화하는 것이기 때문에 위 역시 불명확한 판단기준이라고 판시하였다.

기계 또는 변환기준에 의하면, 출원된 방법(process)발명이 특허 되기 위해서는 특정한 기계나 장치에 결합하거나 특정한 물품을 다른 상태 또는 물건으로 변환하여야 하고, 특정한 기계나 변환이 그 특허대상의 청구범위에 의미 있는 정도의 제한을 가해야 하며, 단순한 무의미한 것을 부가한

한 비교법적 고찰」, 비교사법 16권 3호(통권 46호)(2009), 한국비교사법학회 453면 이하 참조.

389) 기계 또는 변환 기준은 사실 새로운 것이 아니다. 19세기경부터 연방대법원은 위 기준을 다른 기준들과 함께 적용하여 오고 있었는데, 앞서 본 Gottschalk v. Benson 사건과 Diamond v. Diehr 사건이 그 예이다.

390) 김관식, 「특허대상 여부의 판단기준으로서 발명의 성립성과 subject matter patentability : 영업방법 관련발명의 특허대상 여부 판단의 궁극적 기준을 모색하며」, 사법 16호(2011. 6.), 사법연구지원재단 75면 이하 참조.

정도이어서는 안 된다고 하였다. 즉, 청구범위에서 특허대상이 다른 상태나 물건으로 변화되는 것이 있어야 하고, 그 변환이 프로세스의 목적에 본질적이어야 한다. 예를 들면 그 변환이 물리적 또는 화학적 변환이라면 충분히 이러한 변환조건을 만족할 것이다. 또한, 어떠한 데이터를 특정한 물리적 물체나 성분을 대표하는 가시적인 것으로 보여주는 것은 특허대상이 될 수 있다고 하였다. 그러나 기계나 장치의 사용 없이 단순히 인간의 지능으로 문제를 풀어나가는 것은 특허대상이 될 수 없다고 하였다.

CAFC는 위 사건에서 '변환' 기준의 충족 여부만을 검토하였는데('기계' 기준을 통과하지 못한다는 점에 관하여는 출원인이 다투지 않았다), 해당 발명에서 변환되는 것은 법률적인 책임 또는 관계, 사업적 위험 등으로서, 이에 따라 단지 상품거래중개인, 소비자 그리고 시장참여자의 관계만이 변화될 뿐인데, 이러한 것들은 물리적인 대상이 아니며, 물리적인 대상이나 성분을 대표하지도 않기 때문에 변환기준을 만족하지 못한다고 판시하였다.

미국특허상표청은 CAFC의 위 판결 이후 기계 또는 변환기준에 따라 특허능력을 판단하라는 임시심사지침을 심사부서에 제공하였고, 위 판결의 여파로 영업방법발명에 대한 출원이 급격히 감소하였다.

② 연방대법원의 판결[391)]

연방대법원은 위 판결에 대하여 2009. 6. 상고를 허가하여 심리한 끝에, 2010. 6. 28. 결론적으로 Biski의 발명이 특허능력을 충족하지 못한다는 CAFC의 판결을 지지하는 판결을 선고하였다. 그러나 CAFC의 판단기준에 관한 판시는 배척하였는데, 연방대법원은 기계 또는 변환기준이 "청구된 발명이 특허법 제101조에 규정된 방법(process)인지를 결정하는 유용하고 중요한 단서, 조사할 수 있는 수단"이기는 하지만 그러한 판단을 내리기 위한 유일한 판단기준은 아닌데, 그 이유는 만약 기계 또는 변환기준을 유일한 판단기준으로 한다면 이는 "특허법의 조문과 배치되는 제한을 가하는 것"이 되기 때문이라고 설시하였다.

또한, 이미 미국 특허법 제100조 (b)항에 방법(process)에 관한 정의가

391) Bilski v. Kappos, 130 S.Ct. 3218 (2010).

존재하고 있고, Benson, Flook, Diehr 판결에서 판단기준을 제시했으므로 추가적인 판단기준은 제시하지 않았다. 한편 영업방법발명이라는 카테고리가 특허능력이 없다는 주장에 대하여는 그렇게 볼 수 없다고 판단하였다.

연방대법원 판결의 요지는 CAFC가 적용한 기계 또는 변환기준 역시 유용한 판단기준이기는 하나, 그것만이 유일한 기준은 아니며 기존판례에 의해 확립된 판단기준 역시 유용한 판단기준이라는 것이다. 또한, 소프트웨어, 첨단의료진단기술, 선형프로그래밍에 기초한 발명, 데이터압축, 디지털 신호를 조작하는 등의 정보화시대 기술에 대한 성립성 판단기준에 대해서는 향후 더욱더 많은 연구가 필요하다고 지적하였다.

(다) 그 후 동향

① 연방대법원－In re Ferguson－558 F.3d 1359 (Fed. Cir. 2009) (cert. denied June 29, 2010)

해당 발명은 상품을 마케팅하는 방법에 관한 것인데, 청구항 1은 공유된 마케팅 힘(shared marketing force, 이는 적어도 마케팅 채널을 포함한다)을 발전시키는 단계, 복수의 익명 제조회사에 의해 만들어진 상품을 상기 공유된 마케팅 힘으로 마케팅하는 단계, 상기 복수의 제조회사로부터 상기 공유된 마케팅 힘을 사용한 대가로 전체 이익 중 일부를 취득하는 단계 및 상기 복수의 상품에 대한 독점적인 마케팅 권리를 확보하는 단계를 포함하는 것을 특징으로 한다.

CAFC는 기계 또는 변환기준을 적용하여 해당 발명이 추상적인 아이디어에 불과하다고 판단하였다. 이에 대하여 출원인이 상고허가를 신청하였으나, 연방대법원은 위 Bilski 판결 다음날 상고허가를 기각하였다.

② CAFC

㉠ Classen Immunotherapies, Inc. v. Biogen IDEC－304 Fed. Appx. 866 (Fed. Cir. 2008) (cert. granted, vacated, and remanded on June 28, 2010)

해당 발명은 면역조치 일정(immunization schedule)이 관리된 포유류 그룹에서 발생하는 고질적인 면역관련 질환의 발생이나 심각성에 영향을 미치는지를 판단하는 방법에 관한 것인데, 상기 면역조치 일정에 따라 관리 그룹에 소정의 면역원을 주입하는 단계 및 상기 그룹에서의 고질적인 면역

질환의 빈도, 유행도, 심각성을 통제그룹(control group)에서의 그것과 비교하는 단계로 이루어져 있다.392)

이 사건은 연방대법원이 위 Bilski 판결의 법리에 따라 재심리하라는 취지에서 CAFC로 다시 환송한 사건인데, CAFC는 다시 위 발명에 대하여 기계 또는 변환기준을 적용하여 위 발명이 특허성이 없다고 판단하였다.

㉡ Prometheus Labs., Inc. v. Mayo Collaborative Svcs. – 628 F.3d 1347 (Fed. Cir. 2010) (cert. granted, S.Ct., June 20, 2011)

이 사건 역시 앞 사건과 마찬가지로 연방대법원이 위 Bilski 판결의 법리에 따라 재심리하라는 취지에서 CAFC로 다시 환송한 사건이다.

해당 발명은 면역관련 위장질환의 치료방법을 최적화하는 방법에 관한 것으로서, 6-티오구아닌을 성분으로 하는 약을 위 질환이 있는 객체에 투여하는 단계, 위 객체에서의 6-티오구아닌의 농도를 결정하는 단계로 이루어지는데, 8×10^8개의 적혈구당 6-티오구아닌의 농도가 230p mol 이하인 경우에는 상기 약의 투여를 점차 늘리고, 8×10^8개의 적혈구당 6-티오구아닌의 농도가 400p mol 이상인 경우에는 양의 투여를 점차 감소시키는 것을 특징으로 하고 있다.

CAFC는 연방대법원의 환송결정 이전에도 기계 또는 변환기준을 적용하여, 위 청구항에 기재된 발명에 의하면, '위와 같이 정의된 약이 신체에 투여되는 경우 바람직하지 않은 상태를 개선하는 변환이 발생하기 때문에' 유효한 방법발명이라고 판단하였고, 환송심에서도 「위 청구항에는 변환단계가 나열되어 있을 뿐만 아니라, 위 발명은 자연법칙에 관한 것이 아니라 자연적으로 발생하는 관련성을 특정한 용도에 적용한 것이다.」라는 이유로

392) 청구항의 원문은 다음과 같다. 「A method of determining whether an immunization schedule affects the incidence or severity of a chronic immune-mediated disorder in a treatment group of mammals, relative to a control group of mammals, which comprises : immunizing mammals in the treatment group of mammals with one or more doses of one or more immunogens, according to said immunization schedule, and comparing the incidence, prevalence, frequency or severity of said chronic immunemediated disorder or the level of a marker of such a disorder, in the treatment group, with that in the control group」

위 발명이 유효하다고 판단하였다. 그러나 위 판결은 미국 연방대법원에 의해 다시 파기환송되었는데 연방대법원은 위 발명의 특허대상성을 부정하였다{자세한 내용은 앞의 「2. 의료행위 관련발명 라. (3) 부분」 참조}.

㉢ THE ASSOCIATION FOR MOLECULAR PATHOLOGY et al v. USPTO and MYRIAD (July 29, 2011)[393)]

해당 출원은 유방암진단을 위한 인간유전자에서 분리된 특정유전자에 관한 발명에 관한 청구항과, 위 유전자를 활용하여 생식세포에서 손상이 발생하였는지를 검출하는 방법에 관한 청구항을 포함하고 있다.

유전자관련 청구항의 내용은 다음과 같다.

「BRCA1 폴리펩타이드용 분리된(isolated) DNA 코딩으로서, 상기 폴리펩타이드는 SEQ ID NO : 2로 제출된 아미노산 염기서열을 가지는 것을 특징으로 한다.」

방법 청구항은 다음과 같은데, 핵심사상은 위 유전자를 이용하여 유방암 발병 여부를 판단하는 방법이다.

「BRCA1 유전자에서 생식세포 손상을 발견하기 위한 방법으로서, 상기 손상은 제출된 표에 기재된 손상들로 이루어져 있고, 상기 방법은 인간표본으로부터 추출한 BRCA1 유전자 또는 BRCA1 RNA의 염기서열을 분석하거나, 상기 생식세포의 손상이 제출된 SEQ ID NO:1의 특정 베이스넘버에 대응하는 4개의 뉴클레오티드의 손상이 아닌 경우, 상기 인간표본으로부터 추출한 mRNA로부터 만든 BRCA1의 cDNA의 염기서열을 분석하는 것을 포함하는 것을 특징으로 한다.」[394)]

위 유전자 청구항에 기재된 DNA의 염기서열은 자연에 있는 DNA의 염

393) 653 F.3d 1329 (Fed. Cir. 2011). 이 사건은 앞의 「2. 의료행위 관련발명」 부분에서도 언급하였으나, 영업방법발명의 관점에서 다시 살펴보기로 한다.

394) 원문은 다음과 같다. 「A method for detecting a germline alteration in a BRCA1 gene, said alteration selected from the group consisting of the alterations set forth in Tables 12A, 14, 18 or 19 in a human which comprises analyzing a sequence of a BRCA1 gene or BRCA1 RNA from a human sample or analyzing a sequence of BRCA1 cDNA made from mRNA from said human sample with the proviso that said germline alteration is not a deletion of 4 nucleotides corresponding to base numbers 4184~4187 of SEQ ID NO : 1.」

기서열과 같다. 이 사건에서는 유전자 청구항 및 위 방법 청구항에 관하여 모두 특허능력이 인정되는지가 쟁점이 되었는데, 유전자 청구항에 관하여는 인간신체에서 분리된 특정 유전자가 기존에 자연에 존재하는 물건에 해당하여 특허능력이 부정되는지가 다투어졌고, 방법 청구항은 필수단계로 '분석' 및 '비교' 단계를 포함하는데, 이는 인간의 정신에서 이루어지는 것으로 볼 수 있으므로, 과연 위 청구항의 발명에 특허능력이 있는지가 다투어졌다.

지방법원인 뉴욕남부지방법원은 위 청구항의 발명들 모두에 대하여 특허능력을 부정하였다.[395] 참고로 유럽특허청은 2004년 위 특허출원에 대응하는 특허에 대하여 무효로 판단하였고 이는 그대로 확정된 바 있다.

CAFC는 ⅰ) 유전자 청구항에 대하여, 연방대법원이 제시한 판단기준 즉, 자연에서 발견될 수 없도록 조합되거나 변형되더라도 자연에 있는 것과 유사한 성질을 가지는 화합물과 (설령 염기서열이 같다고 하더라도) 인간의 발명이 자연에 있는 것과 뚜렷이 구별할(markedly different) 수 있는 성질을 부여한 화합물과는 구분되어야 한다는 기준을 적용하여, 이 사건 분리된 DNA는, 자연에 존재하는 분자들과는 화학적 특성과 성질이 구분되어, 자연에 존재하는 분자들과는 뚜렷이 구분된다고 하여 특허능력을 인정하였다.

ⅱ) 그러나 위 방법 청구항에 대하여는 두 유전자의 서열을 비교 및 분석하는 것은 추상적 정신적 과정(abstract metal process)이기 때문에 특허법 제101조에서 정한 발명의 범위를 벗어난다고 판단하였는데, CAFC는 판단에 있어서 기계 또는 변환기준을 적용하였다.[396]

---

395) THE ASSOCIATION FOR MOLECULAR PATHOLOGY et al v. USPTO and MYRIAD, 702 F.Supp.2d 181 (S.D.N.Y., 2010).

396) 구체적 논거는 다음과 같다 : 「The claims recite, for example, a 'method for screening a tumor sample,' by 'comparing' a first BRCA1 sequence from a tumor sample and a second BRCA1 sequence from a non-tumor sample, wherein a difference in sequence indicates an alteration in the tumor sample. '001 patent claim 1. This claim thus recites nothing more than the abstract mental steps necessary to compare two different nucleotide sequences : look at the first position in a first sequence; determine the nucleotide sequence at

위와 같은 이유로 CAFC는 유전자 청구항 및 방법 청구항 모두에 대한 특허능력을 부정한 지방법원의 판결을 일부 파기하였다. 그러나 앞서 본 바와 같이 미국 연방대법원은 관련사건을 파기환송하면서 이 사건 역시 같은 취지로 재심리하라는 취지로 파기환송하였다{자세한 내용은 앞의 「2. 의료행위 관련발명 라. (3) 부분」 참조}.

(라) Bilski 판결 이후의 판결 동향 정리

이상의 동향을 정리해보면, CAFC는 연방대법원의 Bilski 판결 이후 1년 동안 특허대상성이 쟁점이 된 3개의 사건 중 2건에 대하여 특허능력을 인정하였으며, 여전히 기계 또는 변환기준을 적용하였고, 다른 기준은 적용한 사례가 거의 없다.

BPAI(Board of Patent Appeals and Interferences)는[397] 특허능력을 엄격하게 판단하고 있다(위 기간 특허능력을 부정한 사건과 특허능력을 인정한 사건의 비율이 2.5 : 1의 비율로 나타난다). 판단에 있어서 다른 요소도 고려하지만, 기계 또는 변환기준에 상당히 중점을 두고 있고, 대부분은 기계 또는 변환기준이 만족되면 다른 기준을 적용하지 않고 있다.

(2) 유럽연합

유럽연합에서 특허에 관한 제도는 각 회원국의 자국법에 따라 규율되고 있는데, 각국의 법 문언뿐만 아니라 각국 법원에 의해 발전되어 온 법 해석에도 큰 차이를 보이고 있으며, 그러한 와중에 1973년에 채택되고 24개 유럽국가로부터 인준된 유럽특허협력조약(European Patent Convention, EPC)이 그나마 조정기능을 담당하고 있다.[398] 이 조약은 특허출원인이 뮌헨에 있는 유럽특허사무소(European Patent Office; EPO)에 단일 출원서류를 제출하면서 특허를 등록하려는 국가만 지정하면 원스톱으로 후속 등

---

that first position; look at the first position in a second sequence; determine the nucleotide sequence at that first position; determine if the nucleotide at the first position in the first sequence and the first position in the second sequence are the same or different, wherein the latter.」

397) 우리나라의 특허심판원에 대응되는 기관이다.

398) 정재훈, 「소프트웨어의 법적 보호－최근 IT산업 발전과 소프트웨어 특허의 필요성을 중심으로－」, 창작과 권리 35호, 세창출판사 42면.

록절차가 진행되도록 규정하고 있다.[399] 다만 EPO는 특허출원만을 다루는 기관으로서, 각국의 특허사무소에 접수된 모든 출원은 EPO에 넘겨져 검토되지만, 특허의 유효성 결정 및 침해나 취소절차는 각국의 법원에 맡겨 있다.[400]

유럽특허사무소의 특허심사 및 심판의 기준인 유럽특허협력조약 제52조는 특허의 대상에 대하여 「(1) 유럽특허는 어떤 발명이라도 산업상 이용가능하고, 신규하며 진보성이 있는 것에 대하여 부여된다. (2) 아래 열거하는 것에 대하여는 제1항에서 말하는 발명에 속하지 아니하는 것으로 본다; (a) 발견, 과학적 이론과 수학적 방법, (b) 미적 창조물, (c) 사고방식, 규칙, 정신적 활동을 수행하는 방법, 게임을 하는 방법, 컴퓨터 프로그램,[401] (d) 정보의 제시. (3) 위 제2항은 오직 위에서 열거한 것들에 대하여 유럽특허가 위 열거한 것들 그 자체(as such)에 관계되는 한도에서만 특허성을 배제한다.」라고 규정하고 있는 바, 위 규정의 해석과 관련하여, 종래에는 제(2)항에 따라 컴퓨터 프로그램의 특허성을 부정하는 태도를 보였으나, 미국에서 위와 같은 발명의 특허성을 인정하는 방향으로 나아가는 데 영향을 받아 위 규정 제(3)항의 "그 자체(as such, 기술적 특징이 결여된 단순히 추상적인 창작물[402])"에 대한 해석을 통하여 위와 같은 발명도 특허를 받는 길을 열고 있으며, 이러한 경향의 영향으로 EPO의 최근의 심사기준(Guidelines for Examination)에 의하면 「① 위 제52조 제(2)항의 불특허대상에 컴퓨터프로그램이 포함되어 있긴하지만 청구된 사항이 기술적 특징(technical character)을 갖고 있다면 위 제(2)항 및 제(3)항에 의하여 특허의 대상에서 배제되지 않고, ② 컴퓨터 프로그램이 컴퓨터 상에서 동작할

399) 위 같은 곳.

400) Grant C. Yang, 「The Continuing Debate of Software Patents and the Open Source Movement」, 13 Tex. Intell. Prop. L.J. 171 (Winter 2005), 181면.

401) 소프트웨어가 컴퓨터의 동작에 관한 프로그램 또는 절차(procedure)를 말한다는 점에서 양자는 동일한 의미라 할 수 있다. 특허청 전자상거래심사담당관실, 컴퓨터 관련발명 심사기준 (2005. 4.) 참조.

402) 특허청 컴퓨터심사담당관실, 「최근 유럽특허청의 SW특허 심사기준 및 동향(2003. 3.)」, 147면 참조.

때 전류의 흐름과 같은 통상의 물리적 효과를 넘어서는 추가적인(further) 기술적 효과(technical effect)를 발생시킬 때에는 그것이 컴퓨터 프로그램 자체로 청구되거나 신호(signal) 또는 매체로 청구되거나 관계없이 특허 가능하며, ③ 청구된 발명이 일응(prima facie) 기술적 특징이 없다면 그 청구항은 위 제52조 제(2)항 및 제(3)항에 의하여 거절되어야 하나, 실무에 있어서 심사관은 기술적 특징 여부에 관한 판단을 먼저 하지 않고 바로 신규성이나 진보성에 관한 판단으로 넘어가는 것이 더욱 적절하고, 진보성 판단 시 선행기술에 있는 기술적 과제를 해결한다면 기술적 기여(technical contribution)가 있는 것이고 기술적 기여가 있으면 기술적 특징이 있는 것으로서 특허 가능한 발명이 될 수 있다.」고 기재하고 있다.[403)]

나아가 유럽공동체 각 회원국의 특허법상 컴퓨터 관련발명의 특허성에 대한 입장을 명확히 하고, 각 회원국 간의 통일된 입법(Harmonization)을 도모하기 위하여 유럽연합 조직 중 하나인 유럽공동체위원회(Commission of the European Communities)가 2002. 2. 20. 제안한 「컴퓨터-구현 발명(computer-implemented inventions)의 특허성에 관련된 유럽의회와 각료회의의 지침(Directive)을 위한 제안서」에서는 그 제3조에서 컴퓨터 구현 발명도 기술(technology)의 한 분야임을 분명히 하고, 제4조에서 특허를 받기 위한 3가지 조건으로서 「(1) 산업상 이용가능하고, 신규하며, 진보성(inventive step)이 있을 것, (2) 기술적 기여(technical contribution)가 있을 것, (3) 기술적 기여는 기술적인 그리고 비기술적인 특징을 가질 수 있는 구성요소들을 전체로서 고려한 청구항의 범위와 당시 최고의 기술의 차이를 고려하여 평가된다.」고 열거한 다음, 제5조에서 「컴퓨터-구현 발명은

---

403) http://www.european-patent-office.org/legal/gui_lines/pdf_2003/gui_03_full_e.pdf (EPO Guidelines for examination, Part C, Chapter IV.); 특허청 컴퓨터심사담당관실, 「최근 유럽특허청의 SW특허 심사기준 및 동향 (2003. 3.)」, 159~160면 참조. 영국에는 EPC 제52조에 대응하는 규정으로 s1(2)(c) of the Patent Act 1977이 있고, 그 규정의 적용도 같은 방향으로 이루어져, 컴퓨터 프로그램 그 자체는 특허의 대상이 되지 아니하나 그와 요소가 결합된 컴퓨터 관련발명(computer-related invention)은 특허의 대상이 될 수 있다고 보고 있다. Paul Torremans, Holyoak & Torremans Intellectual Property Law (4th ed.), Oxford University Press, 2005. 525~527면 참조.

프로그램된 컴퓨터나 유사한 장치(apparatus, 즉, product) 또는 그러한 장치에 의하여 수행되는 방법(process)으로 청구될 수 있고, 프로그램제품(computer program products) 또는 캐리어(carrier) 상의 프로그램제품은 사실상의 프로그램 '그 자체'로 보아 특허로서 인정될 수 없다.」고 밝히고 있었다.[404)]

위와 같은 자료에 비추어 볼 때, EPO에서 컴퓨터 관련발명은 "자명하지 않은 기술적 기여가 있으면 특허될 수 있으나, 완전히 비기술적 분야에만 기여하였다면 특허될 수 없다"로 요약될 수 있다.[405)] 그러나 위 지침이 2005. 7. 유럽 의회에서 부결됨으로써 EU에서의 소프트웨어 관련발명(BM발명 포함)에 대한 특허성의 문제는 아직 확립된 것이라 보기 어렵다.

(3) 일 본

일본 특허법은 우리나라 특허법과 마찬가지로 특허법으로 보호되는 발명은 "자연법칙을 이용한 기술사상"일 것을 요구하고 있는 바, 일본 특허청은 1999. 12. BM발명을 특허실용신안심사기준의 제7부 "특정기술분야의 심사기준" 중 제1장 "컴퓨터 프로그램 관련발명" 및 제2부 제1장 "산업상 이용할 수 있는 발명"에 따라 심사한다는 방침을 공표하였다.

현재 시행되고 있는 일본의 특허실용신안심사기준의[406)] 제2부 제1장 "산업상 이용할 수 있는 발명" 부분에서는 '발명'에 해당하지 않는 유형으로서 「(1) 자연법칙 자체, (2) 단지 발견이고 창작이 아닌 것, (3) 자연법칙에 반하는 것, (4) 자연법칙 이외의 법칙(경제법칙), 인위적인 결정(게임규칙 그 자체), 수학상의 공식, 인간의 정신활동에 해당하는 경우 또는 이것들만을 이용하고 있는 경우(비즈니스를 행하는 방법 그 자체) 등 자연법칙을 이용하지 않는 것, (5) 기능(개인의 숙련으로 도달하는 것이고, 지식으로서 제3

---

404) http://europa.eu.int/comm/internal_market/en/indprop/comp/com02-92en.pdf 및 박성수, 「영업방법 특허에 관한 연구 : 이른바, BM 특허의 성립성에 관하여」, 168~170면; 특허청 컴퓨터심사담당관실, 「최근유럽특허청의 SW특허 심사기준 및 동향(2003. 3.)」, 165~170면 참조.

405) 구대환, 「영업방법 관련발명의 청구범위 작성방안－미국 유럽 일본 한국을 중심으로－」, 특허청 반도체2심사담당관실 (2003. 4.), 46면.

406) http://www.jpo.go.jp/shiryou/index.htm 참조(2012. 4. 13. 최후 접속).

자에게 전달 가능하다는 객관성이 결여된 것), 정보의 단순한 제시(제시된 정보의 내용에만 특징을 가지는 것으로서 정보의 제시를 주목적으로 하는 것), 단순한 미적창작물, (6) 발명의 과제를 해결하기 위한 수단은 제시되어 있으나 그 수단에 의해서는 과제를 해결하는 것이 명백하게 불가능한 것」의 6가지를 들고 있다. 또 제7부 제1장 "컴퓨터 · 소프트웨어 관련발명"에서는 청구항에 관련된 발명이 특허법상의 '발명'에 해당하기 위해서는 그 발명이 자연법칙을 이용한 기술적 사상의 창작 중 고도한 것일 필요가 있다고 전제한 다음, 청구항에 관련된 발명이 자연법칙을 이용한 기술적 사상의 창작인가를 판단하기 위한 기준으로서, 「(1) 소프트웨어에 의한 정보처리가 하드웨어 자원을 이용하여 구체적으로 실현되고 있는 경우 해당 소프트웨어는 자연법칙을 이용한 기술적 사상의 창작이다, (2) 더구나 해당 소프트웨어가 위 (1)를 만족하게 하는 경우 해당 소프트웨어와 연계하여 동작하는 정보처리장치(기계) 및 그 동작방법, 해당 소프트웨어를 기록한 컴퓨터 판독 가능한 기록 매체도 또한 자연법칙을 이용한 기술적 사상의 창작이다.」라고 기재하고 있다.

위와 같은 심사기준에 비추어 영업방법발명을 포함한 소프트웨어 관련 발명에 대한 일본 특허청의 실무상 운용은 자연법칙을 이용하는 것으로 되기 위해서는 하드웨어를 이용할 것을 요구하고 있다고 할 것이다.407)

라. 우리나라의 실무에 대한 시사점 및 상대방의 방어방법

우리나라는 미국법과 달리 '자연법칙을 이용한 기술적 창작'이라는 발명의 정의규정을 두고 있고, 특허청의 관련 심사기준 역시 위 규정을 해석하기 위한 수단일 뿐이다. 따라서 특허법이 개정되지 않는 이상, '자연법칙의 이용', '기술'이라는 요소를 고려하여 발명의 성립성을 판단하여야 할 것이고, 이러한 점에 비추어 「소프트웨어에 의한 정보처리가 하드웨어를 이용하여 구체적으로 실현되고 있는 경우로서, 소프트웨어가 컴퓨터에 읽혀서

407) 相澤英孝, 「ビジネスの方法と特許」, ジュリスト 1215호 (2002. 1.), 57면; 박성수, 「영업방법 특허에 관한 연구 : 이른바, BM특허의 성립성에 관하여」, 171~172면에서 재인용.

하드웨어와 협동하여 특정한 목적달성을 위한 정보의 처리를 구체적으로 수행하는 정보처리장치 또는 그 동작방법이 구축되어야 한다.」는 특허청의 심사기준이나 앞서 본 판례의 입장은 타당하다고 할 수 있고, 이는 유럽연합, 일본의 실무와도 궤를 같이하고 있으며, 기계 또는 변환기준이 유일한 판단기준이라고 판시한 CAFC의 판결 역시 이와 일맥상통하는 것으로 보이고, '기계 또는 변환기준'을 적용한 결과는 우리나라에서 컴퓨터 관련 발명에서 그동안 적용되어 온 판단기준의 적용결과와 크게 다르지 않으리라고 보인다.[408]

다만 미국 연방대법원은 Bilski 판결에서 밝힌 바와 같이 기계 또는 변환기준만이 유일한 판단기준이 아니라고 판시하였는데, 그 배경은 법정조언서(amicus briefs)의 주장 내용 및 일부 판시에서 엿볼 수 있다. 법정조언서의 주된 내용은 기계 또는 변환기준을 유일한 판단기준으로 채택할 경우, 소프트웨어, 첨단의료진단기술, 선형프로그래밍에 기초한 발명, 데이터압축, 디지털 신호를 조작하는 기술 등에 많은 불확실성을 가져올 염려가 있다는 것이었고, 연방대법원 판결에서도 다수의견은 이러한 기술분야 발명의 성립성 판단기준에 대해서는 더욱더 많은 연구가 필요하다고 지적하였다. 이에 비추어 볼 때 연방대법원의 판단에는 미국기업이 경쟁력을 가지고 있는 소프트웨어 등 정보화기술 분야를 보호하기 위한 정책적인 고려가 반영된 것으로 보인다.[409]

그러나 미국 연방대법원의 위 판결 후로도 미국 특허상표청은 심사 시에 기계 또는 변환기준을 따라 판단할 것을 권고하고 있고, CAFC 여전히 기계 또는 변환기준을 우선하여 적용하고 있음은 앞서 본 바와 같다.

이상의 점들을 종합하여 볼 때, 당장은 우리의 영업방법 발명에 관한 심사기준을 완화하거나, 기계 또는 변환기준 외에 미국판례에서 확립된 다른 판단기준(SSB 판결에서 적용한 유용하고, 구체적이며, 가시적인 실체가 있을 것이라는 기준 등)을 도입할 필요성은 크지 않다고 생각된다.

---

408) 같은 취지, 박준석, 「영업방법 특허에 대한 미 연방대법원 Bilski 판결」, 2010. 7. 5.자 법률신문.

409) 같은 취지 박시영, 앞의 논문, 160면.

침해소송의 상대방으로서는 권리자의 발명이 영업방법에 관한 발명에 해당하면, 침해소송에서 또는 무효심판을 제기하여 해당 발명이 “소프트웨어에 의한 정보처리가 하드웨어를 이용하여 구체적으로 실현되고 있는 경우로서, 소프트웨어가 컴퓨터에 읽혀서 하드웨어와 협동하여 특정한 목적달성을 위한 정보의 처리를 구체적으로 수행하는 정보처리장치 또는 그 동작방법이 구축되어야 한다.”는 요건을 갖추지 못하였으므로 산업상 이용가능성이 없거나, 기재불비의 무효사유가 있다고 주장함으로써 침해주장에 대하여 방어할 수 있을 것이다.

Ⅲ. 특허권 남용 법리의 적용 가능성[410)]

1. 문제의 제기

특허권자가 행사하는 특허권은 일단 특허무효소송에 의하여 무효로 확정되기 전까지는 유효한 것으로 추정된다.[411)] 따라서 그러한 유효한 특허권을 근거로 한 권리의 행사에 대하여 이를 ‘특허권 남용’으로 보아 그 권리행사를 제한할 수 있는지가 논의되고 있다.

이와 관련하여 미국에서는 판례법상 특허권 남용의 법리가 발달되어 왔는데, 그러한 법리를 우리나라에서도 적용할 수 있는지 및 미국과 같은 특허법상 고유한 특허권 남용의 법리를 인정할 수 있는지를 검토한다.

또한, 특허권의 행사에 대하여는 통상실시권의 설정에 관한 재정 및 특허권의 취소, 특허가 무효라는 항변(무효를 이유로 하는 ‘권리남용’ 항변),

---

410) 앞의 「제5장 Ⅳ. 특허가 무효라는 항변－판례상의 ‘권리남용’ 항변」과는 구별되는 것으로서, 특허권 자체는 유효하나 그 행사방법이 부당한 경우를 일컫는다. 이 부분은 김기영, Patent Troll에 대한 법적・제도적 대응방안 연구, 서울대학교 대학원 법학박사 학위논문 2008. 36~102면의 내용을 기초로 정리 및 보완한 것이다.

411) 미국 특허법 제282조(35 U.S.C. § 282). 우리 특허법에는 명문의 규정이 없으나, 특허권은 설정등록에 의하여 발생하고(특허법 제87조 제1항), 특허무효심판을 별도로 규정하고 있는 점(제133조) 등에 비추어, 특허무효심판으로 무효로 되기 전까지는 유효한 것으로 추정된다고 보아야 할 것이다. 대법원도 1992. 6. 2. 자 91마540 결정에서 이러한 취지로 판시한 바 있다.

독점규제법에 의한 규제, 공지기술 및 자유실시기술의 항변 등이 사용되어 왔는 바, 이러한 법리와 특허권 남용 법리와의 관계 및 그러한 법리들에도 불구하고 특허권 남용 법리를 적용할 필요성이 있는지를 검토한다.

나아가 특허권 남용 법리를 적용할 여지가 있다면, 어떠한 경우에 어떠한 요건 아래에서 적용하고 그 효과는 무엇인지에 관하여도 살펴보기로 한다.

2. 미국법상의 특허권 남용(Patent Misuse)의 법리

가. 특허권 남용 법리의 의의

미국의 특허권 남용 법리는, 특허권자가 특허권의 적법한 보호범위를 확장하는 부당한 방법으로 특허권을 이용하여, "새롭고 유용한 발명을 한 발명자에 대하여 배타적 권리를 부여함으로써 과학과 실용학문(useful arts)의 발전을 촉진한다."고 하는 공공정책(public policy)에 반하는 결과를 가져오는 경우, 법원은 그러한 상태가 해소될 때까지 특허침해에 대한 구제를 중지할 수 있다는 이론이다.[412]

특허권 남용의 항변은, 문제된 행위가 당연히 특허권 남용에 해당하지 않는 한, 특허침해자로 주장된 자가 특허권 남용에 해당한다는 사실을 적극적으로 주장·입증하여야 하는 적극적 항변(affirmative defense)으로서,[413] 그 이론적 근거는 "형평의 이념은 피고에게 신의성실(good faith)을

412) Morton Salt Co. v. G.S. Suppiger Co., 314 U.S. 488, 492~493 (1942); Note, 「Is the Patent Misuse Doctrine Obsolete?」, 110 Harv. L. Rev. 1922, 1923 (1997); Gary Myers, The Intersection of Antitrust and Intellectual Property, Cases and Materials, Thomson West, 2007. 56면 참조.

413) Windsurfing Int'l, Inc. v. AMF, Inc., 782 F.2d 995, 1001 (Fed. Cir), cert. denied, 477 U.S. 905 (1986) 참조. 다만 특허권 남용에 반독점법(Antitrust Law) 위반행위까지 포함되어 있는 관계로, 특허권이 남용되었다는 주장은, (i) 반독점법 위반이라는 적극적(affirmative) 주장(소송, claims), (ii) 침해소송에 대한 방어적 주장 및, (iii) 특허권 실시허락계약을 포함하는 계약위반소송에 대한 방어적 주장의 세 가지 형태로 나타날 수 있다 한다. Feldman, Robin C., 「The Insufficiency of Antitrust Analysis for Patent Misuse」, 55 Hastings L.J. 399, 403 (2003). 한편 그 입증의 정도에 관하여는 명백하고 확실한 증거(clear and convincing evidence)

요구하는 것과 같이 원고에게도 똑같이 엄격하게 요구한다"는 형평법상의 'unclean hands'의 법리에 있는 것으로 설명된다.[414)]

특허권 남용 법리의 목적은 법상 허용된 특허권의 범위를 벗어나서 시장에서 이익을 얻기 위한 수단으로 특허를 사용하려는 특허권자의 권한 밖의 행위를 방지하기 위한 것이고,[415)] 특히 그 자체로는 위법한 것이 아니지만, 특허권으로부터 반경쟁적인 효과를 끌어냄으로써 공공정책에 반하게 되는 행위를 제한하기 위한 것이다.[416)]

한편 특허권 남용 법리는 실시 또는 판매 계약상의 비합리적인 제한을 무효로 함으로써 공공복리를 극대화하기 위하여 등장한 것으로서, 미국 대법원은 특허권 남용의 법리를 끼워팔기(tying arrangement)의 경우에 처음 적용하였고, 차차 다른 유형으로 확대해 왔다.[417)] 그러나 이러한 법리가 실시허락계약에만 적용되는 것은 아니고, 특허권자가 기여침해자(contributory

---

에 의하여야 한다는 판결이 있다. Micro Chemical Inc. v. Great Plains Chemical Co., 900 F.Supp. 1386, 1404 (D. Colo. 1995), rev'd in part on other grounds, 103 F.3d 1538 (Fed. Cir. 1997).

414) Precision Instrument Mfg. Co. v. Automotive Co Maintenance Machinery Co., 324 U.S. 806 (1945); Blonder-Tongue Laboratories, Inc. v. University of Ill. Found., 402 U.S. 313, 343~344 (1971), Feldman, Robin C., 위 논문, 402면; Katherine E. White, 「A Rule for Determining When Patent Misuse Should Be Applied」, 11 Fordham Intell. Prop. Media & Ent. L.J. 671, 676 (2001); Note, 「Is the Patent Misuse Doctrine Obsolete?」, 110 Harv. L. Rev. 1922, 1923 (1997). 원래 unclean hands 원칙은 다른 사유가 없으면 구제를 받을 수 있는 원고가 분쟁에 관련하여 부적절하게 행동하여 그러한 원고를 제재함에 따른 공중의 이익(public interest)이 피고의 불법행위를 막기 위한 필요보다 더 클 때 이용된다. B.M.I., Inc. v. Hearst, 746 F. Supp. 320 (S.D.N.Y. 1990), Katherine E. White, 위 논문, 676면에서 재인용.

415) Zenith Radio Corp. v. Hazeltine Res., Inc., 395 U.S. 100, 135~136 (1969) 및 Mallinckrodt, Inc. v. Medipart, Inc., 976 F.2d 700, 704 (Fed. Cir. 1992). U.S. Philips Corp. v. International Trade Com'n, 424 F.3d 1179, 1184 (2005)에서 재인용; 이경규, 지적재산권 남용의 규제와 독점규제법 적용에 관한 연구, 연세대학교 대학원 법학과 박사학위논문 2000. 61면.

416) Mallinckrodt, Inc. v. Medipart, Inc., 976 F.2d 700, 704 (Fed. Cir. 1992); U.S. Philips Corp. v. International Trade Com'n, 424 F.3d 1179, 1184 (2005).

417) 앞의 Note, 1922~1924면.

infringer)[418] 등 실시허락을 받지 아니한 자에 대하여 침해소송을 제기하는 경우에도 적용될 수 있다.

나. 특허권 남용 법리의 발전 과정

(1) 특허권 남용 법리의 확립 이전(1910~1930년대)

미국 연방대법원은 1912년 Henry v. A.B. Dick 사건에서, 특허권은 광범위한 것으로서 특허권자에게 다른 사람들이 특허발명을 생산, 사용 또는 판매하는 것을 배제할 권리를 부여하고, 그러한 권리에는 다른 사람들에게 발명을 사용하도록 함에 있어서 조건을 부가할 더 작은 권리가 포함된다고 판시하였다.[419] 이러한 견해 아래 법원은 특허권자인 원고 Henry가 그가 생산하는 복사기에 부착한, "실시허락자들은 원고가 제공하는 종이, 잉크 및 다른 소모품들만을 사용하여야 한다."라고 하는 통지문의 효력을 인정하여, 원고의 허락 없이 그러한 소모품들을 공급한 피고는 기여침해 책임을 져야 한다고 판시하였다.[420] 이러한 Henry 판결의 태도는 당시 미국 연방대법원이 취한 특허권 확장주의(patent law expansionism)의 정점을 보여주는 것으로서, 특허권자로 하여금 일상적 소비재(staple articles)인 비특허품을 끼워팔기하는 것까지 허용하고 기여침해 법리가 그러한 품목의 판매자에게도 미치는 것으로 해석한 것으로 평가된다.[421]

위와 같은 Henry v. A.B. Dick 사건의 판시에 대응하여 미국 의회는 1914년 반독점법(Antitrust Law)의 하나인 클레이튼 법(Clayton Act) 제14

---

418) 기여침해는 어떠한 사람이 권한 없이 특허발명 전체를 복제하는 것이 아니라 특허발명의 실시에 필요하되 특허되지 아니한 부품을 복제(생산)함으로써 결국 그 부품을 사용하는 자들이 특허침해를 하도록 돕는 것을 말한다. Herbert Hovenkamp, Federal Antitrust Policy, The Law of Competition and Its Practice (3d. ed.), Thomson West, 2005, 242면 주 8 참조. 이는 우리 특허법 제127조에서 규정하고 있는 간접침해에 대응하는 개념이다.

419) Henry v. A.B. Dick Co., 224 U.S. 1, 29~30, 35면 (1912).

420) 위 판결 35면.

421) Hovenkamp, Herbert J., 「United States Antitrust Policy in an Age of IP Expansion」 (December 2004), U Iowa Legal Studies Research Paper No. 04-03 Available at SSRN : http://ssrn.com/abstract=634224, 15면 (2011. 10. 30. 최후 접속).

조를[422] 개정하면서 끼워팔기는, 특허등록 여부와 관계없이('whether patented or unpatented') 반독점법 위반이 될 수 있다고 함으로써, 특허권의 행사를 포함하는 계약도 끼워팔기 사건의 경우에는 반독점법위반에 의한 규제의 대상이 되도록 하였다.[423]

그와 같은 입법의 영향으로 1917년 미국 연방대법원은 Motion Pictures Patents 사건에서[424] Henry v. A.B. Dick 판결을 폐기하면서 특허권 남용법리를 적용하였다. 이 판결은 영화 프로젝터(projector)의 판매 후에 부가된 제한(post-sale restrictions)에 관한 것이었는데, 프로젝터에는 "구매자는 특허권자에 의하여 생산된 필름만을 사용할 수 있다."는 표지가 부착되어 있었다. 항소법원은 특허권자의 행위는 끼워팔기에 해당하고 Clayton Act 위반이라고 판단하였으나, 연방대법원은 반독점법에 따른 분석을 피하고 특허법에 따른 분석을 통하여 특허권자의 권리는 발명 자체에 의하여 한계 지워지고, 따라서 발명으로 표현되지 않은 상품을 통제하려는 것은 특허권의 범위를 벗어나는 것이며, 그러한 행위는 특허법의 입법취지에 반하는 것으로서 정당화될 수 없고, 이는 침해자로 주장된 자가 특허권 남용

422) 15 U.S.C. § 14. 원문은 아래와 같다.

§ 14. SALE, ETC., ON AGREEMENT NOT TO USE GOODS OF COMPETITOR

It shall be unlawful for any person engaged in commerce, in the course of such commerce, to lease or make a sale or contract for sale of goods, wares, merchandise, machinery, supplies, or other commodities, whether patented or unpatented, for use, consumption, or resale within the United States or any Territory thereof or the District of Columbia or any insular possession or other place under the jurisdiction of the United States, or fix a price charged therefor, or discount from, or rebate upon, such price, on the condition, agreement, or understanding that the lessee or purchaser thereof shall not use or deal in the goods, wares, merchandise, machinery, supplies, or other commodities of a competitor or competitors of the lessor or seller, where the effect of such lease, sale, or contract for sale or such condition, agreement, or understanding may be to substantially lessen competition or tend to create a monopoly in any line of commerce.

423) Feldman, Robin C., 앞의 논문 403~404면 주 18.

424) Motion Pictures Patents Co. v. Universal Film Mfg., 243 U.S. 502 (1917).

으로 피해를 본 사실이 없어도 마찬가지이며, 시장지배력의 존재나 경쟁제한적 효과에 대한 증명 없이도 특허침해금지청구가 기각되어야 한다고 판시하였다.[425)]

이 판결은 위 Henry v. A.B. Dick 판결 등 초기 판례들이 표방하였던, 발명을 시장에 전혀 내놓지 않을 권리는 그보다 작은 어떠한 조건이든 부가하여 사용을 제한할 권리를 포함한다고 하였던 사고를 배척하고, 특허받은 발명의 보호범위를 넘어서는 조건을 부가하는 것은 특허법에 따라 부여된 권리의 내용에 들어맞지 않는 것이고, 그러한 조건들은 특허침해소송을 통하여 행사될 수 없다는 것을 밝힌 것으로서, 미국에서 특허권 남용의 법리를 최초로 적용한 사례라 할 수 있다.[426)] 한편 이 판결은 특허권자의 특허침해소송에 대하여 특허법 및 특허정책에 반함을 이유로 항변하는 길을 열었으나, 특허권자가 특허침해가 아닌 계약위반을 이유로 소송을 제기하는 경우 피고가 같은 항변을 할 수 있는지에 관하여는 명확히 하지 않았다.[427)]

1930년대에 들어 법원은 특허가 본질적으로 반경쟁적이고, 강력한 경쟁시장에서조차 상당한 시장지배력을 부여하며, 특허권자들이 특허품과 비특허품을 끼워팔거나 묶어(bundling) 팔아 그들의 독점권을 상당히 쉽게 확장할 수 있으므로, 그에 대하여는 반독점법 또는 특허권 남용의 법리를 통하여 대응하여야 한다는 견해를 취하였다.[428)]

즉, 1931년의 Carbice Corp. v. American Patents Dev. Corp. 사건에서[429)] 연방대법원은 드라이아이스를 사용한 냉장수송포장을 위한 혼합제법

---

425) 같은 판결, 514면.

426) 1 Herbert Hovenkamp et al., IP and Antitrust § 3.2 at 3-3 (2002 & 2003 Supp.), Feldman, Robin C., 앞의 논문, 409면에서 재인용; Hovenkamp, Herbert J., 「IP and Antitrust Policy : A Brief Historical Overview」 (December 2005), U Iowa Legal Studies Research Paper No. 05-31 Available at SSRN : http://ssrn.com/abstract=869417, 13면 (2011. 11. 10. 최후 접속).

427) Feldman, Robin C., 위의 논문, 407~408면.

428) Hovenkamp, Herbert J., 「United States Antitrust Policy in an Age of IP Expansion」, 18~19면.

429) Carbice Corp. v. American Patents Dev. Corp., 283 U.S. 27, 34 (1931).

특허를 보유하고 있는 특허권자가, 드라이아이스(특허발명을 이루는 구성요소 중 하나일 뿐 특허발명의 대상은 아니다)를 자신으로부터 구매하지 않으면 혼합제법특허의 실시허락을 거부하는 경우, 이는 특허받은 혼합제법에 관한 특허의 독점적 지위를 부당하게 확장한 것이라는 이유로, 특허권자는 드라이아이스를 실시권자들에게 판매한 자를 상대로 기여침해를 원인으로 하는 소송을 제기할 수 없을 뿐만 아니라 특허권자의 그러한 행위는 반독점법 위반의 근거가 될 수 있다고 하였다. 나아가 1936년의 International Business Mach. Corp. (IBM) v. United States 사건에서는[430] IBM사가 컴퓨터를 종이 펀치카드에 결부시킨 것을, 1938년의 Leitch Mfg. Co. v. Barber Co. 사건에서는 결합된 요소가 특허 공정의 필수적인 부분임에도 부당한 끼워팔기라고 판단하였다.[431]

(2) 특허권 남용 법리의 확립 및 확장(1940년대)

1942년에 연방대법원은 Morton Salt v. G.S. Suppiger 사건에서[432] 특허권의 직접침해와 관련하여 특허권 남용 법리를 적용하였다. 이 사건의 원고와 피고는 모두 소금정제(salt tablets)를 주입하는 기계를 만들고 있었는데, 소금정제를 주입하는 기계에 대하여 특허를 가지고 있던 원고는 특허와 무관한 특정 소금정제를 사용할 것을 조건으로 위 기계를 임대하고 있었다. 원고는 피고가 제조한 기계가 자신의 특허를 침해했다고 주장하였고, 피고는 원고가 제3자에게 원고가 제조한 기계를 임대하면서 위 조건을 부가하는 것이 특허권의 남용이라고 주장하였다. 1심 법원은 원고가 불법적으로 기계의 판매와 관련하여 특정 소금정제의 판매를 결부시켰다는 이유로 원고의 청구를 기각하였으나,[433] 제7항소법원은 특허권자의 행위가 Clayton Act를 위반하였다는 증거가 없다는 이유로 1심법원의 판결을 파기하였다.[434] 연방대법원은 특허권자가 비특허품인 소금정제 시장의 경쟁을

430) International Business Mach. Corp. (IBM) v. United States, 298 U.S. 131 (1936).

431) Leitch Mfg. Co. v. Barber Co., 302 U.S. 458, 463 (1938).

432) 314 US 488 (1942).

433) G.S. Uppiger Co., 31 F.Supp. 876, 876 (N.D.Ill. 1940).

434) Morton Salt Co. v. G.S. Suppiger Co., 314 U.S. 488, 490 (1942) 참조.

제한하기 위해 특허에 따른 독점적인 지위를 이용하고 특허범위 밖에 있는 비특허품에 대한 제한적 독점 형성을 방조하였다고 보아 항소법원의 판결을 파기하였다.[435]

연방대법원은 발명자에게 특허라는 독점적 권리를 부여하는 것은 "새롭고 유용한 발명을 한 발명자에 대하여 배타적 권리를 부여함으로써 과학과 실용학문의 발전을 촉진한다."는 공공정책에 따른 것이므로, 그러한 공공정책에 반하는 경우 그 특허권의 행사를 보호할 수 없고,[436] 특허권자가 자신의 특허를 그와 관계없는 상품의 판매에 대한 경쟁을 제한하기 위하여 사용하는 경우 특허를 부여하는 배경이 되는 공공정책은 저해되는 것이며, 따라서 부정한 손('unclean hands')이라는 형평법상의 원리에 따라 특허권자가 그러한 부적절한 행위를 중단하고 그 행위의 효과가 없어질 때까지 그에 대한 권리구제를 거절할 수 있다고 하였다.[437]

나아가 그러한 공공정책 또는 공공이익에 반하는 한 피고가 직접 끼워팔기의 피해를 보지 않았더라도 특허권자(원고)와 제3자 사이의 계약에 끼워팔기에 관한 조항이 있으면 피고 역시 특허권 남용의 항변을 제출할 수 있는 적격(standing)이 있으며,[438] 남용에의 해당 여부를 판단함에 있어서는 관련 시장, 반경쟁적 효과, 특허권자가 거래를 강요할 능력이 있었는지 등을 따지지 않을 뿐만 아니라, 특허권자가 끼워파는 상품에 대한 특허권을 보유함에 따라 거래를 강요할 능력은 추정된다고 판시하였다.[439]

한편 같은 날 결정된 B.B. Chemical Co. v. Ellis 사건에서는[440] 구두제조에 있어 안창의 강화제법에 관한 특허를 보유하고 있던 원고가 제조업자에게 특허제법에 사용될 표면처리된 직물, 접착제 등의 비특허재료들을 함께 판매한 것이 문제되었는데, 연방대법원은 위 Morton Salt 사건에서와

435) 같은 판결, 490, 492면.
436) 같은 판결, 492면.
437) 같은 판결, 493면.
438) 이는 반독점법에 기한 소송을 제기할 수 있는 자격에 비해 확대된 것으로 평가된다. Feldman, Robin C., 앞의 논문, 411면.
439) 위 같은 판결, 490, 492면.
440) 314 U.S. 495 (1942).

같은 취지로 판시하였다.

위 두 판결로 특허권 남용 법리는 종래의 기여침해자에 대한 특허권의 행사를 거부하는 범위를 훨씬 뛰어넘어 모든 침해자들(직접·기여 침해자와 교사자)에 대하여 특허권의 행사를 거부할 수 있는 원리로 사용되게 되었다.[441]

그 후 1944년의 Mercoid Corp. v. Mid-Continent Inc. 사건에서[442] Mid-Continent사는 가정용 난방장치에 대해서 특허권을 보유하고 있었는데, 이 난방장치의 부품인 연소스위치는 그 난방장치에 사용되는 것 외에는 다른 용도로 사용될 수 없었던 것이었으나 특허등록되어 있지는 않았다. Mercoid사는 이 난방장치에 사용하기 위해 위 연소스위치를 제작하였고, 이에 Mid-Continent사는 기여침해(contributory infringement)를 이유로 Mercoid사를 제소하였다. 연방대법원은 특허권의 범위는 특허로 부여된 적확한 용어(precise terms)에 엄격하게 한정되어야 하는데, 특허권자가 실시허락을 거절할 수 있는 권리는 실시허락을 함에 있어 조건을 부가함으로써 독점의 범위를 확장하려는 것까지 포함하는 것은 아니며, 특허권은 공공목적에 의하여 인정되는 특권(privilege)이고, 그러한 특권은 발명으로부터 유래하는 것으로서 특허권의 범위는 그 발명으로 정해지는 범위에 한정되며, 특허권자가 공공의 이익에 반하여 그러한 발명에 다른 것을 결부시키는 경우 그는 재산권에 관련된 계약을 하는 것에 불과하여 그러한 계약에 대하여 일반적으로 부과되는 모든 제한이 적용된다고 판시하였다.[443]

또한, 위 법원은 특허기술이 조합(combination)에 관한 것인 경우 그 구성부분은 그러한 조합과는 구별되는 것이고,[444] 특허권의 남용이 있는 경우 직접침해에 대하여 금지청구를 할 수 없는 것과 마찬가지로 기여침해에 대하여도 금지청구를 할 수 없는데,[445] 이 사건에서 스위치는 특허발명의

441) Kenneth J. Bruchfiel, 「Patent Misuse and Antitrust Reform : 'Blessed Be the Tie?'」, 4 Harv. J.L. & Tech. 1, 19 (1991).

442) Mercoid Corp. v. Mid-Continent Inc., 320 U.S. 661 (1944).

443) 같은 판결, 665~666, 669면.

444) 같은 판결, 667~668면.

445) 같은 판결, 668~669면.

부품으로서 이에 대한 침해(기여침해)를 주장하는 것은 특허에 부여된 특권의 범위를 넘어 스위치 시장을 지배하려는 것으로서 공공의 이익에 반하는 특허권 남용이라고 판단하였다. 이 판결은 특허권 남용 법리의 적용범위를 특허받은 발명의 실시 외에는 사용될 수 없는 비범용(non staple) 품목의 시장을 지배하려는 시도에까지 적용한 사례로서 기여침해이론을 상당히 제한한 것이다.[446)]

위 판결에 대하여는, 반독점법의 원리는 어떠한 행위가 특허법하에서 특허권 남용이 될 것인지에 관한 통찰력(insight)을 부여하기는 하지만, 그럼에도 법원은 특허권 남용의 기초는 반독점법의 원리가 아닌, 특허원칙에서 찾아야 한다는 견해를 취하고 있음을 보여주었다고 평가되고 있다.[447)] 이는 또한 어떠한 행위가 특허권 남용이 되려면 완전한 반독점법 위반의 정도에까지 이를 필요가 없고, 따라서 Sherman Act나 Clayton Act 위반이 아니라 하더라도 특허권 남용은 될 수 있다는 것을 의미한다고 한다.[448)]

(3) 특허권 남용 법리 적용범위의 제한(1950년대)

Mercoid 판결 이후인 1952년 미국 의회는 종래의 판례에 의하여 형성된 기여침해이론을 회복시키고 위 판결에서 특허권 남용으로 지적된, 특허발명에서 사용되는 비범용 품목(non staple articles)에 대한 시장을 지배하기 위한 특허권의 행사를 배제하기 위하여 미국 특허법 제271조 (d)항을[449)]

---

446) Kenneth J. Bruchfiel, 앞의 논문, 19~20면. 그러나 이러한 판시는 40년 후에 Dawson Chemical Co. v. Rohm & Haas, 448 U.S. 176, 100 S.Ct. 2601, 2622 (1980), reheraring denied, 448 U.S. 917, 101 S.Ct. 40 (1980) 사건의 판결에 의하여 변경되었는데, 이는 그 사이에 개정된 미국 특허법 제271(c), (d)항의 해석에 의한 것이었다. Herbert Hovenkamp, Federal Antitrust Policy, 244면.

447) Feldman, Robin C., 앞의 논문, 413면.

448) 위 같은 곳.

449) 미국 특허법 제271조 (c)(d)항의 현재의 원문은 다음과 같다. 단, 당시에는 아래 (d)항의 (1) 내지 (3)항만 입법화되었다.

(c) Whoever offers to sell or sells within the United States or imports into the United States a component of a patented machine, manufacture, combination, or composition, or a material or apparatus for use in practicing a patented process, constituting a material part of the invention, knowing the same to be especially made or especially adapted for use in an infringement

신설하여 특허권 남용 법리를 제한함과 동시에 특허권 남용에 해당하지 않는 안전지대(safe harbors)를 창설하게 되었다.[450]

이에 의하면 특허권자가 아닌 다른 사람이 특허권자의 동의를 받지 않고 행한다면 특허권의 직접 또는 간접 침해에 해당할 수 있는 행위 즉, 특허권자가 아닌 타인에 의해서 행해지는 경우 기여침해에 해당할 수 있는 영리행위(제1호), 실시허락(제2호), 특허권의 행사(제3호)를, 특허권자 스스로 행한 경우에는 특허권 남용에 해당하지 않는 것으로 함으로써 위 Mercoid 판결을 입법으로 폐기하였다.[451]

제1호는 특허권자가 비범용 품목(nonstaple products)을 판매하여 이익을 얻고 있는 경우('derive revenue')라도 특허권자의 특허권 행사가 특허권 남용이 되지 않는다고 규정하고 있는데(제3자가 위 비범용 품목을 판매

---

of such patent, and not a staple article or commodity of commerce suitable for substantial noninfringing use, shall be liable as a contributory infringer. (d) No patent owner otherwise entitled to relief for infringement or contributory infringement of a patent shall be denied relief or deemed guilty of misuse or illegal extension of the patent right by reason of his having done one or more of the following : (1) derived revenue from acts which if performed by another without his consent would constitute contributory infringement of the patent; (2) licensed or authorized another to perform acts which if performed without his consent would constitute contributory infringement of the patent; (3) sought to enforce his patent rights against infringement or contributory infringement; (4) refused to license or use any rights to the patent; or (5) conditioned the license of any rights to the patent or the sale of the patented product on the acquisition of a license to rights in another patent or purchase of a separate product, unless, in view of the circumstances, the patent owner has market power in the relevant market for the patent or patented product on which the license or sale is conditioned.

450) Kenneth J. Bruchfiel, 앞의 논문, 7면; Jonathan H. Steinberg, 「Patent Misuse」, 606 PLI/Pat 395, 414 (2000).

451) 하지만, 이 개정은 Mercoid 판결 이전에 Mortion Picture Patents 사건(Motion Picture Patents Co. v. Universal Film Mfg. Co., 243 U.S. 502, 1917)의 영화, Carbice 사건의 드라이아이스와 같은 범용품목(staples)의 끼워팔기에 대한 판결에서 형성된 특허권 남용의 원리에까지 영향을 미치는 것은 아니었다. Kenneth J. Bruchfiel, 앞의 논문, 20면.

하여 이익을 얻는다면 이는 기여침해가 될 수 있다), 연방대법원은 이는 특허권자로부터 특허를 받지 않은 비범용 품목(nonstaple product)을 사는 사람에게만 실시권을 부여하는 끼워팔기의 경우를 포함하는 것으로 해석하였다.[452]

한편 특허권자가 특허발명을 구현하기 위해 필요한 비범용 부품이나 재료에 관하여 제3자에게 실시허락을 하는 것이 특허권의 범위를 초과하여 남용에 해당하는지가 문제되는데, 제2호는 특허권자가 다른 사람들로 하여금 특허받은 조합(combination)이나 공정(process)에 사용될 비범용 부품이나 재료(nonstaple components or materials)를 만들거나 팔도록 실시허락하는 것 역시 특허권 남용이 아니라고 하여 이를 허용하고 있다.[453] 위 규정에서는 기여침해('contributory infringement')라는 용어를 사용하고 있지만, 여기에는 제271조 (b)항의 적극적인 유도(active inducement)도 포함되는 것으로 해석한 판결이 있다.[454]

제3호는 특허권자로 하여금 특허권 남용을 범하지 아니하고 기여침해자나 직접침해자에 대하여 특허권을 행사하는 것을 허용한다. 한편 악의로 특허침해소송을 제기하는 것은 특허권 남용을 구성할 수 있으나, 침해소송은 선의로 제기된 것으로 추정되고 그러한 추정은 확실하고 신빙성 있는 증거(clear and convincing evidence)에 의해서만 복멸될 수 있다.[455]

결국, 이러한 입법과 더불어 특허권 남용 법리의 영향력은 감소되게 된다.

(4) 특허권에 대한 적대감의 고조와 "Nine No-Nos"(1960~1970년대)

1960년대 및 1970년대에는 다시 특허에 대한 적대감이 고조되면서 특허권 남용의 법리 및 반독점법의 영향력이 확대되게 된다. 즉, 1960~1970년대의 미국 법원은, 이러한 독점을 확장하는 형태의 남용이 입증되면 반경

452) Dawson Chemical Co. v. Rohm & Haas Inc., 448 U.S. 176, 223 (1980).

453) Jonathan H. Steinberg, 위 논문, 414~415면.

454) Calhoun v. State Chem. Mfg. Co., 153 F.Supp. 293 (N.D.Ohio 1957), Jonathan H. Steinberg, 앞의 논문, 415면에서 재인용.

455) Carpet Seaming Tape Licensing v. Best Seam, Inc., 616 F.2d 1133, 1143 (9th Cir. 1980), Jonathan H. Steinberg, 앞의 논문, 415면에서 재인용.

쟁적 효과에 관한 입증을 요구하지 않고 당연 위법한 특허권 남용(per se rule of patent misuse)으로 보아 특허권의 행사를 허용하지 않는 원칙을 채택하였다.[456] 이러한 배경하에서 미국 법무부는 특허권 실시허락에 대하여 전반적으로 적대감을 표시하였고, 결국 "Nine No-Nos"라고[457] 하는 그 자체로 반독점법 위반으로 추정되는 행위를 발표하기에 이르렀다.[458] 그 구체적 내용은 "① 실시허락의 조건으로 특허대상이 아닌 공급품의 끼워팔기 행위, ② 실시허락의 조건으로 실시권자로 하여금 실시권자가 창작한 개량특허를 특허권자에게 역실시허락하게 하는 행위(grant back), ③ 특허상품 구매자의 재판매에 대하여 제한을 가하는 행위, ④ 실시권자로 하여금 특허의 적용범위 외의 상품을 거래할 능력에 제한을 가하는 행위, ⑤ 특허권자가 더 이상의 실시허락을 하지 않기로 하는 합의, ⑥ 강제적인 패키지 라이선스, ⑦ 실시권자의 판매와 합리적으로 관련되지 않은 로열티 규정, ⑧ 특허공정에 의하여 제조된 물건의 이용을 제한하는 행위, ⑨ 실시허락된 상품의 최저 재판매가격 조항"이다.[459]

그러나 이러한 특허권 실시허락에 대한 적대감은 법무부 내부에서조차 비판을 받았고, 1980년대의 레이건, 부시 정권 아래에서는 라이선스 계약을 경쟁촉진적인 것으로 보아 사실상 정부의 소추를 하지 않는다는 정책을 채택함으로써, Nine No-Nos 정책은 180도 전환되어 당연위법이 되는 제한

---

456) Robert J. Hoerner, 「The Decline(and Fall?) of the Patent Misuse Doctrine in the Federal Circuit」, 69 Antitrust L.J. 669, 671~72면 (2001).

457) 이는 1970년대 법무부의 한 간부의 연설에서 처음 등장하였다 한다. Zenith Radio Corp. v. Hazeltine Research, INc., 395 U.S. 100, 161 U.S.P.Q. (BNA) 577 (1969); 김두진, 「경쟁법과 지적재산권법의 조화」, 경쟁저널 통권 제125호(2006. 02/03), 사단법인 한국공정경쟁연합회, 77면에서 재인용; Makan Delrahim, 「The Long and Winding Road : Convergence in the Application of Antitrust to Intellectual Property」, Presented at The George Mason Law Review Symposium October 6, 2004, available at http://www.usdoj.gov/atr/public/speeches/205712.htm (2011. 11. 12. 최후 접속) 주 13.

458) Daniel P. Homiller, 「Patent Misuse in Patent Pool Licensing : From National Harrow to 'the Nine No-Nos', to Not Likely」, 2006 Duke L. & Tech. Rev. 7, 13 (Mar. 3, 2006).

459) http://www.justice.gov/atr/public/speeches/200701.htm (2011. 11. 12. 최후 접속).

조항은 폐지되고 모든 조항에 대하여 합리의 원칙(rule of reason)이 적용되는 것으로 되었는데, 이를 "Yes, yes 정책"이라고도 부른다.[460]

(5) CAFC의 설립과 특허권 남용 법리의 쇠퇴(1980～1990년대)

1982년에 특허사건의 제2심에 대한 전속관할권을 가진 연방순회항소법원(Court of Appeals for the Federal Circuit, CAFC)이 설립되었는데, 이 법원은 1982년의 USM Corp. v. SPS Technologies 사건에서[461] 특허권 남용에 해당하는 행위는 반독점법 위반에 해당하는 행위로 제한되어야 한다고 판시하였다. 그러나 이처럼 반경쟁적 효과가 있는 경우에만 특허권 남용을 인정하는 태도는, 특허권 남용 여부는 특허정책으로부터 판단하여야 한다는 종래 연방대법원의 판시와 배치될 염려가 있는 것이었다.

이에 연방순회항소법원은 1986년에 Windsurfing International, Inc. v. AMF, Inc. 사건에서[462] 「특허권 남용은 특허침해소송에 대한 적극적 항변으로서, 침해자로 주장된 자는 특허권자가 특허권에 의해 부여된 물리적·시간적 범위를 확장하려 한다는 것과 반경쟁적 효과(anti-competitive effect)를 초래했다는 것을 입증해야 한다. 연방대법원에 의하여 당연위법으로 판단되지 않은 실시허락계약에 대하여 특허권 남용의 항변을 적용하기 위해서는, 위 실시허락계약이 전반적으로 적절히 정의된 관련 시장에서 경쟁을 제한한다는 사실이 밝혀져야 한다.」고 판시했다. 이는 앞에서 본 Morton Salt 사건과 비교할 때 특허권 남용 항변이 인정되기 위해서는 반경쟁적 효과가 있을 것이 요구된다는 점에서 근본적인 차이가 있으나,[463]

460) 위 주 251)과 같은 곳; 竹田和彦 저, 김관식 외 4인 공역, 特許의 知識 제8판(이론과 실무), 도서출판 에이제이디자인기획 2011. 598면.

461) USM Corp. v. SPS Technologies, 694 F.2d 505 (7th Cir. 1982), cert denied, 462 US. 1107 (1983) (특허권자가 실시허락을 함에 있어 실시권자에게 하부실시권자들로부터 받은 실시료의 25%를 지급할 것을 요구하면서, 종전에 자신의 실시권자였다가 실시권자의 하부실시권자가 된 4업체에 대하여는 75%의 지불을 요구한 사건에서, 법원은 시장지배력과 반경쟁적 효과의 입증을 요구하였다).

462) Windsurfing International, Inc. v. AMF, Inc., 782 F.2d 995 (Fed. Cir. 1986). {Windsurfing International, Inc(WSI)가 AMF 등이 자신의 윈드서핑보드에 관한 특허권을 침해했다고 주장함에 대하여, AMF는 WSI가 특허실시허락을 함에 있어 실시권자들이 WSI의 등록상표의 유효성을 인정하고 그 사용을 자제할 것을 요구하는 규정을 둠으로써 특허권을 남용했다고 주장했다.}

연방대법원이 그 자체로 특허권 남용(per se misuse)이라고 선언하지 않은 행위에 대해서만 반독점법상의 요건을 적용한다고 판시함으로써 연방대법원의 판시에 배치되는 것을 피하려 한 것이었다.[464)]

한편 종래 미국 연방대법원은 특허권에 대한 실시권 설정시 별개의 제품에 대한 구매를 요구하는 이른바 "끼워팔기(tying arrangement)" 행위 및 특허권의 존속기간이 만료된 이후에도 실시료를 요구하는 행위는 그 자체로(per se) 특허권의 남용이 된다고 하였는데,[465)] 미 상원(Senate)은 1988년 특허권자의 실시(practices), 작위 또는 부작위가 반독점법 위반이 아닌 경우에는 특허권 남용에 해당하지 않는다는 내용의 법안을 통과시켰으나, 하원은 이 법안을 채택하지 않았고, 결국 상·하원은 특허권 남용행위가 성립하기 위해서는 반독점법상의 요건이 필요하다는 태도에서 후퇴하여, 끼워팔기에 한하여 특허권 남용이 되기 위해서는 반독점법상의 요건이 필요하다는 것으로 절충하였다.[466)]

즉, 미 의회는 1988년의 특허법 개정으로 특허법 제271조 (d)항을 개정하여 단순히 실시권의 부여나 특허에 관련된 권리의 사용을 거절한 것은 특허권의 남용에 해당하지 아니하고(제4호),[467)] 나아가 끼워팔기 그 자체로(per se) 특허권 남용이 된다는 종래 연방대법원의 판례를 변경하기 위하

463) Daniel P. Homiller, 앞의 글.

464) Feldman, Robin C., 앞의 논문, 419면. 그런데 연방순회항소법원은 Windsurfing 판결이 있은 후 9개월 후 Senza-Gel 사건{Senza-Gel Corp. v. Seiffhart, 803 F.2d 661, 676 (Fed. Cir. 1986)}에서 Windsurfing이 취한 태도에서 다시 물러나 특허권 남용은 반독점법 위반을 요하지 않는다고 판시하였다.

465) 이은영 외, 미국 특허법, 세창출판사 2004. 215면 참조.

466) Feldman, Robin C., 앞의 논문, 420~421면; Katherine E. White, 앞의 논문, 679~680면.

467) 이는 특허권자로 하여금, 특허권 남용을 범하지 아니하고, 특허에 대한 실시허락 또는 특허에 대한 권리의 사용을 거절하는 것을 허락하는 것인데, SCM Corp. v. Xerox Corp. 사건{645 F.2d 1195 (2d Cir. 1981), cert. denied, 455 U.S. 1016 (1982)}, Continental Paper Bag Co. v. Eastern Paper Bag Co. 사건{210 U.S. 405 (1908)}과 같은 종래의 판례에서 발전된 원칙을 성문화한 것이다. 134 Cong. Rec. H10, 648 (Oct. 20, 1988) (Statement of Rep. Kastenmeier), Jonathan H. Steinberg, 앞의 논문, 415면에서 재인용; Kenneth J. Bruchfiel, 앞의 논문, 7면.

여 반독점법의 요건을 반영하여 특허권자가 특허발명의 관련 산업에 있어서 시장 지배력(market power)을 갖고 있지 않으면 끼워팔기도 특허권 남용에 해당되지 않도록 하였다(제5호).[468)]

그런데 연방순회항소법원은 1992년의 Mallinckrodt v. Medipart 사건에서[469)] 끼워팔기가 관계되지 않았음에도 특허권 남용여부가 문제된 사건에서 특허권 남용이 되기 위해서는 완전한 반독점법적 분석을 요구함으로써 1988년의 특허법 개정에 의하여 의회가 의도하였던 범위를 벗어나서 특허권 남용이론의 범위를 좁게 만들고, 특허권자로 하여금 자신의 특허권을 종래의 판례법에 의하여 허용되는 범위 이상으로 확장행사할 수 있게 하였다.[470)]

한편, 1995년에 법무부와 통상산업부에 의해서 공표된 지적재산권의 라이선스에 관한 반독점적 지침(the Antitrust Guidelines for the Licensing of Intellectual Property, 이하 "IP Guidelines"라 한다)은 특허 실시허락계

---

468) 제5조의 내용은 특허권자가 다른 독립된 제품의 구입이나 다른 특허에 대한 권리의 실시허락을 받는 것을 조건으로 특허권의 실시허락 또는 특허품의 판매를 하는 행위에 관하여, 위와 같이 조건으로 부여된, 특허권자가 특허나 특허품에 관련된 시장에서 시장지배력을 가지지 않는 위와 같은 특허권자의 실시허락이나 판매는 허용된다는 것이다. 이는 비특허품이나 다른 제품에 관한 끼워팔기가 특허권 남용에 해당하는지 여부를 판단함에 있어, 시장지배력에 대한 고려 없이, 구매자가 패키지 내의 원하는 요소를 얻기 위하여 필요하지 않은 기술에 대하여도 실시료를 지불하도록 강요('forced')되었느냐에 중점을 두었던 종래 판결의 의의를 감소시키는 것이다. Jonathan H. Steinberg, 앞의 논문, 415면; Kenneth J. Bruchfiel, 앞의 논문, 7, 10, 23면; Janice M. Mueller, An Introduction to Patent Law, ASPEN Publishers, 2003. 294~295면 참조.

469) Mallinckrodt v. Medipart, 976 F.2d 700, 708~709 (Fed. Cir. 1992) (Mallinckrodt가 폐질환의 진단 및 치료에 사용하기 위하여 환자의 폐에 치료효과가 있는 방사성 물질을 에어졸 분무의 형태로 보내는 장치를 병원에 판매하면서, 오직 한 번만 사용('Single Use Only')이라는 제한문구 및 "전체 장치는 생명공학적으로 해가 되는 물질의 폐기방법에 따라 처리되어야 한다."는 문구를 붙여 판매한 사건).

470) Katherine E. White, 앞의 논문, 674, 680면. 그러나 1997년의 Virginia Panel 사건{Virginia Panel Corp. v. Mac Panel Co., 133 F.3d 860 (Fed. Cir. 1997)} 및 1998년의 C.R. Bard 사건{C.R. Bard, Inc. v. M3 Sys., Inc., 157 F.3d 1340, 1372 (Fed. Cir. 1998)}에서는 다시 특허권 남용의 법리가 반독점법의 법리와 구별되고 반독점법 위반을 요하지 않는다는 태도를 보였다.

약의 친경쟁적 이익을 인정하면서, 특히 종전의 Nine No－Nos에 비하여, 그에 대한 반독점법 위반 여부 결정에 있어 훨씬 신중한 접근방법을 택하였다.[471][472]

(6) 특허권 남용 법리 발전 과정의 시사점과 그 부활 가능성

위에서 본 바와 같이 특허권 남용 법리는 시대상황 및 특허에 대한 사회 또는 국가 정책의 변화에 따라 그 요건 및 적용범위가 계속 달라져 왔고, 반독점법의 그늘에 가려 소멸의 위기에 빠지기도 하였으나, 근래 등장한 “Patent Troll” 현상 등으로 인하여 특허권의 부당한 행사에 대한 우려가 고조되는 상황에서는 그 중요성이 다시 부각될 수도 있는 것이다.[473]

다. 특허권 남용의 요건 및 효과

(1) 요 건

앞서 본 바와 같이 특허권 남용에 관한 판단은 주로 실시권 설정과 같은 좁은 범위의 행위와 관련하여 이루어졌는데, 판단기준은 특허권자가 실시권 부여에 있어 특정한 조건을 붙임으로써 특허권의 물리적·시간적 범위를 특허권에 부여된 특권 이상의 범위로까지 확장하고, 이로 인해 반경쟁적인 효과를 유발하였느냐 하는 것이었다.[474] 한편, 침해자로 주장된 자(피고)가 위 남용행위의 상대방이 아니라고 하더라도 특허권 남용 항변을 할

---

471) IP Guidelines는 http://www.usdoj.gov/atr/public/guidelines/0558.htm에서 검색 가능(2012. 4. 14. 최후 접속).

472) 한편, 특허권 남용의 법리는 Lasercomb America, Inc. v. Reynolds, 911 F.2d 970 (4th Cir. 1990) 사건(소프트웨어 저작권자가 이용허락계약을 체결하면서 향후 100년간 경쟁적인 소프트웨어의 제작을 금지한다는 약정을 추가하는 것은 반경쟁적 행위로서 저작권 남용에 해당한다고 판시)을 통하여 저작권영역에도 적용되게 되었다. 이외 저작권 남용에 관한 판례로는, Practice Magagement Information Corp. v. American Medical Ass'n, 121 F.3d 516 (9th Cir. 1997); Alcatel USA, Inc. v. DGI Technologies, Inc., 166 F.3d 772 (5th Cir. 1999); Assessment Technologies of Wisconsin, L.L.C. v. WRIEdata, Inc., 350 F.3d 640 (7th Cir. 2003) 등이 있다. 권영준, 저작권침해판단론 －실질적 유사성을 중심으로－, 박영사 2007. 44면 참조.

473) 앞의 Note, 1922～1924면 참조.

474) Janice M. Mueller, 앞의 책, 289～290면.

수 있고, 그 사람이 남용행위로 손해를 입었다는 것을 입증할 필요도 없으나,[475] 남용이라고 주장되는 특허권자의 행위는 반드시 당해 특허침해소송에서 특허권자가 주장하는 특허권과 어느 정도 연관성(nexus)을 가져야 한다.[476]

판례에 의하면, 특허권 남용행위 중 끼워팔기 약정은 그 자체로 특허권 남용(per se patent misuse)에 해당하고,[477] 끼워팔기는 아니지만 미국 특허법 제271조 (d)항에 따라 특허권 남용이 아니라고 규정된 행위가 아닌 경우에는, 그러한 행위가 합리적으로 특허의 범위 내에 있는지를 결정하고, 합리의 원칙(rule of reason)에 의하여 그러한 행위가 특허권자의 법적 권리를 확장하고 반경쟁적 효과가 있는지 등을 판단하여야 한다.[478] 합리의 원칙에 의하면, 법관은 관련 산업에 관한 특수한 정보, 그러한 제한이 가해지기 전과 후의 관련 산업의 상황 및 제한의 역사, 특성 등 다양한 요소를 고려하여 문제된 행위가 경쟁에 비합리적인 제한을 가하는지를 결정한다.[479]

(2) 효 과

특허권 남용이 인정되는 경우 특허권의 행사는 허용되지 않게 되지만(unenforceable), 남용행위라고 인정된 부적절한 행위가 중단되고 남용의 효과가 소멸되면(purge) 특허권은 다시 행사할 수 있게 된다(enforceable).[480] 연방대법원은 남용 효과의 소멸과 관련하여, 남용행위의 중단 후에 일정

475) 앞에서 본 Morton Salt, 314 US 488, 494 (1942).

476) Kolene Corp. v. Motor City Metal Treating, Inc., 440 F.2d 77, 85 (6th Cir.), cert denied, 404 U.S. 886 (1971); Riker Labs., Inc. v. Gist-Brocades, N.V. 636 F.2d 772, 777 (D.C. Cir. 1980), 이경규, 앞의 논문, 67면에서 재인용.

477) Virginia Panel Corp. v. Mac Panel Co., 133 F.3d 860, 869 (Fed. Cir. 1997).

478) Mallinckrodt, Inc. v. Medipart, Inc., 976 F.2d 700, 708, 1179~1280 (Fed.Cir.1992).

479) Virginia Panel Corp. v. Mac Panel Co., 133 F.3d 860, 869 (Fed. Cir. 1997).

480) B.B. Chemical Co. v. Ellis, 314 U.S. 495 (1942); Morton Salt Co. v. G.S. Suppiger Co., 314 U.S. 488 (1942); Janice M. Mueller, 앞의 책, 288~295면; Donald S. Chisum, Elements of United States Patent Law, Japanese & English, Yushodo Press Co., Ltd., 2000, 694~700면; 이은경 외, 앞의 책, 214~216면 참조.

시간이 경과하면 남용 효과의 소멸이 추인된다고 판시하였다.[481] 남용 효과의 소멸은, 특허권자가 그 고객, 분배업자 및 판매사원들에게 통지를 하는 경우 남용행위의 중단과 함께 즉각 발생할 수도 있고,[482] 남용으로 인하여 해로운 효과(detrimental consequences)가 발생하지 않은 경우에는 남용행위의 중단 자체만으로도 발생할 수도 있다.[483] 한편, 남용행위의 중단 및 그 효과의 소멸로 특허권은 다시 행사 가능하게 되더라도, 특허권자는 남용행위 기간 중의 침해행위에 대해 손해배상을 청구할 수는 없다.[484]

특허권 남용이 실시허락계약 중의 일부 규정에 의하여 초래된 경우, 특허권자는 그러한 규정을 취소하거나 그에 따른 집행을 하지 않음으로써 남용을 중단할 수 있다.[485] 나아가 특허권자는 그러한 규정이 특허권자의 이익을 위하여 삽입된 것이라면 실시권자의 동의를 받지 않고 무효로 할 수 있고,[486] 그러한 행위를 할 수 있는 시기의 제한은 없으므로, 특허침해소송이 진행되는 동안에도 할 수 있다.[487]

(3) 종래 요건 및 효과에 대한 비판

위와 같은 종래의 특허권 남용 법리의 요건에 관하여는 첫째, 기존의 판례법은 특허권 기타 지적재산권의 행사가 시장지배력을 수반한다는 인식에 바탕을 두고 있다는 점에서 문제가 있고, 둘째, 일정한 행위유형(끼워팔기)은 당연히 남용에 해당한다고 추정하는 것은 실시허락계약(특허실시계약)의 경쟁촉진효과를 부인하는 것으로서 경쟁을 촉진하는 행위까지 남용으로 추정하는 것이며, 셋째, 무엇이 남용행위에 해당하는지에 관한 일관된 기준

481) United States Gypsum Co. v. National Gypsum Co., 352 U.S. 457 (1957), 이경규, 앞의 논문, 71면에서 재인용.

482) Preformed Line Prods, Co. v. Fanner Mfg. Co., 328 F.2d 265 (6th Cir.).

483) White Cap Co. v. Owens-Illinois Glass Co., 203 F.2d 694, 698 (6th.Cir.) cert. denied, 346 U.S. 876 (1953).

484) United States Cypsum v. National Gypsum, 352 U.S. 457, 465 (1957).

485) Berlenbach v. Anderson & Thompson Ski Co., 329 F.2d 782 (9th Cir.), cert denied, 379 U.S. 830 (1964).

486) Automatic Radio Mfg. Co. v. Hazeltine Research Co., 339 U.S. 827, 835 (1950).

487) White Cap Co. v. Owens-Illinois Glass Co., 203 F.2d694 (6th.Cir.) cert. denied, 346 U.S. 876 (1953).

이 존재하지 않기 때문에 사회적으로 유익한 실시허락계약까지 억제할 우려가 있다는 비판이 있다. 나아가 위 셋째 비판과 관련하여 어떤 행위가 남용행위인지는 반독점법 위반 여부와 같은 기준에 따라 판단해야 한다는 주장이 있으며, 앞에서 본 바와 같이 CAFC는 일부 예외(연방대법원이 당연위법이라고 판단한 실시허락계약)를 제외하고는 반독점법 위반 행위만이 특허권 남용에 해당한다고 판시하여 왔고, 미국 변호사협회 반독점법 분과(ABA Section of Antitrust Law)는 특허권의 남용이 성립하기 위해서는 다음과 같은 요건이 충족되어야 한다는 의견을 제시하였다.[488] 즉, "① 특허권자가 특허법이 인정하는 권리의 범위를 확장하는 행위를 하였을 것, ② 특허권자가 실시권 부여의 조건으로 제한조항을 수락하라고 제시하였을 것, ③ 특허권자가 시장지배력을 사용하여 실시권자가 원하지 않는 제한조항을 수락하도록 강요하였을 것, ④ 제한조항의 수락을 고집한 것이 영업상 정당하다고 증명할 기회가 주어졌지만 특허권자가 입증하지 못했을 것(정당화사유의 부재)."

나아가 특허권 남용이 인정되면 특허권을 침해한 모든 자에 대한 권리의 행사가 절대적으로 불가능하다고 하는 특허권 남용 법리의 효과에 대해서도 그 제재가 너무 가혹하고 특허권침해자의 전략적 행동을 조장할 우려가 있다는 비판이 있어 왔고, 이에 대해 미국 변호사협회 반독점법 분과는 당사자 적격의 요건을 추가하여 특허권 남용을 주장하는 자가 자신이 그 문제된 계약의 당사자이거나 기타의 방법으로 남용행위로부터 직접적으로 영향을 받았다는 점을 입증할 책임을 부담하도록 해야 하고, 나아가 법원이 특허권의 행사를 완전히 불가능하게 하기보다는 특허권 남용이라 주장되는 문제의 조항만을 무효화시켜 특허권자가 여타의 특허권 침해자에 대해서는 특허권을 행사할 수 있도록 허용할 여지를 남겨두어야 한다고 제안하였다.[489]

---

488) Mark Ostrau, 「The Misuse Doctrine : Issues of Scope and Remedy」, ABA Section of Antitrust Law, ed., Intellectual Property Misuse (Chicago, Ⅲ : American Bar Association) (2000), 221～227면.

489) 위 같은 곳.

3. 우리나라에서의 적용 가능성

가. 문제의 제기

앞에서 본 바와 같이 미국에서는 특허법에 고유한 특허권 남용 법리가 판례법상 발달하여 왔다. 그렇다면 우리나라에서도 그와 같은 특허법에 고유한 특허권 남용 법리를 받아들이거나 특허법의 개정 연혁이나 현행 특허제도 등에 비추어 우리 특허법상 고유한 특허권 남용 법리를 인정할 수 있는지가 문제될 수 있다. 한편, 공정거래위원회는 2000. 8. 30. 제정되고 2010. 3. 31. 일부 개정된 「지적재산권의 부당한 행사에 대한 심사지침」을 제정하여 운영하고 있는데 이 지침과 특허권 남용 법리의 관계 등에 관하여는 후술한다.

여기에서는 우리 특허법의 개정 연혁 등에 대한 고찰을 통하여 그 인정 여부에 관하여 고찰해 본다.

나. 특허권 남용 관련 규정의 연혁

(1) 1963년 특허법 개정에 의한 특허권 남용 규정의 신설

1961. 12. 31. 법률 제950호로 제정된 우리나라 특허법에는 특허권 남용에 관한 규정이 없었으나, 1963. 3. 5. 법률 1293호로 특허법이 개정되면서 제45조의2에 특허권의 남용에 관한 규정이 신설되었다.[490] 이 규정은 제1항에서 「특허권자 기타 특허에 관하여 권리를 가진 자는 그 권리를 남용하지 못한다.」라고 하여 특허권 남용에 관한 일반조항을 둔 다음, 제2항에서 「1. 국내에서 실시 가능한 특허발명이 그 특허허여 후 3년 이상 정당한 이유 없이 국내에서 상당한 영업적 규모로 실시되지 아니한 때, 2. 특허허여 후 3년 내에 특허품・특허식물・특허기술 또는 특허방법에 의한 생산품에

---

490) 특허법의 제・개정 연혁에 관하여는 국회 법률지식정보시스템 중 특허법 관련부분을 참조. http://likms.assembly.go.kr/law/jsp/Law.jsp?WORK_TYPE=LAW_BON&LAW_ID=A1306&PROM_NO=08462&PROM_DT=20070517&에서 검색 가능(2011. 11. 12. 최후 접속).

관하여 정당한 이유 없이 적당한 정도와 조건으로 수요를 충족시키지 못한 때, 3. 특허권자가 실시권의 허락을 부당하게 거부하여 산업이나 국가 또는 국내 거주자의 사업에 손해를 가하였을 때, 4. 방법발명에 의한 특허의 경우에 그 권리의 범위에 속하지 아니하는 방법에 의하여 물건을 생산하여 타인에게 부당하게 손해를 가하였을 때」와 같이 특허권을 남용한 것으로 보는 적극적 및 소극적인 행위 4가지를 예시하였다.[491)]

(2) 특허권 남용 규정의 개정

그 후 1973년 특허법(전문개정 1973. 2. 8. 법률 제2505호) 제52조 제2항은 특허권 남용의 예로서 "특허허여 후 1년 내에 특허품, 특허식물, 특허기술 또는 특허방법에 의한 생산품에 관하여 정당한 이유 없이 적당한 정도와 조건으로 수출수요를 충족시키지 못한 때" 및 "권리범위에 속하지 아니하는 권리를 부당하게 주장하여 타인의 생산과 영업을 방해한 때"의 2가지 유형을 제3호 및 제6호로 추가(종전의 행위는 제1, 2, 4, 5호로 존속)하였다.[492)]

위와 같은 특허권 남용에 관한 조항은 1976년 특허법(일부 개정 1976. 12.

---

491) 구 특허법(1963. 3.5. 법률 제1293호) 제45조의2. 이를 예시라고 본 견해로는 차상육, 「특허침해소송과 권리남용항변(A Study on the Defense of Patent Misuse in the Patent Infringement Lawsuit)」, 정보법학 제11권 제2호, 한국정보법학회(2007), 166면이 있다.

492) 구 특허법(1973. 2. 8. 법률 제2505호) 제52조 제2항. 그 제2항은 아래와 같다.

② 다음 각 호의 1에 해당하는 경우에는 특허에 관한 권리를 남용한 것으로 본다.

1. 국내에서 실시가능한 특허발명이 그 특허허여 후 3년 이상 정당한 이유 없이 국내에서 상당한 영업적 규모로 실시되지 아니한 때.
2. 특허허여 후 3년 내에 특허품, 특허식물, 특허기술 또는 특허방법에 의한 생산품에 관하여 정당한 이유없이 적당한 정도와 조건으로 국내수요를 충족시키지 못한 때.
3. 특허허여 후 1년 내에 특허품, 특허식물, 특허기술 또는 특허방법에 의한 생산품에 관하여 정당한 이유없이 적당한 정도와 조건으로 수출수요를 충족시키지 못한 때.
4. 특허권자가 실시권의 허락을 부당하게 거부하여 산업이나 국가 또는 국내 거주자의 사업에 손해를 가하였을 때.
5. 방법발명에 의한 특허의 경우에 그 권리의 범위에 속하지 아니하는 방법에 의하여 물건을 생산하여 타인에게 부당하게 손해를 가하였을 때.
6. 권리 범위에 속하지 아니하는 권리를 부당하게 주장하여 타인의 생산과 영업을 방해한 때.

31. 법률 제2957호)에서도 그대로 유지되다가, 1980년 특허법(일부 개정 1980. 12. 31. 법률 제3325호)에서는 제2항의 특허권 남용으로 간주되는 행위 중 제1호에 '계속하여'라는 말을 추가하였고, 제3호에서는 '계속하여 3년 이상'이라 하여 '계속하여'라는 말을 추가하고 기존의 1년을 3년으로 연장하였으며, 제1호 및 제3호에 「다만, 그 특허발명이 특허출원일로부터 4년을 경과하지 아니한 경우에는 예외로 한다.」라는 단서를 추가하였고, 제5호(방법발명에 의한 특허의 경우에 그 권리의 범위에 속하지 아니하는 방법에 의하여 물건을 생산하여 타인에게 부당하게 손해를 가하였을 때) 및 제6호(권리 범위에 속하지 아니하는 권리를 부당하게 주장하여 타인의 생산과 영업을 방해한 때)는 삭제하였다.[493]

(3) 특허권 남용 규정의 삭제와 통상실시권 설정의 재정에 관한 규정의 신설

1986년 특허법(일부 개정, 1986. 12. 31. 법률 제3891호)에서는 위 '특허권 남용'에 관한 제52조가 삭제되고 그 대신에 '통상실시권 설정의 재정'이라는 제목 아래 제51조를 두어 기존에 특허권 남용행위라고 간주되었던 행위 중 소극적 행위(개정 전 법률의 1 내지 4호에 해당하는 행위, 이를 1 내지 3항으로 하였다)에 대해 그 특허발명을 실시하고자 하는 자가 그 특허발명의 특허권자 또는 전용실시권자에 대하여 통상실시권의 허락에 관하여 협의를 구할 수 있고, 협의가 성립하지 아니하거나 협의를 할 수 없는 경우에는 그 특허발명을 실시하고자 하는 자는 특허청장에게 통상실시권을 설정하는 재정을 청구할 수 있다는 규정을 두게 되었다.[494]

493) 구 특허법(1980. 12. 31. 법률 제3325호) 제52조 제2항 참조.

494) 구 특허법(1986. 12. 31. 법률 제3891호) 제51조. 그 전문은 아래와 같다.

① 특허발명이 다음 각호의 1에 해당하는 경우에 그 특허발명을 실시하고자 하는 자는 그 특허발명의 특허권자 또는 전용실시권자에 대하여 통상실시권의 허락에 관하여 협의를 청구할 수 있다. 다만, 그 특허발명의 특허출원일로부터 4년을 경과하지 아니한 경우에는 그러하지 아니하다.

1. 특허발명이 천재・지변 기타 불가항력 또는 대통령령이 정하는 정당한 이유없이 계속하여 3년 이상 국내에서 실시되고 있지 아니한 경우.
2. 특허발명이 정당한 이유없이 계속하여 3년 이상 국내에서 상당한 영업적 규모로 실시되지 아니하거나, 적당한 정도와 조건으로 국내수요 또는 수출수요를

그 후 위와 같은 통상실시권의 재정에 관한 규정은 1990. 1. 13.자로 전문 개정된 구 특허법(법률 제4207호)에 의하여 조문의 위치만을 제107조로 옮겼고, 1995. 1. 5 일부개정(법률 제4892호)에 의하여 「4. 사법적 절차 또는 행정적 절차에 의하여 불공정거래행위로 판정된 사항을 시정하기 위하여 특허발명을 실시할 필요가 있는 경우」가, 2005. 5. 31. 일부개정(법률 제7554호)으로 「5. 자국민 다수의 보건을 위협하는 질병을 치료하기 위하여 의약품(의약품 생산에 필요한 유효성분, 의약품 사용에 필요한 진단키트를 포함한다)을 수입하고자 하는 국가(이하 이 조에서 "수입국"이라 한다)에 그 의약품을 수출할 수 있도록 특허발명을 실시할 필요가 있는 경우」가 각 재정을 청구할 수 있는 사유로 추가되어 현행특허법에 이르고 있으며, 현행특허법(2007. 5. 17. 법률 제8462호로 일부 개정된 이후 같은 내용) 제107조는[495]

충족시키지 못한 경우.

3. 특허권자가 실시권의 허락을 부당하게 거부하여 산업이나 국가 또는 국내거주자의 사업에 손해를 가하였을 경우.

② 제1항의 규정에 의한 협의가 성립하지 아니하거나 협의를 할 수 없는 경우에는 그 특허발명을 실시하고자 하는 자는 특허청장에게 통상실시권을 설정하는 재정(이하 "재정"이라 한다)을 청구할 수 있다.

495) 제107조(통상실시권 설정의 재정) (1 내지 3항만 인용)

① 특허발명을 실시하고자 하는 자는 특허발명이 다음 각호의 1에 해당하고 그 특허발명의 특허권자 또는 전용실시권자와 합리적인 조건하에 통상실시권 허락에 관한 협의(이하 이 조에서 "협의"라 한다)를 하였으나 합의가 이루어지지 아니하는 경우 또는 협의를 할 수 없는 경우에는 특허청장에게 통상실시권 설정에 관한 재정(이하 "재정"이라 한다)을 청구할 수 있다. 다만, 공공의 이익을 위하여 비상업적으로 실시하고자 하는 경우와 제4호의 규정에 해당하는 경우에는 협의를 하지 아니하여도 재정을 청구할 수 있다.

1. 특허발명이 천재·지변 기타 불가항력 또는 대통령령이 정하는 정당한 이유없이 계속하여 3년 이상 국내에서 실시되고 있지 아니한 경우.
2. 특허발명이 정당한 이유없이 계속하여 3년 이상 국내에서 상당한 영업적 규모로 실시되지 아니하거나 적당한 정도와 조건으로 국내수요를 충족시키지 못한 경우.
3. 특허발명의 실시가 공공의 이익을 위하여 특히 필요한 경우.
4. 사법적 절차 또는 행정적 절차에 의하여 불공정거래행위로 판정된 사항을 시정하기 위하여 특허발명을 실시할 필요가 있는 경우.
5. 자국민 다수의 보건을 위협하는 질병을 치료하기 위하여 의약품(의약품 생산에 필요한 유효성분, 의약품 사용에 필요한 진단키트를 포함한다)을 수입하고자

특허발명이 정당한 이유 없이 계속하여 3년 이상 국내에서 상당한 영업적 규모로 실시되지 아니하거나 적당한 정도와 조건으로 국내수요를 충족시키지 못할 경우, 특허발명의 실시가 공공의 이익을 위하여 특히 필요한 경우 및 특허권의 행사가 사법적 절차 또는 행정적 절차에 의하여 불공정거래행위로 판정된 경우 등에는 이해관계인의 신청에 의하여 특허청장이 재정을 통해 통상실시권을 허여할 수 있도록 하여 특허권 남용에 관한 규정이 있었던 때에 특허권 남용에 해당하는 행위로 규정되어 있던 행위 중 소극적 행위유형인 특허권의 불실시에 관한 규정이 남은 외에 「사법적 절차 또는 행정적 절차에 의하여 불공정거래행위로 판정된 사항을 시정하기 위하여 특허발명을 실시할 필요가 있는 경우」와 「자국민 다수의 보건을 위협하는 질병을 치료하기 위하여 의약품(의약품 생산에 필요한 유효성분, 의약품 사용에 필요한 진단키트를 포함한다)을 수입하고자 하는 국가(이하 이 조에서 "수입국"이라 한다)에 그 의약품을 수출할 수 있도록 특허발명을 실시할 필요가 있는 경우」가 추가된 형태가 되었다.

한편, 구특허법 제116조(특허권의 취소) 제1항은 「특허법 제107조 제1항 제1호에 따라 특허발명이 정당한 이유 없이 계속하여 3년 이상 국내에서 실시되고 있지 아니함을 이유로 하여 특허청장의 재정이 있은 날부터 계속하여 2년 이상 그 특허발명이 국내에서 실시되고 있지 아니하는 경우에는 이해관계인의 신청에 의하여 또는 직권으로 그 특허권을 취소할 수 있다.」라고 규정하고 있었고,[496] 특허법 제138조(통상실시권 허여의 심판)는 「특

하는 국가(이하 이 조에서 "수입국"이라 한다)에 그 의약품을 수출할 수 있도록 특허발명을 실시할 필요가 있는 경우.

② 제1항 제1호 및 제2호의 규정은 특허발명이 특허출원일부터 4년을 경과하지 아니한 경우에는 이를 적용하지 아니한다.

③ 특허청장은 재정을 함에 있어서는 매 청구별로 통상실시권 설정의 필요성을 검토하여야 한다.

496) 이 규정은 2011. 12. 2. 일부 개정(법률 제11117호)에 의하여 삭제되었으나, 그 시행일은 "「대한민국과 미합중국 간의 자유무역협정 및 대한민국과 미합중국 간의 자유무역협정에 관한 서한교환」이 발효되는 날부터"이고, 위 조항의 삭제와 관련하여 그 "시행 전에 종전의 제116조의 규정에 따른 특허권의 취소사유가 발생한 것에 대한 특허권의 취소에 관하여는 종전의 규정에 따른다." 2011. 12. 2. 일부 개정(법률 제11117호)된 특허법 부칙 제1조 및 제5조.

허권자·전용실시권자 또는 통상실시권자는 당해 특허발명이 타인의 특허발명과 이용관계에 있어 실시의 허락을 받고자 하는 경우에 그 타인이 정당한 이유 없이 허락하지 아니하거나 그 타인의 허락을 받을 수 없는 때에는 자기의 특허발명의 실시에 필요한 범위 안에서 통상실시권 허여의 심판을 청구할 수 있다.」고 규정하고 있다.

다. 특허법에 고유한 특허권 남용 법리(항변)의 인정 가능성

앞에서 본 바와 같은 특허권 남용 관련 규정의 삭제 및 재정에 의한 통상실시권의 설정에 관한 규정의 신설 과정에 비추어 기본적으로 성문법 국가인 우리나라에서 미국에서와 같이 특허법에 고유한 특허권 남용의 법리를 인정하기는 어려울 것으로 보인다.

다만 앞에서 본 바와 같이 대법원은 2004년에 특허권에 무효사유가 있음이 명백한 경우 그러한 특허권에 기초한 권리의 행사는 '권리남용'으로서 허용될 수 없다고 방론에서 판시하였고,[497] 그 후 1, 2심법원의 실무는 위 대법원 판결의 판시를 수용하여 신규성 또는 진보성이 결여된 특허권의 행사에 대하여 일반적인 권리남용 법리를 적용하기 위한 주관적·객관적 사정에 관하여는 고려하지 않은 채 '권리남용'으로서 허용되지 않는다고 판시하고 왔는데,[498] 최근 대법원은 전원합의체 판결로 이러한 항변을 정면으로 수용하기에 이르렀는바[499] 이는 사실상 성문법에 존재하지 않는 항변을 판례에 의해 수용한 것이다. 그런 점에서 특허권 남용의 법리 역시 판례법상 인정될 가능성을 완전히 배제하기는 어렵다. 아래에서는 현행법상 이러한 항변을 수용할 수 있는 성문법상의 근거인 민법상의 권리남용법리에 관

497) 대법원 2004. 10. 28. 선고 2000다69194 판결.

498) 서울중앙지방법원 2008. 4. 3. 선고 2007가합26931 판결; 2008. 3. 27. 선고 2007가합73388 판결; 2008. 2. 20. 선고 2006가합4804 판결; 2008. 2. 20. 선고 2006가합51992 판결; 2008. 1. 31. 선고 2006가합58313 판결; 2007. 12. 27. 선고 2004가합104106 판결; 2007. 10. 4. 선고 2007가합5668 판결; 2007. 1. 11. 선고 2006가합19943 판결; 대구지방법원 2008. 1. 22. 선고 2006가합14466 판결; 광주지방법원 2007. 11. 29. 선고 2005가합7568 판결 등.

499) 대법원 2012. 1. 19. 선고 2010다95390. 상세한 내용은 제5장 Ⅳ.의 1. 부분 참조.

하여 보기로 한다.

4. 민법상의 권리남용 법리의 적용

가. 적용 가능성

앞에서 본 바와 같이 우리나라에서는 미국과 달리 구법에 있던 특허권 남용에 관한 규정이 현행법에서는 삭제되어 재정에 의한 통상실시권에 관한 규정만이 남아있는 상태이고, 현재까지 우리나라에서 특허권의 남용에 관하여 직접 판시한 판례도 없다.[500] 그런 점에서 특허권의 행사에 민법상의 권리남용 법리를 적용할 수 있을 것인가에 관하여 의문이 제기될 수도 있다.

그러나 통상실시권 설정의 재정에 관한 규정은 파리협약 제5조 A항 제2호의[501] 「불실시와 같은 특허권자의 배타적 권리의 행사로 인하여 남용이 초래된 경우 이를 방지하기 위하여 타인에게 강제실시권을 허여할 수 있다.」는 규정 및 TRIPs 협정의 강제실시에 관한 규정에 기초한 것으로서,[502] 위 규정의 입법화가 특허권의 행사가 권리남용이 될 수 있음을 배

500) 무효사유를 가지고 있는 특허권에 관하여 '권리남용' 이라고 한 판례들이 있으나, 이것을 권리남용 법리를 적용한 것으로 볼 수 있는지 의문임은 앞에서 본 바와 같다. 한편, 상표법 분야에서는 일정한 경우 상표권에 기하여 침해금지가처분신청 또는 상표권침해금지청구 사건에서 신청인의 신청이나 원고의 청구가 신의칙 및 사회질서에 반하여 상표권을 남용한 권리의 행사로서 허용될 수 없다고 한 대법원의 판결이 있다. 대법원 2007. 2. 22. 선고 2005다39099 판결(상표권침해금지등); 대법원 2007. 1. 25. 선고 2005다67223 판결(가처분이의); 대법원 2006. 2. 24. 자 2004마101 결정(상표권침해금지가처분).

501) Paris Convention for the Protection of Industrial Property Article 5A(2). 「(2) Each country of the Union shall have the right to take legislative measures providing for the grant of compulsory licenses to prevent the abuses which might result from the exercise of the exclusive rights conferred by the patent, for example, failure to work」

502) 박성수, 특허침해로 인한 손해배상액의 산정, 경인문화사 2007. 206면; 이종완, 특허법론, 대한변리사회 2004. 729면. 특허권도 사권(私權)의 일종이고 따라서 권리남용에 관한 일반원칙에 따라 신의에 좇아 성실하게 행사되어야 하고 이를 남용하여서는 안 된다(민법 제2조).

제하는 것이라 볼 수는 없다. 오히려 TRIPs 제8조는 지적재산권자에 의한 권리의 남용을 방지하기 위한 적절한 조치가 필요하다고 규정하고 있고, 제30조는 회원국이 특허에 의하여 부여된 배타적 권리에 대하여 예외를 둘 수 있다고 하고 있으며, 제31조는 그 외에 특허권자의 허락을 받지 않고 특허의 대상을 사용할 수 있는 경우에 관한 규정을 둘 수 있다고 하고 있는 점에서, 구 특허법에 있던 특허권의 남용에 관한 규정은 특허권 남용의 법리를 확인·선언한 것이고 재정에 의한 통상실시권의 부여에 관한 규정은 특허권 남용의 한 예를 규정한 것으로서 특허권의 남용에 관한 규정이 삭제된 현행법 아래에서도 재산권의 남용의 한 형태로서의 특허권 남용은 당연히 인정될 수 있다 할 것이다.503)

나아가 앞에서 본 바와 같이 특허제도는 물건에 대한 배타적 지배와 달리 타인이 동일한 발명을 이용하여 특허권자와 경쟁하는 것을 배제함으로써 사적독점(私的獨占)을 나라에서 보장하는 제도이고, 특히 소유권은 구체적인 특정한 물건에 대한 독점에 그치나 특허권은 물건의 생산과 유통 그 자체를 독점하므로 그것이 오용·남용되는 경우 국민경제 전체에 더 큰 해악을 끼칠 수 있다는 점에서 이 문제가 오히려 더욱 강조될 필요성도 있다.504)

나. 적용 필요성

(1) 문제의 제기

일반적으로 민법상의 권리남용의 법리는, 신의성실의 원칙과 더불어, 일반조항으로서 다른 법리의 적용을 검토한 다음에 '보충적'으로 적용되는 것이 바람직하고, 그렇지 않으면 다른 법리가 적용될 수 있는 경우에도 권리남용의 법리를 적용하여 문제를 해결하려는 '일반조항으로의 도피' 또는 권리남용 법리의 '남용' 현상이 발생할 수 있다.505)

---

503) 정상조, 지적재산권법, 홍문사 2004. 195면 참조; 차상육, 앞의 논문, 168면; 정상조·박성수 공편, 특허법 주해 II, 34면(김기영 집필부분) 참조.

504) 한현옥, 「BM특허와 공공정책」, 한국경제연구원 (2004), 80~81면; 정상조·박성수 공편, 특허법 주해 II, 34면(김기영 집필부분).

505) 고상용, 민법총칙 [제3판], 법문사 2005. 53~54면 참조.

그렇다면 특허권의 행사에 대하여 권리남용의 법리를 적용할 필요는 있는 것인지 즉, 부당한[506] 특허권의 행사에 대하여 특허법상의 통상실시권의 재정에 관한 규정, 독점규제 및 공정거래에 관한 법률('독점규제법'), 권리가 무효라는 항변 등을 적용하여 해결하면 되는 것이지, 굳이 민법상의 권리남용 법리를 적용할 여지가 없는 것은 아닌지 하는 의문이 들 수 있다.

이하 부당한 특허권의 행사에 대하여 적용될 수 있는 법리들을 차례대로 살펴보면서, 권리남용 법리의 적용 필요성에 관하여 살펴보기로 한다.

(2) 통상실시권 설정의 재정 및 특허권의 취소에 관한 규정과의 관계

앞에서 본 바와 같이 우리 특허법은 특허권의 불실시 등 일정한 경우 통상실시권의 재정 및 특허권의 취소를 청구할 수 있음을 규정하고 있다.

그러나, 특허법 제107조 제1항 제1, 2호의 특허권의 불실시를 원인으로 하여 통상실시권의 재정을 청구하기 위해서는 특허권이 일정한 기간(3년 이상) 실시되지 않아야 하고, 특허 출원일부터 4년이 경과하여야 하며(특허법 제107조 제2항), 특허권이 취소되기 위해서는 그러한 재정이 있은 날로부터 다시 2년 이상 특허발명이 실시되지 않아야 하는바(특허법 제116조),[507] 특허권의 행사가 반드시 위와 같이 장기간 동안 특허권을 실시하지 않다가 행사하는 경우만 있는 것은 아니고, 같은 조 제4호의 독점규제법상의 불공정거래행위에 해당하기 위해서는 다음 항에서 검토하는 바와 같이 같은 법 등에서 규정하고 있는 일정한 요건을 갖추어야 하는데, 특허권의 행사가 이러한 독점규제법상의 불공정거래행위에 해당하는 경우 역시 제한적이라 할 것이므로, 비록 특허권자의 행위 중에는 위와 같은 통상실시권의 재정의 청구, 특허권의 취소 또는 독점규제법의 관련 규정에 의하여 규제될 수 있는 부분이 있다 하더라도, 그렇지 못한 부분 또한 있을 수 있으므로, 위와 같은 규정은 적용범위의 한계를 가진다.

---

506) 어떠한 것이 '부당한' 것인지에 관해서도 논란이 있을 수 있으나, 여기서는 '그 행사로 인하여 특허제도의 목적 달성에 장애가 되는 것'을 하나의 기준으로 보기로 한다.

507) 앞에서 본 바와 같이 이 조항을 현행법에서 삭제되었다.

(3) 독점규제법에 의한 규제와의 관계

(가) 특허권의 행사에 대한 독점규제법의 적용

우리나라 독점규제법 제59조는 '무체재산권의 행사행위'라는 제목 아래 「이 법의 규정은 저작권법, 특허법, 실용신안법, 디자인보호법 또는 상표법에 의한 권리의 정당한 행사라고 인정되는 행위에 대하는 적용하지 아니한다.」라고 규정하여,[508] 정당하지 아니한 즉, '부당한' 특허권의 행사에 대하여는 독점규제법이 적용될 여지를 남기고 있다.

그런데 실제로 어떠한 행위가 지적재산권의 부당한 행사에 해당하는가를 사안별로 판단하는 것은 쉬운 일이 아니고, 이에 공정거래위원회는 2000. 8. 30. 독점규제법 제59조의 지적재산권의 부당한 행사에 해당하는 행위의 유형을 제시하기 위하여 「지적재산권의 부당한 행사에 대한 심사시침」을 제정하였고, 2010. 3. 31. 그 내용을 개정하였다.[509]

(나) 독점규제법에 의한 규제와 권리남용 법리의 관계에 관한 미국에서의 논의

앞에서 본 바와 같이 미국의 특허권 남용 법리는 반독점법상의 원리와 매우 밀접한 관계를 가지고 발전하여 왔고, 특허권 남용에 해당하느냐의 여부를 반독점법의 원리에 의하여 판단하면 족하다는 견해도 나타나고 있는 상황이다. 이하 이러한 논의에 관하여 간단히 살펴보기로 한다.

미국에서는 Richard A. Posner 판사를 비롯하여 많은 사람들이 특허권 남용의 법리를 폐지하여야 한다고 주장하고 있는데, 그 이유로는 Posner 판사가 USM Corp. 판결에서 밝힌 바와 같이, 반독점법은 어떠한 경우에 특허권자가 부당하게 시장지배력을 행사하였느냐에 관한 명확한 기준을 제시하는 데 비하여, 특허권 남용의 법리는 불명확한 형평법적 원리로서 혼란을 초래할 뿐이라는 점 및 법원이 그동안 특허권 남용의 법리를 적용함

508) 이 규정은 원래 「이 법의 규정은 저작권법, 특허법, 실용신안법, 디자인보호법 또는 상표법에 의한 권리의 행사라고 인정되는 행위에 대하여는 적용하지 아니한다.」로 되어 있었는데, 2007. 8. 3. 법률 제8635호로 '정당한'이 추가되어 현행과 같이 개정되었다.

509) 공정거래위원회 홈페이지, http://www.ftc.go.kr/에서 검색 가능(2011. 11. 12. 최후 접속).

에 있어 반독점법적 원리에 의존해 온 점 등을 들고 있다.[510]

앞에서 본 바와 같이 미국 대법원은 특허권 남용의 법리를 최초로 적용한 Morton Salt Co. 사건에서는[511] 미국 헌법이 규정한 과학 및 유용한 기술의 발전을 촉진한다는 공공정책(public policy)을 남용 여부를 판단하는 기초로 삼았으나, 차차 Transparent-Wrap Machine Corp. v. Stokes & Smith Co. 사건에서와[512] 같이 특허권 남용 여부를 판단하기 위하여 주로 반독점법적 요소를 고려하였고, Mallinckrodt, Inc. v. Medipart, Inc. 사건에서[513] 연방순회항소법원은 「연방대법원이 특정한 사용제한약정을 그 자체 위법한(per se illegal) 것으로 보지 않았다면, 법원은 특허권 남용 여부를 오로지 반독점법의 원리 즉, 합리의 원칙(rule of reason)만을 기준으로 판단할 것이다.」라고 판시함으로써 특허권 남용의 법리를 아예 제거하려 하였다.[514]

이러한 법원의 태도는, 특허권 남용의 법리는 특허권의 효력범위를 부당하게 확장하는 행위에 대응하기 위하여 나타난 법리이고, 특허권의 효력범위는 특허권자에 대한 보상(reward) 및 장래의 혁신에 미치는 영향을 고려하여 특허제도의 목적(public policy)에 부합하도록 결정하여야 할 것인데, 그러한 판단이 결코 쉽지 않다는 현실적인 고려에서 나온 것으로 보인다.[515]

이에 대하여 특허권 남용 법리가 필요하다는 견해는, 특허권 남용 법리

---

510) USM Corp. v. SPS Technologies, Inc., 694 F.2d 505 (7th Cir. 1982); 앞의 Note, 1924면 참조.

511) Morton Salt Co. v. G.S. Uppiger Co., 314. U.S. 488 (1942). 같은 취지의 판결로 앞에서 본 바와 같이 B.B. Chem. Co. v. Ellis, 314 U.S. 494, 497-48 (1942); Motion Picture Patents Co. v. Universal Film Mfg. Co., 243 U.S. 502, 510∽11 (1917) 등이 있다.

512) Transparent-Wrap Machine Corp. v. Stokes & Smith Co., 329 U. S. 637 (1947). 이 판례에서는 반독점법 위반을 특허권 남용의 조건으로 삼지는 않았으나, 반독점법에 내재되어 있는 원칙들에 기초하여 특허권 남용 여부를 판단하였다. 앞의 Note, 1926면.

513) Mallinckrodt, Inc. v. Medipart, Inc., 976 F.2d 700 (Fed. Cir. 1992).

514) 앞의 Note, 1928면.

515) 같은 글, 1935~1936면.

는 반독점법의 원리와 비교하여, (i) 반독점법 위반은 소송의 형태로 주장되어야 하는 반면, 특허권 남용은 특허권 침해 또는 실시허락계약 위반 주장에 대한 적극적 항변으로서 주장될 수 있고, (ii) 반독점법 위반 사건의 원고가 되기 위해서는 '반독점적 피해'(antitrust injury)를[516] 입을 것이 요구되는 반면, 특허권 남용의 항변은 특허권자의 부적절한 행위로 인하여 개인적으로 피해를 입지 않은 자도 제기할 수 있다는 점에서, 특허권 남용을 주장할 수 있는 적격(standing)의 범위가 반독점법 위반 주장의 경우보다 훨씬 넓으며, (iii) 특허권 남용에 대한 구제수단은 특허권자의 특허권 행사를 거절한다는 형평법상의 것에 그치는 데 비하여, 반독점법 위반에 대하여는 금지청구, 3배 손해배상 및 변호사 소송비용 부담 등의 제재수단이 있다는 점에서 서로 다르다는 것에 논거를 두고 있다.[517]

또 특허권 남용의 법리를 최초로 특허권에 적용한 Morton Salt Co. 사건에서[518] 연방대법원이 판시한 것처럼, 특허권 남용의 법리는 새롭고 자명하지 않은 발명에 대하여 제한된 기간에 그 공개에 대한 대가로 배타적 권리를 부여한다는 특허법의 공공정책(public policy)에서 나온 것으로서, 특허권자가 특허의 원래 범위를 벗어나서 이를 확장하려는 것을 금지하기 위한 것임에 비하여,[519] 반독점법은 경쟁에 대한 제한이라는 특정한 유형의 해악(harm)을 규제하기 위한 것으로서 반독점법만에 의해서는 특허정책에 반하는 문제를 모두 해결할 수 없다고 한다.[520]

나아가 반독점법 위반에 적용되는 기본적인 기준은 합리의 원칙(rule of

516) 이는 반독점법이 방지하려 했었던 것이고 피고의 행위를 위법하게 만드는 것으로서, 반경쟁적 효과를 반영하여야 한다고 한다. Brunswick Corp. v. Pueblo Bowo-O-Mat, Inc., 429 U.S. 477, 489 (1977).

517) 앞의 Note, 1924면; Katherine E. White, 앞의 논문, 672면; Hovenkamp, Herbert J., 「United States Antitrust Policy in an Age of IP Expansion」, 36면; Gary Myers, The Intersection of Antitrust and Intellectual Property, Cases and Materials, Thomson West, 2007. 55면.

518) Morton Salt Co. v. G.S. Suppiger Co., 314. U.S. 488 (1942).

519) Katherine E. White, 앞의 논문, 672면.

520) Feldman, Robin C., 앞의 논문, 431면; Katherine E. White, 앞의 논문, 671~672면 참조.

reason)이라고 불리는 이익균형의 원리(balancing test)인데, 이는 법원이 종합적 상황(totality of the circumstances)을 고려하여 양측의 입장을 살펴 어떠한 것이 공정하고 형평에 부합하는 것인가를 판단하는 단순한 이익균형 원리가 아니라 시장 지배력, 반경쟁적 효과 및 반경쟁적 효과가 친경쟁적 이익을 초과하는지 여부와 같은 엄격한 기준 및 요소에 중점을 두는 것이다.[521] 그러나 실제로 이러한 기준 및 요소를 만족시키는 경우는 드물다고 한다.[522]

위와 같이 특허권 남용 법리와 반독점법에 의한 규제의 관계에 관하여 견해가 대립되는 가운데, 미국 연방대법원은 2006년의 Illinois Tool Works Inc., v. Independent Ink, Inc. 사건에서[523] 특허 실시허락을 둘러싼 반독점법 위반과 특허권 남용 사이의 관계에 대하여 판시하였다.

이 사건의 피고(상고인)인 Illinois Tool Works Inc.는 특허품인 인쇄헤드(printhead), 잉크 컨테이너(container)와 비특허품으로서 특별히 제작된 잉크로 구성되는 인쇄시스템을 제작 판매하는 회사인데, 피고로부터 구입한 인쇄헤드와 컨테이너를 프린터에 조립하도록 실시허락된 OEM(주문자 상표 부착 생산자)사들에게 잉크를 피고로부터만 사고 스스로 또는 그 고객들이 특허된 잉크를 리필(refill)하지 않을 것을 요구하였다.

연방대법원은 특허법 제271조 (d)항의 개정에 따라 특허권 남용과 관련하여 시장지배력이 추정되지 않고 특허권 남용을 주장하는 자가 입증하여야 하는 것으로 되었고, 특허권 남용에 대한 제재는 특허권을 행사할 수 없는 것에 그치는 데 비하여, 반독점법 위반 행위는 10년의 징역형에 처할 수 있는 중범죄(felony)로 규정되어 있고 당연히 특허권 남용이 되는 점에 비추어,[524] 특허권 남용에 관하여 시장지배력이 추정되지 않는 것으로 특허법이 개정되었으므로, 반독점법 위반에 대하여도 그러한 법리가 적용되어야 하고, 따라서 반독점법 위반 사건에서도 끼워팔기와 관련하여 특허권

521) Feldman, Robin C., 앞의 논문, 422면.

522) 위 같은 곳.

523) 547 U.S. 28, 126 S.Ct. 1281 (2006).

524) 5 Donald Chisum, Chisum on Patents § 19.04[2] (1996) {Carter－Wallace, Inc. v. United States, 449 F.2d 1374 (Ct. Cl. 1971)을 인용하면서}.

자의 시장지배력은 추정되지 않는다고 판시하였다.[525]

이로써 끼워팔기에 관한 한 특허권 남용 및 반독점법 위반이 되기 위해서는 이를 주장하는 자가 특허권자의 시장지배력을 입증할 책임을 부담하게 되었다. 그러나 이 판결은 끼워팔기의 경우에 대한 시장지배력의 입증책임에 관하여 판시하였을 뿐 일반적인 특허권 남용의 법리와 반독점법에 의한 규제와의 관계에 관하여 명시적인 입장을 표명하지는 않았다(반독점법 위반 행위는 당연히 특허권 남용이 된다라고만 하였다).

따라서 앞에서 본 바와 같이 1988년의 특허법 개정에 의하여 끼워팔기의 경우에는 반독점법 위반의 정도에 이르러야 특허권 남용이 될 수 있는 것으로 되었으나, 그 개정 연혁 등에 비추어 이러한 규정의 효력이 끼워팔기 이외의 영역에까지 미친다고 보기는 어려우므로, 특허권 남용의 법리가 공공정책으로부터 나온 것이라는 연방대법원의 Morton Salt Co. 판결의 효력이 유지되고 있는 한, 특허권 남용 법리의 독자성은 아직까지 유지되고 있다 할 것이다.[526]

(다) 우리나라에서의 권리남용과 독점규제법에 의한 규제의 관계

미국과 달리 우리나라에서는 독점규제법의 원리와 민법상의 권리남용의 법리가 밀접한 관계를 가지고 발전해 온 것으로 보이지는 않는다.

그럼에도 불구하고, 앞에서 본 바와 같이 지적재산권의 행사에 대하여 독점규제법이 적용될 수 있으므로, 양자의 관계에 관하여 생각해볼 필요가 있다.

이와 관련하여 우리나라에서도 양자의 관계에 관하여, 특허권자의 불공정한 독점력 행사(특히 실시허락에 있어서 권한 남용)에 적용되는 법리로서의 특허권 남용 법리는 독점규제법에서 파생된 원리에 불과하고, 특허품에 대한 재판매가격의 유지를 조건으로 하는 실시허락 또는 특허품과 비특허 물품의 끼워팔기와 같이 특허권 남용에 해당하는 행위의 대부분은 곧 독점규제법 위반으로 되므로 별도로 특허권 남용 법리를 인정할 필요가 없다는 견해가 있다.[527]

---

525) 547 U.S. 28, 126 S.Ct. 1281, 1290~1291 (2006).

526) Janice M. Mueller, 앞의 책, 288~295면.

그러나 앞의 미국의 논의에서 본 바와 같이, 독점규제법의 목적 및 규제 원리와 특허권 남용 법리에 의하여 고려되는 요소에는 차이가 있고, 독점규제법 위반에 해당하기 위해서는 경쟁제한성 등의 요건이 필요한데 그 요건 충족이 용이하지 않으며,[528] 이로 인하여 앞에서 본 「지적재산권의 부당한 행사에 대한 심사지침」을 통하여 지적재산권 관련 거래가 규제된 예가 지금까지 거의 없다 한다.[529]

또, 민법학자 중에는 권리남용이 되기 위한 객관적 요건과 관련하여, 아래에서 보는 바와 같이, '독점을 위한 권리행사'를 권리남용의 한 유형으로 드는 견해도 있기는 하지만,[530] 현재 권리남용 여부 판단에 있어서 경쟁제한성의 유무 등은 크게 고려되지 않고 있기 때문에, 독점규제법 위반으로는 되지 않으나 권리남용으로 되는 행위가 있을 수 있다.

예를 들어, 특허권자가 특허권 존속기간 만료 후에도 실시료를 지급할 것을 조건으로 실시권을 부여하는 등 특허권자가 자신의 배타적 권리의 범위를 벗어나 실시허락하는 경우에는 반드시 경쟁제한의 결과를 가져오지는 않아 독점규제법 위반은 되지 않지만 권리남용에는 해당할 수 있다.[531]

---

527) 백형기, 「지적재산권법과 독점규제법의 충돌과 조화」, 정보화정책 제13권 제4호 (2006년 겨울), 43~44면 참조.

528) Feldman Robin C., 앞의 논문, 422면; 설민수, 「지적재산권 사용계약에 대한 거래거절에 관한 미국과 EU에서의 공정거래법 적용」, 저스티스 통권 제101호 (2007. 12), 한국법학원 106면 참조.

529) 김성삼, 「공정거래위원회 IPR지침」, LAW & TECHNOLOGY 제2권 제6호, 서울대학교 기술과법센터 (2006. 11), 110면; 조원희, 「미국특허법상 특허권 남용(Patent Misuse)의 법리－공정거래법 위반과의 관계를 중심으로－」, 저스티스 통권 제104호 (2008. 6), 한국법학원 101면에서 재인용.

530) 이영준, 민법총칙(개정증보판), 박영사 2007. 88~94면 참조.

531) Brulotte v. Thys Co. 379 U.S. 29 (1964) (미국 연방헌법 제1조에서 특허권 등이 '제한된 시간 동안' 보장된다고 하고 있고, 특허법 제154조도 그러한 취지에 따라 특허권자가 17년 동안 타인이 발명을 생산, 사용 및 판매하지 못하도록 할 권리를 보장하고 있는 바, 이러한 점 등에 비추어 특허존속기간이 만료된 후에도 실시료를 받도록 하는 약정은 이미 공유의 영역(public domain)에 들어간 것에 관하여 독점력을 주장하는 것으로서 끼워팔기와 마찬가지로 그 자체로 위법(unlawful per se)이고, 따라서 그러한 내용을 담은 실시허락계약은 집행불가능한(unenforceable) 것이라고 판시); Zenith Radio Corp. v. Hazeltine Research, Inc., 395 U.S. 100,

또 특허권 남용 이론이 독점규제법 위반에 해당하는 행위보다 더 넓은 범위의 행위에 대하여 적용될 수 있는 예로서 Reach-Through Royalties를 들 수 있다.[532] 이는 생명공학 분야에서 '연구 도구'(research tools)를 실시허락(라이선스)하는 데 사용되는 실시허락계약을 말하는데, 생명공학분야의 경우 새로이 등장하는 분야인 관계로 그러한 연구도구의 가치에 대해서 알 수 없고 그러한 도구를 통한 연구에 의한 성공가능성을 점칠 수 없다는 점에 착안하여, 특허권자들이 연구도구의 사용을 허락하면서 공정을 통하여 생산되는 마지막 생산품의 비율에 따라 실시료를 받을 것을 약정하는 것이다.[533] 이러한 실시허락계약은 성공가능성에 대한 불확실성을 제거하여 연구도구의 실시허락을 촉진하는 효과가 있는 반면, 생명공학분야와 같이 하나의 제품을 생산하는 데 수많은 기술이 요구되는 산업의 경우 하나의 기업이 여러 특허권자와 이러한 계약을 체결하는 경우 실시료의 축적(royalty stacking) 현상의 발생으로 후발 연구 및 생산을 저지하는 부작용을 유발할 수 있고, 이러한 실시허락계약의 결과 특허기간이 만료된 후에 실시료를 지불하게 되는 결과를 초래할 수 있다. 이러한 결과는 특허권 존속기간이 만료되면 실시료 지급도 중지되고, 특허발명은 공공의 영역(public domain)으로 돌아가야 하며, 특허권자는 그의 발명에 대하여 특허권 존속기간이라는 제한된 기간 동안만 수익을 얻을 기회를 제공받는 것이고 존속기간 만료후에도 수익을 얻을 수 있는 것이 아니라는 현재의 특허제도의 이념에 반하는 것으로서 특허권 남용의 문제를 유발할 수 있다.[534] 이러한 문제에 대하여 경쟁제한성의 유무를 기초로 판단하는 독점규제법으로는 대처할 수 없다.[535]

나아가 독점규제법에 의한 규제는 직권규제주의에 입각하여 공정거래위

---

140 (1969), 백형기, 앞의 논문, 40면에서 재인용; Robert P. Merges, Peter S. Menell, Mark A. Lemley, Intellectual Property in the New Technological Age (Third Edition), Aspen Publishers, 2003. 288면.

532) Feldman, Robin C., 앞의 논문, 439면.

533) 같은 논문, 440~441면.

534) 같은 논문, 441~445면.

535) Feldman, Robin C., 앞의 논문, 446~449면 참조.

원회가 그 권한을 행사하여야만 하고 그렇지 아니하면 사인의 경우에는 특허권 남용에 해당하는 행위에 대하여도 별다른 조치를 취할 수 없고,[536] 독점규제법 위반행위에 대해서는 공정거래위원회에 의한 시정조치나 과징금 등의 제재조치가 있기는 하나,[537] 같은 법 제19조 제4항에서 「부당한 공동행위를 할 것을 약정하는 계약 등은 사업자 간에 있어서는 이를 무효로 한다.」라고 규정하고 있을 뿐, 불공정거래행위 등 다른 행위의 사법적 효력에 대하여는 법상 규정이 없어 민법의 일반원리에 의존해야 하는 한다는 점을 고려하더라도 권리남용 법리의 존재의의는 있다 할 것이다.[538]

---

536) Katherine E. White, 앞의 논문, 672면 참조.

537) 한편, 우리 형법 제349조는 '부당이득죄'에 관하여 「사람의 궁박한 상태를 이용하여 현저하게 부당한 이익을 취득한 자는 3년 이하의 징역 또는 1,000만원 이하의 벌금에 처한다.」라고 규정하고 있는 바, 재개발 예정지역의 특정지역의 중요지점의 부동산을 소유한 자가 재개발 진행 과정에서 개발업자의 궁박한 상태를 이용하여 폭리를 취하는 속칭 '알박기' 행위가 일정한 경우 부당이득죄로 처벌되는 것과 마찬가지로, 특허권의 양수인이 침해자 등이 상당한 자본을 투자하여 제품을 개발하는 것을 알면서 특허권을 양수한 다음, 침해자 등의 실시허락계약 체결 요구에 장기간 동안 응하지 않으면서 침해소송의 제기 등을 위협하여 침해자 등과의 사이에 정상적인 실시료보다 훨씬 높은 실시료를 받기로 하고 실시허락계약을 체결하거나 높은 액수의 손해배상금을 받기로 하고 화해하는 경우 위 부당이득죄에 의한 처벌을 고려할 수도 있을 것이다. '알박기'를 둘러싼 부당이득죄에 대하여는 고범석, 「형법 제349조 부당이득죄에 대한 고찰」, 청연논단 2008, 사법연수원 (2008), 255면 이하 참조.

538) 불공정거래행위의 사법적 효력에 관하여 일본에서는, 독점금지법의 경제헌법적 성격을 고려할 때 그 법 목적을 달성하기 위해서는 법률행위를 사법상 무효로 보아야 하고, 그렇지 않으면 위반행위의 이행을 법률상 강제할 수 있는 것으로 되어 부당하다는 설(무효설), 독점금지법상 배제조치가 인정되는 이상 당해 행위를 사법적으로 무효로 하지 않고도 법 목적을 달성할 수 있고, 오히려 사인의 무효 주장은 적절한 배제조치를 취하는 데 방해가 되고 위법성 판단을 곤란하게 하는 것이며, 사법상 유효로 하지 않는다면 거래의 안전을 해한다고 하여 유효로 보는 설(유효설), 구체적 사안에 따라 거래의 안전의 존중에 필요한 한도에서 사법관계의 안정을 도모하면서 반독점법의 취지와 각 규정의 금지내용을 고려하여 결정하여야 한다는 설(개별적 해결설) 등이 주장되고 있고, 우리나라에서는 개별적 해결설이 주류를 이루고 있다. 학설의 자세한 내용에 관하여는, 구재군, 「지적재산권과 독점규제법의 관계(독점규제법 제59조의 해석론과 관련하여)」, 사법행정 제41권 제7호 (통권 475호), 한국사법행정학회 (2000. 7), 35면 이하; 홍대식, 「독점규제법상 불공정거래행위의 사법적 효력」, 사법논집 30집, 법원도서관 (1999. 12), 161~

다만, 앞에서 본 바와 같이 특허법의 개정으로 특허권 남용에 관한 규정이 삭제되기는 하였지만, 특허법 제107조는 "특허권의 행사가 사법적 절차 또는 행정적 절차에 의하여 불공정거래행위로 판정된 경우" 재정에 의한 통상실시권을 설정할 수 있도록 규정하고 있고, 그러한 규정은 특허권 남용의 정신을 이어받은 것이거나 특허권 남용의 예시라 볼 수도 있으므로, 불공정거래행위에의 해당 여부는 특허권 남용에 해당하는지 여부를 결정하기 위한 하나의 기준으로 작용할 수 있을 것이다.

(4) 특허에 명백한 무효사유가 있다는 항변과의 관계

앞에서 본 바와 같이 종래 우리나라에서는 특허침해사건을 취급하는 법원은 당해 사건에서 주장되는 특허의 유·무효에 대하여는 판단할 수 없었으나, 대법원은 2012. 1. 19. 선고 2010다95390 전원합의체판결에 의하여 침해소송법원이 특허에 진보성을 비롯한 무효사유가 있다는 항변에 관하여 판단할 수 있는(즉, 문제된 특허가 무효인지 여부에 관하여 사실상 판단할 수 있는) 길을 열었다.

그렇다면 그러한 항변이 인정됨으로 인하여 이 장에서 논하는 민법상의 일반적인 권리남용금지의 원칙이 적용될 수 있는 영역은 더욱 더 줄어들게 되고 따라서 그에 관하여 논할 실익이 없는 것은 아닌가 하는 의문이 들 수 있다.[539]

이와 관련하여 일본에서는 특허권의 행사에 대하여, (i) 킬비(キルビー) 판결에[540] 기한 권리남용 항변, (ii) 특허법 제104조의3에 의한 권리행사 제한의 항변,[541] (iii) 민법상의 일반조항에 기초한 권리남용의 항변이 가능한 것으로 보고 있는데,[542] (i)의 항변은 "해당 특허에 무효이유가 존재하는

164면 참조.

539) 차상육, 앞의 논문, 169면 참조.

540) 「심리의 결과 당해 특허에 무효이유가 존재하는 것이 명백한 때에는, 그 특허권에 기초한 금지, 손해배상 등의 청구는 특단의 사정이 없는 한, 권리의 남용에 해당하여 허락되지 않는다고 해석하는 것이 상당하다.」라고 판시하였다. 최고재 2000. 4. 11. 제3소법정판결 1998(オ) 제364 [채무부존재확인청구사건].

541) 2005. 4. 1.부터 시행되고 있고, 「침해소송에 있어서 당해 특허가 특허무효심판에 의하여 무효로 될 것이라고 인정되는 때에는 특허권자는 상대방에 대하여 그 권리를 행사할 수 없다.」고 규정하고 있다. 일본 특허법 제104조의3 제1항.

것이 명백할 것"을, (ii)의 항변은 "해당 특허가 특허무효심판에 의하여 무효로 될 것이라고 인정"될 것을 각 요건으로 하고 있어, 위 각 항변에서 말하는 '무효사유'는 특허무효심판에 관하여 규정하고 있는 일본 특허법 제123조에서 정하고 있는 '무효사유'가 존재하는 경우에 한정되는 것이고, 따라서 그 이외의 경우에는 (iii)의 항변만이 가능한 것으로 보고 있으며, 그러한 점에서 일반적인 권리남용 항변의 존재이유가 있는 것으로 보고 있다.[543]

우리나라에서는 일본의 위 (ii)와 같은 권리행사제한의 항변이 존재하지 않고, 위 대법원 전원합의체판결에 의하여 그 범위가 확장되어 일본의 위 (i)의 킬비 항변과 동일한 내용으로 된 소위 '권리남용 항변'(무효라는 항변)만이 인정되고 있으므로, 그렇다면 일본의 경우보다 일반적인 권리남용 항변이 활용될 여지는 더 크다고 할 수 있다.

이와 같이 특허가 무효라는 항변을 할 수 있는 범위가 특허에 무효사유가 있는 것이 분명하고 특별한 사정이 없는 때로 한정하는 한 그러한 무효사유가 존재하지 않는 특허권을 행사하는 경우로서, 가령 특허권자가 특허출원 과정에서 특허청에 대하여 선행기술 등에 관하여 사술을 쓴 경우와 같이 부당한 방법으로 특허를 취득한 경우라거나 특허양수인이 그러한 사실을 알고 특허를 취득한 경우 등과 같이 특허권의 행사가 부당하다고 인정되는 경우에는 민법상의 권리남용 법리를 활용하여야 할 것이다.

(5) 소 결

위에서 본 바와 같이 부당한 특허권의 행사를 규제하기 위한 법리로서 통상실시권의 재정 및 특허권의 취소에 관한 규정, 독점규제법, 특허가 무

542) 森 義之, 權利行使の制限の抗辯(商標法 39條, 特許法 104條の3)と權利濫用の抗辯(キルビー抗辯), ジエロブィタール化粧品事件); 中山信弘 외 편, 別冊 ジユリスト 商標・意匠・不正競爭判例百選, 有斐閣 (2007. 11), 66~67면 참조.

543) 森 義之, 위 논문, 같은 면; 潮海久雄, 中山信弘 외 편, 「權利濫用(1)－ポパイ・머플러－事件」, 別冊 ジユリスト 商標・意匠・不正競爭判例百選, 有斐閣 (2007. 11), 69면 참조. (특히, 무효심판의 제기에 제척기간이 있는 상표권의 경우에는 상표법 소정의 '무효사유'가 있다 하더라도 제척기간이 경과한 후에는 위 (i), (ii)의 항변을 하는 것은 불가능하고, (iii)의 항변만이 가능하다).

효라는 항변이 있음에도 불구하고, 그러한 항변을 적용할 수 없거나 적용이 어려운 경우가 있고 그러한 경우에는 민법상의 권리남용 항변이 적용될 수 있다 할 것이다.

다. 권리남용 법리의 적용범위

(1) 특허권의 불실시가 권리남용으로 될 수 있는지 여부

이와 같이 특허권의 행사에 대하여 권리남용의 법리가 적용될 수 있다고 보면, 그러한 남용의 형태로 특허권을 그 본래의 목적에 반하여 사용하는 것에 의한 적극적 권리남용만을 인정할 것인지 아니면 특허권의 불실시로 인한 소극적 권리남용도 이에 해당한다고 할 것인지가 문제될 수 있다. 왜냐하면 특허권자가 자신의 발명을 이용하여 제품을 생산하는 등 자신의 권리를 실시할 것인가 여부는 특허권자의 자유의사에 맡겨 있는 것이라는 생각을 할 수 있기 때문이다.

일반적으로 권리의 불행사가 권리의 남용이 될 수 있느냐에 관해서는, 권리의 불성실한 불행사는 권리의 불성실한 행사와 마찬가지로 권리의 남용이 되어 권리를 상실하는 결과를 가져오고, 그 예로서 '소멸시효' 및 '실효의 원칙'을 드는 견해가 있다.[544] 그러나 이에 대해서는 실효의 원칙이란 권리자가 그 권리를 오랫동안 행사하지 않음으로써 상대방이 이제는 그 권리를 행사하지 않을 것이라는 신뢰를 하게 한 뒤에, 새삼스럽게 그 권리를 행사하는 것은 신의칙에 반하여 허용되지 않는다는 것으로서, 여기서는 '권리자가 그 권리를 장기간 행사하지 않은' 것을 문제 삼는 것이 아니라, '상대방의 신뢰에 반하여 그 권리를 새삼스럽게 행사하는' 것을 문제 삼는 것이라는 비판이 있다.[545] 이 견해에 의하면, 권리의 불행사로 인하여 권리자가 그 권리를 상실하는 경우는 있지만, 권리의 불행사 그 자체가 권리의 남용이 되는 경우를 생각하기는 어렵고, 권리의 불행사가 독점형성의 수단 또는 경쟁자 간에 실질적인 경쟁제한을 위하여 이용되는 경우 독점규제법

544) 이영준, 앞의 책, 85~86면 참조.

545) 권오승, 「토지소유권의 남용」, 민사판례연구[XII], 민사판례연구회 편, 1990. 5면; 권오승, 경제법, 156면 참조.

에 위반될 수 있는 것처럼, 일정한 행위를 금지하고 있는 법에 위반하는 경우 그러한 법의 위반 여부가 문제될 수 있을 뿐이라고 한다.[546)]

그러나 특허법은 특허권자에게 업으로서 특허발명을 독점적으로 실시할 권리를 부여하고 있고,[547)] '실시'에는 특허발명의 제조로부터 판매에 이르기까지 광범위한 권리가 포함되며,[548)] 특허권은 국가가 특허권자에게 국가의 산업발전을 위해서 독점적 이익을 허용한다는 공공정책에서 부여된 특권(privilege)이라 할 것이고, 특허권자가 특허권을 행사하지 아니하는 경우 단지 그가 그 권리를 행사하지 아니하는 것에 그치는 것이 아니고, 특허권의 배타권으로서의 성격으로 인하여 다른 사람이 그 특허발명과 동일하거나 균등한 발명 또는 기술을 실시할 수 없고, 그러한 발명과 동일한 효과를 거두기 위해서는 많은 비용과 시간을 들여 우회발명을 하여야 하는 등 특허권의 존재 자체만으로도 막대한 경제적 비용이 소요되는 점에 비추어, 일반적인 부동산에 대한 권리의 불실시와는 달리 특허권의 불실시는 특허권을 인정하는 궁극적 목적에 반하는 행위로서 소극적 남용에 해당한다고 보는 것이 타당하다. 앞에서 본 바와 같이 우리 특허법이 과거에는 특허권의 불실시를 대표적인 특허권 남용의 유형으로 규정하고 있었고 특허권 남용에 관한 규정이 삭제된 현행법에 있어서도 거의 동일한 내용으로 특허권의 불실시에 관하여 통상실시권 설정의 재정을 청구할 수 있도록 규정하고 있는 점도[549)] 이러한 견해를 뒷받침하는 것이라고 할 수 있다.[550)]

(2) '권리 행사'의 범위

권리남용의 법리는 '권리의 행사'에 대하여 적용되는데, '권리의 행사'(Rechtsausübung)는 잠재적인 힘인 권리를 현실화하는 과정으로, 권리 행사의 방법은 권리의 내용에 따라 다르다.[551)] 그런데, 특허권자는 특허법 제94조

546) 권오승, 위 논문, 5면.

547) 특허법 제94조.

548) 특허법 제2조 제3호.

549) 특허법 제107조 제1항 제1, 2호.

550) 유대종, 「특허무효사유와 특허권 남용」, 산업재산권 제21호, 한국산업재산권법학회 (2006. 12), 53면; 정상조 · 박준석, 지적재산권법, 홍문사 2011. 216~217면.

551) 곽윤직, 민법총직 [민법강의 I], 박영사 1993. 109~110면.

에 의하여 업으로서 특허발명을 실시할 권리를 독점하고, 특허발명의 '실시'는 "물건의 발명의 경우에는 그 물건을 생산, 사용, 양도, 대여 또는 수입하거나 그 물건의 양도 또는 대여의 청약을 하는 행위"를 말하며, "방법의 발명의 경우에는 그 방법을 사용하는 행위"를 말하며, "물건을 생산하는 방법의 발명인 경우에는, 그 방법을 사용하는 행위 외에, 그 방법에 의하여 생산된 물건을 사용, 양도, 대여 또는 수입하거나 그 물건의 양도 또는 대여의 청약을 하는 행위"를 말하므로,[552] 특허권자의 권리의 행사에는 위와 같은 모든 실시행위가 포함된다(전용실시권 또는 통상실시권 설정계약의 체결은 위 실시행위 중 양도 또는 대여행위에 포함된다 할 것이다). 또한 특허법 제127조는 권리침해에 대한 금지청구권 등을 인정하고 있으며, 제128조는 손해액의 추정에 관하여 규정함으로써 특허권자(전용실시권자)에게 손해배상청구권이 있음을 당연한 전제로 하고 있으므로, 결국 특허권자에 의한 특허권의 행사에는 위의 '실시' 행위뿐만 아니라 금지청구 및 손해배상청구 행위도 포함된다 할 것이고, 권리남용의 법리는 이러한 특허권자의 권리행사 행위 모두에 적용된다 할 것이다.

다만, 특허권자의 손해배상청구가 권리남용에 해당하는 경우는 극히 드물 것이다. 즉, 권리남용에 해당하기 위해서는 권리행사로 인하여 권리자가 얻을 이익과 상대방이 입을 불이익을 비교형량하여야 하는데, 일반적으로 손해배상청구 자체로 인하여 상대방이 입을 불이익이 그로 인하여 권리자가 얻을 이익보다 큰 경우를 상정하기는 어려울 것이기 때문이다. 다만, 위에서 본 바와 같이 대법원은 무효사유가 있음이 명백한 특허권에 기초한 금지 및 손해배상청구를 '권리남용'에 해당한다고 하고 있고, 또 손해배상청구가 사실적·법률적으로 근거가 없는 권리에 기한 것이고, 그에 대한 제소자의 고의 또는 과실이 인정되는 경우에는 그로 인하여 발생한 손해에 대한 배상책임을 부담할 수도 있을 것이므로, 그러한 범위 내에서 특허권자의 손해배상청구와 관련한 권리남용 금지 법리의 적용 여부에 관하여 논할 실익이 있을 것이다.

552) 특허법 제2조 제3호.

라. 권리남용 법리의 일반적 요건 분석

(1) 주관적 요건의 필요 여부

원래 로마법에서는 "자기의 권리를 행사하는 자는 누구에 대하여도 불법을 행하는 것이 아니다."라고 하는 법언에서 볼 수 있는 것처럼 권리남용의 금지가 일반적으로 인정되기는 어려웠고, 다만 개별적인 경우에 "시카네의 금지"(Schikaneverbot, 오로지 타인을 해칠 목적으로 하는 권리의 행사)가 인정될 뿐이었다.[553] 그런데 시카네의 금지는 그 요건이 지나치게 좁기 때문에 그 요건이 충족되는 경우가 아주 적을 뿐만 아니라 행위자가 오로지 타인을 해칠 목적만으로 권리를 행사하였다는 사실을 입증하기가 대단히 곤란하였기 때문에, 이것만으로는 권리의 사회성에 반하거나 신의칙에 반하는 권리의 행사를 금지할 수 없게 되었고, 이에 독일 판례는 시카네의 금지 외에 선량한 풍속에 반하거나 신의성실의 원칙에 반하는 권리행사를 권리의 남용으로서 금지하게 되었다.[554] 한편, 스위스 민법은 "권리의 명백한 남용은 법의 보호를 받지 못한다."라고 하여 권리의 남용을 민법의 일반원칙으로 받아들이는 동시에 '방해목적'이라는 주관적 요소를 배제하였고,[555] 우리 민법은 스위스 민법을 본받아 제2조 제2항에서 "권리는 남용하지 못한다."라고 규정하고 있다.[556]

우리나라에서 권리남용에 해당하기 위해서는 일반적으로 우선 권리가 존재하고 그 권리가 권리자에 의하여 적극적이든 소극적이든(앞에서 본 바와 같이 특허권의 소극적 행사도 권리남용에 해당한다는 견해에 따라 논하기로 한다) 행사되어야 한다.[557] 나아가 권리가 행사된 경우 무엇을 기준으로 권리남용 여부를 판단할 것인가에 관하여, 판례는 주관적 기준으로 가해의

---

553) 권오승, 「토지소유권의 남용」, 4면.

554) 권오승, 위 같은 곳.

555) 이영준, 앞의 책, 84면.

556) 권오승, 위 같은 곳. 다만, '명백성'을 요건으로 하지 않음으로써 스위스 민법보다 앞서는 것이고 일본 민법의 태도를 본받은 것이라는 견해도 있다. 고상용, 민법총칙 제3판, 법문사 2005. 56면.

557) 허성욱, 「권리남용금지 법리에 관한 법경제학적 고찰」, 법조 통권 591호, 법조협회 (2005. 12), 219면.

사・가해목적을 들고 있고, 객관적 기준으로 신의성실의 원칙, 공공복리, 공평의 이념(그 예로 건물이 이미 건립되어 있는 토지를 매수하여 그 토지 시가의 7배 상당의 건물의 철거를 요구하고 인접토지 가격보다 2배 이상의 가격으로 매수할 것을 요구함은 권리남용에 해당한다고 판단한 사례가 있다),[558] 사회의 윤리관념, 공서양속과 도의, 사회질서, 정의, 권리의식, 권리의 경제적・사회적 목적(그 예로 철거대상건물이 민법 제242조 소정의 확보거리 0.5m를 지키지 못하고 원고소유 대지로부터 30cm를 두고 세워져 있어 동 건물의 각 층마다 1.2평씩만이 법정거리 내에 들어 있는 사안에서, 동 건물이 건축된 지 수년이 지난 지금 법정거리 내에 있는 건물부분을 철거하는 것은 원고에게는 거의 어떠한 이익도 가져오지 못하고 오히려 사회, 경제적으로 보나 상린관계의 취지에서 보나 이를 철거한다는 것은 적절하지 아니하므로 원고의 위 건물 부분의 철거청구는 권리의 사회성에 비추어 권리남용에 해당한다고 판단된 사례가 있다)[559] 등을 들고 있다.[560]

그런데 권리남용의 요건으로 주관적 요건이 반드시 요구되는지에 관하여 우리 판례는 일관된 모습을 보이고 있지 않는데, ⅰ) 주관적 요건만을 강조하여 권리의 남용이 성립하기 위해서는 권리의 행사가 오로지 상대방에게 고통이나 손해를 주려는 사정이 인정되는 경우에만 가능하다는 판례,[561] ⅱ) 주관적 요건과 객관적 요건을 함께 갖추어야 한다고 보아, 권리남용이 되려면 권리행사의 목적이 오직 상대방에게 손해를 주는 데 그칠 뿐이고, 권리를 행사하는 사람에게는 아무런 이익이 없어야 될 것이며, 아울러 객관적으로는 그 권리행사가 사회질서에 위반된다고 볼 수 있는 경우라야 한다는 판례, ⅲ) 주관적 요건과 객관적 요건을 선택적 요건으로 보아, 권리의 행사가 사회생활상 도저히 용인될 수 없는 부당한 결과를 야기하거나, 타인에게 손해를 줄 목적으로만 행하여지는 경우에는 권리남용이 된다는 판례, ⅳ) 오로지 객관적 요건만을 강조하여, 권리의 행사가 남용이 되는가

558) 대법원 1964. 11. 11. 선고 64다720 판결.

559) 대법원 1982. 9. 14. 선고 80다2859 판결.

560) 곽윤직 편집대표, 민법주해(I), 총칙(1), 191~192면(윤용섭 집필부분); 정상조・박성수 공편, 특허법 주해 II, 35~36면(김기영 집필부분) 참조.

561) 이러한 경우는 원래 불법행위에 해당하는 것이라 한다. 고상용, 앞의 책, 61면.

의 여부는 그 행사가 사회관념상 피해자가 용인할 수 있는 정도를 초과하고, 일반사회에 어떠한 영향을 미치는가를 표준으로 결정하여야 할 것이라는 판례 등이 있다.[562)]

특히 지적재산권 중 상표권에 기한 침해금지가처분 및 금지청구가 권리남용에 해당하는지 여부가 쟁점이 된 사건에서 대법원은 주관적 요건이 요구되는지에 관하여 서로 다른 판시를 하고 있다. 즉, 대법원은 2007. 2. 22. 선고 2005다39099 판결 및 2007. 1. 25. 선고 2005다67223 판결에서는 주관적 요건이 필요하지 않음을 명시적으로 판단했지만,[563)] 대법원 2006. 2. 24. 자 2004마101 결정에서는 주관적 요건이 필요한 것처럼 판시하였고,[564)] 서

562) 위 민법주해(I), 193~194면; 정상조·박성수 공편, 특허법 주해 II, 34면(김기영 집필부분).

563) 「상표권자가 당해 상표를 출원·등록하게 된 경위, 상표권을 행사하기에 이른 구체적·개별적 사정 등에 비추어, 상대방에 대한 상표권의 행사가 상표사용자의 업무상의 신용유지와 수요자의 이익보호를 목적으로 하는 상표제도의 목적이나 기능을 일탈하여 공정한 경쟁질서와 상거래 질서를 어지럽히고 수요자 사이에 혼동을 가져오거나 상대방에 대한 관계에서 신의성실에 위배되는 등 법적으로 보호받을 만한 가치가 없다고 인정되는 경우에는, 그 상표권의 행사는 비록 권리행사의 외형을 갖추었다 하더라도 등록상표에 관한 권리를 남용하는 것으로서 허용될 수 없고, 상표권의 행사를 제한하는 위와 같은 근거에 비추어 볼 때 상표권 행사의 목적이 오직 상대방에게 고통을 주고 손해를 입히려는 데 있을 뿐 이를 행사하는 사람에게는 아무런 이익이 없어야 한다는 주관적 요건을 반드시 필요로 하는 것은 아니다.」라고 판시.

564) 「원심이 그 판시사실을 인정한 다음, …이 사건 등록상표(등록번호 제543908호)는 신청 외 1이 채무자의 대표이사로 재직하면서 신청 외 인디펜던트리쿼 리미티드로부터 수입·판매하던 제품(이하 'KGB 제품'이라고 한다)에 사용된 상표(이하 '채무자 사용상표'라 한다)를 모방한 것으로, 이 사건 등록상표의 출원이 그 상표를 이용한 제품을 판매·생산함으로써 자신의 상품과 다른 업자의 상품의 식별력을 가지게 하기 위한 것이 아니라 KGB 제품의 독점적 수입판매권을 부여받는 내용의 계약을 강제하거나 그러한 계약을 맺는 과정에서 유리한 입지를 확보하여 부당한 이익을 얻기 위한 부정한 의도 하에 출원한 것으로 보이고, 또한 신청 외 1로서는 신청 외 2에게 채무자 사용상표가 붙은 KGB 제품에 관한 독점수입판매권과 함께 영업을 양도하였으므로 적어도 신청 외 회사와 맺은 계약기간 동안에는 위 제품에 대한 독점적인 수입판매권이 유지·보장될 수 있도록 협력하고 이를 방해하여서는 아니 되며, 채무자에 대하여 영업양도인으로서 일정한 기간 동종영업에 관한 경업금지의무를 부담한다고 할 것인데, 위와 같은 의도로 채무자 사용상표와 동일·유사한 이 사건 등록상표를 출원·등록하는 것은 비록 그것이 부

울중앙지방법원 2003카합2114 결정[565] 등에서도 권리남용의 주관적 요건까지 고려하여 피신청인의 권리남용항변을 배척하였다.

이와 같이 권리남용의 요건으로서 주관적 요건이 필요한지 여부에 관하여 판례의 입장은 일관되지 않으나, 앞에서 본 바와 같이 우리 민법은 권리남용의 요건으로서 주관적 요건을 규정하지 않고 있고, 이는 스위스 민법의 예를 따른 것으로서 스위스 민법은 '방해목적'이라는 주관적 요소를 제외한 입법례이며,[566] 이를 요구하는 것은 권리의 사회성·공공성이 강조되고 있는 세계적 추세에 반할 뿐만 아니라,[567] 가해의사나 목적이라는 권리자의 내부 심리는 용이하게 입증할 수 없어 구체적인 사안의 해결에도 적합하지 않은 것이라 할 것이므로, 주관적 요건을 별도로 요구하기 보다는, 권리자에 있어서 정당한 이익을 결여한 권리행사 등의 경우에는 그러한 객관적 사정에 의하여 가해의 의사나 목적이 추인된다고 보는 견해가 타당할 것이다.[568] 다만, 이러한 견해는, 객관적 사정에 의하여 가해의 의

정경쟁방지 및 영업비밀보호에 관한 법률상의 부정경쟁행위에는 해당하지 않는다고 하더라도 신의칙 내지 사회질서에 반하는 것으로서, 그러한 상표권의 행사는 채무자에게 손해를 가하거나 고통을 주기 위한 권리의 행사에 해당하고, 신청인도 신청 외 1의 위와 같은 부정한 의도에 공동으로 가담한 것으로 보이므로, 신청인의 채무자에 대한 이 사건 가처분 신청은 사회질서에 반하는 것으로서 상표권을 남용한 권리의 행사로서 허용될 수 없다는 취지로 판단한 것은 정당하고…」라고 판시.

565) 서울중앙지방법원 2003. 9. 30. 자 2003카합2114 결정(「권리행사가 권리의 남용에 해당한다고 할 수 있으려면, 주관적으로 그 권리행사의 목적이 오직 상대방에게 고통을 주고 손해를 입히려는 데 있을 뿐 행사하는 사람에게 아무런 이익이 없는 경우이어야 하고, 객관적으로는 그 권리행사가 사회질서에 위반된다고 볼 수 있어야 하는 것이며, 이와 같은 경우에 해당하지 않는 한 비록 그 권리의 행사에 의하여 권리행사자가 얻는 이익보다 상대방이 잃을 손해가 현저히 크다 하여도 그러한 사정만으로는 이를 권리남용이라 할 수 없다.」고 판시).

566) 이영준, 앞의 책, 87면.

567) 권오승, 「토지소유권의 남용」, 11면.

568) 위 민법주해(I), 194~195면; 이영준, 앞의 책, 87면; 정상조·박성수 공편, 특허법주해 II, 38면(김기영 집필부분); 심미랑, 「특허침해금지청구권 기능의 재정립」, 고려대학교 대학원 박사학위논문, 2010. 167면 참조. 한편 거래가 이루어지지 않은 이유가 토지소유자가 아닌 토지점유자가 성의 있는 교섭을 거부한 때문인 경우도 있으므로 일반적으로 객관적 요건만으로 주관적 요건이 추인된다고 보기 어렵다

사나 목적이 '추인'된다고 보는 점에서, 주관적 요건이 완전히 불필요하다는 것을 의미하는 것은 아니고, 객관적 요건을 중심으로 판단하고 주관적 요건은 부수적인 것으로 보면 된다는 의미라 할 것이다.[569] 다만, 일반적인 권리남용이 하자 없는 권리의 행사를 전제로 하는 것임에 비추어, 특허권에 무효사유가 있음을 이유로 권리남용의 주장이 있는 경우에는, 주관적 요건의 비중을 훨씬 낮추어 이를 고려하지 않거나 거의 고려하지 않고 객관적 요건의 유무만을 따져 권리남용에 해당하는지에 관하여 판단할 수도 있을 것이다.[570]

(2) 객관적 요건

권리남용에 있어서 객관적 요건이라 함은 권리행사자의 이익과 그로 인하여 침해되는 이익 사이의 현저한 불균형을 말하는데, 이는 양자의 이익을 단순히 양적으로 비교하는 것으로 그치는 것이 아니고 개별 권리의 보호이익과 구체적 사건에 있어서의 여러 사정을 종합적으로 고려하여 비교형량할 것이 요구된다.[571]

이러한 객관적 요건에 대한 견해는 다양하다. 즉, 실질적인 의무자가 실질적인 권리자에 대하여 권리를 행사하는 경우, 스스로 의무를 위반한 자가 자기의 권리만을 행사하는 경우, 비례의 원칙에 위배되는 경우, 수많은 사람에게 피해를 가하는 경우, 원인을 제공한 자가 그 결과의 제거를 청구하는 경우, 재판권 행사 방해로 얻은 권리의 행사, 모순된 행위에 기한 권리행사, 독점을 위한 권리의 행사 등으로 나누는 견해가 있는가 하면,[572] 정당한 이익이 없는 권리행사(그 예로 수로가 40년 전부터 용수로로 사용되어 왔고 2개의 용수로에 연장거리 201m, 3개의 배수로에 연장거리 603m

---

는 견해도 있다. 윤진수, 「권리남용 금지의 경제적 분석」, 재산법 1 민법논고 I, 박영사 2007. 99~100면 참조. 하지만 피고 측의 사정을 고려한다 하여 반드시 원고 측의 가해의사나 목적이 추인될 수 없는 것은 아니라 할 것이다.

569) 정상조·박성수 공편, 특허법 주해 II, 38면 주 158)(김기영 집필부분) 참조.

570) 차상육, 앞의 논문, 197면; 정상조·박성수 공편, 특허법 주해 II, 38면(김기영 집필부분) 참조. 다만 주관적 요건이 인정되는 경우 그 효과로서 불법행위에 의한 손해배상책임을 인정하기가 훨씬 쉬울 것이다.

571) 위 민법주해(I), 195면.

572) 이영준, 앞의 책, 88~94면.

로서 몽리면적이 101.5정보에 달하며 이를 폐쇄하고 대체수로를 만들려면 96만원의 공사비가 듦에 비하여 이 사건 토지의 시가는 128,320원에 불과하고 농지로 다시 쓰기에는 부적합함에도 원고가 제소 1년 전 이를 매수하여 그 수로의 폐쇄를 뜻하는 방법으로 소유권을 행사함은 공공복리에 적합하지 아니한 권리행사라고 한 사례가 있다),[573] 부당한 이익의 획득을 위한 권리행사(그 예로 토지소유자가 소유권 행사를 빙자하고 한편으로는 건물철거를 요구하며 다른 한편으로는 그 토지를 터무니없는 고가로 매수하라고 하고 상대방의 성의 있는 토지매수협의를 전연 받아들이지 않는 등과 같이 건물철거는 다만 소유권행사의 형식만 가질 뿐이지 실질에는 부당한 이익을 획득하기 위한 방편에 지나지 않을 때에는 권리남용이 성립한다고 한 사례가 있다),[574] 수인의 한도를 넘은 손해를 입히는 권리행사(그 예로 피고가 30여 년 전부터 그 지상에 학교·교사 등 건물을 건축하여 학교부지로 사용하고 있었고, 원고가 취득 당시 그와 같은 사정을 알고 있었으며 또 만일, 학교·교사 등이 철거된다면 그로 인하여 원고가 얻을 수 있는 이익보다 피고의 손실이 월등히 크고 또 어린 학생들의 심리에 미칠 영향과 사회에 미칠 영향은 형언할 수 없을 정도로 거대하리라는 것은 건전한 양식에 의하더라도 쉽사리 알 수 있다고 하여 소유자의 학교건물철거청구를 소유권남용이라고 하여 배척한 사례가 있다)[575] 등으로 분류하는 견해도 있다.[576]

나아가 권리남용 여부 판단시 참작하여야 할 구체적 사정에 대하여 본다. 토지소유권의 행사가 부당한 이익을 획득하기 위한 방편에 지나지 않을 때에는 권리남용이 되는데, 이를 판단함에 있어서는 소유자가 그 토지를 매수할 당시에 이미 건물이 건립되어 있다는 사실을 알았는지 여부, 건물의 철거로 인하여 상대방이 입게 되는 손해가 그로 인하여 소유자가 얻는 이익보다 현저히 큰지 여부, 당사자 사이에 원만한 해결을 위한 노력의

573) 대법원 1972. 12. 26. 선고 72다756 판결.
574) 대법원 1962. 10. 4. 선고 62다533 판결.
575) 대법원 1978. 2. 14. 선고 77다2324, 2325 판결.
576) 위 민법주해(I), 195~201면. 그 외 친족간의 부당한 권리행사도 있다. 민법주해(I) 같은 곳.

정도 및 그 소유권의 행사가 사회일반에 미치는 영향[577] 등을 종합적으로 검토하여야 한다는 견해가 있다.[578] 판례상 권리남용 여부 판단시 참작할 구체적 사정으로서, (i) 철거로 인한 소유자의 이익과 상대방의 손해 간의 현저한 차이, (ii) 소유자가 철거청구 이외의 다른 권리구제수단을 강구한 바 있는지 여부, (iii) 소유자가 토지를 취득할 당시 지상 공작물의 존재사실을 알았는지 여부, (iv) 소유자가 정당한 가격으로 건물 대지부분을 매도하여 달라는 상대방의 요구에 불응하였는지 여부, (v) 소유자가 침해상태에 대하여 장기간 이의를 제기하지 아니하였고 법원이 제시한 적절한 화해권고에 응하지 아니하였는지 여부, (vi) 대지가 법적 규제를 받고 있어 소유자가 이를 다른 용도에 적극적으로 사용할 수 없는지 여부, (vii) 상대방이 소유자에게 대지사용에 상응하는 등기청구권이 있는지 여부, (viii) 상대방이 침해 당시 침해사실을 알고 있었는지 여부, (ix) 침해 공작물을 철거하면 사회 일반에 중대한 영향을 미치는가 여부, (x) 상대방이 소유권의 피해 회복을 위하여 철거 이외의 다른 성의 있는 대책을 강구하려 노력하였는지 여부, (xi) 소유자가 상대방에게 계쟁 토지를 부당한 가격으로 매수할 것을 요구하고 있는지 여부와 같이 구체적인 여러 사정을 들고 있는 견해도 있다.[579]

한편, 법경제학적 분석을 통하여, “첫째, 그 철거로 인하여 토지소유자가 얻는 이익보다 지상물 소유자가 입는 손해가 현저하게 클 것, 둘째, 점유자가 토지를 점유한 상태에서 당사자 사이에 거래가 이루어지지 않은 책임이

577) 이를 고려한 예로 위 77다2324, 2325 판결이 있다. 권오승, 「토지소유권의 남용」, 11면 참조.

578) 권오승, 「토지소유권의 남용」, 11면. 따라서 이미 건물이 서있는 토지를 매수하여 그 시가의 7배가 넘는 건물의 철거를 요구하면서, 그 인근토지를 매도한 가격의 2배 이상의 가격에 배수할 것을 요구하는 것은 권리남용이 되나(대법원 1964. 11. 10. 선고 64다720 판결), 이미 건물이 건립되어 있는 것을 알고 그 토지를 매수하였다는 사실과, 건물의 가격이 대지의 가격보다 상당히 비싸다는 사실만으로는 건물의 철거 및 대지의 인도청구가 권리남용이 되기에 부족하다고 한다(대법원 1965. 7. 6. 선고 65다198 판결). 권오승, 같은 논문, 9면.

579) 윤용섭, 「권리남용에 관한 판례의 동향」, 민사판례연구 X, 1988, 317면 이하; 윤진수, 앞의 논문, 88~90면에서 재인용.

토지소유자에게 있을 것, 셋째, 토지점유자가 그 토지의 점유를 개시한 데 악의나 중대한 과실이 없을 것"을 드는 견해도 있다.[580] 이 견해는 위와 같은 둘째 및 셋째 요건이 요구되는 이유는, 법원이 토지소유자의 철거 청구가 권리남용이라고 하여 받아들이지 않는 것은 원래 토지소유자에게 속해 있던 토지의 사용권한을 빼앗아서 토지점유자에게 강제로 이전하는 것이고, 이러한 법원의 개입에 의한 권리의 배분에는 당사자 사이의 거래에 비해 비용이 많이 들며, 법원에 의한 재화의 가치판단은 당사자의 판단보다도 오류의 가능성이 크므로, 법원은 가능한 한 권리의 재배당 내지 재화의 이전이 당사자 사이의 거래에 의하도록 하여야 할 것이고, 그러한 점에서 당사자 사이의 거래비용이 클 경우에만 권리남용을 인정하여야 하기 때문이라고 한다.[581] 나아가 거래비용에는 토지소유자와 점유자 사이에 그 토지가 소유자의 소유임이 밝혀진 상태에서의 거래비용(사후적 거래비용, ex post transaction cost)과 점유자가 그 토지를 권원 없이 점유하기 전의 상태에서의 거래비용(사전적 거래비용, ex ante transaction cost)이 있는데, 권리남용이 인정되기 위해서는 사전적 거래비용과 사후적 거래비용이 모두 높아야 하고, 사후적 거래비용이 높은 경우에도 그것이 누구의 책임인가를 따져보아야 한다고 한다.[582]

위와 같은 여러 견해 및 판례를 통하여 알 수 있는 것은, 권리남용의 법리의 적용은 일반적으로는 권리자의 정당한 권리행사로 보이는 행위에 대하여 구체적인 사정을 고려하여 제한을 가하는 것인 만큼 신중을 기하여야 하고, 따라서 권리자가 권리행사에 이르게 된 책임이 당사자 중 어느 쪽에 있는지도 고려해야 하며, 이는 권리자의 권리행사에 하자가 없어야 하는

580) 윤진수, 위 논문, 95~96면.

581) 위 같은 논문, 96~97면.

582) 위 같은 곳; 潮海久雄, 앞의 논문, 69면 참조; 대법원 2001. 2. 23. 선고 2000다65246 판결(고압송전탑 등을 통하여 전기를 공급받는 가구가 101,259가구에 이르고 피고가 위 송전탑 등을 다른 곳으로 이설함에는 10억 원 이상의 비용이 소요될 것으로 예상됨에도 송전탑 등의 철거를 권리남용으로 보지 않은 사례. 이 사례에서는 당사자 사이에 협상이 이루어지지 않은 책임이 피고에게 있는 점도 권리남용에 해당하지 않는 이유로 거론되었다).

것과 마찬가지로 침해자가 권리남용을 주장하기 위해서는 그 스스로도 거리낌이 없어야 한다는 사고에서 비롯된 것이라 할 수 있다. 나아가 이러한 방향으로의 해석은 뒤에서 보는 실효의 원칙에의 해당 여부를 판단하기 위하여 피고 측의 사정을 고려하는 것과도 일맥상통하는 것이라 할 것이다.

마. 특허권 행사에 대한 권리남용 법리의 적용

앞에서 본 바와 같이, 권리남용 법리는 특허권자의 작위・부작위 그리고 소송상 및 소송 외의 모든 권리행사에 적용할 수 있다. 또한, 권리남용 법리를 적용하기 위해서는 기본적으로 객관적 요건이 요구되고 주관적 요건은 객관적 요건의 존재에 의하여 추인되는 것으로 보거나 특허권이 무효임이 명백한 경우 등 특별한 경우에는 이를 아예 고려하지 않을 수도 있다 할 것이다.

이러한 권리남용 법리를 구체적으로 특허권자의 어떠한 행위에 적용할 것인가에 관하여는, 아래 「Ⅳ. 7. Patent Troll과 권리남용 법리의 적용」에서 살펴보기로 한다.[583]

바. 권리남용의 효과

특허권 남용의 효과와 관련하여, 1973년 특허법은 특허권 남용이 있는 경우 특허청장(당시에는 특허국장)으로 하여금 통상실시권을 허여하거나 특허권을 취소할 수 있다고 하고 있었다.[584] 현행 특허법에는 특허권 남용의 효과에 관하여 아무런 규정이 없는 바, 앞에서 본 바와 같이 특허권 남용에 관한 규정이 삭제되고 재정에 의한 통상실시권의 형태로 남아있다 하여 특허권 남용의 효과로서 그러한 통상실시권의 설정에 관한 규정에 의한 효과만이 있다고 보기는 어렵고,[585] 이는 결국 민법상의 권리남용 금지 법

583) 기타 특허권 행사에 대한 권리남용법리의 적용 요건 및 효과에 대해서는 특허권남용방지포럼, 특허권남용방지지침, 2009. 참조.

584) 구 특허법(법률 제2658호) 제52조 제3항.

585) 정상조・박준석, 지적재산권법, 홍문사 2011. 217~218면.

리의 효과에 따라야 할 것이다.[586)]

이와 관련하여 일반적으로 민법상의 권리남용의 효과로는 남용된 권리가 청구권이면 법이 이에 조력하지 아니하고, 형성권이면 본래 발생하여야 할 효과가 발생하지 않으며, 남용의 결과 타인에게 손해가 발생하면 위법한 행위로서 손해배상의 책임을 지게 되며, 때에 따라서는 남용된 권리의 박탈(예를 들어, 친권의 남용이 있는 경우의 친권상실선고[587)])도 인정할 수 있다고 한다.[588)]

특허권 행사의 경우에는, 위와 같은 원리에 비추어 보면, 특허권자가 금지청구나 손해배상청구의 형태로 권리를 남용하는 경우에는 법원이 그러한 청구를 인용하지 않고 부인할 것이고, 그러한 남용행위로 인하여 제3자에게 손해가 발생한 경우 일반적인 불법행위의 요건에 해당하는 경우에는 손해를 배상하여야 할 경우도 있을 것이다. 다만, 권리의 박탈은 민법의 경우에도 특별한 규정이 있는 경우에만 인정되는 점에 비추어, 특허권의 경우에도 특허권 불실시로 인하여 특허권의 취소가 인정되는 경우(특허법 제116조)와 같이 명문의 규정이 있는, 극히 예외적인 경우에 한하여 인정하여야 할 것이다.[589)]

한편 저작권의 남용이 문제된 사건이기는 하나 최근 하급심의 결정[590)] 내용에는 주목할만한 내용이 담겨 있다. 이 사건은 교과서 및 문제집의 저작권자 및 저작재산권자인 신청인들이 온라인 학원업을 영위하는 피신청인에 대하여 침해금지가처분을 구한 사안이었는데, 피신청인은 항변으로서 신청인들이 피신청인과 체결한 저작물 이용허락계약의 갱신을 거부하고, 위 저작물을 이용한 강의의 복제, 전송 등의 금지를 구하는 것은 독점규제 및 공정거래에 관한 법률(이하 '독점규제법')이 금하는 시장지배적 지위의 남용행위 또는 불공정거래행위에 해당하거나, 권리남용에 해당하므로 허용

586) 정상조・박성수 공편, 특허법 주해 II, 39면(김기영 집필부분).

587) 민법 제924조.

588) 위 민법주해(I), 197면.

589) 정상조・박준석, 지적재산권법, 217~218면; 정상조・박성수 공편, 특허법 주해 II, 39~40면(김기영 집필부분).

590) 서울고등법원 2012. 4. 4. 자 2011라1456 저작권침해금지가처분 결정(확정).

되어서는 안된다고 주장하였다. 재판부는 "저작권 행사로 저작권법이 목적으로 하는 새로운 창작활동의 유인에 따른 자유로운 혁신 또는 경쟁의 촉진이나 저작물의 공정한 이용(공공의 이익을 위하여 일정 범위에서는 공중의 자유로운 이용이 보장되어야 하고, 후속 창작활동을 위한 이용자의 권리 또한 보호되어야 한다)과 어긋나는 방향으로 공정거래저해의 효과가 발생한다면 이는 공정거래법 제59조에서 말하는 저작권의 정당한 행사범위를 벗어나는 것이어서 독점규제법 위반행위를 구성하게 된다고 보아야 한다. 그리고 이처럼 저작권의 행사가 독점규제법 위반에 해당하는 경우라면 이는 저작권의 입법목적에 정면으로 배치됨은 물론 저작권자에게는 부당한 이익을 주고, 권리행사의 상대방에게는 불합리한 고통이나 손해를 끼치게 되므로 실질적 정의와 당사자의 형평에도 어긋난다. 이러한 점들에 비추어 보면 저작권에 기초한 침해금지청구가 독점규제법 위반에 해당하는 경우에는 특별한 사정이 없다면 권리남용에 해당하여 허용되지 아니한다고 보아야 한다."라고 판시하였는데, 이에 의하면 독점규제법 위반행위는 권리남용에 해당되고, 이 경우 저작권의 행사는 허용되지 않는다는 취지로 판단하였다(다만 위 사건에서 재판부는 독점규제법 위반행위의 구체적 요건을 심리하여 독점규제법 위반행위가 아니라고 판단하였다).

이 사건은 특허권이 아닌 저작권에 관한 사건이고 하급심결정이기는 하나, 위 법리는 특허권의 경우에도 그대로 적용될 수 있을 것이다. 독점규제법 위반행위는 권리남용으로 되고 따라서 그러한 권리행사는 허용될 수 없다는 판시내용은, 업체 간에 지나치게 심화된 경쟁이 특허제도의 이상(독점을 부여함으로써 기술개발을 촉진시킴)을 저해하는 현상(예를 들어, Patent Troll, 표준특허의 남용, 특허덤불, 과다한 방어특허의 출원으로 인한 회피비용의 증가 등)이 늘어나고 있는 현시점에 있어서 상당히 큰 의미를 가진다고 생각된다.

Ⅳ. Patent Troll에 의한 권리행사[591)]

1. 문제의 제기

특허권자는 자신에게 부여된 독점·배타적인 권리에 기초하여 자신의 권리를 침해하는 자에 대하여 그 침해의 금지 및 손해배상을 청구할 수 있다.[592)] 그런데 특허권자가 스스로는 특허발명을 실시하거나 그 개선 또는 새로운 기술의 개발을 위하여 노력하지 않으면서, 특허침해소송의 제기를 통하여 높은 손해배상금을 받는 데만 관심이 있다면 혁신을 통하여 소비자 후생에 기여한다는 특허제도의 목적마저 훼손하는 결과를 가져올 수 있고, 특히 특허권자의 특허권이 실제로는 특허요건을 갖추지 못한 부실한 특허발명에 기초한 것이라면 그 폐해는 더욱 심각할 것이다.[593)] 이와 같은 특허권자의 권리행사로 인한 폐해를 우려하는 목소리가 커지면서 특허발명을 실시하지 않으면서 금전적 이익만을 위하여 특허권을 행사하는 자를 가리키는 "Patent Troll"[594)]이라는 용어가 등장하게 되었다.

그런데 "Patent Troll"에 대하여는 아직까지 그 개념에 포함될 행위 또

591) 이 부분은 김기영, Patent Troll에 대한 법적·제도적 대응방안 연구, 서울대학교 대학원 법학박사 학위논문, 2008. 8~35면의 내용을 기초로 정리 및 보완한 것이다.

592) 특허법 제94조, 제126조, 제128조 참조.

593) 정상조, 「기술혁신과 경쟁의 법칙」, 서울대학교 기술과법센터, 과학기술과 법, 박영사 (2007), 697면, 712면 참조; 정연덕, 「특허괴물(patent troll)에 대한 법적 문제점(Legal issues on patent troll)」, LAW & TECHNOLOGY 제3권 제1호, 서울대학교 기술과법센터 (2007. 1), 90~91면 참조.

594) "Patent Troll"은 "특허괴물", "특허낚시꾼" 등으로 번역되기도 한다. 그러나 아래에서 보는 바와 같이 Patent Troll의 개념 자체가 명확하지 않은 상태에서 위와 같은 해석이 위 용어의 정확한 뜻을 담고 있다고 보기도 어려우므로, 여기에서는 "Patent Troll"이란 용어를 그대로 사용하기로 한다. 같은 취지의 글로 권영준, 「불법행위와 금지청구권－eBay vs. MercExchange 판결을 읽고」, LAW & TECHNOLOGY 제4권 제2호, 서울대학교 기술과법센터 (2008. 3), 52면 주 2); 최명석, 박해찬, 「Patent Troll에 관한 소고」, LAW & TECHNOLOGY 제3권 제5호, 서울대학교 기술과법센터 (2007. 9), 148면 주 4)가 있다.

는 행위자의 범위에 관하여 견해가 일치되어 있지 않고, 그러한 자들의 권리행사 또한 특허권자의 권리행사의 성격을 가지고 있다는 점에서 이를 규제하는 것이 바람직한 것인가에 관하여 논란이 있다. 이하에서는 이러한 개념이 처음 등장한 미국에서의 논의를 바탕으로 특허권자가 Patent Troll이라는 주장이 어떠한 의미를 가지는 것이고 또 Patent Troll의 권리행사에 대하여 어떠한 법리가 적용될 수 있을 것인지에 관하여 살펴보기로 한다.

2. Patent Troll의 개념

Patent Troll이 무엇인가에 관하여는 아직 확립된 정의가 있다고 보기 어려운 상태이다. 이는 아래에서 보는 바와 같이, 그러한 용어를 사용하는 것 자체에 대하여 찬반 양론이 있고, 이러한 용어를 사용하는 사람 및 그의 입장에 따라 그 안에 포섭할 수 있는 행위의 범위가 달라지고 있기 때문이다. 다만, 일반적으로는 Patent Troll을 '특허받은 발명을 사용하지 않고 다른 사람에게 이를 실시허락(licensing)하거나 침해에 대한 소를 제기함으로써 이익을 취하려는 자'라는 의미로 사용되고 있다.[595] 원래 "Troll"이란 말은 스칸디나비아 지방의 신화에 나오는 무서운 거인으로서, 도둑질, 납치 및 식인(食人) 등의 특징을 가지고 있는 것으로 알려지고 있다.[596] 이러한 Troll이라는 말에 Patent이 합쳐진 "Patent Troll"이라는 말은 1993년에 공격적으로 특허소송을 제기하는 회사들을 표현하기 위하여 처음 사용되었고,[597] 1994년에 발행된 "The Patents Video"라는 비디오가 수백 개의 회사, 대학 및 정부기관에 팔림으로써 알려지게 되었는데, 그 비디오에서는 순진한 희생자가 특허실시료를 받기 위하여 전략적으로 자리를 잡고 있던 Patent Troll에 의하여 습격을 당하는 모습이 묘사되었다.[598]

595) 이는 Wikipedia에 나와 있는 정의이다. http://en.wikipedia.org/wiki/Patent_troll에서 검색가능 (2011. 10. 30. 최후 접속).

596) Wikipedia (http://en.wikipedia.org/wiki/Troll) (2011. 10. 30. 최후 접속).

597) 위 주 595)와 같은 곳.

598) 위 같은 곳.

그 후 이 개념은, 2001년에 TechSearch L.L.C가 1개의 특허를 양수한 후 변호사를 고용하여 Intel사에 대하여 소를 제기한 데 대하여, Intel사의 사내 변호사였던 Peter Detkin이 원고를 Patent Troll이라고 부르면서 다시 널리 사용되게 되었는데, 그는 Patent Troll을 '스스로 발명을 하거나 기술개발을 하기보다는 발명자들로부터 낮은 가격에 특허를 사서 일정한 산업분야에 걸쳐 특허를 광범위하게 주장함으로써 협상을 유도하려는 존재'의 의미로 사용하였다.599)

그 이후 Patent Troll의 개념은 여러 다른 학자들에 의하여 다양한 의미로 사용되고 있는데, Hewlett-Packard의 특허 라이선스 부문 부사장인 Joe Beyer는 Patent Troll을 "특허를 취득하고 다른 기업들을 상대로 특허권을 주장하는 것을 주된 영업으로 하는 기업으로서 교차실시허락(cross licensing) 등에 관해서는 전혀 관심을 보이지 아니하고 오직 금전적 이익만을 좇는 기업"이라고 정의하였고, 앞에서 본 바와 같이 Intel사의 사내 변호사로서 Intel을 상대로 소를 제기하였던 TechSearch L.L.C.를 Patent Troll이라 비판하였던 Peter Detkin은, Intel이 투자한 라이선스 영업 전문회사인 Intellectual Ventures로 자리를 옮긴 2005년에는 "특허가치에 의문이 있을 수 있는 약간의 특허를 보유하면서… 그 특허와 관련된 생산 활동을 전개하지 않는 기업"이라고 하여 Patent Troll의 개념을 다시 정의하였다.600)

위와 같이 Patent Troll의 개념이 사용자 및 그 입장에 따라 정의가 달라지고 있어 그 개념이 정립되어 있다고 할 수는 없지만 Troll이라는 용어가 원래 '괴물' 또는 '낚시꾼'이라는 의미가 있는 점에서, 이 개념이 기본적

---

599) 위 같은 곳. 그는 원래 "Patent Extortionists"라는 용어를 사용했으나, 그로 인하여 명예훼손으로 소송을 당하자 Patent Troll이라는 용어로 바꾸어 사용하였다. James F. McDonough Ⅲ, 「The Myth of the Patent Troll : An Alternative View of the Function of Patent Dealers in an Idea Economy」, 56 Emory L.J. 189, 192 (2006).

600) 최명석 · 박해찬, 「Patent Troll에 관한 소고」, LAW & TECHNOLOGY 제3권 제5호, 서울대학교 기술과법센터 (2007. 9), 147~151면 참조. 이는 정당한 특허권의 행사보다는 '몇 개의 부실한 특허만을 가지고 이를 행사한다.'는 점에 중점을 둔 개념으로 보인다.

으로 부정적인 이미지를 내포하고 있음은 분명하다. 그런데 특허권자는 원래 침해자에 대하여 침해행위를 금지할 합법적인 권한을 가지고 있다는 점에서 그러한 권리행사를 비난하는 개념의 사용이 적절한 것인지에 관하여는 다툼이 있다.

Patent Troll이라는 개념의 사용에 찬성하는 사람들은 Patent Troll은 자기 스스로 특허발명을 더 발전시키거나 이를 실시하여 제품을 개발하려는 노력을 하지 않음으로써 기술의 발달 및 사회 후생에 기여하지 못하고, 단지 금전적 이익을 얻기 위한 목적으로 인적·물적 자원을 투자하여 기술을 개발하거나 제품을 생산하려는 개인 또는 기업에 대하여 특허권을 행사함으로써, 결국 사회 전체의 기술혁신을 저해하고 특허제도 자체의 존재의의를 상실케 할 것이라고 주장한다.[601] 이들은 Patent Troll이 개인 또는 중소기업들로부터 특허를 낮은 가격에 구입함으로써 그들을 이용하고 있을 뿐 기술혁신 노력에 도움을 주는 것도 아니라고 주장한다.[602]

이에 대하여 Patent Troll의 개념 사용에 반대하는 사람들은 그 의미가 위 용어를 사용하는 사람들의 입장에 따라 범위가 달라질 수 있는 모호한 것이고, 특허권자가 반드시 발명을 실시할 의무가 있거나 실시할 상황에 있는 것이 아니며, "Patent Troll"은 자본이 부족하여 특허를 활용할 수 없거나 대기업 등의 특허침해에 맞서 권리행사를 할 수 없었던 중소기업에게 자금을 제공함으로써 오히려 후속발명을 촉진하여 특허제도의 목적에 부합한다고 주장한다.[603]

이 입장에서 볼 때 Patent Troll이라는 개념은, 종래 영세한 발명가들로

601) J.P. Mello, Technology Licensing and Patent Troll, Boston University Journal of Science and Technology Law, vol. 12, 388면 (2006); 최명석·박해찬, 앞의 논문, 151면에서 재인용; Christopher A. Harkins, 「Fending Off Paper Patents and Patent Trolls : A Novel 'Cold Fusion' Defense Because Changing Times Demand It」, 17 Alb. L.J. Sci. & Tech. 407, 439~440 (2007) 참조.

602) Marc Morgan, 「Stop Looking Under the Bridge for Imaginary Creatrues : A Comment Examining Who Really Deserves the Title Patent Troll」, 17 Fed. Cricuit B.J. 165, 170 (2007) 참조.

603) Jennifer Kahaulelio Gregory, 「The Troll Next Door」, 6 J. Marshall Rev. Intell. Prop. L. 292, 309 (2007) 참조.

부터 특허침해를 이유로 공격을 받을 것을 두려워하지 않았던 대기업 등이 만들어낸 것으로서 현실을 왜곡하는 것이고, 그 범위가 모호하여 특허권자의 어떠한 행위 또는 어떠한 특허권자들이 이에 속하거나 그 권리행사가 제한되어야 하는지에 대한 기준을 제시하지 못하며, 특허권자는 그가 최초 발명자이냐 아니면 특허권 양수자이냐에 관계없이 그 권리를 행사할 수 있어야 할 것이므로, 현실을 과장하는 공격적이고 실체가 없는 개념에 불과하다고 한다.[604]

3. Patent Troll의 등장배경 및 행동양식

Patent Troll은 2000년대 초반의 소위 닷컴(dot-com) 산업의 붕괴와 더불어 등장하였다.[605] 즉, 닷컴기업이라 불리던 IT 기업들이 속속 도산하면서 이들 기업들이 보유하였던 특허들이 경매 등을 통해 시장에 나오게 되었고, 특허침해소송을 통한 투자이익의 실현 가능성을 점친 투기자본들이 이러한 특허들을 매집하면서 Patent Troll이 등장할 수 있는 토양이 마련된 것이다.[606]

Patent Troll은 주로 미국에서 많이 문제되고 있는데, 미국에서 Patent Troll이 등장할 수 있었던 법제도적 배경으로는 배심원제도와 특허법상 특허청구범위의 해석원리의 하나인 균등론이 거론된다.[607] 즉, 법률비전문가

---

604) 위 같은 곳.

605) Bruce Berman, Making Innovation Pay, John Wiley & Sons, Inc., 2006. 121면; J.P. Mello, 「Technology Licensing and Patent Troll」, 12 B.U.J. Sci. & Tech. L. 388 (2006); 최명석 · 박해찬, 앞의 논문, 149면에서 재인용. 'Dot-com company'라 함은 대부분의 사업을 인터넷상에서 하는 회사를 말한다. Wikipedia, http://en.wikipedia.org/wiki/Dot-com (2011. 10. 30. 최후 접속).

606) Bruce Berman, 앞의 논문, 121면; J.P. Mello, 앞의 논문, 388면; 최명석 · 박해찬, 앞의 논문, 149면에서 재인용; Jennifer Kahaulelio Gregory, 앞의 논문, 304면 참조. 닷컴 회사의 몰락을 보여주는 예로, APB-new.com이라는 회사는 한 때 회사 가치가 $ 104 million에 달했으나, 그 한달 후 $ 950,000에도 회사를 인수할 사람을 찾지 못하는 상황이 되었다. Jon Swartz and Deborah Kong, 「Cash-burning Dot-coms Sell at Fire-Sale Prices」, USA Today, 5 September 2000. B1. Jan Samoriski, Issues in Cyberspace, Allyn and Bacon, 2000. 105면에서 재인용.

들인 배심원들은 특허 청구항을 해석함에 있어서 너무 쉽게 발명자에게 유리한 해석을 하는 경향이 있고, 법원 또한 청구항을 해석함에 있어 균등의 범위를 너무 폭넓게 인정하여 왔다는 것이다.[608]

나아가 (i) 일반적으로 소프트웨어 산업분야와 같이 하나의 제품을 생산하기 위하여 수많은 특허가 관련되어 있고, 여러 기업이 그 제품의 각 일부와 관련된 특허를 가지고 있는 경우, 각 기업들은 상호실시허락(cross-licensing) 또는 특허풀(patent pool)을 형성하는 방법 등을 통하여 서로 분쟁을 피하고 제품을 생산할 수 있는 방법을 찾게 되나, Patent Troll은 스스로 생산하는 제품이 없기 때문에 침해자로 주장된 상대방(피고)으로부터 특허침해로 인한 반소를 제기당할 염려가 전혀 없고, (ii) 미국의 경우 성공보수 약정(contingency fee)을 통하여 아무런 비용을 지불하지 않고도 법률서비스를 이용할 수 있으며, (iii) 현행 미국법에 의하면 대기업들에 대하여 소를 제기할 수 있는 법원(법정, venue)이 매우 넓게 인정되어 자신들에게 호의적인 법원을 선택하여 소를 제기할 수 있고, (iv) 특허권자는 특허출원된 내용을 비밀로 유지하기 위하여 제한 없이 계속출원(continuations)을 할 수 있으며, (v) 특허출원에 대한 심사환경의 악화 및 법원의 자명성 기준의 완화로 인하여 권리내용이 모호하고 선행기술에 비추어 자명(obviousness)하며, 지나치게 넓은 청구범위를 가지는 부실한 특허(low quality patents, bad patents)가 양산 및 유지되고 있고, (vi) 과도한 소송비용과 재판결과의 불명확성으로 인하여 특허침해소송을 당한 기업들이 소송 외에서 분쟁을 해결하려는 경향이 있으며, (vii) 법원이 특허가 제품의 일부에 관련된 것임에도 특허권자의 가처분 또는 금지청구를 쉽게 받아들이고 있고, 미국 특허법 제284조에[609] 따라 특허권자가 특허의 실시를 하

607) Robert A. Armitage, Commentary, 「Now That the Courts Have Beaten Congress to the Punch, Why is Congress Still Punching the Patent System?」, 106 Mich. L. Rev. First Impressions 43 (2007), http://www.michiganlawreview.org/firstimpressions/vol106/armitage.pdf 참조 (2011. 10. 30. 최후 접속).

608) 위 같은 곳.

609) 35 U.S.C. § 284 Damages
「Upon finding for the claimant the court shall award the claimant damages

지 않더라도 최소한의 실시료(minimum royalty)를 손해배상금으로 지급받을 수 있으며, 법률전문가(counsel)의 도움을 받지 않으면 성실의무(due care) 위반으로 고의로(willful) 특허권을 침해한 것으로 보아 징벌적 손해배상이나 3배(treble)의 손해배상을 인정하고, 어떠한 상품에 대하여 특허발명이 이바지하는 부분이 극히 적음에도 침해 제품의 전체 가치(entire value)를 기준으로 손해배상액을 정함으로써 높은 액수의 손해배상이 쉽게 인정될 가능성이 큰 상황에서, 금지청구나 손해배상청구의 상대방인 기업들이 사업을 계속할 수 없거나 과다한 손해배상액을 지급할 것을 염려하여 소송을 제기한 특허권자들의 요구를 들어주는 방향으로 화해하게 되는 점 등을 들고 있다.[610)]

특히 부실한 특허의 양산과 관련하여, 미국에서는 특허가 부여되는 수가 1849년에 링컨이 6,469호 특허를 취득한 이후 기하급수적으로 증가하고 있는데, 미국 특허청(The United Sates Patent and Trademark Office, USPTO)은 1961년에 3,000,000호, 1976년에 4,000,000호, 1991년에 5,000,000호, 1999년에 6,000,000호, 2006년에 7,000,000호 특허를 부여하였다.[611)] 미국의 경우 대부분이 대학 졸업자인 3,000명의 심사관이 숙련된 전문가들이 작성한 350,000건에 이르는 특허출원을 1년 동안 처리하는데 이는 심사관

---

adequate to compensate for the infringement, but in no event less than a reasonable royalty for the use made of the invention by the infringer, together with interest and costs as fixed by the court」

610) Robert A. Armitage, 위 같은 곳; Christopher A. Harkins, 앞의 논문, 442~445면; Mark A. Lemley, 「Patenting Nanotechnology」, 58 Stan. L. Rev. 601, 618~619 (2005); James H. Wallace, Jr., 「Are Patent 'Trolls' Wrongly Named and Maligned? Do They Have a Future?」, AIPLA Annual Meeting, Washington, DC (Oct. 18, 2007)에서의 발표문, http://www.aipla.org/Content/ ContentGroups/Speaker_Papers/Annual_Meeting_Speaker_Papers/200717/Wallace-paper.pdf에서 검색 가능 (2011. 10. 30. 최후 접속), 2면; Ronald J. Mann, 「Do Patents Facilitate Financing in the Software Industry?」, 83 Tex L. Rev. 961, 1023 (2005); 정연덕, 「특허괴물(patent troll)에 대한 법적 문제점(Legal issues on patent troll)」, LAW & TECHNOLOGY 제3권 제1호, 서울대학교 기술과법센터 (2007. 1), 82면; Global IP Trend 2011, 한국지식재산연구원 2011. 95~96면(최승재 집필부분) 참조.

611) Christopher A. Harkins, 위 같은 논문, 433면.

1인이 1개의 특허에 대하여 17~25시간을 투입하고 있음을 의미한다.[612] 심사관들은 포인트 시스템 아래에서 일을 하다 보니 정확성 보다는 속도를 중시하게 된다.[613] 또한, 미국에 출원되는 특허의 85~97%가 궁극적으로 등록되고 있는데, 이는 유럽이나 일본 특허청의 65%에 비하여 높은 것이고, 이로 인하여 미국에서는 연간 40,000건의 특허가 부주의하게 등록되고 있다 한다.[614] 부실한 특허의 양산이 문제되는 이유는, 이러한 특허들이 특히 컴퓨터 하드웨어나 소프트웨어 산업 분야에서는 특허덤블(Patent Thicket)을 형성하게 되어 Patent Troll이 성장할 수 있는 토양이 될 뿐만 아니라, 다른 회사들이 수많은 특허권자로부터 실시허락을 받는데 어려움을 겪거나 자신도 모르게 특허를 침해하게 될 것을 우려하여 같은 분야에서의 연구를 기피함으로써 결과적으로 특허제도가 목적으로 하는 혁신(innovation)이 오히려 저해될 염려가 있기 때문이다.[615]

다음으로, 부실한 특허의 유지와 관련하여, 미국 특허법 제282조[616]는 특허는 유효한 것으로 추정(presumption of validity)된다고 하고 있고, 이 규정에 따라 그러한 추정을 번복하기 위해서는 침해자가 특허가 무효라는 점에 관한 명확하고 확실한 증거(clear and convincing evidence)를 제출하여야 하는 것으로 해석되고 있으므로,[617] 부실한 특허라도 무효시키기 위

612) Nat'l Res. Council, A Patent System for the 21st Century 21, 2004, P. 53, http://www.nap.edu/html/patentsystem/0309089107.pdf에서 검색가능 (2011. 10. 30. 최후 접속); Tim Wu, 「Wespons of Business Destruction-How a tiny little 'patent troll' got Blackberry in a headlock」, http://www.slate.com/id/2135559/에서 검색 가능 (2011. 10. 30. 최후 접속); Michael J. Meurer, 「Controlling Opportunistic and Anti-Competitive Intellectual Property Litigation」, 44 B.C.L.Rev. 509, 541 (2003).

613) Tim Wu, 위 같은 글.

614) Testimony of David M. Simon, Chief Patent Council Intel Corporation Before the House Subcommittee on Courts, the Internet and Intellectual Property, July 24. 2003.; 정연덕, 「특허권의 남용과 이에 대한 방안 -Patent Troll을 중심으로-」, 산업재산권 제22호 (2007), 77면에서 재인용.

615) Michael A. Carrier, 앞의 논문, 487면 참조.

616) 35 U.S.C. 282 Presumption of Validity; Defences 「A Patent Shall be presumed valid」

617) SRAM Corp. v. AD-Ⅱ Eng'g, Inc., 465 F.3d 1351, 1357 (Fed. Cir. 2006),

해서는 많은 노력과 비용이 필요하다. 특허의 유효성 추정은 또한 행정행위의 공정력(presumption of administrative correctness, 특허심사관들이 그들의 일을 올바르게 하고 있으므로 그 결정을 존중하여야 한다는 원리)에[618] 기초한 것인데, 앞에서 본 바와 같이 심사관들이 특허출원에 관하여 투입할 수 있는 시간 및 능력이 제한되어 있는 점에 비추어, 그러한 유효성의 추정을 계속할 것인지에 대하여 의문이 제기되고 있는 상황이다.[619]

과다한 소송비용과 관련하여, 미국의 경우 1998년부터 2001년 사이에 연방법원에서의 특허관련소송이 1,200건에서 2,400건으로 2배 이상 증가하였고,[620] 특허침해소송을 수행하는 데 평균 15억 원 정도의 비용이 소요되어, 연간 35건 내지 40건 가량의 특허소송을 치르고 있는 Microsoft사는 매년 1천억 원 가량, Intel사는 200억 원 가량의 비용을 특허소송에 투입하는 것으로 알려져 있다.[621] 이렇게 비용이 많이 들고 특허의 유효성이 추정되어 그 추정을 복멸하기가 매우 힘들며, 침해를 하였는지 여부에 관하여는 그보다 증명의 정도가 낮은 증거의 우월(preponderance of evidence)에 의하여 판단되는 상황 아래에서, 침해를 하는 것으로 주장된 자는 특허권자에 대하여 특허의 무효를 주장하며 대항하기보다는 실시료를 지불하고 실시허락을 받는 길을 택하기 쉽다.[622]

위와 같은 환경 아래에서 Patent Troll은 유망한 특허를 획득하여 목표기업을 물색하고, 목표기업에 대하여 실시허락에 대한 실시료(royalty)를 요구한 다음, 그 기업이 이를 거부하면 소송 제기 및 영구적 금지명령(permanent injunction)신청을 하겠다고 압박함으로써 막대한 보상금에 관하여 합의(settlement)하는 행태로 활동한다.[623]

Christopher A. Harkins, 앞의 논문, 430~431면에서 재인용.

618) Suprerior Fireplace Co. v. Majestic Prods. Co., 270 F.3d 1358, 1380~81 (Fed. Cir. 2000).

619) Christopher A. Harkins, 앞의 논문, 432면 참조.

620) USA TODAY, http://www.usatoday.com/tech/news/techpolicy/2005-06-09-patent-troll_x.htm?첸=15 (2011. 10. 30. 최후 접속).

621) John R. Thomas and Wendy H. Schacht, 「Patent Reform : Innovation Issues」, CRS Report for Congress (December 2006), 8면.

622) Christopher A. Harkins, 앞의 논문, 437면.

미국에서 Patent Troll과 관련된 대표적인 사례로는 NTP, Inc. v. Research in Motion, Ltd. 사건(소위 Blackberry 사건)[624]이 거론되는데, 이 사건의 원고였던 미국의 특허지주회사 NTP사는 캐나다의 무선단말기 제조업체인 림(RIM)사를 상대로 특허소송을 벌여 로열티를 포함한 합의금으로 10억 달러를 받아냈고, 2006. 11. PDA(개인휴대단말기) 업체인 팜(Palm Inc.)에 대해서 특허소송을 제기한 상태이며, 이 밖에도 주요 Patent Troll로 인텔렉추얼 벤처스(Intellectual Ventures), 포전트 네트웍스(Forgent Networks), 아카시아 리서치(Acacia Research) 등이 활동 중이다.[625] 미국에서는 컴퓨터 및 전자산업 분야의 경우 30～40%의 특허관련 소송이 특허를 실시하지 않는 기업이나 개인들에 의하여 제기되고 있다고 한다.[626] 그 예로, 미국의 E-Data라는 회사는 75,000여 회사에게 그들이 E-Data의 특허를 침해하였고 $5,000～$50,000 사이의 실시료를 지급하기를 요구하는 편지를 보내기도 하였다.[627]

4. 미국에서의 Patent Troll에 대한 취급

Patent Troll의 횡포로 인하여 기업들은 제품개발을 위하여 자신이 보유하지 않는 특허권에 대한 실시료를 지급하게 되어 제조비용이 증가하고, 제품 개발에 있어 장래의 소송에 대응하기 위하여 자신이 생산하는 제품과 관련하여 다른 기업이 얻은 특허나 출원공개된 특허가 있는지를 광범위하게 검색하게 됨으로써, 기술개발을 위한 투자 외의 부분에 큰 비용을 사용

623) 정연덕, 앞의 논문, 82면; 신승남, 「eBay 판결 이후 한국 IT 기업들의 미국 시장에서의 특허권 위험관리 전략에 대한 시사점」, 비교사법 제14권 2호 (통권 37호), 한국비교사법학회 (2007), 462면 참조.

624) NTP, Inc. v. Research in Motion, Ltd., 418 F.3d 1282 (Fed. Cir. 2005).

625) 한국경제신문 2007. 6. 3. 게재, http://www.hankyung.com/news/app/newsview.php?aid=2007013127311&ltype=1&nid=000&sid=01190556&page=2에서 검색 가능 (2011. 10. 30. 최후 접속).

626) Mark A. Lemley & Carl Shapiro, 「Patent Holdup and Royalty Stacking」, 85 Tex. L. Rev. 1991, 2009 (2007).

627) Michael J. Meurer, 앞의 논문, 517면.

하게 되며, 이는 결국 기술개발에 대한 투자를 줄여 기술혁신을 저해하게 된다는 주장이 있다.[628)]

Patent Troll에 대한 대응방안에 관하여는 법리의 형성에 의한 대응방안, 입법적 방안 등이 거론된다.[629)] 법리의 형성에 의한 대응방안과 관련해서는 앞에서 본 eBay 사건에서 미국 연방대법원이 침해자에 대하여 금지명령을 발령함에 있어 형평법적 요소를 고려하여 좀 더 신중을 기해야 한다고 한 사례가 대표적으로 거론되고 있다. 입법적 노력에 관하여 보면, 첨단산업분야 기업들의 지지 아래 2005. 6. 8. 하원의원인 Lamar Smith에 의하여 「The Patent Reform Act of 2005」(HR2795)[109th]가 제안되었는데, 그 내용 중에는 특허이의절차의 도입(특허발령 후 9개월 및 특허침해통지를 받은 후 6개월 내에 제3자가 특허의 유효성에 관하여 나툴 수 있는 제도), 금지명령의 신중한 발령{특허권자가 회복할 수 없는 손해(irreparable harm)를 입을 가능성이 있는 경우에만 금지명령을 발령할 수 있도록 하고, 특허권자가 경쟁상품이 없는 경우에는 금지명령을 발령받을 수 없게 함},[630)] 고의적(willful) 침해에 대하여 3배의 손해배상을 명하는 규정의 개정, 특허출원 공개범위의 확장, 제3자가 특허출원에 대하여 의견을 제출할 수 있는 제도 등이 포함되었다.[631)] 그러나 이러한 법률안 중 금지명령에 관한 부분

---

628) David G. Barker, 「Troll or No Troll? Policing Patent Usage with and Open Post-Gran Review」, 2005 Duke L. & Tech. Rev. 9, 8 (2005); 정연덕, 앞의 논문, 83면 참조.

629) James F. McDonough Ⅲ, 「The Myth of the Patent Troll : An Alternative View of the Function of Patent Dealers in an Idea Economy」, 56 Emory L.J. 189, 193~197 (2006).

630) 이로써 회복할 수 없는 손해가 추정된다는 태도를 버리고, 특허권자가 특허기술을 실제로 이용하는지를 검토하며, 경쟁상품이 없는 경우에는 금지명령이 인용되기 어려워진다. Terrence P. McMahon, Stephen J. Akerley, Jane H. Bu, 앞의 논문, 167면.

631) 이 법안의 핵심내용 중에는 출원자 우선주의(first to file)로의 변경도 포함되어 있었다.
GovTrack.us. H.R. 2795-109th Congress (2005) : Patent Act of 2005. GovTrack.us (database of federal legislation) <http://www.govtrack.us/congress/bill.xpd?bill=h109-2795> (2011. 10. 30. 최후 접속).

등은 첨단산업분야에 종사하는 기업 중에서도 그 이해관계에 반한다고 생각하는 MercExchange와 같은 중소기업들 및 제약산업분야 등 다른 산업분야의 반대에 직면하였고, 결국 위 법률안은 회기만료로 폐기되었다.[632) 그 후 2006. 4. 3. 상원의원인 Orrin Hatch에 의하여 「The Patent Act of 2006」(S3819)[109th]이 제안되었는데, 이 법안에는 위 2005년 법안에 있던 금지명령에 관한 내용이 제외된 대신 패소 당사자에게 정당한 이유가 없는 경우 승소 당사자에 대하여 소송비용을 지급하도록 하는 내용 등이 포함되었으나, 이 법안 역시 회기 만료로 폐기되었다.[633) 다시 2007. 4. 18. 하원의원 Howard Berman에 의하여 「Patent Reform Act of 2007」(HR1908)[110th]이 제안되어 같은 해 9. 7. 하원을 통과하였는데, 앞의 법안들에 포함된 내용 중 특허이의제도, 제3자의 의견제출제도가 포함되었고, 고의 침해자의 3배 손해배상과 관련해서 특허권자로부터 침해에 대한 통지를 받고도 계속하여 침해하는 경우 이를 명할 수 있다는 내용 등이 포함되었다.[634) 위와 같은 내용 중 일부는 등록 후 재심절차(Post-Grant Review Proceedings), 제3자에 의한 등록전 정보제공(Preissuance Submissions by Third Parties) 등으로 2011. 9. 16. 오바마 대통령의 서명으로 통과된 특허개혁법(American Invention Act)에 포함되었다.[635)

632) Terrence P. McMahon, Stephen J. Akerley, Jane H. Bu, 앞의 논문, 167면 참조.

633) GovTrack.us. S. 3818-109th Congress (2006) : Patent Reform Act of 2006. GovTrack.us (database of federal legislation) <http://www.govtrack.us/congress/bill.xpd?bill=s109－3818> (2011. 10. 30. 최후접속).

634) GovTrack.us. H.R. 1908-110th Congress (2007) : Patent Reform Act of 2007. GovTrack.us (database of federal legislation) <http://www.govtrack.us/congress/bill.xpd?bill=h110－1908&tab=summary> (2011. 10. 30. 최후접속).

635) Global IP Trend 2011. 한국지식재산연구원 2011. 105～106면(최승재 집필부분) 참조. 한편 '특허괴물'과 미국 무역위원회(ITC. International Trade Commission)의 역할에 관해서는 박경주, 특허괴물과 미국 개정특허법 디지털타임스 2012. 4. 30.자 http://www.dt.co.kr/contents.htm?article_no=2012050102012251697001 참조 (2012. 5. 4. 최종 접속)('특허괴물들에게는 여전히 한 장의 신청서로 복수의 피신청인들을 대상으로 수입금지를 신청할 막대한 파워가 쥐어져 있다'는 내용 포함).

5. 우리나라에서의 Patent Troll의 등장 가능성

미국에서 Patent Troll의 문제가 등장한 것은 큰 시장규모, 고비용의 소송구조, 높은 손해배상액, 가처분신청 및 특허침해금지청구의 높은 인용률과 같은 것이 배경이 되었기 때문인데, 과연 우리나라에서도 Patent Troll의 등장을 뒷받침할 만한 토대가 형성되어 있는지가 문제될 수 있다.

우리나라에서는 특허 또는 특허상품에 대한 시장규모가 미국에 비하여 현저히 작고, 특허소송에서 매 사건당 평균 15억 원 정도의 많은 비용이 드는 미국과 달리 상당히 저렴한 비용으로 특허소송을 제기하거나 그에 대비할 수 있으며, 법원은 민사집행법 제300조 제2항의 취지에 충실하게 보전의 필요성 요건을 검토함에 있어서 이익균형 등 여러 가지 요소를 고려하여 매우 신중하게 가처분의 발령 여부를 결정하고 있고, 손해배상액에 있어서도 미국과 같은 고의의 특허침해에 대한 3배 배상과 같은 제도가 없을 뿐만 아니라 기본적으로 손해액의 입증이 특허법상 여러 특별규정의 존재에도 불구하고 쉽지 않아 높은 손해배상액이 인정될 가능성이 크지 않기 때문에 Patent Troll이 등장할 여지가 별로 없고, 따라서 특허권 남용 등이를 규제하기 위한 방안의 문제를 논의할 실익이 없다는 주장이 제기될 수 있다.[636]

나아가 우리나라의 현실에서 과연 개인 또는 중소기업 발명가들이 미국에서와 같이 충분히 보호되고 있는지, 오히려 개인발명가들이 규모 및 자본에 있어 상대가 되지 않는 대기업의 횡포에 눌려 자신의 특허권을 제대로 행사하지 못하고 있는 것은 아닌지, 그렇다면 그러한 상태에서는 오히려 특허권을 좀 더 효율적으로 보호할 수 있는 방안이 논의되어야 하지 그 남용의 문제를 논하는 것은 시기상조가 아닌지 하는 회의론도 제기될 수 있다.

그러나 우리나라에서도 미국의 닷컴(dot-com) 기업과 유사하게 2000년대 초반 무수한 벤처기업의 부침이 있었고, 현재 법원이 가처분이나 금지

636) 최명석 · 박해찬, 앞의 논문, 161면 참조.

청구를 신중하게 발령하고 있는 것은 사실이나, 특히 금지청구와 관련해서는 가처분과 달리 특허법 제126조가 그 발령에 있어 형평법상의 요소 등을 고려하여야 한다고 규정하고 있지 않아, 특허 및 발명자의 보호에 관한 법원의 생각에 따라 금지명령이 좀 더 쉽게 발령될 가능성을 배제하기 어려우며, 비록 3배 배상제도나 징벌적 손해배상과 같은 제도가 없어 손해배상액이 미국에 비하여 높지 않은 것이 사실이나, '기저귀' 특허소송에서 특허권자인 미국의 킴벌리클라크 코포레이션과 유한킴벌리가 한국의 LG생활건강과 엘지화학, 엘지를 상대로 특허침해를 원인으로 한 손해배상청구를 하면서 566억여 원의 배상을 구하는 소를 제기하고 그에 대하여 1심 법원이 348억 원을 배상하라는 판결을 하였듯이(이 판결은 뒤에 항소심에서 파기되었고, 대법원에서도 항소심과 같은 판단을 하였다)[637] 특허침해를 원인으로 한 손해배상 청구액 및 인용액이 수백억 원에 이르는 경우도 있을 수 있다는 점에서 Patent Troll이 발생할 여지가 전혀 없다고 보기는 어렵다.

나아가 Patent Troll이 개인이나 작은 회사인 미국의 경우와 달리, Patent Troll의 행태를 학습한 대기업 등이 하나의 영업모델(Business Model)로서 특허를 관리하는 자회사 또는 독립회사를 설립하여 Patent Troll과 같은 형태로 특허권을 행사할 가능성이 있고, 그러한 경우 Patent Troll에 의한 특허권 남용과 같은 문제가 등장할 수 있다는 점도 제기되고 있다.[638]

한편, 현실적으로 우리나라도 이미 Patent Troll의 영향권에 들어 삼성전자, LG전자 등 주요 기업들이 특허소송에 휘말리고 있으며, 삼성전자가 국내・외 업체와 벌이고 있는 특허소송만 100여 건이 넘는 것으로 알려졌다.[639] 예를 들어, 2005년 12월 인터디지탈(InterDigital)이라는 회사는 노키아로부터 시작하여 파나소닉, 삼성과의 이동통신 관련 특허소송에서 차례로 승소를 하여, 노키아로부터 2억 5,300만 달러 및 삼성전자로부터 670만 달러의 로열티 지급에 대한 합의를 이끌어내었고, 이 소송에서 승소한 것

637) 대법원 2008. 2. 28. 선고 2005다77350, 77367 판결; 서울고등법원 2005. 11. 23. 선고 2003나20130, 20147(병합) 판결; 서울남부지방법원 2003. 2. 7. 선고 2001가합8692호, 2001가합11162호(병합) 판결 참조.

638) 최명석・박해찬, 위 같은 곳 참조.

639) 위 같은 곳; 조용식, 지식재산권의 이해와 성공전략, 법률신문사 2011. 27면 참조.

을 계기로 LG전자, 팬택 등 국내기업을 대상으로 특허소송을 제기할 것임을 경고하였으며, LG전자는 인터디지탈과의 싸움에 승산이 없다고 판단하여 2006년부터 2008년까지 매년 9,500만 달러씩 총 2억 8,500만 달러의 휴대폰 로열티 계약을 체결하였는 바, 이러한 것이 Patent Troll의 행위로 거론되고 있다.[640]

결국, 우리나라에서도 Patent Troll의 발생가능성을 배제할 수 없는 상황이므로 이에 대한 적절한 대응책에 대하여 생각해 볼 필요가 있다.

6. Patent Troll의 의미 및 범위

특허권자가 특허발명을 실시하여야 하는지와 관련하여, 미국 대법원은 1908년에 Paper Bag 사건에서[641] 사용되지 않거나(unused) 실시되지 않는(unworked) 특허에 대하여 더 작은 보호를 하여야 할 것인가 하는 문제를 다루었는데,[642] 이 사건에서 침해자로 주장된 Continental Paper Bag Company는 양질의 종이 가방을 만드는 기계를 개발하는 과정에서 William Lidell이 보유한 특허권을 침해하였다. Lidell은 원래 예전의 기계를 그대로 사용하는 비용과 새로운 기계를 개발하는 데 드는 비용을 비교한 후 자신의 특허발명을 실시하지 않고 보유하기만 하기로 결정하였었는데, 법원은 특허권자는 그 동기에 불구하고 자신의 재산권을 사용하거나 사용하지 않을 권리가 있고, Lidell의 결정이 그의 특허에 대한 배타적 권리를 박탈할 정도로 공공의 이익에 해가 되지 않는다는 이유로 그의 금지청구를 인용하

640) 특허청 홈페이지의 보도자료, http://www.kipo.go.kr/kpo2/user.tdf?a=user.news.press1.BoardApp&board_id=press&catmenu=m05_02_02_01&c=1003&seq=7250 (2011. 10. 30. 최후 접속) 참조; 2007. 12. 21.자 Breaknews, http://www.breaknews.com/new/sub_read.html?uid=75277&section=section37 (2010. 10. 30. 최후 접속) 참조.

641) Continental Paper Bag Co. v. Eastern Paper Bag Co., 210 U.S. 405, 4219 (1908).

642) Hovenkamp, Herbert J., 「United States Antitrust Policy in an Age of IP Expansion」(December 2004). U Iowa Legal Studies Research Paper No. 04-03 Available at SSRN : http://ssrn.com/abstract=634224, 16면.

였다.

위 판결 이전에는 특허권자가 특허를 실시하지 않거나 다른 사람들에게 실시허락을 하지 않는 것을 이유로 특허에 대한 침해를 부정할 것인가와 관련하여, 침해를 부정하여야 한다는 취지로 판시한 판결도 있었고, 원고가 소를 제기하는 것을 허용하면서 손해배상액을 제한하는 판결도 있었다.[643] 따라서 Paper Bag 사건은 그와 같은 종전의 논의를 정리하는 의미가 있었고, 이러한 법원의 태도는 후에 미국 특허법 제271조 (d)(4)로 성문화되었다.[644] 하지만, Paper Bag 사건 이후에도 실시되지 않는(unworked) 특허의 문제는 계속하여 논쟁을 불러일으켰다.[645]

위와 같은 역사적 과정에 비추어, Patent Troll의 문제는 기술의 발달이나 상황의 변화에 따라 특허권을 실시하지 않으면서 그 권리를 행사하려는 자와 관련한 문제가 특허권의 본질과 관련하여 항상 제기될 수 있는 문제임을 보여주는 것이라 할 것이므로,[646] 그 정당성 및 규제 여부는 결국 특허제도의 목적에 비추어 판단하여야 할 것이다. 이와 관련하여 우리 특허법 제1조는 특허제도의 목적을 '발명을 보호·장려하고 그 이용을 도모함으로써 기술의 발전을 촉진하여 산업발전에 이바지'하는 것이라고 규정하고 있다.

그러므로 보건대, Patent Troll이라는 부정적 이미지를 가진 개념의 사용

643) 그 예로는 Electric Smelting & Aluminum Co. v. Carborundum Co., 189 F.710 (C.C.W.D. Pa 1900); Dorsey Harvester Revolving Rake Co. v. Marsh, 7 F. Cas. 939, 945 (C.C.E.D. Pa. 1873), Hovenkamp, Herbert J., 위 같은 글, 16면 주 28)에서 재인용.

644) 이에 관해서는 뒤에서 자세히 살핀다.

645) 그 예로 Water Techs. Corp. v. Calco, Ltd., 850 F.2d 660, 671 (Fed. Cir. 1988) (특허가 사용되지 않음을 이유로 일실이익의 상실을 부정); Foster v. Am. Mach. & Foundry Co., 492 F.2d 1317, 1324 (2d Cir. 1974) (당사자가 용접기에 관한 특허를 실시하는지를 고려); Dorsey Harvester, 7 F. Cas. 939; Landis Tool Co. v. Ingle, 286 F.5, 6－7 (3d Cir. 1923); Westinghouse Elec. & Mfg. Co., v. Toledo, 172 F. 371, 372 (6th Cir. 1909). Hovenkamp, Herbert J., 앞의 논문, 16면 주 28)에서 재인용.

646) Patent Troll과 같은 문제가 현대에 고유한 문제가 아니고 반복되는 문제라는 점에 관하여는, Gerard N. Magliocca, 앞의 논문 참조.

에 반대하는 사람들이 주장하는 바와 같이, Patent Troll이 행사하는 특허권 자체가 독점적인 권리이고 특허발명의 실시 여부는 기본적으로 특허권자에게 맡겨져 있는 것이며, Patent Troll의 행위로 인하여 대기업 등과의 관계에 있어 열등한 지위에 놓일 수밖에 없는 개인발명가나 중소기업들이 그들의 특허권을 최대한 유리한 위치에서 행사할 수 있는 계기를 마련할 수 있고, 그러한 행위가 특허권의 거래와 관련한 새로운 시장모델을 제시하는 것일 수도 있으며, 그로 인하여 개인 및 중소기업 발명가들이 대기업에 대항하여 특허침해소송을 제기할 수 있는 자본을 확보할 수 있게 되고 자신의 발명을 좀 더 쉽게 현금화할 수도 있게 되어 그 발명의욕을 촉진할 수 있다는 점에서 Patent Troll의 순기능을 무시할 수는 없다 할 것이고, Patent Troll의 행위라고 일컬어지는 행위 중 그러한 순기능을 가진 행위까지 부정적 시각을 가지고 바라볼 수는 없다 할 것이다.

그러나 Patent Troll이라는 개념 속에 포함된 행위 유형 중에는 오로지 금전적 이익에만 치중하여 진정으로 기술 및 제품을 개발하려는 후속 개발자의 개발의욕을 저하시켜 혁신(innovation) 및 기술발전을 가로막고 결과적으로 산업발전 및 사회 후생복지의 향상이라는 특허제도의 목적달성에 도움이 되지 않는 행위가 있을 수 있고, 그러한 행위에 대하여는 일정한 규제방안을 연구할 필요가 있다.

따라서 현재의 Patent Troll이라는 개념이 그 안에 지나치게 다양한 행위 유형을 포함하고 있는 점은 문제가 있다 할 것이나, 특허권의 '부당한' 행사로 인하여 오히려 특허제도의 목적달성에 해가 되는 행위가 있을 수 있음을 경고하고 그에 대한 대책 마련을 촉진한다는 점에서 이 개념의 존재의의를 찾을 수 있고, 이제 남은 일은 종래의 Patent Troll이라는 넓은 개념 속에 포함되어 있는 진정 부정적인 행위유형을 추출하고 그러한 행위에 대한 적절한 규제방안을 마련하는 것이라 할 것이다.[647] 나아가 만약 특허권자가 행사하려는 특허가 진정 혁신적이고, 신규성 및 진보성이 있는 것이어서 법률상 보장된 20년의 특허기간에 의한 보호를 받을 만한 가치가 있는 것이라면 과연 이러한 Patent Troll을 둘러싼 논쟁이 발생하였을 것

647) 최명석 · 박해찬, 앞의 논문, 151면 참조.

인가를 생각하여 보고, 진정 가치 있는 발명에 대하여만 특허를 부여할 수 있는 시스템을 만드는 노력을 할 필요가 있다 할 것이다.[648]

이러한 시도 중 하나로서 Patent Troll이 가지는 속성을 중심으로 Patent Troll은, "첫째, 스스로 경쟁상품을 가지고 있거나 가질 계획이 없기 때문에 다른 회사를 배제함으로써 경쟁상의 이익을 얻을 수 없고, 둘째, 특허의 유효성이나 가치에 대하여는 검토하지 않은 채 소송 및 그에 소요되는 비용을 미끼로 상대방을 위협하여 실시허락계약을 체결하게 하는 회사"라고 정의하는 견해가 있고,[649] 또 Patent Troll을 권리자의 악의(bad faith)를 기초로, "(i) 특허권을 가지고 있는 것을 숨기고 다른 회사들이 이를 침해하고 의심 없이 상당한 투자를 한 후에 비로소 이를 행사하는 경우, (ii) 많은 수의 특허를 경쟁자를 배제하기 위하여 취득하는 경우, (iii) 다른 회사들에 대하여 행사하여 협상을 하기 위한 목적으로 질이 낮은 특허를 취득하는 경우"로 한정하여야 한다고 주장하는 견해도 있으며,[650] 이러한 견해들은 특허권자의 특허권 행사 중 부당한 유형을 추출하려는 노력으로써 경청할 만하다 할 것이다.

또 하나의 방법은 앞에서 본 바와 같은 Patent Troll에 대한 다양한 개념 중 우선 객관적으로 부정적으로 볼 수 없는 행위 또는 행위자들을 제외하고 나머지 행위유형의 특성을 살펴보는 것이다. 이와 관련하여, 실리콘밸리의 유명한 변호사인 Doug Lumish는 Patent Troll을 네 가지 유형으로 나누었다.[651] 즉, "(i) 진정한 Troll(True Blue Trolls) : Peter Detkin의

648) Terrence P. McMahon, Stephen J. Akerley, Jane H. Bu, 앞의 논문, 168면 참조; Marc Morgan, 앞의 논문, 176, 179~180면 참조.

649) 「Defending Patent Trolls」, Patent Chronicles Blog Archive, anonymous comment entered on March 28, 2005. available at http://www.patentchronicles.com/archives/20050328/patent-trolls (2011. 11. 12. 최후 접속).

650) Marc Morgan, 앞의 논문, 178면.

651) James H. Wallace, Jr., 「Are Patent 'Trolls' Wrongly Named and Maligned? Do They Have a Future?」, AIPLA Annual Meeting, Washington, DC (Oct. 18, 2007)에서의 발표문, http://www.aipla.org/Content/ContentGroups/Speaker_Papers/Annual_Meeting_Speaker_Papers/200717/Wallace-paper.pdf에서 검색 가능 (2011. 4. 13. 최후 접속), 2면; 비슷한 유형의 분류로는 James F. McDonough III, 앞의 논문, 192~193면 참조.

Intellectual Ventures, Acacia Technologies Group,[652] Rembrandt Management Group 등과 같이 다른 발명가로부터 특허를 취득하고 제조를 하지 않는 회사들; (ii) 사유하는 존재로서의 Troll(The Thinking Person's Trolls) : 대학들과 같이 상품 제조 및 판매를 위해서가 아니라 실시허락과 집행을 위하여 발명을 하는 사람들; (iii) 우발적 Troll(Incidental Trolls) : BlackBerry 사건의 NTP사[653]와 같이 특허자산은 있으나 활용에는 실패한 제조회사들 및 DRAM 사업을 양도한 후 막대한 실시료를 긁어모은 Texas Instruments사[654]와 같이 생산라인을 멈춘 후의 특허권자; (iv) 경쟁자(Competitor) : Broadcom사[655]가 경쟁사인 Qualcomm사를 표적으로 하여 특허를 취득한 것과 같이 한 회사가 경쟁자를 표적으로 하여 특허를 취득하는 경우"가 그것이다.[656]

652) 이 회사 홈페이지의 회사소개란에는 "Acacia Research는 특허를 습득, 개발, 실시허락 및 집행하는 사업을 하고 있다. 우리는 특허권자를 그들의 특허발명이 정당한 권한없이 사용되는 것으로부터 보호하고, 그들이 실시허락을 하거나 필요한 경우 특허권을 집행하도록 하여 수익을 얻도록 돕는다. 우리의 고객은 주로 특허권 침해자들에 대해 대처하기 위한 자본이 부족한 개인 발명가나 소기업이지만 특허기술로부터 수익을 창출하고자 하는 대기업도 있다"라고 게시되어 있다. http://www.acaciatechnologies.com/aboutus_main.htm (2011. 4. 13. 최후 접속).

653) 정식명칭은 "NTP, Inc."로서 1992년에 발명가인 Thomas J. Campana Jr.와 Donald E. Stout에 의하여 설립되고 미국 Virginia에 본사를 두고 있는 특허보유회사로서, 이 회사의 주요 자산은 50개의 미국 특허 및 출원 중인 미국 및 국제특허출원이다. http://en.wikipedia.org/wiki/NTP,_Inc. (2011. 4. 13. 최후 접속)의 자료임.

654) 전자산업분야에서는 TI로 더 알려진 미국의 Texas주 Dallas에 본사가 있는 유명한 반도체 및 컴퓨터 기술 개발 및 상용화 회사로서 전세계적으로 반도체 생산에 있어 Intel 및 Samsung에 이어 3위의 지위를 차지하고 있고, 휴대전화기를 위한 칩(chips)의 1위 공급자이며, 디지털신호처리장치(DSPs) 및 아날로그 반도체의 1위 생산자이다. http://en.wikipedia.org/wiki/Texas_Instruments (2011. 4. 13. 최후 접속)의 자료임.

655) Broadcom Corporation은 광역통신을 위한 집접회로(ICs)를 공급하는 미국 회사이다. http://en.wikipedia.org/wiki/Broadcom (2011. 4. 13. 최후 접속)의 자료임.

656) 스마트폰이 매우 빨리 보급되어 인터넷 등 전자산업에서 차지하는 비중이 커짐에 따라 스마트폰 관련 특허를 둘러싼 분쟁도 증가하고 있는데, 그러한 분쟁에 대비하여 20011년에 Apple사 및 MS사는 캐나다 통신장비제조업체인 Nortel사의 약 6,000개의 통신관련 특허를 45억 달러에 구매하였고, Google사는 약 17,000개의

그런데 위 여러 행위자 중 대학의 경우에는 연구 자체에 종사하는 것은 그 존재목적에 부합하는 것이고, 특히 미국에서는 1980년에 통과된 Bayh-Dole Act에[657] 의하여 그 연구 성과를 기업에 팔거나 실시허락할 수 있는 권리가 보장되게 된 점에 비추어 이를 비난하기 어려우며, Thomas Edison 또는 Texas Instruments사나 Broadcom사 등과 같이 그 스스로 기술개발 및 제품생산을 위하여 노력함으로써 산업발전 및 인류생활의 질을 향상시키는 데 있어 공헌을 하거나 하고 있는 발명가나 기업까지 발명을 실시하지 않거나 경쟁자를 배제하기 위하여 특허권을 행사하였다는 이유로 Patent Troll이라는 부정적 이미지를 가진 개념에 포함하기는 어려울 것이다.

그렇다면, 비난 가능한 Patent Troll의 유형은 위 Doug Lumish의 유형 중 첫 번째의 '진정한 Troll'일 것이고,[658] 그 특징으로는 일반적으로, (i) 특허권 이외에 자산이라고 할 만한 것을 보유하지 않는 점, (ii) 제품의 생산 활동을 하지 않는 점, (iii) 특허 변호사들이 회사조직의 주축을 이룬다는 점, (iv) 이미 존재하는 특허를 취득할 뿐 스스로 새로운 기술을 발명하는 일은 없다는 점 등이 열거되고 있다.[659]

결국, Patent Troll은 위와 같은 특성을 중심으로 "특허를 취득한 후 그 스스로는 특허발명을 실시하거나 이를 개선하려는 노력을 하지 않으면서 특허권을 행사하여 이익을 취득하는 것을 주 업무로 하는 자"로 그 범위를 한정하고, 그에 대한 적절한 대응방안을 마련하여야 할 것이다.

특허를 가지고 있는 Motorola사를 인수하였다. Global IP Trend 2011. 한국지식재산연구원 2011. 61면.

657) Pub. L. No. 96-517, 94 Stat. 3015 (1980) (codified as amended at 35 U.S.C. §§ 200-12, 301-07 (2000)).

658) James H. Wallace, Jr., 앞의 글, 2면 참조; James F. McDonough III, 앞의 논문, 198~199면 참조. 그러한 점에서 위와 같은 유형 전체를 포함하는 중립적인 개념으로서 NPE(Non-Practicing Entity)라는 개념이 사용되기도 한다. Rebecca A. Hand, 앞의 논문, 464면.

659) Edward R. Reines, 「법원, 인터넷 및 지적재산권 관련 하원 소위원회 증언」, 2006. 6. 15.; 최명석 · 박해찬, 앞의 논문, 150면에서 재인용; 정연덕, 앞의 논문, 81~82면; 정차호, 「특허의 침해금지권에 관한 eBay 판결 : 특허권의 몰락?」, 지식재산 21 (2006. 7), 특허청 59면 참조.

그리고 Patent Troll에의 해당 여부를 판단함에 있어서는 문제가 된 개인이나 회사가 표방하고 있는 설립 목적이나 활동 내역보다는 실제 어떠한 영업 또는 행위를 하고 있는가를 기준으로 판단하여야 한다. 예를 들어, 대표적인 Patent Troll로 거론되고 있는 인터디지탈사의 홈페이지에는 "30여 년간 첨단 디지털 무선 기술을 발명 및 개발하여 왔고, 약 400명의 직원이 일하고 있다."고 기재되어 있다.[660] 또한 Patent Troll의 '사업(영업)방법'이 개인 발명가나 중소기업뿐만 아니라 대기업에게까지 확산되고 있는 경향에도 주목하여야 한다. 즉, Kodak과 같은 대기업조차도 자신이 직접 생산하지 않는 제품과 관련된 특허권을 행사함으로써 이익을 보려 하는 경우가 있고,[661] 이러한 사업방법은 Patent Troll 형의 수익창출모델이 자본력이 있는 개인이나 특허변호사뿐만 아니라 막대한 자본을 가지고 있는 대기업에게도 확산될 가능성을 보여주는 것이라 할 것이다. 따라서 Patent Troll을 종전과 같이 자본이 있는 개인이나 중소기업이라는 식으로 도식화해서 생각할 것이 아니고, 문제가 된 특허와 관련된 행위자의 구체적 행위 및 그에 이르게 된 경위를 살펴 그 규제 여부를 판단해야 하지 않을까 생각한다.

이와 관련하여 우리나라에서 Patent Troll의 행위로 의심받는 행위들 중 어떠한 행위가 진정한 Patent Troll에 해당하는가에 관하여 보면, 위 사례들 중 스스로 문제가 된 특허를 실시하거나 그와 관련된 연구나 기술개발에 계속 종사하고 있는 개인이나 중소기업 발명자가 대기업 등을 상대로 특허권을 행사한 것까지 Patent Troll에 해당한다고 보기는 어렵고, 스스로는 문제된 특허를 실시하거나 그에 관련된 연구나 기술개발에는 더 이상 종사하지 않으면서 가능한 한 많은 특허권을 취득하여 대기업 등에 대한

660) http://www.interdigital.com/about_interdigital (2012. 2. 16. 최후 접속).

661) Kodak사는 1,000여건의 디지털이미지 관련 특허를 가지고 있고, 2012. 1. 10. 애플, 대만 HTC, 블랙베리 제조사인 RIM에 대하여 4가지 특허권을 침해하였다면서 소를 제기하였고, 2012. 1. 18.에는 삼성전자의 태블릿PC인 "갤럭시 탭"시리즈가 자사의 디지털이미지 관련 특허를 침해하였다며 뉴욕 로체스터 연방법원에 소를 제기하였다. http://www.bodnara.co.kr/bbs/article.html?D=7&cate=41&d_category=8&num=88271 (2012. 2. 16. 최종 접속).

특허권의 행사에만 주로 종사하고 있는 것으로 보이는 회사들의 행위와, 소위 '특허컨설팅사'가 특허권자가 제기한 소송에 공동소송참가인으로 참가하는 경우[662] 그 회사가 발명자로부터 특허 지분을 취득하게 된 경위, 소송에 승소한 경우의 손해배상액의 배당 약정 등에 관하여 명확히 하는 것을 전제로, Patent Troll에의 해당 여부를 검토할 수 있을 것이다.

나아가 일정한 행위 또는 행위자가 Patent Troll에 해당하는 경우의 대응방법에 관하여는 특허권 남용의 법리 또는 민법상 권리남용 법리의 적용이 논의되고 있는 바, 이에 관하여는 다음 항에서 살펴본다.

7. Patent Troll과 권리남용 법리의 적용

가. 문제의 제기

앞에서 특허권의 행사에 대하여 권리남용의 법리가 적용될 수 있고, 권리남용의 요건으로는 주관적 및 객관적 요건이 있을 수 있으나 주관적 요건은 그 비중을 낮게 보거나(주관적 요건이 객관적 요건에 의하여 추인된다는 것은 그 비중을 낮게 본다는 의미로 해석할 수 있다) 고려하지 않는 것이 옳고, 객관적 요건에의 해당 여부를 판단하기 위해서는 권리자 측 및 침해자 측의 사정을 함께 고려하여야 한다는 점에 관하여 살펴보았다(자세한 내용은 제6장 Ⅲ.의 4. 부분 참조). 그렇다면, Patent Troll의 특허권 행사에 대하여는 어떠한 경우에 어떠한 기준에 의하여 권리남용 법리를 적용할 수 있을 것인가?

나. 권리남용의 객관적 요건의 적용

앞에서 본 권리남용 법리 적용의 객관적 요소와 관련한 유형을 Patent Troll의 문제와 관련하여 보면, Patent Troll 중 특허발명이 타인에 의하여

662) 한・영전환방법에 관한 서울고등법원 2008. 2. 19. 선고 2001나60585 특허권침해금지가처분 사건의 중간판결 참조. 서울고등법원의 이 사건에 대한 최종 판단은 2010. 6. 23. 선고 2001나60578 판결, 이에 대한 대법원의 판단은 2011. 9. 29. 선고 2010다65818 판결이다.

광범위하게 실시되고 있음을 알고 있음에도 불구하고 발명자 등이 장시간 행사하고 있지 않던 권리를 양도받아 침해자의 실시허락 요구에도 응하지 않으면서 그에 대하여 특허침해소송을 제기하는 경우는,[663] 대법원의 판례 중 토지취득 당시 그 위에 초등학교가 서 있고 현재 학교교사로 사용하고 있다는 사실을 알면서도 이를 취득한 후 이에 대한 권리행사로서 학교교사 철거청구를 함은 공공복리를 위한 사회적 기능을 무시한 것이 되고 신의성실의 원칙과 국민의 건전한 권리의식에 반하는 행위로서 권리남용에 해당한다고 판시한 사례,[664] 이미 수로로 된 상황에서 사들인 수로를 가지고 그 수로의 폐쇄를 뜻하는 방법으로 소유권의 행사를 함은 권리남용이라고 한 사례,[665] 시리즈 편집음반의 “진한커피”라는 제명이 자타상품의 식별표지로서 기능하고 있음에도 불구하고 같은 표장을 출원·등록하여 위 제명의 선사용자의 음반 제작·판매 금지를 구하는 것은 등록상표에 관한 권리를 남용하는 것으로서 허용될 수 없다고 본 사례,[666] ACM이라는 일본 회사의 국내 총판대리점 관계에 있던 원고 회사가 위 ACM사가 국내에 상표등록을 하고 있지 않음을 기화로 “ACM π WATER” 등의 상표를 출원·등록해 놓았다가, 위 ACM사와의 총판대리점관계가 종료된 후, 위 등록상표들을 실제 상품에 사용하지도 아니하면서 위 ACM사의 국내 출자 법인인 피고를 상대로 등록상표권을 행사하여 그동안 피고가 정당하게 사용해 오던 ‘ACM’이나 이를 포함한 표장을 피고의 인터넷 도메인 이름 또는 전자우편주소로 사용하거나 피고의 인터넷 홈페이지에서 사용하는 것을 금지해달라고 청구하는 것은 상표사용자의 업무상의 신용유지와 수요자의 이익보호를 목적으로 하는 상표제도의 목적이나 기능을 일탈하여 공정한 경쟁질서와 상거래 질서를 어지럽히고 상대방에 대한 관계에서 신의성실의 원

663) 이러한 경우에는 시간이 갈수록 토지점유자가 그 토지에 대하여 투자를 더 많이 하게 되어 토지점유자의 점유의 가치는 점점 커지게 되고, 따라서 나중에 토지소유자와 교섭을 할 때는 더욱 불리한 상황에 빠지게 되는 것과 같다 할 것이다. 윤진수, 앞의 논문, 103면 참조.

664) 대법원 1978. 2. 14. 선고 77다2324, 2325 판결.

665) 대법원 1972. 12. 26. 선고 72다756 판결.

666) 대법원 2007. 1. 25. 선고 2005다67223 판결.

칙에 위배되는 행위이어서 법적으로 보호받을만한 가치가 없다고 인정되므로, 비록 원고의 이 사건 상표권 행사가 권리행사라는 외형을 갖추었다 하더라도 이 사건 등록상표권을 남용하는 것으로서 허용될 수 없다고 한 사례[667] 등에 비추어, 권리남용에 해당할 여지가 많다 할 것이다.

다만, 이러한 판례에 대하여는 특허권을 취득할 당시 특허권이 타인에 의하여 사용되고 있다는 점을 알고 있었다는 사정은 거래비용의 관점에서는 별다른 의미가 없고, 토지소유자가 그로 인하여 입게 되는 손해 내지 건물철거로 인하여 얻게 되는 이익을 평가함에 있어 하나의 참고자료가 될 수 있다는 비판이 있다.[668] 그러나 앞에서 본 바와 같이 우리 판례상 권리남용에 해당하는 것으로 판단한 유형 중에는 공공복리에 적합하지 아니한 권리행사도 들어 있는 점에 비추어 권리남용에 해당하는지 여부를 반드시 거래비용이라는 관점에서만 바라볼 것은 아니라 할 것이므로, 권리 양수자의 위와 같은 사정도 권리남용 여부를 판단하는 데 충분히 참작할 수 있다 할 것이다(다만 이는 주관적 요건이 별도로 필요하다는 취지는 아니고 객관적 요건을 판단함에 있어 고려한다는 취지로 보아야 한다).

한편, 어떠한 제품의 일부에 관련된 특허발명에 관하여 제품생산자가 실시허락 또는 양도를 청구함에 대하여, 자신은 실시할 의사가 전혀 없음에도 불구하고, 실시허락 또는 양도를 하지 않으면서 단지 지나치게 높은 실시료 또는 양도가액을 요구하는 경우(거래가 이루어지지 않은 책임이 토지소유자에게 있는 경우와 같음), 특히 소프트웨어 관련 발명 등 하나의 제품을 생산하는데 수많은 특허발명이 관련되어 있는 발명의 경우, 그 많은 특허 또는 특허권자를 모두 검색하기가 어려울 뿐만 아니라 검색 가능하다 하더라도 모든 특허권자로부터 실시허락을 받는 데 매우 높은 거래비용이 소요되고(즉, 사전적 거래비용이 높다) 각 특허발명의 정확한 가치를 정확하게 산정하기 어려우며, 하나의 특허발명이라도 실시허락을 받지 못하면 제품 생산이 어려운 상황에서, 제품의 일부에 관련된 특허권자가 이러한 점을 이용하여 합리적이지 않은 대가의 지급을 요구하면서 버티기(hold-

667) 대법원 2007. 2. 22. 선고 2005다39099 판결.
668) 윤진수, 앞의 논문, 108면.

out)를 할 가능성도 있다(즉, 사후적 거래비용이 높고, 그러한 거래가 이루어지지 않는 이유가 특허권자에게 있다) 할 것인 바, 이러한 점에서 소프트웨어 관련 발명 등 하나의 제품을 생산하는데 많은 특허발명이 관련되어 있는 경우 Patent Troll의 행위는 권리남용에 해당할 가능성이 있다. 반면, 제품개발에 관련된 특허의 검색이 용이함에도 불구하고 실시허락을 받지 않고 특허기술을 사용한 경우(사전적 거래비용이 낮은 경우)에는 후에 특허권자가 비싼 대가를 요구하여 교섭이 이루어지지 않았다(사후적 거래비용이 높다)하더라도 권리남용에는 해당하지 않을 것이다.[669]

또 특허권 취득 경위에 하자가 있음에도 불구하고 이를 알고 양수하여 특허권을 행사하는 Patent Troll의 권리행사와 관련하여 다음의 사례들이 참고될 수 있다. 즉, 위에서도 이미 언급한 바와 같이 일본 회사의 국내 총판대리점 관계에 있던 원고 회사가 일본회사가 국내에 상표등록을 하고 있지 않음을 기화로 상표를 출원·등록해 놓았다가 이를 제3자에 대하여 행사하거나[670] 채무자에 대하여 영업양도인으로서 일정한 기간 동안 동종영업에 관한 경업금지의무를 부담하는 자가 등록상표와 동일·유사한 표장이 부착된 제품의 독점적 수입판매권을 부여받는 내용의 계약을 강제하거나 그러한 계약을 맺는 과정에서 유리한 입지를 확보하여 부당한 이익을 얻기 위한 부정한 의도로 채무자 사용상표와 동일·유사한 등록상표를 출원·등록하여 그 상표권을 행사하는 것은 사회질서에 반하는 것으로서 상표권을 남용한 권리의 행사로서 허용될 수 없다고 하였고,[671] 미국의 Walker Process 사건에서[672] 특허출원을 하기 1년 이전에 스스로 자신의 발명을 사용하였으면서도 그 발명이 공개적으로 사용되었다는 사실을 알거나 알지 못하였다고 하면서 특허출원을 하여 특허등록을 받은 후 그러한 특허권에 기하여 특허침해소송을 제기하는 것은 반독점법 위반에 해당한다고 한 점

669) 윤진수, 앞의 논문, 105면 참조. 이러한 원리는 악의의 무단점유자가 타인의 토지를 시효취득할 수 없는 것과 유사하다. 같은 논문, 106~107면 참조.

670) 대법원 2007. 2. 22. 선고 2005다39099 판결.

671) 대법원 2006. 2. 24. 자 2004마101 결정.

672) Walker Process Equipment, Inc. v. Food Machinery and Chemical Corporation, 382 U.S. 172 (1965).

에 비추어, Patent Troll이 위와 같은 사정을 알면서 특허권을 취득하여 이를 행사하는 경우에는 권리남용에 해당할 여지가 있다 할 것이다.

나아가, Blackberry와 같이 특허기술이 불특정 다수인이 사용하는 기기에 사용되는 것으로서, 특허권자의 금지청구가 인용되면 많은 사람이 그러한 기기를 이용하는 혜택을 보지 못하게 되는 경우, 이러한 사정도 고려하여 권리남용을 좀 더 쉽게 인정하여야 할 것인가? 이와 관련하여, 우리 판례 중에는 노폭 12m의 도로부지인 사실을 알면서 매수하여 토지의 인도를 청구하는 것,[673] 주위의 토지소유자들을 위하여 무상으로 통행에 제공된 사실을 알면서 매수한 후 주위의 소유자에 대하여 통행료를 청구하는 것을[674] 권리남용에 해당한다고 한 사례가 있는가 하면, 고압송전탑 등을 통하여 전기를 공급받는 가구가 101,259가구에 이르고 피고가 위 송전탑 등을 다른 곳으로 이설함에는 10억 원 이상의 비용이 소요될 것으로 예상됨에도 송전탑 등의 철거를 권리남용으로 보지 않은 사례도[675] 있다. 사실 Blackberry와 같이 많은 소비자에게 영향을 미치는 제품에 관하여 특허권자가 권리를 행사함으로써 소비자들이 그러한 제품을 사용하지 못하게 될 수도 있다는 사실이 Patent Troll의 문제를 촉발시킨 점도 있다. 이에 관해서는 이러한 사정은 권리자와 기술을 사용하는 자의 거래비용이나 금지청구가 인용될 경우의 당사자 사이의 이익의 형량에 관계되는 사정은 아닌 만큼 이를 특별히 고려할 것은 아니라는 견해[676]가 있고 경청할 가치가 있는 견해이다. 그러나 앞에서 이러한 경우 권리남용을 인정한 사례가 있는 것처럼 권리남용의 원리가 권리의 사회성·공공성에서 나온 것이고,[677] 이러한 경우의 권리행사는 권리자 자신이 얻는 이익에 비하여 사회 전체에

673) 대법원 1993. 9. 28. 선고 93다26076 판결.

674) 대법원 1992. 2. 11. 선고 91다40399 판결.

675) 대법원 2001. 2. 23. 선고 2000다65246 판결.

676) 윤진수, 앞의 논문, 100면 참조. 대법원도 고압송전선의 철거청구 등과 관련하여 이러한 견해에 따른 예가 있다. 대법원 1996. 5. 14. 선고 94다54238 판결, 공 1996하, 1835 참조.

677) 이에 대해서는 권리의 당연한 속성에서 나온 것이라는 견해도 있다. 이영준, 앞의 책, 85면.

미치는 불이익이 현저히 클 수 있으므로, 이러한 사정 또한 권리남용의 객관적 요건 구비 여부를 판단하는 데 고려할 수 있다 할 것이다.

위의 논의를 종합하면, Patent Troll의 권리행사가 권리남용의 객관적 요건을 구비하였는지 여부는 그러한 권리행사로 인하여 그가 얻을 이익과 상대방이 받을 불이익을 비교형량하여 권리남용에 해당하는지 여부를 결정하되, 그러한 비교형량을 함에 있어서는 문제된 특허의 가치(무효가능성 및 특허발명이 침해품의 생산 등에 기여하는 정도), 특허권자가 특허권을 취득하게 된 경위 및 특허권을 행사하기에 이른 구체적·개별적 사정,[678] 특허취득 당시 특허발명이 타인에 의하여 이용되고 있었는지 여부, 특허권자의 특허발명 실시 여부, 특허권자와 침해자 사이의 실시허락계약 체결을 위한 협상이 용이하였는지 및 협상에 임하는 태도(이때 특허권자뿐만 아니라 피고인 침해자의 행위태양도 고려한다[679]), 특허권의 행사로 인하여 일반 공중이 입게 될 불이익 등을 고려하여야 할 것이다.

이와 관련하여 일본에서는, (i) 원고의 등록상표가 컴퓨터 virus를 표시하는 "ウイルス"와 파괴하는 사람(buster)을 가리키는 "バスタ"로 구성되어 있어 일반적으로 출소식별력이 결여되어 있고, (ii) 원고가 등록상표를 전혀 사용하지 않고 있고 장래에도 사용할 구체적인 계획도 없어, 등록상표가 원고의 신용을 전혀 화체하고 있지 않으며, (iii) 피고가 등록상표의 출원시부터 계속적으로 피고의 표장을 사용하여 왔고, (iv) 원고가 소를 제기한 1997년경에는 "ウイルスバスター"의 표시가 컴퓨터 이용자 사이에 피고가 판매하는 바이러스 대비용 디스크를 표시하는 것으로서 널리 알려져 있었던 점 등을 이유로, 원고의 피고에 대한 등록상표권의 행사가 권리남용에 해당한다고 판시한 사례가 있다.[680] 위 (i) 내지 (iv)를 특허권의 행

678) 상표권에 관한 위 대법원 2007. 1. 25. 선고 2005다67223 판결; 대법원 2006. 2. 24. 자 2004마101 결정 등 참조.

679) 潮海久雄, 앞의 논문, 69면 참조.

680) 東京地裁 1999. 4. 28. 1997(ウ)제16468호 [상표권사용금지청구사건], 判例時報 1691호 136면, 蘆立順美, 「權利濫用(2) – ウイルスバスター 事件」, 中山信弘 외 편, 別冊 ジユリスト 商標・意匠・不正競爭判例百選, 有斐閣 (2007. 11), 70면에서 재인용.

사와 관련하여 보면, (i)은 특허권의 가치(무효사유 포함 여부, 영업방법특허 여부), (ii)는 특허의 실시 여부, (iii) 및 (iv)는 침해기술 또는 침해품의 실시 여부, 인지도 등을 가리키는 것으로 해석할 수 있을 것이다.

Ⅴ. 기술표준 특허권에 기한 권리행사

1. 개 요

최근 전자통신기술이 발달함에 따라 일정한 특징을 공유하는 기술에 관한 표준을 제정하는 경우가 많이 있다. mp3,[681] mp4 등의 동영상압축 관련 표준 또는 CDMA, LTE 등 통신관련 기술표준은 익숙한 예로서, 모두 표준화기구(SSO, Standard Setting Organization)에 의하여 정해진 기술표준들이다.

일반적으로 기술표준의 제정 및 운용은 다음과 같은 방식으로 이루어진다. 먼저 관련 업계에서 어떤 분야의 기술에 관하여 공통의 표준을 제정할 필요가 수렴되고, 이러한 업체들에 의해 소정의 표준화기구가 만들어진다. 다음으로 표준에 부합하는 기술의 요건이 제정되고, 표준으로 등록하고자 하는 기술을 가진 업체에서는 자신이 보유한 기술을 표준화기구에 공개(또는 신고)하고, 일정한 심사를 거쳐 특정기술이 위 요건에 부합하는 경우 표준화기구에 표준기술로서 등록된다. 이러한 요건을 충족하는 다수의 기술들이 표준기술로서 등록되면, 이러한 기술을 사용하고자 하는 자는 개개의 기술의 권리자에게 실시료를 지급하는 대신, 표준화기구에 소정의 실시료를 지급하고 위 기술을 실시하게 되고, 표준화기구가 수취한 기술료는 등록된 표준기술을 보유한 업체에 분배된다.

이러한 기술표준제도는 다음과 같은 순기능을 가지고 있다. 첫째, 관련

681) 'MPEG-1 Audio Layer-3'의 약자로 지난 1995년 영상압축 표준인 MPEG기술 가운데 음성부분이 따로 떨어지면서 등장한 오디오 데이터의 압축기술이다. MP3는 CD 음질을 유지하면서도 데이터를 1/10로 줄일 수 있는 MPEG1 규약이다(출처 : 네이버 지식사전, 2012. 3. 11. 최후 접속).

기술 상호 간의 호환성을 증대시키고 중복투자를 방지하여 결과적으로 기술발전을 촉진시킨다. 둘째, 표준으로 등록된 특허기술들의 권리자들은 표준화기구에 자신의 특허발명에 대한 실시권 설정권한을 부여하되, 표준화기구가 수취하는 실시료에서 일정비율에 의한 실시료를 지급받음으로써 안정적인 수입을 확보할 수 있게 되고, 표준으로 채택된 기술들을 실시하고자 하는 자들은 표준화기구에 실시료를 지급하고 표준으로 설정된 모든 기술을 자유롭게 실시할 수 있게 됨으로써, 개개의 권리자들로부터 실시허락을 받아야 하는 불편을 덜 수 있다.[682] 특히 이러한 기술표준제도는 다수의 특허가 존재하고 실시허락을 받고자 하는 자가 다수 존재하는 경우에 효율성이 높아진다.[683]

그런데 최근 들어 이러한 기술표준제도를 남용하는 사례들이 나타나고 있다. 표준설정과정에 자신이 가진 기술을 공개하지 않다가 해당기술이 표준으로 채택된 후에 위 기술에 대한 과다한 실시료를 요구하거나, 표준설정 단계에서 한 FRAND[684] 확약에 위반하여 고액의 실시료를 요구하거나 실시허락을 거부하는 경우, 표준으로 등록되지 않은 다른 기술을 끼워팔기(tying arrangement)하는 경우 등이 이러한 예이다.

이 문제는 지적재산권법인 특허법의 영역과 경쟁법인 독점규제법의 영역이 중첩되는 영역에 속한 문제인데, 특허법의 이론에 의하여 해결할지 아니면 독점규제법의 이론에 의해 해결할지가 문제되며, 아직 우리나라에서는 특허법의 이론에 의해 이를 해결한 사례는 없는 듯하다.

기술표준으로 등록된 특허에 기한 권리행사에 대하여 어떠한 법적 제재를 가할 수 있는가의 문제는 전편에서 이미 논의한 바와 같이 특허권의 행

682) 대부분의 표준화기구들은 표준기술에 필수적인 특허권을 보유한 회원으로 하여금 합리적이고 비차별적인 조건으로 특허발명의 실시허락을 해줄 것을 요구하고 있다. 정상조, 「특허권 남용 및 표준화」, law & technology 제3권 제6호(2007. 11.), 서울대학교 기술과법센터 67면.

683) 최승재, 「특허 침해와 특허권 남용항변 : Princo Corp. v. ITC 사건」, 경쟁저널(2011. 3.), 20면.

684) Fair, Resonable And Non-Discriminatory, 관련 특허권을 공정하고 합리적이며 비차별적인 조건으로 라이센스하겠다는 확약을 의미한다.

사에 대하여 권리남용항변을 인정할 수 있는지 여부와 밀접한 관련이 있다. 왜냐하면 특허침해소송에서 이러한 권리행사를 제한할 수 있는 항변으로 인정하는 것만큼 강력한 수단은 없기 때문이다. 물론 독점규제법 위반행위로서의 요건을 충족하는 경우, 관할 행정청에 의해 과징금부과 등의 제재를 받을 수는 있으나 이는 권리행사를 직접 부정하는 것은 아니다.

여기에서는 전편에서 논의된 내용 즉, 권리남용항변의 인정가능성에 관하여 간략히 살펴보고, 기술표준과 관련된 특허권에 관한 미국에서의 주요 분쟁사례에 관하여 살펴본 후, 권리자가 독점규제법 위반행위를 한 경우에 권리행사의 상대방이 취할 수 있는 방어수단에 관하여 보기로 한다.

2. 특허법 고유의 권리남용항변[685]의 인정가능성

미국의 실무는 오랜 시간에 걸쳐 다양한 입장변화를 겪어 왔음은 앞서 본 바와 같다(자세한 내용은 「제6장 Ⅲ. 2. 나. 특허권 남용 법리의 발전과정」 참조). 현재의 미국에서의 확립된 실무는 다음과 같다. 즉, 미국에서는 특허법 고유의 권리남용이론이 발달하여 왔고, 이에 따라 특허권자의 행위가 권리남용으로 인정된다면, 상대방의 항변에 의해 당해 특허권에 기한 특허침해금지 등의 권리행사는 허용되지 않는다.

우리나라에서는 특허권의 행사를 권리남용항변으로 인정한 경우가 제한적이다. 기존에 하급심 실무에서 폭넓게 받아들여지고 있었고, 최근 대법원 판례에 의해 정면으로 수용된, 진보성 흠결 등의 무효사유가 명백한 특허발명에 기한 권리행사를 권리남용으로 보는 경우가 그러한 제한적인 예이다. 그러나 위의 항변의 도입 과정 역시 성문법상에 존재하지 않는 항변을 법원이 판례에 의해 수용한 것이고 그런 점에서 앞으로 특허권 남용항변 역시 독점규제법의 불공정거래행위에 관한 조항이나 민법의 권리남용금지조항 등의 법적 근거에 기초하여 판례에 의해 수용될 가능성을 배제할 수

685) 앞에서 본 바와 같이 이는 특허발명에 무효사유가 있는 경우의 권리남용항변과는 구별되는 것으로, 특허가 유효하다고 하더라도, 일정한 경우에 특허권의 행사를 제한할 수 있는 항변을 의미한다.

없다. 학계에서도 구 특허법에 있었던 특허권남용금지 조항이 미국의 통상 압력으로 삭제되었으나 현행법 하에서도 특허권남용금지의 법리는 여전히 타당하다거나, 특허권의 행사 역시 특허권자가 경쟁을 제한하는 행위를 한 경우 등에 특허권자의 권리행사를 제한할 수 있는 권리남용항변을 정면으로 수용하자고 주장하는 학자 역시 점차 늘고 있는 실정이다.[686]

한편 앞에서 본 바와 같이, 최근 하급심은 저작권의 남용이 문제된 사건이기는 하나 독점규제법 위반행위는 권리남용에 해당되고, 이 경우 저작권의 행사가 허용되지 않는다는 취지로 결정하였다.[687]

3. 주요 분쟁사례 및 유형 검토

가. 기만적인 표준설정

특정 표준화기구 참가자가 표준의 책정과정에서 자신의 특허권을 숨김으로써 자사기술을 특허대상으로 하기 위해 표준 책정기관을 유도하는 행위를 한 후에 위 특허발명을 행사하는 경우이다.

(1) Dell 사건[688]

Dell사는 미국의 PC 제조업체로서 표준화기구인 VESA(Video Electronics Standards Association)의 회원사이고, 미국 내의 주요 컴퓨터 제조업체 대부분이 VESA 회원사이다. 1992년 VESA 회원사들은 486급 컴퓨터의 CPU와 주변기기들 간에 명령을 전달하는 메커니즘으로서 "VESA 로컬버스"(VL버스)에 대한 새로운 산업표준을 개발하였고, Dell사의 대표도 그 새로운 산업표준(안)을 설계하고 이를 승인하는 위원회에 참여하여 활동하

686) 정상조 외, 경쟁질서의 유지와 지적소유권법, 한국법제연구원 1992. 116면; 손경한, 「독점규제법과 지적재산권과의 관계에 관한 재고찰」, 비교사법 12권 2호(통권 29호)(2005. 6), 한국비교사법학회 720면; 오승한, 「특허・저작권자의 경쟁제한행위에 대한 직접・간접침해자의 독점규제법 위반항변 및 특허・저작권 남용항변의 가능성」, 비교사법 16권 4호(통권 47호), 한국비교법학학회 403~404면; 홍봉규, 「우리나라에서의 지적재산권 남용에 대한 독점규제법의 적용」, 경기법학논총 5호 (2007. 12), 88면.

687) 서울고등법원 2012. 4. 4. 자 2011라1456 저작권침해금지가처분 결정(확정).

688) In re Dell Computer Corp., 121 F.T.C. 616, 1996 FTC LEXIS 291, 23 (1996).

였는데 이 과정에서 VESA는 참여 회원사들이 보유하고 있는 특허권, 상표권 또는 저작권 중에 표준(안)과 저촉되는 것이 있는지 여부를 확인하였다. 이때 Dell사를 대표하여 참가한 직원은 "본인이 알고 있는 최선의 범위 내에서 동 표준(안)은 Dell사가 소유하고 있는 어떠한 지적재산권도 침해하지 않는다."라고 기재된 확인서에 서명하였다. VL버스 표준은 승인받은지 대략 8개월 후에 상업적으로 커다란 성공을 거두었다. 많은 컴퓨터 제조업체들이 VL버스를 탑재한 컴퓨터를 1,400만대 이상 판매한 상황에서 Dell사는 일부 VESA 회원사들에게 자사의 라이센스 없이 VL버스표준을 실시하면 자사의 1991년 특허를 침해하게 된다고 경고하기에 이르렀다.

FTC(Federal Trade Commossion, 미연방거래위원회)는 Dell사가 특허권의 존재를 숨기고 표준이 책정된 후에 특허권 실시를 주장하는 것은 '불공정 경쟁의 금지'를 규정하고 있는 FTC법 제5조를 위반하는 것이라고 결론지었다. 특히 Dell사의 행위는 경쟁을 비합리적으로 제약하는 것이라고 판단하였는데, 그 이유는 첫째, 일부 제조업체는 Dell사의 침해주장의 영향을 받아 VL버스 표준을 반영한 설계의 실시를 연기하였고, 둘째, Dell사의 특허침해 주장은 VL버스 표준을 실시하는 비용과 경쟁적인 표준을 개발하는 비용을 상승시켰으며, 셋째, Dell사의 침해 주장은 산업표준 제정활동에 참여하는 것을 위축시키는 결과를 초래하였기 때문이라고 하였다.[689] 이러한 FTC의 조사 후에 1995년 11월에 동의명령(consent decree)이 성립하여,[690] 위 사건은 종결되었다.[691]

(2) Rambus 사건[692]

---

689) 오승한, 「특허기술의 표준책정과 경쟁법 적용의 문제」, 산업재산권 23호(2007. 8), 한국산업재산권법학회 695면.

690) 여기에서 Dell은 향후 10년 동안 ① 표준설정과정에 참여할 때는 소정의 절차를 따를 것이고, ② 만약 표준 설정기구가 서면으로 문의하였음에도 불구하고 표준에 포함된 자사의 특허를 고의로 밝히지 않는다면 그 표준을 실시하는 어떤 사람에 대해서도 특허권 행사를 하지 않겠다고 하였다.

691) 정연택, 「표준화와 특허권 행사에 대한 경쟁법적 판단－Rambus 사례를 중심으로」, 서울중앙지방법원 지적재산권실무연구회 2011 하반기 세미나 발표문 9면, 법원내 지적재산권법연구회 자료실 2100. 12. 27.자 게시글 참조.

692) 사건의 내용은 정연택, 전게 논문, 13면 이하 참조.

Rambus사는 컴퓨터 메모리 기술을 개발하여 제조업자들에게 해당 특허의 실시권을 허락하여 주고 로열티를 지급받는 사업을 영위하는 회사인데, 1990년에 SDRAM(Synchronous Dynamic Random Access Memory)의 전신격인 DRAM을 개발하여 특허를 획득하였다. JEDEC(Joint Electron Device Engineering Council)이라는 표준화기구는 SDRAM 기술에 관하여 표준을 제정하기로 하였는데, Rambus사는 1992. 2.부터 정식회원사가 되었다. 당시 JEDEC은 SDRAM에 관한 표준제정에 관하여 논의 중이었고, 1993년 5월 SDRAM을 완성된 표준으로 채택하였는데, 여기에는 Rambus의 두 가지 기술이 포함되어 있었다. 위 표준화기구는 1995년 10월 DDR SDRAM(SDRAM에서 업그레이드된 기술)의 표준화를 위한 논의를 시작하였는데, Rambus는 출원 중인 특허에 DDR SDRAM의 표준에 들어갈 on-chip PLL/DLL 기술을 보유하고 있으면서도, 위 기술이 위 표준에 중요한지를 묻는 JEDEC의 문의에 대하여 답변하지 않고, 특허공개도 하지 않았다. 1999년 DDR SDRAM의 표준이 제정되었고, 여기에는 Rambus의 기존 특정 세부 기술 2개 및 Rambus가 1999년에 특허 취득을 마친 기술 2건이 포함되었다. 한편 Rambus는 1996년 6월 JEDEC을 탈퇴하고(금반언원칙의 적용을 피하기 위한 변호사의 법률적 조언에 따른 것이었다), 1999년부터 표준기술로 선택된 위 특정 DDR SDRAM기술에 관한 4개의 특정 세부 기술에 대해 특허권을 주장하며, Infineon 등 다수의 제조업자들을 상대로 라이선스계약 체결 및 로열티 지급을 요구하고, 이에 불응하자 다수의 특허침해소송을 제기하였는데, 특허침해소송은 Rambus의 승소로 확정되었다.[693]

특허침해소송과 별개로 Rambus의 행위가 경쟁법 위반에 해당하는지가 문제되었고, FTC는 2006. 7. 31. Rambus의 행위는 Sherman법 제2조와 FTC법 제5조를 위반하였다고 결정하였다.[694] 즉, FTC는 특허공개의무 위

693) Infineon Technologies AG. v. Rambus Inc., 124 S.Ct. 227 (2003.).

694) FTC. In the Matter of Rambus, Inc(Docket No. 9302). FTC는 Rambus가 의도적으로 표준화기구를 기만하였고, 그러한 기만행위가 없었더라면 (i) 당해 표준화기구는 Rambus의 특허기술 외의 다른 기술을 채택하였거나, (ii) Rambus의 기술을 채택하였더라도 Rambus에게 FRAND 조건을 요구하였을 것이라고 판단하였다.

반이 의도적인 기만행위로 이루어지고 그 결과 그 특허기술이 FRAND 약정 없이 표준기술로 채택되도록 유도하였다면, 이를 불법적이고 반경쟁적인 행위라고 보았다.

위 FTC의 결정에 대하여 미 D.C. 연방항소법원(United States Court of Appeals for the District of Columbia Circuit)은 2008. 4. 2. 전원일치 판결로 FTC의 결정을 취소하였고,[695] 이에 대해 FTC가 연방대법원에 상고허가를 신청하였으나 기각되어 원심이 그대로 확정되었다.[696] 항소법원은 셔먼법 제2조 위반이 되기 위해서는 당해 기업이 관련시장에서 독점력을 가지고 있다는 점[697]뿐만 아니라 배제적 행위를 통해 불법적으로 관련시장에서 독점력을 얻거나 유지하였음을 FTC가 입증하여야 한다고 전제한 후에 이 사건의 경우 FTC가 그러한 배제적 행위가 있었음을 입증하지 못하였다고 판단하였다. 결국 단순히 특허권이 있거나 출원 중이라는 사실을 숨겼다는 이유만으로 반경쟁적이라고 할 수는 없으며, Rambus의 그와 같은 기만적 행위가 없었다면 JEDEC이 Rambus 기술이 아닌 다른 표준을 채택하였거나 Rambus로부터 FRAND 확약을 받아냈을 것이라는 점까지도 FTC가 입증해야 하는데 FTC는 이러한 점을 입증하지 못하였다는 것이다. 위 항소법원 판결 이후인 2009. 5. FTC는 Rambus 사건을 종결하였다.

한편 위 사건은 유럽에서도 문제되었는데, 미국에서와는 상반된 결론으로 종결되었다. Rambus로부터 권리행사를 당한 Infineon과 Hynix는 2002년 유럽경쟁위원회(European Commission; EC)에 Rambus가 JEDEC의 DRAM반도체 기술표준 제정당시 자신이 특허를 보유한 혹은 특허출원 중인 기술이 포함된 사실을 고의적으로 밝히지 않았으며, 이를 포함한 기술표준이 제정되자 반도체생산업체에 과도하게 특허사용료를 부과해 EC조약 제82조(관련시장 지배적 지위 남용행위)를 위반하였다고 신고하였다.[698]

---

695) FTC v. Rambus 522 F.3d 456 (2008).

696) FTC v. Rambus 129 S. Ct. 1318 (2009).

697) Rambus가 DRAM 및 SDRAM과 관련한 4가지 기술에 대한 관련시장에서 독점력을 가지고 있음에는 다툼이 없었다.

698) 종래 EC조약 81조와 82조는 2009년 리스본 조약이 통과됨에 따라 Treaty on the Functioning of the European Union (TFEU) 101조와 102조로 개편되었다.

EC는 2007년 7월 반도체 DRAM 생산기술 라이센스료 부과 관련 시장지위남용혐의로 Rambus에 심사보고서(statement of objection)를 송부하였다. 이 심사보고서에서 EC는 Rambus가 특허권을 행사하기 시작한 2000년 1월 이래 Rambus는 DRAM interface technology 시장에서 지배적 사업자였고,[699] Rambus가 요구한 로열티 수준은 자신의 의도적이고 기만적인 행위(intentional deceptive conduct)가 없었으면 부과하지 못할 수준이었으며, 나아가 기술발전에 기여해야 할 표준설정과정에 대한 믿음을 저해하였다고 예비 판정(preliminary assessment)하였다. Rambus는 EC가 심사보고서에서 밝힌 경쟁법 위반사실에 대해서 부인하면서도, 2009년 5월 13일 경쟁당국의 우려를 해소한다는 차원에서 앞으로 5년간 로열티를 낮추는 등의 시정방안을 시행하겠다고 제안하였다. EC는 2009년 12월 9일 최종적으로 Rambus의 제안을 수락하기로 함으로써 위 사건을 종결하였다.[700]

(3) 검 토

표준으로 책정된 특허기술을 보유한 사업자는 유사한 표준이 동시에 책정되지 않는 한 실질적으로 시장 내에서 독점적 지위를 차지 할 수 있게 된다. 이러한 참가자가 표준책정의 이익을 위해 표준책정 과정에서 표준실시를 위해 필수적인 자신의 특허권 존재를 고의적으로 은닉한 경우에 표준화기구는 표준공개정책의 목적을 적절히 달성할 수 없고, 더 나아가 보다 우수하고 공개접근이 가능한 경쟁사의 기술을 배제한 채 특정 특허권자의 특허기술을 표준으로 인정하여 시장독점의 수단을 제공하는 결과가 된

699) Rambus는 1996년에 공식적으로 JEDEC을 탈퇴하였고, 2000년 자신의 특허를 주장하면서 로열티를 요구하였다.

700) 2009년 12월 Rambus와 유럽위원회는 다음과 같은 조건으로 사실상 합의(Rambus Commitment) : 전 세계 시장에 대하여 향후 5년 동안 DDR 및 SDR기술에 대하여 로열티 면제 및 DRAM기술에 대하여 1.5%로 로열티 요율 제한(기존 3.5%). (위 메모리 기술 외에도 메모리 콘트롤러 기술에 대해서는 2010년 4월까지는 1.5%, 이후에는 1.0%의 로열티 부과 상한선을 설정하며 DRAM에 대해서는 2010년 4월까지는 2.65% 이후에는 2.0%의 상한선을 설정.) 위 합의는 Rambus와 제3자간의 특허소송 등에 대해 영향을 미치지 않음을 명시함(COMMISSION DECISION of 9. 12. 2009.).
http://ec.europa.eu/competition/antitrust/cases/dec_docs/38636/38636_1203_1.pdf 에서 검색 가능(2012. 3. 13. 최종 접속).

다. 따라서 표준화 과정 참가자들의 고의적인 특허권 존재사실의 은닉이 자사의 특허기술을 표준으로 책정하도록 유인하는 중요한 수단인 경우에는 당해 행위는 경쟁을 제한하기 위한 위법한 행위로서 독점규제법에 위반될 수 있다.[701)]

나. 실시허락의 거절 또는 FRAND 조건 위반행위[702)]

대부분의 표준화기구들은 기술표준에 필수적인 특허권을 보유한 회원으로 하여금 "공정하고 합리적이고 비차별적인 조건으로(fair, reasonable and nondiscriminatory terms)" 특허발명의 실시허락을 해줄 것을 요구하고 있다. 한편 특허권자가 보유한 특허기술이 표준기술로 채택되면, 특허권자는 당해 기술시장 또는 관련 제품시장에서 우월하거나 지배적인 지위를 가지게 되고 그러한 지위로 인해서 자신의 특허기술의 경제적 가치가 크게 증가하게 된다. 그런데, 특허권자가 이러한 특허권에 대하여 FRAND조건에 위반하는 실시료의 지급을 요구하는 경우가 있을 수 있는데, 이러한 행위는 독점거래법 위반행위가 될 수 있다.

즉, 독점규제법 제3조의2는 "다른 사업자의 사업활동에 대한 부당한 방해행위"를 남용행위로 금지하고, 동법 시행령 제5조는 다른 사업자 또는 신규사업자의 사업활동에 대한 부당한 방해행위에 대해서 "정당한 이유 없이 다른 사업자의 상품 또는 용역의 생산 공급, 판매에 필수적인 요소의 사용 또는 접근을 거절, 중단하거나 제한하는 행위"를 예시하고 있는데, 기술표준의 채택으로 인한 특허권의 가치변화 또는 사후적 가치는 위 규정상의 '관련 제품의 생산에 필수적인 요소'로서의 지위를 갖게 할 수 있다.

이러한 필수설비의 요건 등에 대해서는 시장지배적 지위 남용행위 심사기준에서 상세히 구정하고 있다. 위 심사기준에 의하면, ① 필수적인 요소는 네트워크,[703)] 기간설비 등 유·무형의 요소를 포함하며, i) 당해요소를

701) 오승한, 위 논문「특허기술의 표준책정과 경쟁법 적용의 문제」, 695면.

702) 전체적으로 정상조,「특허권 남용 및 표준화」, law & technology 제3권 제6호(2007. 11.), 서울대학교 기술과법센터 67면 참조.

703) 예컨대, 한국여신전문금융업협회와 구성사업자인 7개 카드사업자들이 모든 카드 가맹점을 연결하여 정산하는 시스템 즉, 신용카드가맹점공동이용망을 구축해서 활

사용하지 않고서는 상품이나 용역의 생산 공급 또는 판매가 사실상 불가능하여 일정한 거래분야에 참여할 수 없거나, 당해 거래분야에서 피할 수 없는 중대한 경쟁열위상태가 지속될 것(필수성), ii) 특정사업자가 당해 요소를 독점적으로 소유하거나 통제하고 있을 것(독점성), iii) 당해 요소를 사용하거나 이에 접근하려는 자가 당해 요소를 재생산하거나 다른 요소를 대체하는 것이 사실상, 법률상 또는 경제적으로 불가능할 것(생산·대체 불가능성)이라는 3가지 요건을 충족해야 한다.[704)]

기술표준은 관련 제품의 호환성을 확보하기 위해서 필수적으로 실시해야 하는 기술을 표준으로 정한 것으로서 소위 그 네트워크효과, 티핑효과(tipping effect),[705)] 고정효과((locked in effect)[706)]에 의한 강한 시장지배성을 갖고 그 기술표준을 변경하는 것은 막대한 자본과 시간이 투입되어야 하기 때문에 경제적으로 불가능한 것이므로 그 표준기술은 당해 시장에서 필수성 요건을 충족하게 되어, 독점규제법 위반행위로 될 수 있다.

미국에서 FRAND 조건 위반행위가 문제된 주요 사례는 다음과 같다.[707)]

(1) Qualcomm v. Broadcom 사건[708)]

용하면서 신한은행이 이용을 요청하였으나 가입비를 부당하게 제시하는 방법으로 이를 거절한 사안에서, 공정거래위원회는 신한은행이 독립적인 카드사업을 하는데 있어 신용카드가맹점공동이용망을 이용하지 않고는 사실상 고객에게 카드서비스를 제공하는 데 제약이 크고, 협회와 7개 카드사업자들이 이미 가맹점공동이용망을 구축해 놓은 상황에서 신한은행이 이를 단독으로 구축하는 것이 불가능하다는 점에서, 신용카드가맹점 공동이용망이 필수적 설비에 해당된다고 보았다(공정거래위원회의결 제2001-039호, 2001. 3. 28).

704) 시장지배적지위 남용행위 심사기준, 공정거래위원회 고시 제2002-6호 IV.3.(다)(1).

705) 해당 상품이 네트워크효과로 인하여 시장에서 주도권을 갖게 되면 상품의 구매자가 증가하고 상품의 구매자가 증가하면 판매량이 늘고 이는 다시 구매자를 흡수해서, 빠른 속도로 경쟁자를 배제하고 선점자로 시장이 기울게(tipping)되는 현상을 말한다.

706) 소비자들이 시장에서 상품을 선택하게 되면 그 상품을 차후에도 계속해서 선택하게 되어 경쟁제품으로의 변경이 쉽지가 않게 되어 그 기술에 높은 진입장벽이 형성되는 현상을 말한다.

707) 사건의 내용은 주로 정연택, 앞의 논문, 11~13면 참조.

708) 양사 간의 법적 분쟁은 다양하게 전개되었다. 여기에서 소개할 내용은 반독법 위반에 관한 쟁송으로, 사건번호는 Qualcomm Inc. v. Broadcomm Corp., 05-CV-

이 사건은 특허권자가 표준화과정에서 특허를 공시하고 FRAND 약정하에 표준으로 채택된 이후에 과연 특허권자의 FRAND 조건 위반이 경쟁법 위반으로 인정될 수 있는지 여부가 다루어진 사안이다. 표준화기구는 FRAND 약정을 조건으로 Qualcomm(디지털 무선통신기술 개발 회사)의 3세대 무선이동통신 기술인 WCDMA 기술을 표준으로 채택하였는데, Qualcomm은 칩셋의 제조, 판매시장의 경쟁자인 Broadcom(반도체 칩 공급회사)에게 위 기술에 대한 FRAND 조건의 라이센스 제공을 거절하였다. 이에 Broadcom은 Qualcomm을 셔먼법 제2조 위반을 이유로 제소하였다. 이 소송에서 Broadcom은 Qualcomm이 표준화기구에 이를 준수할 의사 없이 허위로 FRAND 약정을 하였으며, 이 약정이 없었더라면 표준화기구는 Qualcomm의 기술을 거부하거나 배제하고 표준을 설정하였을 것이었으므로, Qualcomm의 행위는 셔먼법 제2조에 위반된다고 주장하였다.

2009년 9월 New Jersey 지방법원은 Broadcom의 주장을 각하하면서, 「피고의 WCDMA 기술시장에서의 독점은 법이 허용하여 온 특허에 따른 것이고, 다른 기술을 배제하는 것은 표준의 당연한 기능일 뿐이지, 피고의 FRAND 약정과는 무관하다.」고 판시하였다. 그러나 제3연방순회항소법원은 지방법원의 결론과 달리 Broadcom의 주장이 모두 사실이라고 가정할 경우 Qualcomm의 행위는 미국 경쟁법 위반행위가 될 수 있다고 판단하였다. 위 법원은 「(1) 특허권자가 의도적으로 준수할 의사 없이 FRAND 약정을 하고, (2) 표준화기구가 이를 신뢰하여 당해 특허기술을 표준으로 채택하였으며, (3) 특허권자가 표준이 설정된 이후 그 약정을 위반할 경우」에는 경쟁법 위반을 구성할 수 있다고 판시하였다.

(2) N-data 사건[709]

NWay 라는 특허기술을 보유하고 있던 National사가 국제전기전자기술자협회(IEEE)라는 표준화기구에 대하여 NWay가 Ethernet 장비의 표준에

1958-B(BLM) U.S. District Court of Southern District of California, 31 Dec. 2007이다.

709) In the Matter of Negotiated Data Solution LLC, FTC File No. 051 0094 (Consent Accepted For Public Comment, Jannuary 23, 2008).

포함될 경우 1,000달러를 1회만 지불하면 되는 라이선스 조건으로 실시허락하겠다고 약속하였고, 이에 위 표준화기구는 그 특허기술을 표준에 포함시켰다. 그런데, National은 이후 N-Data에게 그 특허를 양도하였고, N-Data는 표준설정 과정을 알면서도 그보다 훨씬 높은 실시료를 요구하였다.

FTC는 3 : 2로 N-Data의 행위가 위법하다고 보았다.[710] 다수의견은 N-Data가 산업이 표준으로 고착되기를 기다렸다가 표준이 되지 않았다면 그 기술에 대해서 산업이 지불했을 것보다 높은 실시료를 요구할 수 있게 되었다고 하였다. 또한 N-Data의 이러한 행위로 인해 소비자들도 더 높은 가격을 지불하게 됨으로써 결국 피해를 입게 되었다고 하였다. 이러한 사정에서 FTC는 N-Data의 행위가 불공정한 경쟁방법(unfair method of competition)과 불공정한 행위 또는 관행(unfair act or practice) 모두에 해당한다고 하면서도 적용법조는 FTC법 제5조를 적용하였다.

다. 기술 끼워팔기

기술표준제도의 효율성은 관련 기술 여러 건에 대하여 개별적으로 라이센스 계약을 체결하는 대신 관련 기술들을 묶어 일괄적으로 실시계약을 체결할 때 나타난다. 그런데, 이러한 기술표준의 계약방식을 악용한 사례로서, 라이센스계약을 체결하면서, 기술표준과는 무관한 다른 기술을 묶어서 라이센스계약을 강제하는 경우가 있을 수 있다. 이와 관련하여 미국에서 문제된 대표적인 사례인 Princo Corp. v. ITC 사건을 아래에서 본다.

(1) 사실관계[711]

Philips(필립스)와 Sony(소니)는 독자적으로 각자 CD 관련 기술을 개발하고 있다가, 공동 연구・개발을 통하여 1980년에 CD의 표준인 레드북, 옐로우북, 그린북, 오렌지북 등의 기술표준을 개발하였다. 오렌지북은 CD-R (CD-Recordable) 기술관련 표준이었고, 필립스와 소니는 오렌지북 관련

---

710) In the Matter of Negotiated Data Solutions LLC, FTC File No. 051 0094 (Consent Accepted For Public Comment, January 23, 2008), available at http://www.ftc.gov/opa/2008/01/ethernet.shtm.

711) 전체적으로 최승재, 앞의 논문, 19~20면 참조.

다수의 특허를 보유하고 있었다. 오렌지북 기술표준 결정과정에서, 필립스와 소니는 문제해결방식으로서 자신의 독자적인 방식을 제안하였는데, 필립스는 아날로그방식(Raaymakers 방식)을, 소니는 디지털방식(Lagadec 방식)을 각 제안하였고, 양사의 기술진들은 필립스의 Raaymakers 방식을 사용하기로 동의하였는데, 그 이유는 위 방식이 더 간단하고 유용하다고 판단하였기 때문이다.

그 후 양사를 포함한 관련 업계 회사들은 오렌지북과 관련한 특허풀(Patent Pool)을 형성하기로 하고, 필립스가 해당 특허풀을 관리하고, 오렌지북 표준 관련 기술을 사용하고자 하는 자들에게 패키지 라이센스(Package license)를 허락할 수 있는 권한을 부여하였다.

필립스가 설정한 패키지 라이센스에 속하는 특허기술 중에는 소니의 Lagadec 방식에 관련된 특허도 포함되어 있었고, 패키지 라이센스를 허락받은 자는 실시허락을 받은 특허의 수가 아니라, 제조하는 디스크 장당 실시료를 지급하여야 하였다.

Princo(이하, 프링코)는 필립스로부터 패키지 라이센스를 허락받았으나, 실시료 지급을 거부하였고, 그러자 필립스는 미국 국제무역위원회(ITC)에 프링코가 수입하는 CD가 필립스의 특허를 침해한다고 프링코를 제소하기에 이르렀다.

(2) ITC 및 CAFC의 판단[712]

ITC는 특허침해를 인정하면서도, 필립스의 패키지 라이센스 방식은 실제로 채택하지도 않은 방식의 특허(소니의 Lagadec방식)까지 패키지에 포함시켜 실시허락한 것으로 미국 반독점법에서 금하는 유형의 끼워팔기에 해당하여 필립스의 권리행사를 특허권남용이라고 판단함으로써, 결국 필립스의 권리행사를 거부하였다.[713]

이에 대하여 필립스는 CAFC에 항소하였는데, CAFC는 이러한 패키지 라이센스 자체가 당연위법(per se violation)이 되는 것은 아니라고 판단하였고, 패키지 라이센스가 반독점법에 위반하는지 여부의 기준은 합리의 원

712) 전체적으로 최승재, 앞의 논문, 21~23면 참조.
713) ITC Initial Determination(No. 337-TA-474, 2002 ITC).

칙(Rule of Reason)에 의해 판단되어야 하는데, 이 사건의 경우는 경쟁제한효과에 대한 입증이 없어서 위법하다고 볼 수 없다고 판단하였다.[714]

파기환송심에서 ITC는 환송취지에 따라 필립스의 승소로 판결하였고[715] 프링코는 다시 항소하였으나, CAFC의 소부는 법관의 만장일치로 필립스의 패키지 라이센스가 끼워팔기에 해당한다는 프링코의 주장을 배척하였다.[716] CAFC는 위 패키지 라이센스에 Lagadec 특허를 포함시킨 것에 대하여, 여러 특허기술에 대하여 개별적으로 라이센스를 하였다면 차단특허(Blocking Patents)로서 기능함으로써 기술발전을 저해할 수 있는 특허(Lagadec 기술)를 제거해 주는 긍정적인 역할을 수행하고 있다고 보았다. 즉, 패키지 라이센스의 주된 잠재적 효과의 하나로서 소송에 의한 분쟁해결이라는 불확실한 방법을 피할 수 있기 때문에 부당한 끼워팔기에 해당하지 않는다고 판단하였다.

(3) 검토[717]

과거 미국연방법원이 견지한 기본적인 입장은 유체물의 거래시장에서 끼워팔기행위는 당연위법이라는 원칙이었는데, 이러한 끼워팔기가 성립하기 위해서는 ① 별개상품성, ② 판매자의 주(主)상품시장에서의 충분한 경제적 힘, ③ 강제성, ④ 경쟁제한성의 요건을 충족하여야 하였다.

이러한 입장은 기술 끼워팔기(technolgy tying)의 경우에도 그대로 적용되었는데, 미국 연방법원은 위 요건이 충족되는 끼워팔기 약정은 그 자체로 특허권 남용(per se Patent Misuse)에 해당한다고 판시하였고, 이에 해당하지 않거나, 미국 특허법 제271조(d)에 의해 특허권 남용에서 특별히 배제된 행위가 아닌 경우에는, 합리의 원칙(Rule of Reason)에 의해 그러한 행위가 특허권자의 법적권리를 확장하여 관련 시장에서의 경쟁을 제한하고 있는지 여부를 판단하여야 한다고 판시해 왔다.

그러다가 기술끼워팔기의 경우에 이러한 기본적인 접근방식을 최초로 수

---

714) Phillips v. ITC, 424 F.3d 1179(Fed. Cir. 2005).
715) Phillips Ⅱ ITC Final Determination(No. 337-TA-474, 2007 ITC).
716) ITC, 563 F.3d 1301, 2009 U.S.(Fed. Cir. 2009).
717) 전체적으로 최승재, 앞의 논문, 27~28면 참조.

정한 것이 마이크로소프트 사건인데, 연방항소법원은 「기술끼워팔기의 경우는 위 당연위법의 원칙이 아닌, 합리의 원칙에 의해 반독점법에 위반하는지 여부가 판단되어야 한다.」고 판시하였다.718) 패키지 라이센스는 계약의 구체적 내용에 따라 거래비용을 낮춰 거래의 효율을 높이는 경우와 그렇지 않은 경우로 나뉘기 때문에 일률적으로 기술 끼워팔기를 당연위법으로 보는 것은 부당하다. 이런 점에서 위 사건에서 CAFC의 결론은 타당하다고 생각된다. 다만 위와 같이 미국 법원의 기술 끼워팔기에 대한 접근방식이 합리의 원칙에 의하여 판단하는 방식으로 바뀌었다고 하더라도, 이는 입증책임의 소재 및 정도의 문제일 뿐 입증의 여하에 따라 기술 끼워팔기도 얼마든지 반독점법 위반행위로 될 수 있다. 가령 기술표준과 전혀 무관한 특허를 포함시켜 패키지 라이센스를 허락하면서 실시료를 각 특허기술의 수에 비례하여 산정하는 방식이거나, 사용자에게 패키지에 포함된 전체 특허기술이 다 필요한지 여부와 상관없이 전체 특허기술을 기준으로 실시료를 산정하고, 일부를 제외하더라도 동일한 실시료를 지급하여야 한다는 방식719) 등은 독점규제법 위반행위로 될 소지가 많을 것이다.

4. 상대방의 방어수단

가. 권리남용항변

특허권에 대한 일반적인 권리남용항변이 인정되는 것을 전제로, 상대방은 특허침해소송에서 특허권자의 행위가 권리남용이라고 주장·입증함으로써 침해책임에서 벗어날 수 있다. 앞에서 본 바와 같이 최근 있은 하급심 결정에서는 독점규제법위반행위는 권리남용에 해당되어 이러한 권리행사는 허용될 수 없다고 판시한 바 있다(상세한 내용은 앞의 2. 부분 참조).

나. 독점규제법 위반행위의 신고 및 동의의결 유도

독점규제법 위반행위에 대하여 공정거래위원회는 독자적인 조사를 하여

718) United States v. Microsoft Corp., 253 F.3d 34(D.C. Cir. 2001).

719) American Security Co. v. Shatterproof Glass Corp., 20 F.R.D. 196(D.Del. 1957).

위반행위자에 대하여 시정조치 및 과징금을 부과하는 등의 제재를 할 수 있는 강력한 권한을 가지고 있다. 공정거래위원회는 직권으로 필요한 조사를 할 수 있고(독점규제법 제49조 제1항), 누구든지 이 법의 규정에 위반되는 사실이 있다고 인정할 때에는 그 사실을 공정거래위원회에 신고할 수 있다(같은 조 제2항). 한편, 공정거래위원회의 조사나 심의를 받고 있는 사업자 또는 사업자단체는 당해 조사나 심의의 대상이 되는 행위로 인한 경쟁제한 상태 등의 자발적 해소, 소비자 피해구제, 거래질서의 개선 등을 위하여 동의의결을 하여 줄 것을 공정거래위원회에 신청할 수 있는데(같은 법 제51조의2 제1항), 위 시정방안에는 '해당 행위의 중지, 원상회복 등 경쟁질서의 회복이나 거래질서의 적극적 개선을 위하여 필요한 시정방안', '소비자, 다른 사업자 등의 피해를 구제하거나 예방하기 위하여 필요한 시정방안'이 기재되어야 한다(같은 조 제2항). 이에 대해 공정거래위원회는 조사를 마친 후 위 시정방안이 소정의 요건을 충족한다고 판단되는 경우에는 관련 심의절차를 중단하고 시정방안과 같은 취지의 동의의결을 할 수 있다.

따라서 독점규제법 위반행위를 한 권리자가 특허권에 의한 권리행사를 하는 경우 상대방은 이러한 독점규제법 위반행위에 관하여 공정거래위원회에 신고하고, 권리자로 하여금 동의의결을 신청하도록 유도하는 등의 방법으로 권리자의 부당한 권리행사에 대해 대응할 수 있다.

Ⅵ. 실효의 원칙

1. 의 의

실효의 원칙은 독일에서 발달된 것으로서, 권리자가 상당한 기간 권리를 행사하지 아니하여 상대방에 대하여 앞으로도 그 권리를 행사하지 않는다는 확신을 주고 상대방이 이에 따라 행동한 경우, 권리자가 이 확신에 반하여 새삼스럽게 권리를 행사하는 것은 신의성실의 원칙에 반하여 허용되지 않는다는 이론이다.[720) 이러한 원칙을 특허권자의 권리행사에 대하여

720) 이영준, 앞의 책, 789면.

적용할 수 있을 것인가가 문제된다. 이 문제는 기술발달의 속도가 매우 빠른 소프트웨어 산업분야에서는 더 큰 의미를 가질 수 있다.[721]

민법상 실효의 원칙은 넓은 의미의 권리남용의 항변에 포함시킬 수 있다는 견해도 있고, 신의성실의 원칙에 관한 것으로서 권리남용항변과는 다른 것이라는 견해도 있다.[722] 실효의 원칙은 권리자가 권리를 장기간 행사하지 않았다고 하는 시간적 요소보다는 자기모순금지의 원칙(benire contra factum proprium)의 한 적용례라는 학설도 있다.[723]

우리 대법원은 「일반적으로 권리의 행사는 신의에 좇아 성실히 하여야 하고 권리는 남용하지 못하는 것이므로 권리자가 실제로 권리를 행사할 수 있는 기회가 있었음에도 불구하고 상당한 기간이 경과하도록 권리를 행사하지 아니하여 의무자인 상대방으로서도 이제는 권리자가 권리를 행사하지 아니할 것으로 신뢰할 만한 정당한 기대를 가지게 된 다음에 새삼스럽게 그 권리를 행사하는 것이 법질서 전체를 지배하는 신의성실의 원칙에 위반하는 것으로 인정되는 결과가 될 때에는 이른바 실효의 원칙에 따라 그 권리의 행사가 허용되지 않는다고 보아야 할 것이다.」라고 판시한 바 있다.[724]

2. 일반적 적용 요건

실효의 원칙이 적용되기 위해서는, "첫째 권리자 측의 행위를 평가하여 권리자의 권리불행사로부터 권리행사를 이제 예상하지 않아도 좋다고 하는 사실을 객관적으로 인정하여야 하고, 둘째 의무자 측의 행위를 평가하여

721) Ronald J. Mann, 「Do Patents Facilitate Financing in the Software Industry?」, 83 Tex L. Rev. 961, 1028 (2005).

722) 권영준, 앞의 책, 45면; 이영준, 앞의 책, 85면 참조.

723) 이영준, 앞의 책, 789~790면.

724) 대법원 2005. 10. 28. 선고 2005다45827 판결(면직무효확인) : 같은 취지 대법원 2006. 10. 27. 선고 2004다63408 판결(소유권이전등기, 항소권과 같은 소송법상의 권리에도 실효의 원칙이 적용될 수 있다고 판시); 대법원 2002. 1. 8. 선고 2001다60019 판결(부당이득금); 대법원 1992. 1. 21. 선고 91다30118 판결(사원확인) 등.

권리자가 권리를 행사하지 않는다는 인식하에 의무자가 자기의 사실상・경제상・법률상의 관계를 재배치함을 요한다."고 한다.[725]

나아가 「실효의 원칙이 적용되기 위하여 필요한 요건으로서의 실효기간(권리를 행사하지 아니한 기간)의 길이와 의무자인 상대방이 권리가 행사되지 아니하리라고 신뢰할 만한 정당한 사유가 있었는지의 여부는 일률적으로 판단할 수 있는 것이 아니라 구체적인 경우마다 권리를 행사하지 아니한 기간의 장단과 함께 권리자 측과 상대방 측 쌍방의 사정 및 객관적으로 존재한 사정 등을 모두 고려하여 사회통념에 따라 합리적으로 판단하여야 한다.」[726]

한편, 미국의 CAFC는 실권효가 적용되기 위해서는, 「(i) 원고가 침해사실을 알거나 알았을 때부터 합리적인 이유 없이 소제기를 미뤘는지 및 (ii) 그러한 연기로 인하여 피고에게 불이익(prejudice)이나 손해(injury)가 발생하였는지를 포함하여 모든 형평법상의 요소를 고려하여야 하고, 6년 이상 소제기를 미룬 경우에는 실효된 것으로 추정되지만 그전에 소를 제기한 경우에는 실효된 것으로 추정되지 않으며, 실효된 것으로 추정되는 경우 특허권자는 비합리적으로 소제기를 미루지 않았다는 증거를 제출할 것이 요구되나, 실권효를 주장하는 피고 역시 이러한 적극적 항변에 대한 설득책임(the burden of persuasion)을 여전히 부담한다.」고 판시하였다.[727] 피고

725) 이영준, 앞의 책, 793~794면; 위 민법주해(1), 143면.

726) 대법원도 2005. 10. 28. 선고 2005다45827 판결.

727) A.C. Aukerman Co. v. R.L. Chaides Construction Co., 960 F.2d 1020 (Fed. Cir. 1992) (en banc) (이 사건에서 Aukerman은 고속도로의 분리대를 만들기 위하여 콘크리트를 투하하는 방법 및 장치에 관하여 특허를 가지고 있었고, Chaides는 그 장치중의 하나를 구입하였는데, 1979년에 Aukerman으로부터 방법특허를 실시하기 위해서는 실시허락계약을 체결하여야 한다고 통보받았다. 이에 Chaides는 Aukerman에 대하여 소를 제기하는 것은 좋은데 손해배상액이 매우 낮아서 시간낭비를 하게 될 것이라고 대답하였다. Aukerman은 더 이상의 조치를 취하지 않고 있다가 1987년에 Chaides가 Aukerman의 실시권자 중 한 사람과 경쟁자라는 것을 알고 1988년에 비로소 침해소송을 제기하였고, 이에 Chaides가 실효 및 금반언의 원칙에 위반된다고 항변하였다). 이 사건에서 연방순회항소법원은 지방법원이 입증책임 분배를 적절히 하지 못하였다는 이유로, 특허권자가 9년 동안 지체하였음에도 정당한 이유가 없는 것이 아니라고 판단하였다. 같은 판결, 1039면. 그러

의 불이익은 피고가 공정하고 충분한(fair and full) 방어를 할 능력에 영향을 미치는 증거에 관한 것일 수도 있고, 경제적인 것일 수도 있는데, 경제적 불이익과 관련하여 피고는 원고가 소제기를 지연하지 않았으면 하지 않았을 손해배상책임을 부담하였거나 금전적 손해를 입었음을 입증하여야 한다.[728)]

3. 특허권 행사에의 적용

미국에서는, 앞에서 본 실효의 원칙 적용요건에 비추어 이 원칙을 특허권자의 권리행사에 대하여 항변으로 사용하기는 상당히 어려울 것이라 한다.[729)] 일본에서는 특허권의 장기간에 걸친 불행사에 실효의 원칙이 적용되는가에 관련하여, 「침해품의 제조판매중지를 요구한 후 4년간 아무 행위도 하지 않았다고 해서 피고의 침해행위가 묵인되어 금지청구권이 행사되지 않을 것이라고 신뢰할 정당한 이유가 있다고 할 수 없다.」라고 하여 그 적용을 부인한 사례가 있다.[730)]

우리 대법원은 「등록고안이 등록된 지 6년 가량 지나서야 실용신안권을 행사하였다 하여 권리자가 고의로 그 권리행사를 게을리 하였다고 단정하기도 어렵거니와, 가사 권리자가 권리행사를 게을리 함으로써 실용신안권의 침해행위가 그 기간만큼 가능하게 되었다고 하더라도, 위 침해행위가 권리자가 권리행사를 게을리 한 것에 의하여 유발된 것이 아니어서 그 권

나 다른 사건에서는 3년의 지체가 비합리적이고 정당한 이유가 없는 것이라고 판단하였다. David G. Barker, 「Troll or No Troll? Policing Patent Usage with and Open Post-Gran Review」, 2005 Duke L. & Tech. Rev. 9, 26 (2005).

728) 위 같은 판결, 1033면; Lucent Technologies Inc. v. Gateway Inc., et al., Slip Copy, 2007 WL 1449804 (S.D.Cal., May 15, 2007), 3면.

729) Ronald J. Mann, 앞의 논문, 1028면; Eric W. Guttag, 「Laches and Estoppel : The Patentee Who Procrastinates in Filing Suit May Be Lost」, 31 AIPLA Q.J. 47, 51~54 (Winter 2003).

730) 東京地判 1963. 9. 14, 下民集 14권 9호, 1778면 (반송장치사건); 吉藤幸朔 저, YOU ME 특허법률사무소 역, 특허법개설 [제13판], 대광서림 2000. 546면에서 재인용.

리행사를 게을리 한 것이 침해행위로 인한 손해의 발생 또는 그 확대의 한 원인이 되었다고 볼 수는 없을 것이고, 권리자가 권리행사를 게을리 하였다는 사유를 들어 침해행위로 인한 손해배상책임을 제한하는 것이 공평 또는 신의칙의 견지에서 타당하다고 할 것도 아니다.」라고 판시한 바도 있다.[731]

한편, 학설에 의하면 실효이론은 청구권이나 형성권·항변권에 기한 권리행사뿐만 아니라 물권·친권·상속권 등에 기한 권리행사에 관하여도 원칙적으로 적용될 수 있으나, 소유권이나 친권 등과 같이 배타적·항구적인 권리에 기한 권리행사에 있어서는 그 권리의 본질과 배치되지 않는 범위 내에서 실효를 인정하여야 할 것이므로 실제로 실효가 인정되는 범위는 의외로 좁을 것이라고 하면서, 그 예로 우리나라 판례가 일반적으로 소유물반환청구권에 관하여 권리남용을 허용하지 않는 것을 들기도 한다.[732]

결국, 위와 같은 학설 및 판례의 태도에 의하면 배타적 권리인 특허권에 관하여 실효의 원칙을 적용할 수 있는 경우는 매우 제한적일 것으로 보인다. 그러나 계쟁토지가 학교의 교사부지 등으로 사용되는 사정을 알면서 양수한 후 20년 가까이 인도청구를 하지 않았다면 부당이득반환청구는 몰라도 토지 자체의 인도청구는 신의성실의 원칙상 허용할 수 없다고 한 사례[733] 및 도로 이외의 용도로 사용하기 어려운 토지를 시의 취득시효기간이 완성된 후 취득한 자의 토지인도청구가 신의칙상 허용될 수 없다고 한 사례[734]에서 볼 수 있듯이, 일정한 경우에 배타적 권리인 특허권에 기한 권리행사에 대하여도 실효의 원칙이 적용될 수 있는 경우는 있다 할 것이고, 특히 오랫동안 특허권이 행사되지 않음으로써 다른 사업자가 특허발명과 관련하여 상당한 투자를 하고 그 또는 그 개량기술을 이용한 제품을 생산하고 있는 상황에서, 그러한 특허권을 양수하여 자신은 특허발명을 이용하여 제품을 생산하는 등 실시행위를 하지 않으면서 다른 사업자에 대하여 침해금지청구를 하는 특허권자(특히 Patent Troll)의 행위에[735] 대하여 실

731) 대법원 2003. 3. 11. 선고 2000다48272 판결.

732) 이영준, 앞의 책, 795, 797면.

733) 대법원 1992. 11. 10. 선고 92다20170 판결.

734) 대법원 1994. 1. 25. 선고 92다19378 판결.

735) 이두형, 앞의 논문, 624면; 한창호, 「특허권 등 침해소송에 있어서의 제 항변」, 재

효의 원칙이 적용될 수 있을 것이다.736)

4. 실효의 원칙 적용의 효과

실효의 원칙을 넓은 의미의 권리남용항변에 포함되는 것으로 보면, 그 효과는 권리남용의 항변이 적용되는 경우와 같을 것이다.

이와 관련하여 미국의 판례는 실효의 원칙이 적용되면 특허권자는 소제기 전의 침해에 대한 손해배상을 받지는 못한다고 판시한 바 있다.737)

5. 관련문제－금반언의 원칙

금반언의 원칙은 자신의 행위와 정면으로 또는 실질적으로 모순되는 행위를 해서는 안 된다는 원칙을 말하고, 모순행위금지의 원칙이라고도 한다. 이러한 원칙은 상대방의 신뢰나 기대를 보호하는 것을 주된 목적으로 하고 있지만, 자신의 의무위반을 도외시하고 상대방의 의무위반을 주장하는 것을 금지하는 경우와 같이 논리적인 요청에서 유래한 것이다.738)

미국의 CAFC는 금반언(estoppel)의 원칙을 주장하기 위해서는, 「(i) 특허권자가 오해받을 수 있는 행위(misleading conduct)를 하여 침해자로 하여금 특허권자가 침해자에 대하여 특허권을 행사하지 않을 것이라고 합리적으로 믿게 하였고, (ii) 침해자가 그러한 행위를 신뢰하였으며, (iii) 특허권자에 대한 권리구제를 허용한다면 침해자가 상당한 불이익을 받게 된다는 점을 증거의 우월(preponderance of the evidence)에 의하여 입증하여

판자료 56집, 법원도서관 (1992), 390면 참조.

736) 정상조 · 박성수 공편, 특허법 주해 II, 43～44면(김기영 집필부분).

737) A.C. Aukerman Co. v. R.L. Chaides Construction Co., 960 F.2d 1020 (Fed. Cir. 1992) (en banc). 소제기 이후에는 침해행위에 대한 가처분 또는 금지명령 및 손해배상을 받을 수 있으나, 다만 그 효력은 피고가 소 제기 전에 판매한 침해품에까지 미치지 않는다. David G. Barker, 앞의 논문, 25면.

738) 고상용, 민법총칙 제3판, 법문사 2005. 46면; 대법원 2000. 4. 25. 99다34475 판결 참조.

야 한다.」고 판시하였다.[739] 금반언의 원칙이 적용되기 위해서는 실효의 원칙과 달리 특허권자는 특허침해에 관하여 실제로(actually) 알고 있어야 하고, 의도적으로 오해하게 할 필요는 없지만, 침해자에 대하여 권리행사를 하지 않겠다는 것을 어떤 방법으로든 알려야(communicate) 한다.[740]

금반언의 원칙이 적용될 수 있는 사례로는, 어떠한 기술에 대하여 특허권이 있는 자가 표준으로 설정되면 특허기술에 대하여 차별 없이 실시허락을 하겠다는 약정을 함으로써 다른 사업자들에게 그러한 특허권의 침해를 이유로 침해금지청구 등을 하지 않을 것 같은 기대를 하게 하고 표준설정과정에 참여하여 그 기술이 표준으로 채택된 다음 일부 사업자들에 대하여 실시허락을 거절하고 침해금지청구를 하는 경우를 들 수 있다.[741]

Ⅶ. 소송당사자의 문제 – 신탁법에 의한 규제

1. 서 설

신탁법 제7조는 「수탁자로 하여금 소송행위를 하게 하는 것을 주목적으로 하는 신탁은 무효이다.」라고 규정하고 있다. 이와 관련하여 재력은 있으나 기술 또는 발명의 연구 또는 실시 의사・능력이 없는 개인이나 회사가 발명자나 특허권자로부터 특허발명 또는 기술을 양수한(이에는 많은 특허를 매집하여 전문적으로 소송을 하는 경우도 포함될 것이다) 다음 침해자에 대하여 소송을 제기하는 경우 위 신탁법의 규정을 들어 항변을 제기할 수 있는가를 검토하여 본다.

2. 관련 판례

대법원은 「소송행위를 하게 하는 것을 주목적으로 채권양도 등이 이루어

739) A.C. Aukerman Co. v. R.L. Chaides Construction Co., 1028면.
740) David G. Barker, 앞의 논문, 28면 (2005).
741) 정상조・박성수 공편, 특허법 주해 II, 44면(김기영 집필부분).

진 경우, 그 채권양도가 신탁법상의 신탁에 해당하지 않는다고 하여도 신탁법 제7조가 유추 적용되므로 무효라고 할 것이고, 소송행위를 하게 하는 것이 주목적인지의 여부는 채권양도계약이 체결된 경위와 방식, 양도계약이 이루어진 후 제소에 이르기까지의 시간적 간격, 양도인과 양수인 간의 신분관계 등 제반 상황에 비추어 판단하여야 할 것인 바(대법원 2004. 6. 25. 선고 2004다8371 판결 등 참조), 소송을 주목적으로 신탁한 것인지 여부를 정함에 있어서는 수탁자가 반드시 직접 소송을 수행함을 요하지 아니하고 소송대리인에게 위임하는 경우에도 이를 인정할 수 있다 할 것이다(대법원 1995. 4. 7. 선고 94다55811 판결 등 참조).」라고 판시하였다.[742]

특허권과 관련하여서는, 소위 '한·영자동전환방법'에 관한 사건에서 한 회사가 신청인 측의 공동소송참가인으로 참가하였고,[743][744] 위 공동참가인의 신탁법 위반 여부와 관련하여 서울고등법원은, 「피신청인이 제출한 참고자료 등에 의하면, 참가인의 주요 사업분야가 기술거래사업, 신기술정보조사/분석사업, 특허컨설팅 사업인 점이 인정되고,[745] 위 참가인이 이 사건 제1심 판결 선고 이후인 2003. 5. 28. 신청인으로부터 이 사건 각 특허발명의 특허권 중 일부 지분(특허등록원부상 이전된 지분은 명시되어 있지 아니하다)을 이전받고 그 이전등록을 마친 후 이 사건 공동소송참가신청을

742) 대법원 2006. 6. 27. 선고 2006다463 판결.

743) 서울고등법원 2008. 2. 19. 선고 2001나60585 특허권침해금지가처분 사건의 중간판결 참조. 서울고등법원의 이 사건에 대한 최종 판단은 2010. 6. 23. 선고 2001나60578 판결, 이에 대한 대법원의 판단은 2011. 9. 29. 선고 2010다65818 판결이다.

744) 이와 관련하여 피신청인은 "신청인 쪽에서는 전문가집단을 총동원해 긴 재판을 여유 있게 진행하면서 내가 지치기만을 바라는 것 같았다 … 특허 컨설팅 기업인 공동소송참가인 등과 공조하면서 차근차근 준비해나간 게 주효한 것 같다"라고 주장하였다. 2006. 11. 27.자 한겨레신문, http://www.hani.co.kr/arti/economy/economy_general/174636.html에서 검색가능(2011. 4. 13. 최후 접속) 및 2006. 12. 30.자 세계일보, http://www.segye.com/Articles/News/People/Article.asp?aid=20061229000580&ctg1=01&ctg2=00&subctg1=01&subctg2=00&cid=0101120100000 (2011. 5. 11. 최후접속) 참조.

745) 그 홈페이지에 '기술거래사업, 신기술정보 조사/분석사업, 특허컨설팅사업' 등을 목적으로 1995. 4. 25. 설립된 회사라고 기재되어 있다. 같은 회사의 홈페이지(http://www.pnibiz.com/, 2011. 5. 11. 최후 접속) 참조.

한 사실은 기록상 명백하나, 이와 같은 사정들만으로는 신청인의 위 참가인에 대한 지분양도가 위 참가인으로 하여금 이 사건 소송수행을 하게 하는 것을 주목적으로 하여 행하여진 것이라고 단정하기 어렵고, 달리 이를 인정할 증거가 없으므로, 피신청인의 위 주장은 받아들이지 아니한다.」라고 판시하여 피신청인의 주장을 배척하였다.

한편 미국의 Refac International Ltd. v. Lotus Development Corp. 사건에서, Refac은 소프트웨어 특허의 침해를 이유로 몇몇 소프트웨어 개발회사에 대하여 소를 제기하였는 바, 원래 그 특허는 캐나다의 FRS라는 회사가 소유하였으나 그 회사는 소송에 이름이 오르내리는 것을 꺼려하여 Refac와의 사이에 그 특허에 관련된 5%의 이익을 주기로 하고 대신 소를 제기하도록 하였다.[746] 이에 대하여 법원은, 「Refac은 FRS 대신에 소를 제기하기 위하여 특허권의 5% 지분을 가지고 있는 것으로서, 그러한 약정은 사냥 면허(hunting license)에 지나지 않고 New York 주의 champerty statute[747]에 반하는 것이므로, Refac에 의하여 제기된 소는 FRS가 그 소송에 참가하지 않는 한 각하를 면할 수 없다.」고 판시하였다.[748]

3. 신탁 여부 판단의 어려움

특허권의 일부 지분을 양수한 자의 소송제기 또는 소송참가가 신탁법에 위배되는 것인지를 판단하는 것은 쉽지 않을 것으로 보인다. 일반적으로 특허 또는 그 지분의 양수인들은 영세한 발명자 또는 중소기업들로부터 그들을 위하여 소를 제기할 것을 약정하고 그 특허권 또는 지분을 양수하기

746) Refac International Ltd. v. Lotus Development Corp., 131 F.R.D. 56, 57 (S.D. N.Y. 1990).

747) N.Y.JUD. LAW § 489 (Consol. 1983). 원문은 다음과 같다.
「no corporate or association, directly or indirectly, itself or by or through its officers, agents or employees, shall solicit, buy or take an assignment of, or be in any manner interested in buying or taking an assignment of … any claim or demand, with the intent and for the purpose of bringing an action or proceeding thereon…」

748) 위 Refac International Ltd. 판결, 57면.

는 하지만, 그들 스스로도 소송에서 승소함으로써 최소한 그 지분에 상응하는 이익을 얻을 것을 기대하는 경우가 많을 것이고, 그렇다면 그들이 특허권 또는 지분을 양수하는 순간 소송의 실제 당사자의 입장에 놓일 가능성이 많기 때문이다.

앞에서 본 한·영자동전환방법 사건의 공동소송참가인도 그가 영세한 발명자의 도움을 요청받거나 먼저 도울 것을 제의하였다 하더라도 그 지분의 양수는 최소한 그러한 도움 또는 투자에 대한 대가의 성격을 갖는 것이고 단지 발명자를 위하여 소를 제기하기 위하여 형식적으로 지분을 이전해 놓은 것으로 보기는 쉽지 않을 것이다.

다만, 침해를 원인으로 한 손해배상소송에서 승소하는 경우 손해배상금의 분배에 관하여 지분에 상응하는 비율로 하느냐 아니면 지분과 관계없이 승소금(손해배상금)의 몇 퍼센트를 받기로 하였느냐에 따라 소송신탁인지 여부를 판단할 수는 있을 것이나, 그러한 당사자의 약정이 법원에 공개되는 경우는 거의 없으므로, 사실상 소송신탁 여부를 판단하기는 매우 어려울 것이다.

제 7 장 부당한 특허권 행사에 대한 구제

Ⅰ. 개 설

앞 장에서는 침해소송 등을 통한 특허권자의 권리행사가 부당한 경우에 침해자로 주장된 자가 그 소송절차 내에서 주장할 수 있는 방어수단에 관하여 살펴보았다. 이 장에서는 그에서 한발 더 나아가 특허권자의 부당한 권리행사로 인하여 손해를 받은 자가 특허권자에 대하여 어떠한 주장을 할 수 있는지에 대하여 살펴본다. 나아가 관련 문제로서 특허권자와 침해자의 화해로 인하여 특허제품의 소비자가 피해를 입을 가능성이 있는 경우, 이를 공정거래법에 의하여 규제할 수 있는가에 관하여 역지불 합의(Reverse Payment Settlement)의 예를 들어 검토하여 본다.

Ⅱ. 부당한 가처분으로 인한 손해배상책임

1. 문제의 제기

가처분결정이 내려진 이후에 특허무효심판에 의하여 특허가 무효로 확정되거나 본안소송 사건에서 침해가 아니라고 확정되는 경우 당해 가처분신청은 소급적으로 피보전권리가 없었던 것으로 되어 취소될 수 있다. 이와 같이 가처분결정이 취소되는 경우 채권자는 그 가처분의 집행으로 인하여 채무자가 입은 손해에[749] 대하여 배상할 책임을 질 수 있다. 그런데 특허

749) 침해대상물건의 봉인·집행관 봉인 등 가처분집행으로 인하여 채무자는 매출의 감

권 등의 침해여부를 판단함에 있어서는 특허권의 유효성 및 특허청구범위의 해석 등에 관한 어려운 판단이 필요하기 때문에 채권자의 판단을 과실로 인정한다면 채권자에게 가혹할 수도 있다. 따라서 어떤 경우에 어느 범위까지 채권자가 가처분으로 인한 손해배상책임을 지게 되는지 문제된다.

2. 과실의 추정

부당가처분으로 인한 책임의 성질에 관하여 학설과 판례는 일반 불법행위책임으로 보는 데 별다른 이론이 없다. 대법원은 종래 「가압류나 가처분 등 보전처분은 법원의 재판에 의하여 집행되는 것이기는 하나, 그 실체상 청구권이 있는지 여부는 본안소송에 맡기고 단지 소명에 의하여 신청인의 책임 아래 하는 것이므로, 그 집행 후에 집행신청인이 본안소송에서 패소확정되었다면 그 보전처분의 집행으로 인하여 채무자가 입은 손해에 대하여는 특별한 반증이 없는 한 집행신청인에게 고의 또는 과실이 있다고 추정되고, 따라서 그 부당한 집행으로 인한 손해에 대하여 이를 배상할 책임이 있다.」고 판시하여 왔다.[750)]

특히 대법원은 이러한 손해배상책임이 성립하기 위하여 일반적인 불법행위의 성립에 있어서 필요한 고의 또는 과실 이외에 오로지 채무자에게 고통을 주기 위하여 보전처분을 하였다는 점을 요구한 원심판결의[751)] 설시와 관련하여 그러한 별도의 주관적 요건이 필요하지 않음을 명확히 하였고, 피고(가처분신청인)가 법률전문가가 아니라고 하는 주관적 사정만으로 과실의 추정을 깨뜨릴 정도의 반증이 되었다고 볼 수 없다고 판시하였다.[752)]

서울고등법원도 위 대법원의 판시에 따라, 「나아가 보전처분의 채무자는 보전처분의 집행채권자가 본안소송에서 패소 확정되기 전이라고 하더라도

소, 이익획득기회의 상실 등의 손해를 입게 된다.

750) 대법원 1962. 1. 18. 선고 4294행상53 판결; 대법원 1995. 4. 14. 선고 94다6529 판결; 대법원 1995. 12. 12. 선고 95다34095, 34101 판결; 대법원 1999. 4. 13. 선고 98다52513 판결 등.

751) 서울지방법원 1998. 9. 30. 선고 98나4650 판결.

752) 대법원 1999. 4. 13. 선고 98다52513 판결(손해배상등).

집행채권자에게 보전처분의 전제요건인 피보전권리가 존재하지 아니함을 주장·증명할 수 있고, 그와 같은 경우에도 부존재하는 피보전권리에 기해 보전처분을 집행한 집행채권자에게 고의 또는 과실이 있는 것으로 추정함이 상당하다.」고 전제한 다음, 「위 인정사실에 의하면, 비록 위 가처분, 가압류의 본안사건인 서울고등법원 2005나61272 판결에 대한 상고심 사건인 대법원 2006다46124 사건이 아직 피고 패소로 확정되지 않았다 하더라도, (원고의 제2실용신안권이 무효라는 판결이 확정된 점에 비추어) 위 가처분, 가압류의 피보전권리인, 피고가 원고에 대하여 가지는 이 사건 제2실용신안권 침해를 이유로 한 금지청구권, 손해배상청구권이 없다는 점이 증명되었다고 보아야 하고, 따라서 특별한 사정이 없으면 집행채권자인 피고는 위 가처분, 가압류의 집행으로 채무자인 원고가 입은 손해에 대하여 고의 또는 과실이 있다고 추정되므로, 그 부당한 보전처분 집행으로 말미암은 손해를 배상할 책임이 있다.」고 판시하였다.[753)]

이러한 법리를 그대로 적용하면 특허권자가 특허침해금지청구권을 피보전권리로 하여 가처분을 신청하고 집행에 이르렀다가 후에 특허권이 무효인 것이 밝혀진 경우에는 부당가처분을 이유로 가처분 채무자에 대하여 손해배상책임을 부담하게 될 것이고, 이로써 특허권자에 의한 부당 또는 무분별한 가처분신청을 억제하는 효과가 있을 것이나, 특허권의 무효 여부 또는 침해 여부는 특허요건의 구비 여부 및 특허청구항의 해석의 어려움 등 때문에 심지어 특허법원과 특허침해소송법원 사이에서도 견해를 달리할 수 있는 것이라는 점에서 논란의 여지는 있다.[754)]

3. 과실 추정의 번복

앞에서 본 판례의 취지에 따라 특허권자가 책임을 면하기 위해서는 자신에게 과실이 없었음을 적극적으로 주장, 증명하여 과실추정을 번복하여야 하는데, 이를 번복하기는 쉽지 않을 것이다. 일반적으로 피보전권리의 존부

753) 대법원 2007. 12. 29. 선고 2007나32582 판결 [손해배상(기)].

754) 정상조·박성수 공편, 특허법 주해 II, 45∼46면(김기영 집필부분).

에 관한 사실을 오인하였고 그 사실이 비교적 단순하고 명확한 경우에는 과실추정의 번복을 쉽게 허용하지 아니하고, 법률적인 평가에 관한 착오라고 하여 항상 과실추정의 번복을 허용하지 아니하며, 과실의 인정은 채권자의 주관적 사정을 고려하지 아니하고 일반인을 기준으로 판단하여야 할 것이다.

그런데 대법원은 최근 위와 같은 '과실의 추정'을 깨뜨릴 정도의 반증이 있었는지에 대하여 일부 일관성이 없어 보이는 판시를 하였다.

즉, 대법원은 2000다46184 사건[755]에서 위와 같은 법리를 그대로 적용하여, 원심이 「① 가처분재판을 담당한 법원에서 6개월 가량 본안소송과 같은 정도로 원고와 피고 쌍방의 주장과 입증을 통하여 실체상의 청구권이 있는지 여부를 신중하게 심리한 후에 가처분결정을 하였고, ② 원래 발명자가 국내 최초로 다용도게시판을 개발하여 1988. 5. 27. 특허청에 실용신안권 등록을 한 후 피고(가처분 채권자)는 전용실시권을 획득하여 가처분신청을 할 때까지 약 7년간 전용실시권을 유지하면서 제조, 판매하였으며, ③ 피고는 1988년부터 1990년경까지 이 사건 등록고안에 관한 몇 차례 동종업체와의 특허분쟁에서 승소하였고, 동종업체들은 전용실시권이 피고에게 있음을 전제로 피고와 합의를 하였으며, ④ 변리사로부터도 원고의 게시판이 다용도게시판에 대한 피고의 전용실시권을 침해하였다는 감정결론을 얻었고, ⑤ 원고의 경주대리점 대표인 소외인이 피고의 권리를 침해하지 않겠다는 각서를 쓰고 일간지에 사과문까지 게재하였으며, ⑥ 검사 역시 원고 회사의 대표이사를 실용신안법 위반으로 기소한 점 등 여러 사정을 종합하여 보면, 피고로서는 원고가 제조, 판매한 게시판이 이 사건 등록고안과 목적, 기술적 구성, 작용효과가 동일, 유사하여 이 사건 실용신안권을 침해하는 것이라고 믿었고, 그와 같이 믿을 만한 충분한 근거가 있었다고 봄이 상당하다는 이유로, 피고가 이 사건 가처분을 신청하고 그 신청을 유지한 데 대하여 고의나 과실이 있다고 할 수 없다.」는 취지로 판단하였음에 대하여,[756] 위와 같은 사유만으로는 과실 추정이 번복되었다고 할 수

755) 대법원 2002. 9. 24. 선고 2000다46184 판결.
756) 서울고등법원 2000. 7. 11. 선고 2000나7426 판결.

없다는 이유로 원심판결을 파기하였다.

그러나 대법원은 2006다46360 판결에서는,[757] 원심이 「가처분신청 당시 피고(가처분 채권자)들은 원고의 후행발명에 관한 실시가 선행발명에 관한 피고 회사의 특허권을 침해한 것이거나 후행발명이 피고 회사에게 속하는 권리라고 믿었고, 그와 같이 믿을 만한 충분한 근거가 있었으며, 가처분결정 전에 법원이 쌍방의 주장과 입장을 듣고 충분히 심리한 후에 가처분결정 여부를 결정하였다고 보이는 점 등을 고려하여 보면, 피고들이 이 사건 가처분신청을 하고 그 집행을 함에 있어서 어떠한 고의나 과실은 없었다고 봄이 상당하다.」고 판단하여 원고의 피고에 대한 부당가처분을 원인으로 한 손해배상청구를 배척한 데 대하여,[758] 「원고와 피고 회사와 사이의 이

757) 대법원 2007. 4. 12. 선고 2006다46360 판결.

758) 서울고등법원 2006. 6. 21. 선고 2005나90010 판결.
관련 판시를 인용하면 아래와 같다.
「① 이 사건 선행발명과 이 사건 후행발명은 모두 종래 기술과 다른 차이점으로서 회전드럼을 설치하여 핀치롤러 외의 구동력을 추가하고 이 회전드럼을 정·역 회전시킴으로써 대강저장장치 안에 감겨 있는 철판 사이의 마찰력을 조절할 수 있는 기술사상을 공유하는 점, ② 이 사건 선행발명의 청구항 제1항 중 구성요소 2, 3 및 이에 대응하는 이 사건 후행발명의 구성요소는 완전히 동일한 점, ③ 이 사건 선행발명의 청구항 제1항 중 구성요소 1, 4, 청구항 제2항 및 이에 대응하는 이 사건 후행발명의 구성요소는 몇 가지 공통점과 함께 차이점도 있으나 이는 모두 대강저장장치에서 각종 롤러군을 생략하여 생산비를 절감하려는 이 사건 후행발명의 목적에서 비롯된 것으로서 보는 관점에 따라서는 이러한 차이점들이 그다지 중요하지 않을 수도 있는 점, ④ 제3자가 아닌 이 사건 선행발명의 발명자인 원고가 피고 회사에게 위 발명에 관한 권한을 양도하고 1년도 지나지 않아 위 발명과 외견상 유사한 이 사건 후행발명을 실시한 이상 피고들로서는 이 사건 후행발명이 선행발명의 특허권을 침해하였을 개연성이 높다고 볼 수밖에 없는 점, ⑤ 변론 전체의 취지에 의하면 피고들은 변리사에게 문의하여 이 사건 후행발명이 이 사건 선행발명의 특허권을 침해한다는 의견을 듣고 이 사건 가처분에 이른 사실이 인정되는 점, ⑥ 피고 회사가 2001. 6. 5. 이 사건 가처분신청을 한 후, 위 법원에서는 통상의 가처분사건과는 달리 7차례의 심문 내지 변론기일을 열어 위 사건을 심리한 후 2002. 1. 29. 이를 인용하는 결정을 내린 점, ⑦ 이 사건 양도계약 제8조는 같은 계약 제9조와의 관계에서 매우 모호하게 규정되어 있어 보는 입장에 따라서는 이 사건 후행발명이 이 사건 양도계약 제8조에 의하여 피고 회사에 귀속된다고 해석할 여지도 있는 점 등을 종합하여 보았을 때, 피고들은 이 사건 후행발명이 이 사건 선행발명의 특허권을 침해하거나 이 사건 양도계약 제8조에

사건 선행발명에 관한 양도계약의 내용, 원고와 피고 회사 사이의 그동안의 분쟁의 경과, 피고 회사가 이 사건 가처분신청을 하게 된 경위 등 기록에 나타난 제반 사정에 비추어 보면, 원심의 위와 같은 조치는 옳은 것으로 수긍이 가고, 거기에 상고이유의 주장과 같은 부당가처분의 고의・과실에 관한 법리오해나 판단누락, 채증법칙 위배 등의 위법이 있다고 할 수 없다.」고 판단하였다.[759)]

위 2006다46360 판결은 대법원이 가처분의 부당집행으로 인한 손해배상책임의 인정에 있어 어느 정도 유연성이 있는 태도를 보인 것으로 평가할 수는 있으나, 한편 이 사건이 앞의 2000다46184 사건과 특허권의 귀속에 관하여 혼동을 줄 수 있는 양도계약이 있었다는 점과 선행 및 후행기술의 구성요소가 동일 또는 매우 유사하다는 점 외에는 특별히 다른 점이 없다는 점에 비추어, 이 때문에 가처분의 부당집행으로 말미암은 손해배상책임을 묻는 기준이 불명확하게 된 것은 아닌가 생각된다.[760)]

의하여 피고 회사에 귀속되는 것으로 믿었고, 피고들이 그와 같이 믿을 만한 충분한 근거가 존재하였다고 볼 것이며, 더욱이 일반 민사사건의 가처분과는 달리 이 사건 가처분의 경우에는 법원이 가처분결정 전에 쌍방의 주장과 입장을 듣고 충분히 심리한 후에 제반 사정을 고려하여 가처분 여부를 결정하였다고 보이는 점을 고려하여 보면, 피고가 원고를 상대로 이 사건 가처분신청을 하고, 그 집행을 함에 있어서 어떠한 고의나 과실은 없었다고 봄이 상당하다.」

759) 이와 관련하여 과실 추정을 번복할 만한 반증이 있다고 한 판결로는, 서울서부지방법원 2007. 4. 27. 선고 2006가합10156 손해배상금 판결; 서울중앙지방법원 2006. 12. 27. 선고 2006가합58801 손해배상(기) 판결 등이 있다.

760) 정상조・박성수 공편, 특허법 주해 II, 48면(김기영 집필부분). 일본에서는 지적재산고등법원이 2004년에 「집행채권자인 특허권자의 입장에서, 특허가 무효로 될 가능성이 없다고 믿을 만한 객관적 사정이 있었다면 과실 추정은 번복될 것이나, ① 가처분결정 전에 이미 특허청에 의하여 무효심결이 내려진 상태였고, 그 후 항소인이 정정심판청구를 하여 무효심결이 취소되었으나, 본건 가처분집행 이후에 결국 무효심결이 확정되는 등, 본건 특허는 처음부터 권리로서 불안정한 상태였던 점, ② 무효심판에서의 증거를 살펴보건대 당업자의 통상의 판단에 의하면 본건 특허가 무효로 될 가능성이 있음을 충분히 예견할 수 있었던 점, ③ 가처분집행보다 앞선 시점에(즉, 무효심판 내지 본건 가처분의 심리 도중에) 피항소인(가처분채무자)이 본건 특허가 무효로 될 것이라는 주장을 명확히 하였고, 항소인도 그에 대하여 충분한 반론을 전개하였다는 점을 고려하면 특허권자의 처지에서 보더라도 장차 특허가 무효로 될 가능성이 없다고 확신할 객관적 사정이 있다고 보기

4. 손해배상의 범위

손해배상의 범위는 채무자가 입은 손해 중 상당인과관계가 인정되는 통상손해 및 채권자가 예견 가능한 특별손해이다. 판례는 상대방의 보전처분으로 인하여 부득이하게 응소하면서 변호사를 선임한 경우에는 그 불법보전행위와 지출된 변호사비용 간에 상당인과관계가 있다고 한다. 그러나 이와 같은 경우에도 손해배상을 청구할 수 있는 금액은 실제로 지급된 금액을 표준으로 하지 않고 관련되는 여러 사정을 종합하여 상당한 금액만의 지급을 명하고 있다.[761] 보전처분의 집행으로 인하여 통상 발생한다고 인정되는 영업상 손해는 통상손해이다. 그러나 보전처분의 집행은 본질적으로 재산권에 대한 침해이므로 재산적 손해에 대하여 배상이 이루어진다면 정신적 손해도 일응 회복된다고 볼 수 있을 뿐만 아니라, 재산권침해의 경우 통상 발생하는 손해는 재산적 손해이므로 재산적 손해의 배상으로도 회복되지 않는 정신적 손해는 특별손해로 보아야 할 것이다.[762]

Ⅲ. 부당한 소제기에 대한 규제

1. 문제의 제기

이 장에서는 특허권자의 부당한 소제기로 손해를 입은 경우 그에 대하여 특허권자에게 배상책임을 물을 수 있는지 및 그 요건을 살펴본다.

어려워 과실이 인정된다.」고 판시한 바 있다. 東京高裁 1 知 平16(2004)(ネ) 2772號 사건, 조영선, 「특허의 무효를 둘러싼 민사상의 법률관계」, 법조 55권 3호, 법조협회, 103면에서 재인용.

761) 대법원 1978. 12. 13. 선고 78다1542 판결.

762) 같은 판결.

2. 각국의 실무례[763)]

가. 미 국

미국에서는 종래 사술을 써서 특허를 취득한 자가 후에 특허침해소송 등을 제기한 경우 이를 반독점법 위반으로서 손해배상책임을 인정할 것인가라는 문제가 논의되어 왔다. 연방대법원은 1965년 Walker Process 사건에서[764)] 그러한 특허권의 행사는 경쟁제한성 등 반독점법 위반을 위한 다른 요건이 충족되면[765)] 독점화 또는 독점화 시도로서 셔먼법(Sherman Act) 제2조 위반이 될 수 있고, 그러한 경우 피해자는 클레이튼법(Clayton Act)

---

763) 자세히는 정상조・박성수 공편, 특허법 주해 II, 49~56면(김기영 집필부분) 및 한국특허법학회 편, 특허판례연구, 박영사 2009. 574~581면 참조.

764) Walker Process Equipment, Inc., v. Food Machinery and Chemical Corporation, 382 U.S. 172 (1965) [원고 Walker Process Equipment, Inc.('Walker')는, 피고 Food Machinery and Chemical Corporation('Food Machinery')이 그 특허출원을 하기 1년 이전에 스스로 자신의 발명을 사용하였으면서도 그 발명이 공개적으로 사용되었다는 사실을 알거나 알지 못하였다고 하면서 특허출원을 하여 특허등록을 받은 후 그러한 특허권에 기하여 원고 Walker를 상대로 특허침해소송을 제기하는 것은, 기망에 의하여 독점력을 취득하고 유지하려 하는 것으로서 셔먼법(Sherman Act)에 위반되는 것이고, 그로 인하여 Walker가 입은 손해를 배상할 책임이 있다고 주장하였다].

765) 예를 들어 피고의 행위가 셔먼법 제2조의 독점화 시도로서 위법한 것이 되기 위해서 원고는, 피고에 의한 악의적인 소송제기, 관련시장을 독점화하려는 특정적(specific) 고의, 그러한 시도의 위협적인(dangerous) 성공가능성을 '명백하고 확실한'(clear and convincing) 증거에 의하여 입증하여야 한다. Ethicon, Inc. v. Handgards, Inc. 432 F.2d 438 (9th Cir. 1970), cert. denied, 402 U.S. 919 (1971); Michael J. Meurer, 「Controlling Opportunistic and Anti-Competitive Intellectual Property Litigation」, 44 B.C.L.Rev. 509 (2003), 540면; Robert J. Hoerner, 「Bad Faith Enforcement of Patents-Antitrust Considerations」, 55 Antitrust L.J. 421, 434~435 (1986) 참조. 이러한 요건의 충족 여부를 판단하는 데는 소송과정, 피고의 수, 피고의 침해행위에 대하여 잘 알고 있는지 여부, 원고의 주수입원이 소송을 통한 손해배상금인지 아닌지 등이 고려될 수 있다. Michael Paul Chu, 「An Antitrust Solution to the New Wave of Predatory Patent Infringement Litigation」, 33 Wm. & Mary L. Rev. 1341, 1365 (1992); Janice M. Mueller, An Introduction to Patent Law, Aspen 2003. 301~305면 참조.

제4조에서 규정하고 있는 3배 손해배상을 받을 수 있다고 판시하였다.[766]

그 후 이러한 Walker Process 판결의 법리는, 특허의 취득수단이 부정한 경우뿐만 아니라, 침해소송 그 자체가 부적절한 경우에까지 확대되었다.[767] 즉, 침해소송의 원고가, 특허기간이 만료되거나[768] 특허가 무효 또는 집행불가능하다는 점[769] 또는 피고의 기술이 관련된 특허 청구항을 침해하지 않는다는 것을 알면서[770] 소를 제기한 경우에는, 침해소송의 제기는 반독점법 위반이 될 수 있다.

그런데, 미국 특허법 제271조 (d)(3)항은 「특허권자가 침해나 기여침해(contributory infringement) 행위에 대하여 특허권을 행사하는 것은 특허권 남용이나 특허권의 부당한 확장에 해당하지 않는다.」는 취지로 규정하고 있는바,[771] 이는 특허권자가 특허침해소송을 제기하는 등 특허권을 행사하는 것은 특허권 남용(Patent Misuse)에 해당하지 않는다는 것으로서, 앞의 판례들에서 일정한 경우 소의 제기가 반독점법 위반에 해당할 수 있다고 한 것과는 다른 태도를 보이고 있다.[772][773]

---

766) 같은 판결, 174면. 한편, 이 판결은 고의적인 기망행위(deliberate fraud)에 의하여 특허를 취득한 경우에만 적용된다. 같은 판결 179면 참조. 따라서 출원인의 과실(negligence) 만으로는 위 판결이 적용될 수 없다. Barter International Inc. v. McGaw Inc., 149 F.3d 1321, 1327 (Fed. Cir. 1998). 임호, 특허법, 법문사 2003. 633면에서 재인용. 또 출원인의 허위진술은 특허의 발급가능성과 관련하여 본질적으로 중대한(material) 것이어야 한다. Corona Cord Fire Co. v. Dovon Chemical Corp. 276 U.S. 358, 374 (1928). 임호, 위 책, 같은 면에서 재인용.

767) Hovenkamp, Herbert J., 「IP and Antitrust Policy : A Brief Historical Overview」, 31면; Michael J. Meurer, 앞의 논문, 538~539.

768) 예를 들어, International Technologies Consultants v. Pilkington PLC, 137 F.3d 1382 (9th Cir. 1998); Handgards, Inc. v. Ethicon, Inc., 601 F.2d 986 (9th Cir. 1979) (Handgards I); Handgards, Inc. v. Ethicon, Inc., 743 F.2d 1282 (9th Cir. 1984), cert. denied, 469 U.S. 1190, 105 S.Ct. 963 (1985) (Handgards II).

769) 예를 들어, Open LCR.Com v. Rates Tech., 112 F.Supp.2d 1223 (D.Colo. 2000) (특허권자가 선행기술을 특허청에 밝히지 않고도 승소할 것이라는 현실적인 기대 없이 침해소송을 제기한 경우 반독점법 위반이 될 수 있다고 판시).

770) 예를 들어, United States v. Besser Mfg. Co., 96 F.Supp. 304, 312 (E.D. Mich. 1951), aff'd 343 U.S. 444, 72 S.Ct. 838 (1952).

771) 35 U.S.C. § 271 (d)(3).

772) 위와 같은 규정과 반독점법 관련 판례의 괴리를 해소하기 위해 특허법 제271(d)(5)

한편, 연방대법원의 판결들에 의하여 형성된 Noerr-Pennington Doctrine에 의하면 재판청구권을 보장하고 있는 미국 수정헌법 제1조(the First Amendment) 아래에서 경쟁관계에 있는 자들이 다른 경쟁자를 제거함으로써 경쟁을 제한하는 결과를 가져오는 방향으로 법을 개정하기 위하여 정부에 로비를 하더라도 반독점법 위반이 되지 않고, 이러한 원칙은 법원에 대하여 소를 제기하는 행위에도 확대되었으므로,[774][775] 경쟁자 배제 등의 목적으로 침해자를 상대로 소를 제기하는 행위는 반독점법 위반이 되지 않을 가능성이 크다.[776]

이 원칙에 대한 예외가 사해소송(Sham Litigation)인데, 사해소송이 되기 위해서는, 첫째로 합리적으로 소송을 하는 사람이라면 아무도 본안에서 실제로 이길 것으로 기대하지 않을 정도로 객관적으로 근거가 없는(objectively baseless) 소송이어야 하고, 소송에서 이길 의사가 없으면서 경쟁자의 사업을 지체시키기 위하여 소를 제기하는 등 실제로 정부의 어떠한 행위를 획득하기 위한 목적이 없다는 점이 인정되어야 하며, 첫째 요건이

항과 유사하게, "특허권자가 특허를 악의적으로 행사하거나 특허와 관련된 시장의 특정부분을 부당하게 지배할 의도를 가지고 있고 그러한 지배를 가능하게 할 상당한 힘을 가지고 있는 경우에는 그렇지 않다."라는 내용을 추가하여야 한다는 주장이 있다. Michael Paul Chu, 앞의 논문, 1367.

773) U.S. Department of Justice and the Federal Trade Commission, Antitrust Guidelines for the licensing of Intellectual Property, http://www.usdoj.gov/atr/public/guidelines/0558.htm에서 검색 가능 (2011. 5. 10. 최후 접속).

774) Eastern Railroad Presidents Conference v. Noerr Motor Freight, Inc., 365 U.S. 127 (1961) 및 United Mine Workers v. Pennington, 381 U.S. 657 (1965) 판결에 의하여 형성되고 California Motor Transport Co. v. Trucking Unlimited, 404 U.S. 508 (1972) 판결에 의하여 법원에 대한 소송에 대해서도 확대되었다. Wikipedia, http://en.wikipedia.org/wiki/Noerr-Pennington_doctrine 에서 검색 가능 (2011. 4. 18. 최후 접속).

775) 이 원리는 후에 부정경쟁(unfair competition), 불법행위적 간섭(tortious interference) 및 절차의 남용(abuse of process)에 기한 손해배상청구 등 다양한 형태의 불법행위청구에 대하여 면책을 인정하는 것으로 확대되었고, 특히 연방 제9항소법원은 Sosa v. DirectTV, Inc., 437 F.3d 923 (9th Cir. 2006) 사건에서 소를 제기할 것을 위협하면서 수천 통의 편지를 보내는 행위에 대해서도 면책을 인정하였다. Wikipedia, 위 같은 곳.

776) Janice M. Mueller, 앞의 책, 301~305면 참조.

충족된 경우에만 두 번째 요건에 대하여 심사할 수 있다.777)

다만, 앞에서 본 Walker Process 사건에서와 같은 기망에 의하여 취득한 특허권의 행사나, 특허가 무효임을 알면서 이를 행사하려 하는 행위는 모두 '객관적으로 근거가 없는'(objectively baseless)것으로 볼 수 있고, 그러한 점에서 Noerr-Pennington Doctrine이 특허권자의 부당한 특허권 행사에 대하여 반독점법 위반을 이유로 소를 제기하는 것을 모두 배제하는 것은 아니라 한다.778)

나. 독 일

독일 민법상 불법행위의 구성요건은 세 가지로 구분되어, BGB(Bürgerliches Gesetzbuch)제823조 제1항, 제2항 및 제826조에서 규정하고 있는바, 독일 연방대법원(BGH, Bundesgerichtshof)은 소의 제기는 일반적으로 원고의 주장이 이유가 없어 원고 패소로 끝났다 하더라도 바로 위법이 되는 것은 아니고, 위법이 되는 것은 고의 또는 공서양속에 반하여 손해를 발생시킨 경우(BGB 제826조)에 한한다는 태도를 취하고 있다.779)

한편, 학설 중에는 위와 같은 판례의 제한적 해석에 반대하면서 위법한

---

777) California Motor Transport v. Trucking Unlimited, 404 U.S. 508 (1972); Professional Real Estate Investors, Inc. v. Columbia Pictures Industries, Inc., 508 U.S. 49, 113 S.Ct. 1920 (1993).

778) Herbert Hovenkamp, Federal Antitrust Policy, The Law of Competition and Its Practice (3d. ed.), Thomson West, 2005. 331면 참조. 미국의 IP Guidelines § 6은 「경쟁당국은 유효하지 않은 지적재산권의 행사에 대하여 반독점법 위반 여부를 검토할 수 있다. 특허상표청 및 저작권청에 대하여 기망(fraud)을 통하여 취득한 특허권의 행사 또는 행사시도는 셔면법 제2조 또는 연방거래위원회법 (Federal Trade Commission Act) 제5조 위반이 되기 위한 다른 모든 요건이 입증되는 경우 같은 조 위반이 될 수 있다. …기망에는 해당하지 않는 특허상표청에서의 부당한(inequitable) 행위에 의하여 취득한 특허의 행사 또는 행사기도는 일정한 상황 아래에서는 연방거래위원회법 제5조 위반이 될 수 있다. 유효하지 않은 지적재산권을 행사하기 위한 객관적으로 근거가 없는 소송은 셔면법 위반을 위한 하나의 요소가 될 수 있다.…」고 규정하고 있다. 이러한 규정 또한 같은 입장에 있는 것으로 보인다.

779) 국순욱, 「부당제소와 손해배상」, 민사법연구 제8집, 대한민사법학회 (2000), 55~56면.

소송의 범위를 넓혀보려는 견해도 있다 한다.[780]

다. 일 본

일본의 학설과[781] 판례는[782] "소송제기와 그 수행행위에 있어서는, 법제가 모든 국민에게 소권행사의 자유를 보장하고 있는 점에 비추어보더라도 가처분 등의 경우와는 달리, 단지 그 결과가 패소로 끝났다는 이유로 그것을 곧바로 부당소송 즉, 불법행위법상의 위법성이 있는 행위로 단정할 수는 없다."는 태도를 보이고 있다.

한편, 일본의 판례 중에는 「특허권자가 특허무효심결의 확정 전에 행한 소송 외의 권리행사 행위(경고, 고지, 선전)와 관련하여 그 상대방이 침해자인 경우에는 불법행위를 구성하지 않으나, 침해자의 거래선 등인 경우에는 불법행위를 구성할 수 있고, 변리사가 실용신안권자에게 도매, 소매점에 대하여 경고를 하도록 지시 내지 지도를 하였다면, 변리사도 책임을 질 여지가 있다.」고 판시한 것이 있다.[783]

라. 우리나라

대법원은 재판받을 권리의 존중이라는 측면에서 소송을 제기한 사람의 책임을 묻는 데 대하여 신중하여야 함을 강조하면서도, 일정한 경우 엄격

---

780) Fenn, 「Schadenshaftung aus unberechtiger klage oder Rechtfertigungsgrund der Inanspruchnahme eines gesetzlich eingerichteten und geregelten Verfahrens」, ZHR 91, 1978. S. 345ff., 국순욱, 위 논문, 55면 주 14)에서 재인용.

781) 中山信弘, 註解 特許法 第三版(下券), 青林書院 2003. 1350면.

782) 大板地判 소 53(1978.). 12. 19. 판결(실용신안의 무효 확정 전에 실용신안권자가 소송을 제기하여 승소한 뒤 그 실용신안의 등록무효가 확정되자 소송의 상대방이 실용신안권자를 상대로 하여 실용신안권자가 위와 같이 실용신안권에 기하여 소를 제기한 것이 불법행위라고 주장하면서 책임을 추궁한 사안); 名古屋地判 소 59(1984.). 8. 31. 판결, 조영선, 「특허의 무효를 둘러싼 민사상의 법률관계」, 105~106면에서 재인용.

783) 名古屋地判 소 59(1984.). 8. 31. 판결. 조영선, 위 논문, 106~107면에서 재인용. 다만, 사안에서는 "실용신안권자의 고문변리사가 적극적으로 당해 실용신안권자에 대하여, 도매, 소매점에 대하여 경고를 할 것을 지시 내지 지도한 증거는 없기 때문에 책임을 물을 수 없다."고 하였다.

한 요건 아래 그러한 책임을 인정할 수 있다고 하고 있다.[784)]

대법원은 부당한 소제기로 말미암은 불법행위의 성립요건에 관하여, (i) 당해 소송에 있어서 제소자가 주장한 권리 또는 법률관계가 사실적, 법률적 근거가 없고, (ii) 제소자가 그와 같은 점을 알면서, 혹은 통상인이라면 그 점을 쉽게 알 수 있음에도 소를 제기하는 등 소의 제기가 재판제도의 취지와 목적에 비추어 현저하게 상당성을 잃었을 것을 들고 있다.[785)]

한편 학설 중에는 '소의 제기가 재판제도의 취지와 목적에 비추어 현저하게 상당성을 잃었을 것'이라는 요건의 해당 여부 판단에 있어, ① 소제기의 목적이 오로지 상대방에게 고통을 주어 손해를 입히고자 하는 것은 아닌지, ② 자신에게 그와 같은 권리가 존재하는가에 대하여 필요한 최소한의 법률적 조사를 하였는지, ③ 제소 전 상대방과의 사전교섭을 시도하였는지, ④ 권리의 존부에 관하여 변호사 등 전문가와 상의를 한 사실이 있는지, ⑤ 피고에게 가장 손해가 적은 절차를 선택하였는지, ⑥ 소송 수행

---

784) 대법원 1999. 4. 13. 선고 98다52513 판결(「법적 분쟁의 당사자가 법원에 대하여 당해 분쟁의 종국적인 해결을 구하는 것은 법치국가의 근간에 관계되는 중요한 일이므로 재판을 받을 권리는 최대한 존중되어야 하고, 제소행위나 응소행위가 불법행위가 되는가를 판단함에 있어서는 적어도 재판제도의 이용을 부당하게 제한하는 결과가 되지 아니하도록 신중하게 배려하여야 할 것인 바, 따라서 법적 분쟁의 해결을 구하기 위하여 소를 제기하는 것은 원칙적으로 정당한 행위이고, 단지 제소자가 패소의 판결을 받아 확정되었다는 것만으로 바로 그 소의 제기가 불법행위였다고 단정할 수는 없으나, 반면 소를 제기당한 사람 쪽에서 보면, 응소를 강요당하고 어쩔 수 없이 그를 위하여 변호사 비용을 지출하는 등의 경제적·정신적 부담을 지게 되는 까닭에 응소자에게 부당한 부담을 강요하는 결과를 가져오는 소의 제기는 위법하게 되는 경우가 있을 수 있으므로, 민사소송을 제기한 사람이 패소판결을 받아 확정된 경우에 그와 같은 소의 제기가 상대방에 대하여 위법한 행위가 되는 것은 당해 소송에 있어서 제소자가 주장한 권리 또는 법률관계가 사실적·법률적 근거가 없고, 제소자가 그와 같은 점을 알면서, 혹은 통상인이라면 그 점을 용이하게 알 수 있음에도 불구하고 소를 제기하는 등 소의 제기가 재판제도의 취지와 목적에 비추어 현저하게 상당성을 잃었다고 인정되는 경우에 한한다.」라고 판시).

785) 위 대법원 98다52513 판결; 대법원 1996. 5. 10. 선고 95다45897 판결; 대법원 2008. 2. 28. 선고 2007다79152 판결; 대법원 2009. 6. 23. 선고 2007다3650, 3667 판결 등. 이는 가처분집행 후 본안소송에서 패소한 권리자의 불법행위책임에 비하여 훨씬 엄격한 것이다.

단계에서 진실의무를 이행하였는지 등을 고려하여야 한다고 주장하는 견해가 있다.[786]

한편 우리나라의 판례는 고소 및 경고장 발송으로 말미암은 손해배상책임을 지기 위해서도 부당한 소제기의 경우와 같은 요건을 요구하고 있다.[787]

마. 정 리

위에서 본 외국 및 우리나라의 판례·학설에서 공통되는 점은, 특허권을 기초로 한 부당제소에 대하여 불법행위 또는 반독점법 위반행위로서 손해배상책임을 인정하기 위해서는, 당해 소송에 있어서 제소자가 주장한 권리 또는 법률관계가 사실적, 법률적 근거가 없고, 제소자가 그와 같은 점을 알거나 통상인이라면 그 점을 쉽게 알 수 있음에도 소를 제기할 것을 요구한다는 점이다.

따라서 특허에 무효사유가 있고 그러한 사유의 존재를 알았거나 알 수 있으면서도 특허침해소송을 제기하여 상대방에게 손해를 입힌 경우에는 손해배상책임이 인정될 수 있다 할 것이고, 특히 그 무효사유가 '명백한' 때에는 더욱 그러하다 할 것이다. 다만 특허의 무효 여부는 신규성, 진보성

---

786) 국순욱, 앞의 논문, 56~58면.

787) 고소에 관한 것으로서, 대법원 1994. 1. 25. 선고 93다29556 판결; 대법원 1996. 5. 10. 선고 95다45897 판결; 대법원 1997. 9. 5. 선고 95다21211 판결; 대법원 2006. 4. 28. 선고 2005다29481 판결; 대법원 2007. 4. 12. 선고 2006다46360 판결 및 서울남부지방법원 2007. 9. 21. 선고 2006가합15374 손해배상(기) 판결 (부당제소와 동일한 요건이 요구됨을 설시) 등이 있고, 경고장 발송에 관한 것으로서, 대전지방법원 2009. 12. 4. 선고 2008가합7844 판결(특허권 침해를 주장하는 자가 특허심판원에 권리범위 확인의 청구를 하거나 법원에 특허권 침해를 원인으로 한 가처분 신청을 하지도 않은 채 변리사의 판단에만 근거하여 마치 상대방 제품이 특허권을 침해한 것처럼 상대방의 거래처인 홈쇼핑회사에 판매 금지, 제품 폐기, 사과문 게재 등을 내용으로 하는 강력한 경고장을 발송하여 홈쇼핑회사로 하여금 예정된 홈쇼핑 방송을 취소하도록 한 행위는, 고의 또는 과실에 의해 상대방의 영업활동을 방해한 것으로 위법성이 인정되므로 그로 인한 손해를 배상할 의무가 있다고 판시, 항소심은 대전고등법원 2010. 6. 24. 선고 2010나1058 판결-확정), 서울고등법원 2006. 6. 21. 선고 2005나90010 손해배상(지) 판결, 서울중앙지방법원 2006. 12. 27. 선고 2006가합58801 손해배상(기) 판결이 있다.

등 특허요건 충족 여부 및 특허청구범위의 해석 등 많은 법률적 판단을 거쳐 결정되는 것으로서 특허권자가 쉽게 알기 어려운 것이므로, 특허권자가 소 제기 전에 변리사 등 전문가의 조언을 듣기 위한 노력을 하였는지 등을 고려하여 손해배상책임의 유무를 판단하여야 할 것이다.

3. 손해배상의 범위

우리나라의 경우 소송에서 패한 자에게 소송비용을 부담시키는 실무례가 정착되어 있으나, 미국의 경우 예외적인(exceptional) 경우를 제외하고는 소송비용은 각자 부담하도록 하고 있었다.[788]

특허권자의 부당한 소제기로 인한 손해배상의 범위와 관련하여, 일반적으로 정신상의 손해는 당해 소송에서 승소하는 것에 의하여 회복되고 승소하여도 회복할 수 없는 정신적 고통은 특별사정으로 인한 손해라고 보는 것이 일반적이므로,[789] 부당소송으로 인한 손해배상의 경우도 특별사정의 존재와 그에 대한 예견가능성이 있는 경우에만 정신적 손해가 인정될 것이다.

일반적으로 특허권자가 패소하는 경우 소송비용을 부담시킴으로써 특허침해소송의 남발을 억제하는 효과를 거둘 수 있을 것이다.

문제는 변호사강제주의를 채택하지 않고 있는 우리나라에서 부당한 소송에 응소하기 위하여 변호사 비용을 지출한 경우 그 비용도 배상할 손해로 인정될 것인가이다. 대법원은 부득이하게 응소하면서 변호사를 선임한 경우에는 변호사보수를 배상하되 실제로 지급한 금액을 표준으로 하지 않고

788) 35 U.S.C. § 285 (2000). 예외적인 경우에 관하여는 법에 규정된 바가 없으나, 연방순회항소법원은 고의적(willful)인 특허권침해의 경우 예외적 상황에 해당한다고 보아왔다. S.C. Johnson & Son, Inc. v. Carter-Wallace, Inc., 781 F.2d 198, 201 (Fed. Cir. 1986), Debra Koker, 「Fulfilling the 'Due Care' Requirement after Knorr-Bremse」, 11 B.U.J. Sci. & Tech. L. 154, 157 (2005)에서 재인용. 또, 근거없는(frivolous) 소송, 특허청에서의 부당한(inequitable) 행동, 소송 중의 부당한 행동(misconduct) 등이 이에 해당한다. Michael J. Meurer, 「Controlling Opportunistic and Anti-Competitive Intellectual Property Litigation」 536면.

789) 대법원 1994. 9. 9. 선고 93다50116 판결 등 참조.

소송진행상황, 사건의 난이도, 변호사 선임시기, 원고가 변호사를 선임함으로써 얻게 된 경제적 이익, 소속 변호사회의 보수규정 등을 종합하여 상당한 금액만의 지급을 명하고 있다.[790]

한편 소송비용 중 소송비용액 확정절차에 의하여 상환받을 수 있는 것은 따로 손해배상으로 소구할 수 없으므로, 결국 당사자가 지급한 변호사 보수 전액이 아니라 적정한 변호사 보수에서 소송비용액확정절차를 통하여 상환받을 수 있는 부분을 제외한 나머지 금액이 손해액이 될 것이다.[791] 그런데 변호사 보수의 소송비용 산입과 관련하여 종래 우리나라에서는 실제로 지급한 변호사 보수 전액이 아닌 변호사 보수의 소송비용 산입에 관한 법률에 따라 소가에 비추어 일정한 비율로 계산한 액수만을 소송비용에 산입할 수 있게 되어 있어서 그 액수가 지나치게 낮고 이 때문에 소송의 남발을 억제하는 효과를 발휘하지 못하는 것은 아닌가 하는 의문이 있었으며, 관련 규칙의 개정으로 산입할 수 있는 보수의 액수가 약간 높아지기는 하였으나,[792] 아직 실제로 지급한 변호사 보수보다 현저히 낮은 상황이다.

이와 관련하여, 이때의 변호사 비용은 부당소송행위로 발생한 것이므로 손해배상액을 인정함에 있어 변호사보수의 소송비용산입에 관한 규칙에 따른 제한을 받지 않고, 부당소송행위와 상당인과관계가 있는 금액에 대하여는 배상책임이 인정되어야 한다는 주장이 있다.[793]

Ⅳ. 형사처벌의 가능성

특허권자가 무효심결이 내려진 상태에서 경쟁자의 거래처들에게 특허침해금지를 구하는 통고서를 발송한 경우에 형사상 명예훼손죄 또는 업무방

790) 대법원 1968. 7. 2. 선고 68다593 판결; 대법원 1977. 4. 12. 선고 76다2491 판결; 대법원 1978. 12. 13. 선고 78다1542 판결 등 참조.

791) 이관진, 「부당소송으로 의한 손해배상책임」 재판실무연구, 광주지방법원 2002. 28~29면.

792) 변호사 보수의 소송비용 산입에 관한 규칙 제3조 참조.

793) 국순욱, 앞의 논문, 60면; 창원지방법원 통영지원 2008. 3. 7. 선고 2007가단2694 손해배상(기) 판결 참조.

해죄가 성립하는지가 문제된다.

위 사실관계가 문제된 사건에서 제1심[794] 및 항소심은,[795] 「특허를 무효로 하는 심결이 확정된 때에는 특허법 제133조 제1항 제4호의 경우에 해당하지 않는 한 그 특허권은 처음부터 없었던 것으로 보게 된다(특허법 제133조 제3항). 따라서 타인의 특허권을 침해하였다는 행위가 그 특허를 무효로 한다는 심결이 확정되기 전에 이루어졌다고 하더라도, 그 후 특허를 무효로 한다는 심결이 확정되었다면 특허는 처음부터 존재하지 않았던 것이 되므로 그와 같은 행위를 특허권 침해에 해당한다고 할 수 없다. 따라서 피고인이 "A가 피고인의 특허권을 침해하였다."라는 취지로 A의 거래처들에 통고서를 발송한 것은 허위사실 적시에 의한 명예훼손죄 및 위계에 의한 업무방해죄에 해당한다.」라고 하면서 유죄판결을 선고하였다. 그러나 대법원은, 「특허권은 국가기관인 특허청의 심사와 등록을 통하여 부여되는 권리이고, 특허법은 특허가 일정한 사유에 해당하는 경우에 별도로 마련한 특허의 무효심판절차를 거쳐 무효로 할 수 있도록 규정하고 있으므로, 특단의 사정이 없는 한 특허권자로서는 자신의 권리가 적법, 유효한 것으로 믿고 이를 행사하는 것이 보통이다. 특허심판원이 甲의 특허발명에 대하여 무효심결을 내린 취지는 발명의 진보성이 결여되어 있다는 것인데, 위와 같이 무효심결이 있었다는 사유만으로는 위 심결이 확정되지도 않은 상태에서 피고인이 특허발명에 무효사유가 있음을 알고 있다고 단정하기는 어렵다.」라고 하면서 무죄 취지로 파기한 바 있다.[796]

위 대법원 판례에 의할 때 특허권자의 부당한 권리행사에 대한 형사처벌은 쉽지 않아 보인다.

794) 서울중앙지방법원 2009. 2. 11. 선고 2008고정618, 1187 판결.
795) 서울중앙지방법원 2009. 5. 22. 선고 2009노551 판결.
796) 대법원 2010. 10. 28. 선고 2009도4949 판결.

Ⅴ. 특허권자와 침해자 사이의 화해와 공정거래법 위반－역지불 합의(Reverse Payment Settlement)를 중심으로

1. 문제의 제기

특허 관련 분쟁을 당사자들 사이의 화해를 통하여 종결하는 것은 소송비용을 절약할 수 있고 실시허락을 통하여 특허권자뿐만 아니라 실시권자도 특허 관련 상품을 제조·판매할 수 있게 되어 특허권의 효율적인 이용 및 관련 시장에서의 경쟁을 촉진할 수 있다는 점에서 바람직한 것이다.[797] 그러나 특허권자와 침해자(잠재적 경쟁자)가 관련 시장에서의 경쟁을 저해하는 내용으로 화해를 하는 경우, 그러한 화해가 독점규제 및 공정거래에 관한 법률(이하 '독점규제법'이라 한다)에 위반되는지 여부가 문제될 수 있다.[798]

이 절에서는 특허권자와 침해자 사이의 화해 중, 최근 독점규제법 위반 여부에 관하여 많이 논의되고 있는 의약품 관련 특허권자와 제네릭[799] 사업자 사이의 역지불 합의(Reverse Payment Settlement)에 관하여 살펴보기로 한다.[800]

---

797) Lemley et at., Software and Internet Law (2nd edition), Aspen Publishers(2003), 449～450; U.S. Department of Justice and the Federal Trade Commission, Antitrust Guidelines for the licensing of Intellectual Property(IP Guidelines) § 2.3;Hovenkamp, Herbert J., 「United States Antitrust Policy in an Age of IP Expansion」 (December 2004). U Iowa Legal Studies Research Paper No. 04－03 Available at SSRN : http://ssrn.com/abstract=634224, 29 참조.

798) Hovenkamp, Herbert J., Janis, Mark D. and Lemley, Mark A., 「Anticompetitive Settlement of Intellectual Property Disputes」, Minnesota Law Review, Vol. 87, p. 1719, 2003 Available at SSRN : http://ssrn.com/abstract=380841 or DOI : 10.2139/ssrn.380841, 2 참조.

799) '제네릭 의약품' 또는 '복제약품'이라고도 한다.

800) 상세한 내용은 김기영, 「특허권자와 제네릭 사업자 사이의 역지불 합의와 공정거래법에 의한 규제」, Law & Technology 제7권 3호 (2011. 5.), 서울대학교 기술과

2. 역지불 합의의 의의

역지불 합의는 특허권자가 침해자에게 "시장에 진입하지 않을 것; 특허의 유효성, 집행가능성 및 권리범위에 관하여 다투지 않을 것; 및/또는 시장 진입을 늦출 것을 조건으로 합의금을 지급하는 것"을 말한다.[801] 이러한 역지불 합의를 통하여 의약품의 특허권자는 해당 의약품 시장에서의 독점력을 유지하면서 높은 가격에 약품을 판매할 수 있게 되고, 제네릭 사업자 또한 시장에 진입하는 것 이상의 막대한 합의금을 지급받을 수도 있다. 반면, 의약품의 소비자는 경쟁이 있는 경우에 비하여 훨씬 높은 가격에 계속 의약품을 구입하는 피해를 받을 수 있다.[802]

그러한 점에서 이러한 역지불 합의의 독점규제법 위반 여부에 관하여 검토할 필요가 있다.

3. 미국에서의 논의

역지불 합의와 관련하여 미국에서는 반독점법(Antitrust Law) 위반이 아니라는 판결과 위반이라는 판결이 대립하고 있다.

우선 반독점법 위반이 아니라는 판결의 예로는 2항소법원의 In re Tamoxifen Citrate Antitrust Litigation 사건 판결이[803] 있는데, 법원은 「특허를 비롯한 지적재산권 관련 사건에서의 화해(합의)는 그러한 합의가 결

법센터, 44~59면 참조.

801) David W. Opderbeck, 「Rational Antitrust Policy and Reverse Payment Settlements in Hatch-Waxman Patent Litigation」, 98 Geo. L.J. 1303(2010), 1304; 정차호, 「식약청 판매허가와 특허권의 연계를 위한 특허심판의 당사자 적격」, 산업재산권 제25호(2008. 4), 한국산업재산권법학회, 169 참조. 역지불 합의는 '배제합의(exclusion settlements)' 또는 '연기를 위한 합의(pay-to-delay)'라고도 불린다. David W. Opederbeck, 위 같은 글, [FN1].

802) 정차호, 「식약청 판매허가와 특허권의 연계를 위한 특허심판의 당사자 적격」, 169면.

803) 466 F.3d 187, 193 (2nd Cir., 2006).

과적으로 반경쟁적인 효과를 가진다 하더라도 권장되어야 하고, 화해가 악의적으로(in bad faith) 거래를 제한하거나 독점하기 위한 계획 아래 이루어진 것이 아닌 한 반독점법 위반의 문제가 발생하지 않으며, 합의의 효력은 그 성립시를 기준으로 판단하여야 하고 특허무효나 침해소송의 결과를 고려하여 판단해서는 안 되며, 특허권자가 제네릭 사업자에게 지급하는 금액이 제네릭 사업자가 제네릭을 판매하여 얻을 수 있는 이익을 상회한다 하더라도 특허의 가치에 대한 판단은 특허권자가 하는 것이고 특허권자가 가지는 독점력을 유지하기 위하여 금원을 지급하고 화해하는 것을 비난할 수 없으며, 이 사건 합의의 내용은 특허권자의 특허권을 그 기간을 넘어 확장하거나 다른 제네릭 사업자 등이 이 사건 특허의 무효 및 침해 여부에 관하여 다툴 권리를 제한하거나 특허와 관련되지 않거나 특허를 침해하지 않는 다른 약품에의 접근까지 막는 것이 아니므로, 특허권자가 침해소송을 제기한 경우 그 소송이 기망적이거나(sham) 근거 없는(baseless) 것이 아닌 한 반경쟁적이라고 볼 수 없다.」고 판시하였다.[804)]

반면 반독점법 위반이라고 한 판례로는 제6항소법원의 In re Cardizem CD Antitrust Litigation 사건 판결이[805)] 있는데, 법원은 「특허권의 효력으로부터 자연스럽게 나오는 독점적 이익의 향유와 유일한 잠재적 경쟁자에게 막대한 금원을 지급하여 시장에서 배제시킴으로써 특허권의 효과를 증대시키는 것은 별개」라고 판시하였다.

한편, 미국 연방대법원은 이미 역지불 합의가 관련된 사건에서 상고허가 신청을 받아들이지 않은 일이 있었을 뿐,[806)] 그 위법성 여부에 대한 명백한 견해를 밝히지는 않았다. 그러나 대법원이 종래 어떠한 합의가 경쟁에 대한 부당한 제한에 해당하는지를 결정하는 데 있어서 기본적으로 합리의

---

804) 그 외 반독점법 위반이 아니라고 한 판례로는, 연방항소법원의 In re Ciprofloxacin Hydrochloride Antitrust Litigation, 544 F.3d 1323 (Fed. Cir., 2008); 11항소법원의 Valley Drug Company v. Geneva Pharmaceuticals, Inc., 344 F.3d 1294 (11th Cir., 2003) 및 Schering-Plough Corp. v. Federal Trade Commission, 402 F.3d 1056 (11th Cir. 2005) 등이 있다.

805) 332 F.3d 896 (6th Cir. 2003).

806) Ark. Carpenters Health & Welfare Fund, 129 S. Ct. 2828 참조.

원칙(rule of reason)을[807] 적용하여 판단하되, 그러한 합의가 치명적인 반경쟁적 효과를 가질 것이 예상되고 친경쟁적 효과의 가능성은 제한적인 경우에 한하여 당연위법(per se illegal)의 법리를[808] 적용한다고 판시하여 온 것에서 알 수 있듯이,[809] 특허권에 관한 역지불 합의가 위와 같은 당연위법의 원리를 적용할 정도의 치명적인 반경쟁적 효과를 가지고 있다는 것이 예상된다는 점이 입증되지 않는 한, 당연위법의 원칙이나 다른 원리를 그에 적용하여 반독점법위반 여부를 판단하기는 어려울 것으로 보인다.

다만, 현재 특허권에 관한 역지불 합의를 일응 반경쟁적인(presumptively anti-competitive) 것으로 보고, 그러한 합의가 유효하다고 주장하는 자는 그 합의의 친경쟁적인 효과가 잠재적인 반경쟁적 효과보다 크다는 것을 명백하고 신뢰성 있는 증거에 의하여 입증하여야 한다고 하는 취지의 법안이 미국 의회에 제출되어 있는 바,[810] 향후 법안을 통하여 특허권에 특유한 역지불 합의의 문제점이 해결될 수도 있을 것이다.[811]

4. 우리나라에서의 역지불 합의에 관한 규제방향

우리나라의 경우 아직까지 역지불 합의의 문제가 많이 대두되지는 않고

---

807) 합리의 원칙은 경쟁에 해를 끼칠 가능성이 있으나 동시에 사회적 이익을 가져올 수 있는 행위에 적용되는데, 어떠한 행위가 이에 위배되는지는 관련시장, 관계된 행위자의 시장지배력, 그러한 행위가 경쟁에 미치는 영향 특히 공급의 증감 여부 및 정당사유의 유무 등을 살펴 판단한다. Hovenkamp, Herbert J., Janis, Mark D. and Lemley, Mark A., 「Anticompetitive Settlement of Intellectual Property Disputes」, 11면.

808) 당연위법의 원칙은 외형적으로 볼 때 항상 또는 거의 모든 경우에 경쟁을 제한하고 생산량을 감소시키는 행위로서 합리의 원칙이 적용되는 경우와 같은 여러 요소를 고려할 필요가 없는 행위에 적용된다. 위 같은 곳.

809) State Oil, 522 U.S. at 10, 118 S.Ct. 275.

810) Preserve Access to Affordable Generics Act, S. 369, 111th Cong. § 2(b) (http://www.govtrack.us/congress/bill.xpd?bill=s111－369&tab=summary에서 그 요지를 볼 수 있음) 등 참조.

811) J. Thomas Rosch, 「The Antitrust/Intellectual Property Interface : Thoughts on How to Best Wade Through the Thicket in the Pharmaceutical Cotext」, 2010 WL 4720225(F.T.C.)(2010), 4 참조.

있고 따라서 그에 관한 논의도 많이 이루어지고 있지 않다. 다만 2012. 3. 15. 발효된 한・미 자유무역협정(FTA) 제18.9조 제5항에[812] 따라 우리나라도 의약품의 품목허가와 특허를 연계하는 제도를 마련할 것이 요구되고 이에 따라 개정된 약사법(2011. 12. 02 법률 제11118호)에 따르면 의약품특허목록에 등재된 의약품의 안전성・유효성에 관한 자료를 근거로 의약품의 품목허가를 받으려는 자는 특허권자 등 일정한 자에게 의약품의 품목허가 신청사실을 통지하여야 하는 바,[813] 향후 의약품의 품목허가 신청사실을 통지받은 특허권자 등이 그러한 품목허가 신청을 한 제네릭 사업자에게 미국의 역지불 합의와 같이 특허의 효력을 다투지 않고 시장에의 진입을 늦추도록 하는 내용의 합의를 제의할 가능성도 있다는 점에서, 역지불 합의가 부당한 특허권 행사의 한 유형으로서 독점규제법이 적용될 수 있을 것인가에 관하여 살펴볼 필요가 있다.

독점규제법 제59조의 규정에 따라 지적재산권의 정당한 권리행사에는 공정거래법의 적용이 배제되나, 지적재산권의 행사가 정당하지 않은 경우에는 독점규제법이 적용된다. 지적재산권의 행사가 정당하지 않은 것으로 평가되어 독점규제법으로 규율하는 경우, 우리나라 독점규제법 제3조의2는 시장지배적 지위의 남용금지, 제19조는 부당한 공동행위의 금지, 제23조는 불공정거래행위의 금지에 관하여 각 규정하고 있는데, 역지불 합의에 관하여는 이중 상호 경쟁적・대체적 관계에 있는 특허권자 등이 각기 자신이 보유한 특허권과 관련하여 상호실시허락계약 또는 공동실시허락계약을 체결함으로써 경쟁을 제한하는 효과가 발생하는 경우에 적용되는 독점규제법 제19조(부당한 공동행위의 금지)의 규정을 적용할 수 있을 것으로 보인다.[814]

812) 구체적인 내용은 http://www.fta.go.kr/pds/fta_korea/usa/kor/2K61.pdf에서 검색 가능(2011. 10. 30. 최후접속).

813) 약사법 제31조3(의약품 특허목록) 및 제31조의4(품목허가 신청 사실 통지) 참조. 시행일은 대한민국과 미합중국 간의 자유무역협정 및 대한민국과 미합중국 간의 자유무역협정에 관한 서한교환이 발효된 2012. 3. 15.이다. 약사법 부칙.

814) 공정거래위원회 고시, 지적재산권의 부당한 행사에 대한 심사지침(2000. 8. 30. 제정, 2010. 3. 31. 개정), III. 5항. 참조.

독점규제법 제19조는 「사업자는 계약·협정·결의 기타 어떠한 방법으로도 다른 사업자와 공동으로 부당하게 경쟁을 제한하는 다음 각 호의 어느 하나에 해당하는 행위를 할 것을 합의(이하 "부당한 공동행위"라 한다) 하거나 다른 사업자로 하여금 이를 행하도록 하여서는 아니 된다.」라고 규정하면서 1 내지 9호에서 부당한 공동행위의 유형을 예시하고 있어, 부당한 공동행위에 해당하기 위해서는 '부당하게 경쟁을 제한'할 것 즉, '경쟁제한성'을 요구하고 있는 바, 일반적으로 경쟁제한성이란 "당해 행위로 인해 시장경쟁의 정도 또는 경쟁사업자(잠재적 경쟁사업자 포함)의 수가 유의미한 수준으로 줄어들거나 줄어들 우려가 있음을 의미"한다.[815]

구체적인 행위가 부당한 공동행위로서 공정거래법 제19조에 위반되는지의 판단과 관련하여, 공정거래위원회는 「공동행위 심사기준」 Ⅳ.항에서 그 기준을 정하고 있는데, 이에 의하면 특정한 행위가 경쟁제한 효과와 효율성 증대효과를 동시에 가지고 있는 경우에는 '합리의 원칙'에 따라 공정거래법 위반 여부를 판단하되, 일정한 경우에 대해서는 당해 행위의 외형이 있는 경우에는 '당연위법의 원칙'에 따라 공정거래법에 위반되는 것으로 보고 있다.[816]

특허권자와 제네릭 사업자는 소송 등의 법적 절차 이외에도 당사자 간 합의를 통해 특허의 효력, 특허침해 여부에 대한 분쟁을 해소할 수 있고, 일반적으로 이러한 합의는 소송비용을 절약하고 특허권을 효율적으로 이용할 수 있게 한다는 점에서 유용한 분쟁해결수단이다.[817]

그러나 특허권자가 역지불 합의를 통하여 경쟁업자로 하여금 특허권의 무효에 관하여 다투지 않을 것과 특허기간 만료 전 또는 후까지 관련 시장에 진입하지 않게 함으로써, 경쟁자를 배제한 채 높은 가격에 특허약품을 판매하는 기간을 연장하는 이익을 얻는 반면, 소비자들이 저렴한 제네릭을 구매할 수 있는 기회를 잃게 된다면, 이에 관해서는 적절한 규제가 필요하

815) 불공정거래행위 심사지침 Ⅲ. 1. 가. (1)(2).

816) 이러한 취지는 지적재산권의 부당한 행사에 대한 심사지침 Ⅱ. 2.항에도 규정되어 있다.

817) 지적재산권의 부당한 행사에 대한 심사지침 Ⅲ. 5.항.

다.[818)]

즉, 이러한 결과는 역지불 합의가 독점규제법 제19조 제1항에서 부당한 공동행위로 규정하고 있는 가격 유지행위(제1호), 상품의 생산 제한(제3호), 거래지역 제한(제4호),[819)] 기타 일정한 거래분야에서 경쟁을 실질적으로 제한하는 행위(제9호)에[820)] 해당하고, 특히 가격 유지행위 및 거래지역 제한으로 인정되는 경우 이는 공정거래위원회 공동행위 심사기준 Ⅳ.항에서 당연위법의 원칙에 따라 구체적인 시장상황에 대한 심사 없이 부당한 공동행위로 판단할 수 있는 경우에 해당하는 것이 아닌가 하는 의문이 생기게 한다.

그렇다면 특허권자가 특허법에 의하여 부여받은 독점적 실시권의 일환으로 특허 관련 분쟁을 화해를 통하여 해결할 수 있는 권한 내의 행위와 그러한 권한을 부당하게 행사함으로써 독점규제법의 규제대상이 되는 행위는 어떻게 구분하여야 할 것인가가 문제되는바, 이를 일률적으로 보기보다는 역지불 합의의 내용에 따라 유형을 나누어 고찰하는 것이 타당하다.

즉, ① 역지불 합의의 내용이 특허기간 만료시까지 제네릭 사업자가 시장 진입을 하지 않기로 하는 경우에는 특허권자가 그 독립배타적인 권리를 유지하기 위하여 하는 특허권의 정당한 행사로서 독점규제법이 적용되지 않는다 할 것이고, ② 역지불 합의의 내용이 특허기간 만료 이후까지 제네릭 사업자가 시장 진입을 하지 않기로 하는 경우, 최소한 특허기간 만료 이후의 부분에 관한 합의는 특허권자의 독점권을 확장하는 것으로서, 특허권의 부당한 행사에 해당하여 독점규제법이 적용되고 가격 유지 또는 산출량 제한 행위로서 당연위법의 원칙에 따라 독점규제법 위반으로 판단될 수 있을 것이며,[821)] ③ 역지불 합의의 내용이 특허기간 만료시까지 제네릭 사업자가 시장 진입을 하지 않기로 하는 것이나, 제네릭 사업자가 특허권을 침해하지 않고도 할 수 있는 연구 또는 시험마저 하지 않기로 함으로써 특

818) 지적재산권의 부당한 행사에 대한 심사지침 Ⅲ. 5.항 참조.
819) 예컨대, 한국에서는 제네릭을 판매하지 않기로 하는 경우.
820) 예컨대, 자유로운 연구·기술개발을 제한하는 행위. 공동행위 심사기준 Ⅲ. 9.가.항.
821) 공정거래위원회의 지적재산권의 부당한 행사에 대한 심사지침 Ⅲ. 5.항의 <예시> 참조.

허기간이 만료된 이후에도 제네릭 사업자가 바로 제네릭의 출시를 하지 못하게 되고 따라서 특허권자의 독점권이 실질적으로 연장되는 효과가 있는 경우, 특허권의 부당한 행사에 해당하여 독점규제법이 적용되고 실질적으로 경쟁을 저해하는 행위(공정거래법 제19조 제1항 제9호) 여부를 심사하되, 이 경우 실질적으로 경쟁을 저해하는지 여부는 합리의 원칙에 따라 판단하여야 할 것이고, ④ 역지불 합의의 내용이 특허기간 만료시까지 제네릭 사업자가 시장 진입을 하지 않기로 하는 것이나, 특허권이 무효임이 명백하거나 제네릭 사업자의 실시행위가 특허권을 침해하지 않음이 명백함에도 그러한 합의에 이른 경우(이에는 특허심판원, 특허법원 및 침해소송법원에서 특허가 무효로 판단되거나 특허를 침해하지 않는 것으로 이미 판단된 후에 합의하는 경우도 포함할 수 있을 것이다), 역시 특허권의 부당한 행사에 해당하여 독점규제법이 적용되고 실질적으로 경쟁을 저해하는 행위(공정거래법 제19조 제1항 제9호) 여부를 심사하되, 이 경우 실질적으로 경쟁을 저해하는지 여부는 합리의 원칙에 따라 판단하여야 할 것이다.[822)]

나아가 특허권자와 제네릭 사업자 사이의 역지불 합의가 독점규제법 제19조 제1항의 부당한 공동행위로서 독점규제법위반으로 판단되는 경우, 그러한 행위를 할 것을 약정하는 계약은 당사자 사이에서는 무효라 할 것이다.[823)]

822) 지적재산권의 부당한 행사에 대한 심사지침 III. 5.항 참조.

823) 공정거래법 제19조 제4항.

제8장 특허소송제도의 개혁

우리나라에서는 법원조직법 제28조의4의 규정에 의해 협의의 특허소송 즉, 특허권·실용신안권·디자인보호권·상표권의 성립, 효력 및 권리범위 확인에 관한 특허심판원의 심결에 관한 소송은 특허법원이 관할하고 있고, 특허침해와 관련한 가처분 신청, 손해배상 및 금지청구소송 등은 모두 일반 민사법원이 관할하고 있어 특허소송의 관할이 2원화되어 있고,[824] 특허권자가 일반 민사법원에 특허침해소송을 제기하였다 하더라도 침해자가 특허심판원에 특허무효심판을 구하는 청구를 하면, 그 특허무효 여부가 침해 여부 판단을 위한 전제가 되는 관계로 침해소송법원은 특허무효에 관한 판결이 확정될 때까지 기다리게 됨으로써 소송기간이 장기화되고,[825] 나아가 위와 같이 소송구조가 2원화됨으로써 당사자들이 대리인들에게 각 소송에 대하여 비용을 지불할 수밖에 없어 소송비용도 늘어나게 된다.

그렇다면, 위와 같이 비용 및 시간이 많이 들뿐만 아니라 소송의 결과를

824) 특허소송의 종류 및 관할에 관하여는 제1장 참조.

825) 정상조, 「특허소송에서의 특허법원의 역할과 과제」, 특허법원 개원 10주년 기념논문집, 특허법원 (2008), 61면. 소송기간 장기화의 예로, '한·영자동전환방법'에 관한 사건에서 「원고의 특허는 입력된 키에 상응하는 한글 및 영문 어절을 각각 생성한 뒤 양쪽에 대해 한영 모드 판정을 수행하는 구성인 반면, MS는 입력된 문자키 값의 어절문자열만을 우선 생성한 뒤 입력모드 조건에 맞는지를 검사하는 방식이어서 구성원리 자체가 다르다. MS의 한영 자동전환 방법은 발명의 구성과 과제해결원리, 작용효과가 원고의 특허 발명과는 모두 동일하지 않다는 점에서, 특허권 침해로 볼 수 없다고 판단한 원심이 정당하다.」라는 판결을 받기까지 10년 이상이 걸린 것을 들 수 있다. 관련 내용은 한국일보 웹사이트, http://news.hankooki.com/lpage/society/201111/h2011110820010321950.htm에서 검색 가능 (2012. 2. 1. 최종 접속).

쉽게 예측할 수 없는 소송제도는 과연 누구에게 유리한 것인가? 만약 발명자가 개인이거나 영세한 중소기업이라면 그러한 시간과 비용을 감내하지 못하게 되어 대기업 등이 자신의 특허를 침해하는 데 대하여 소송을 제기할 생각을 하지 못하고 낮은 실시료(royalty)만을 받고 합의를 할 가능성이 있게 된다. 반면, 그러한 발명가들이 위와 같은 시간과 비용을 감내할 능력이 있는 자본가인 특허권자에게 자신들의 특허를 양도하는 경우, 특허권자는 침해소송법원에 대한 가처분신청, 침해소송의 제기, 특허심판원에 대한 적극적 권리범위확인심판의 제기, (피고에 의하여 특허심판원에 특허무효심판이 청구된 경우의) 정정심판청구 등을 통하여 장기간에 걸쳐 특허기술을 사용하여 제품을 생산·판매하는 기업을 괴롭힐 수 있고, 침해자로 주장된 기업은 제품생산라인이 정지되어 공장을 폐쇄하여야 할지도 모른다는 불안감에 높은 손해배상액 또는 실시료를 지급하고 합의를 할 가능성이 있다.[826]

그런데 지나치게 낮은 실시료는 발명가의 발명의욕을 저하시키고, 지나치게 높은 실시료 또한 제품생산자의 제품개발 및 생산의욕을 저하시켜 결국 혁신을 통한 산업발전의 도모라는 특허제도의 목적에 부합하지 않는 결과를 초래하게 된다. 따라서 위와 같이 시간과 비용이 많이 드는 소송제도를 가능한 한 단순화하거나 법원에 의한 소송제도 외에 행정청에 의한 신속한 구제수단 등을 통하여 비용 및 시간을 줄일 수 있는 방안을 검토할 필요가 있다.

미국의 경우 지금까지 연방순회항소법원이 특허관련소송의 항소심을 독점함으로써 판례의 일관성을 유지하는 장점이 있지만 일반적인 법 원리에 비추어 사건을 처리하기보다는 좁은 시각(tunnel vision)으로 사건을 바라보게 되어 거의 모든 것에 관하여 특허를 부여하는 정책을 취하고 비자명성 판단에 있어 공지된 발명들에 결합을 시사(suggestion)하는 내용이 포함되어야 한다고 하는 등의 판결을 하여 비자명성의 판단기준을 낮추는 효

826) 그러한 불안감은 특허심판원 및 특허법원과 침해소송법원 사이의 결론이 일치하지 않을 가능성이 있는 경우 결론에 대한 불확실성으로 인하여 더욱 고조될 수 있다.

과를 야기하여 현재와 같은 Patent Troll의 횡포를 조장한 측면이 있다는 지적이 있다.[827] 이와 같은 단점을 보완하기 위하여 연방순회항소법원 외에 2~3개의 항소법원도 특허소송을 담당할 수 있도록 함으로써 서로 경쟁 및 보완할 수 있도록 하거나,[828] 연방순회항소법원 판사들이 다른 항소법원에서도 근무를 하게 하거나,[829] 지방법원의 판사들을 연방순회항소법원에서 근무하도록 하거나, 특허청의 항고부(the Board of Patent Appeals and Interferences)에서 근무하던 사람 중에서 연방순회항소법원의 판사를 임명하거나,[830] 법률심의 한계를 극복하기 위하여 전문가로 구성되는 사실심 법원을 설치하거나, 아니면 다른 법원들도 특허사건을 처리할 수 있도록 각 항소법원 관할 구역 내의 한 지방법원을 특허법원으로 지정하거나, 지방법원 내의 한 부 또는 한 판사로 하여금 특허사건을 담당하도록 하는 등의 여러 가지 방안이 논의되고 있어,[831] 우리의 현실과는 상당히 다르고,

827) 연방순회항소법원으로 관할이 집중됨으로써 법원 사이의 법률적 쟁점에 대한 토론의 기회가 상실되고 따라서 새로운 법리의 탄생이 어려우며, 연방순회항소법원이 특허사건에 관하여 독점적 관할권을 가지고 있으면서 TSM test를 지나치게 경직되게 운영하는 등, 특허청이나 관련 산업계 등의 견해에 부합하지 않는 상황이 초래되면, 특허관련 법리는 앞으로 의회를 통한 입법이나 행정규칙 등의 형태로 나타나게 되어 판례입법이 사라질 가능성이 있다는 우려를 표하는 사람도 있다. John F. Duffy, Commentary, KSR v. Teleflex : Predictable Reform of Patent Substance and Procedure in the Judiciary, 106 Mich. L. Rev. First Impressions 34 (2007), http://www.michiganlawreview.org/firstimpressions/vol106/duffy.pdf. (2011. 10. 30. 최후 접속) 참조. 나아가 특허사건에 대한 항소심의 연방순회항소법원에의 집중은 항소심 사이의 의견의 충돌이 발생할 것을 막아 연방대법원이 어떠한 문제가 중요하고 또 다투어지는 것이어서 대법원이 판단해야 하는가에 관한 판단을 어렵게 만든다고 한다. Rebecca S. Eisenberg, Commentary, 「The Supreme Court and the Federal Circuit : Visitation and Custody of Patent Law」, 106 Mich. L. Rev. First Impressions 28, 2007, http://www.michiganlawreview.org/firstimpressions/vol106/eisenberg.pdf.

828) Craig Allen Nard & John F. Duffy, 「Rethinking Patent Law's Uniformity Principle」, Case Western Reserve University School of Law Working Paper No. 06-17, available at http://ssrn.com/abstract=928498.

829) Rochelle Cooper Dreyfuss, 「The Federal Circuit : A Continuing Experiment in specialization」, HeinOnline 54 Case W. Res. L. Rev. 769, 796 (2003-2004).

830) Rochelle Cooper Dreyfuss, 위 논문, 797면.

또 미국에서 오히려 우리의 제도와 비슷한 유형을 채택하여야 한다는 논의가 있다는 것이 흥미롭다.

반면, 앞에서 본 바와 같이 우리나라에서는 특허소송의 관할이 2원화되어 있고, 이와 관련하여 그동안 특허법원의 관할을 특허권의 침해에 대한 민사소송에까지 확대하여야 한다는 주장이 꾸준히 제기되어 왔으며, 침해소송의 항소심관할을 특허법원으로 집중하는 내용의 법안이 2002. 10. 제출되었다가 16대 국회의 회기만료로 자동 폐기되었고, 2004. 11. 8. 여러 시민단체의 노력으로 다시 동일한 내용의 법안이 17대 국회에 다시 제출되었으나 이 역시 회기만료로 폐기되었고, 18대 국회에도 제출되었으나 통과되기는 어려울 것으로 예상한다.[832] 특허침해소송 등의 관할을 특허법원으로 집중시킨다면, 특허 관련 분쟁을 특허법원의 전문성을 활용하여 신속하고 효율적으로 해결하고 무의미한 소송절차의 반복을 피하며 산업재산권에 대한 통일적 해석을 기할 수 있게 되어 시간과 비용을 절약할 수 있는 장점이 있을 것이다.[833] 한편 미국의 연방순회항소법원에 관할이 집중됨으로

831) Rochelle Cooper Dreyfuss, 위 논문, 798~799면; Arti K. Rai, 「Engaging Facts and Policy : A Multi-Intistitutional Approach to Patent System Reform」, Colum. L. Rev. Vol. 103, 1035, 1099, 1123 (2003). 한편, 우리나라에서도 독일의 예를 따라 특허법원에 기술판사를 두자는 논의가 있는데, 장기적으로 이공계 출신의 변호사들이 많이 배출되는 경우 굳이 기술판사를 둘 필요는 없어 보인다. 김기영, 「특허법원의 국제화를 위한 전문성 제고방안」, 특허소송연구 제3집, 특허법원, 2005. 429면 주 27).

832) 법안의 내용은 국회 의안정보시스템 중 법원조직법 일부개정법률안, http://likms.assembly.go.kr/bill/jsp/BillDetail.jsp?bill_id=PRC_K0U9W1U1G2S4T1I4F1I8U4I4H7B7G3 (2012. 2. 16. 최종 접속) 참조.

833) 주기동, 「특허소송의 개선방안에 대한 고언」, 법률신문 제3643호 (2008. 4. 21), 13~14면 참조; 구대환·차성민, 과학기술과 특허, 박영사 2012. 340~341면 참조; 한편, 위와 같은 관할의 집중이 이루어지기 전까지 행정소송법 제10조를 적용하여 특허관련소송을 특허법원으로 이송하는 것을 대안으로 생각할 수 있다는 주장도 있다. 즉, "행정소송법 제10조는 취소소송과 관련 청구소송(당해 처분 등과 관련되는 손해배상, 부당이득반환, 원상회복 등 청구소송 또는 당해 처분 등과 관련되는 취소소송)이 각각 다른 법원에 계속되고 있는 경우에 관련청구소송이 계속된 법원이 상당하다고 인정하는 때에는 당사자의 신청 또는 직권에 의하여 이를 취소소송이 계속된 법원으로 이송할 수 있고, 취소소송에는 사실심의 변론종결시까지 관련 청구소송을 병합하거나 피고 외의 자를 상대로 한 관련 청구소송을 취소소송

인하여 발생하는 문제는 우리나라에서는 발생하기 어려운 것으로 생각한다. 왜냐하면 특허법원에 근무하는 판사의 재직기간이 3년가량으로 짧고, 판사들의 부족한 기술 전문성을 보충하기 위하여 기술심리관들이 있으며 그들의 보직 기간 또한 3년 정도로 길지 않은 상황이기 때문이다.[834)]

이와 관련하여 특허분쟁을 다루는 판사들의 전문성을 향상시킬 필요가 있다. 다국적 기업 사이의 특허분쟁은 전 세계적으로 동시에 진행되는 경우가 많고, 이 경우 각국의 법원의 수준이 당사자에 의해 평가받게 되는데, 안타깝게도 우리 법원 구성원 개개인의 능력에 비하여 우리법원의 판단능력은 높게 평가받지는 못하는 것이 현실인 듯하다. 이 문제는 법원의 법관 인사제도에서 비롯된 측면이 있는데 현재 법원의 인사제도는 모든 판사들에게 고른 경험을 갖게 한다는 순환보직원칙을 유지하고 있다. 이 제도는 많은 장점을 가지고 있기는 하나, 적어도 특허분쟁에 있어서는 이러한 제도를 유지하는 것이 장점보다는 단점이 더 클 듯하다. 복잡한 기술내용이나 특허법의 다양한 법리에 관하여 숙지하지 못하고 있는 판사로부터 판단을 받아야 하는 당사자 입장에서 생각해본다면 이 문제는 더욱 심각하다. 따라서 특허소송 또는 특허침해소송을 다루어 전문지식을 쌓은 판사들로 하여금 그들의 전문지식을 실무에서 계속 활용할 수 있도록 인사제도를 운영하는 방안을 고려할 필요가 있지 않을까 생각된다. 이를 위하여 특허법원 판사는 최소한 5년 정도 근무하는 것이 바람직할 것으로 보이고, 가능한 한 재판장 및 배석판사 모두 처음부터 특허법에 관하여 상당한 지식 또

이 계속된 법원에 병합하여 제기할 수 있다고 규정하고 있으며, 같은 법 제44조는 위 제10조의 규정은 당사자소송과 관련 청구소송이 각각 다른 법원에 계속되고 있는 경우의 이송과 이들 소송의 병합의 경우에 준용한다고 규정하고 있는데, 심결취소소송은 그 형식이나 성질의 어느 쪽에서 보더라도 분명한 행정소송에 해당하고, (형식적) 당사자소송도 행정소송의 하나이고 당사자소송에도 행정소송법 제44조에 의하여 같은 법 제10조의 규정이 준용되고 있으므로, 모든 심결취소소송에 대하여 행정소송법 제10조를 적용할 수 있다"는 것이다. 이장호, 「특허소송과 특허침해소송의 일괄처리방안에 관한 연구」, 특허소송연구 제1집 (1999), 171~200면; 이두형, 「특허권 침해 관련 법적 공격·방어수단에 관한 고찰」, 사법논집 제43집, 법원도서관 (2006), 672~674면.

834) 특허법원 판사 및 기술심리관의 근무기간이 짧은 것이 바람직하다는 것은 결코 아니다.

는 실무경험이 있는 사람으로 보임하는 것이 바람직할 것이다. 만약 그러한 사람을 찾기 어렵다면 변호사 중에서 그러한 지식 및 실무경험이 있는 사람을 법관으로 임명하여 보임하면 될 것이며, 이는 법조일원화제도의 취지에도 부합한다 할 것이다. 최근 법원행정처는 특허의 경우에도 가사소년 전문법관과 같은 전문법관을 두는 방안을 논의하고 있다고 하므로,[835] 그 결과를 지켜볼 필요가 있다.

835) 법률신문, 2012. 3. 12.자 기사, '대법원, 사건별 전담 · 전문법관제 도입 추진'(http://www.lawtimes.co.kr/LawNews/News/NewsContents.aspx?serial=62859&kind=AA 2012. 4. 23. 접속).

| 판례 찾아보기 |

〔대법원〕

〔고등법원〕

〔지방법원〕

〔특허법원〕

| 사항 찾아보기 |

■ 저자약력 ■

김 기 영(金基穎)

- 현 서울남부지방법원 부장판사
- 특허법원 판사(2003~2006)
- 사법시험합격(32회, 연수원 22기)
- 법학박사, 서울대학교 대학원 법학과 (지적재산권법 전공)
- LL.M, 미국 Duke Law School
- 한국특허법학회 회원

<저서>

- 공저, 개정판 특허판례연구, 박영사(2012) 등 다수

김 병 국(金炳局)

- 서울대학교 기계공학과 졸업
- 변리사시험합격(2001)
- 변리사(2002~2005)
- 사법시험합격(47회, 연수원 37회)
- 서울중앙지방법원(지적재산권 전담)
- 서울중앙지방법원 지적재산권 실무연구회 간사(2011)
- 지적재산권 재판실무편람 공동집필위원
- 법원 지적재산권연구회 커뮤니티 회원
- 한국특허법학회 회원
- 법원 집행법연구회 커뮤니티 회원
- 한국콘텐츠진흥원 평가위원
- 현 울산지방법원 판사

특허와 침해

2012. 5. 31. 제1판 1쇄 발행

저 자 김기영 · 김병국
펴낸이 백 욱
펴낸곳 **육법사**
121-838 서울특별시 마포구 홍익로5길 65
TEL (02) 332-1830 · 1831
FAX (02) 332-1836
http://www.yp1966.co.kr
등록연월일 1966. 8. 19. 1-300호

ISBN 978-89-7214-188-4 93360

정가 45,000원

저자와의 협의에 따라 검인 생략함